중국
명청시대
과거 제도와
능력주의
사회

지은이

벤저민 엘먼 Benjamin A. Elman

1946년 독일에서 태어나 미국 펜실베니아대학교에서 동양학으로 박사학위를 받고 UCLA 교수를 거쳐 프린스턴대 동아시아연구소 및 역사학과 교수를 지냈으며, 현재 프린스턴대 명예교수이다. 전통시기, 특히 명청시대 중국의 사상사 및 문화사, 교육사, 과학사, 동아시아문화교류사를 주로 연구해오고 있으며, 다수의 탁월한 연구업적을 이룬 서구의 대표적인 중국 역사학자로 손꼽힌다. 주요 저작으로 『성리학에서 고증학으로 – 명청시기 중국의 지적 · 사회적 변화 양상들(*From Philosophy to Philology : Intellectual and Social Aspects of Change in Late Imperial China*)』, 『고전주의, 정치, 그리고 친족 – 중국 명청시기 상주학파의 금문경학(*Classicism, Politics, and Kinship : The Ch'ang-chou School of New Text Confucianism in Late Imperial China*)』, 『중국 명청시대 과거문화사(*A Cultural History of Civil Examinations in Late Imperial China*)』, 『그들만의 용어로 – 중국의 과학, 1550~1900(*On Their Own Terms : Science in China, 1550~1900*)』 등이 있다.

옮긴이

김효민 金曉民, Kim Hyo-min

고려대학교 중어중문학과와 동 대학원을 졸업하고, 중국 베이징대학 중문과에서 박사학위를 받았다. 베이징대학 동방어문학부 초빙교수를 지냈고, 현재 고려대학교 세종캠퍼스 중국학전공 교수이다. 사회문화적 시각, 한중 관계 및 비교문화적 측면에서 전통시기 중국의 서사를 주로 연구해오고 있다. 옮긴 책으로 『중국과거문화사』, 『팔고문이란 무엇인가』 등이 있고, 논문으로 「한·중 지식인 사회와 그 윤리 – 과거 제도와 관련하여」, 「명청소설과 팔고문」, 「『유림외사』 평점(評點)의 구조론 시탐 – 팔고문법과의 관련성 탐색을 중심으로」, 「과거 제도의 관점에서 본 한중소설 시론」, 「『홍루몽』과 과거문화」 등이 있다.

중국 명청시대 과거 제도와 능력주의 사회

초판인쇄 2024년 3월 30일 **초판발행** 2024년 4월 10일
지은이 벤저민 엘먼 **옮긴이** 김효민
펴낸이 박성모 **펴낸곳** 소명출판 **출판등록** 제1998-000017호
주소 서울시 서초구 사임당로14길 15 서광빌딩 2층
전화 02-585-7840 **팩스** 02-585-7848
전자우편 somyungbooks@daum.net **홈페이지** www.somyong.co.kr

값 37,000원 ⓒ 소명출판, 2024
ISBN 979-11-5905-858-5-93910

중국
명청시대
과거 제도와
능력주의
사회

벤저민 엘먼 지음
김효민 옮김

CIVIL EXAMINATIONS
AND MERITOCRACY IN
LATE IMPERIAL CHINA

Benjamin A. Elman

옮긴이의 일러두기

1. 이 책은 벤저민 엘먼(Benjamin A. Elman)의 *Civil Examinations and Meritocracy in Late Imperial China*, Harvard University Press, 2013을 우리말로 완역한 것이다.

2. 주석은 원저의 형식에 따라 미주로 처리하였으며, 일부 옮긴이 주를 추가하였다.

3. 원문에 충실하되 필요에 따라 일부 의역, 첨역, 개역 및 수정보완을 가했으며, 첨역의 경우 '[ ]'로 표기하였다.

4. 국내 독자의 이해를 돕기 위해 원저에는 명기되지 않은 고유명사, 전문 용어 등의 한자를 최대한 찾아 병기하였다.

5. 원저의 색인 조목은 상당 부분 내용별 색인 형태를 취하고 있는바, 번역서에서는 그대로 따르기 어려워 역자가 인명, 지명, 서명 등 고유명사 위주로 항목을 새로이 선별, 배열하였다.

6. 인명이나 지명 등의 고유명사는 신해혁명(1911)을 기준으로 그 이전에 해당하는 것은 우리식 독음대로, 그 이후에 해당하는 것은 중국식 발음으로 표기하였다.

차례

일러두기

1. 중국 역대 왕조의 연대 및 명청시대 황제의 명단은 책 말미의 축약어 목록 앞 부록을 참고할 수 있다.

2. 중국인들은 아기가 음력 새해 직전에 태어나더라도 보통 생후 첫해에 나이 한 살을 더한다. 이처럼 생후 첫해에 이중 계수하는 것을 반영하기 위해 이 책에서 저자는 나이를 뜻하는 중국어 표현인 '세歲'를 사용했음을 밝힌다.

3. '지식인'이라는 용어는 주로 고전적 학식과 가문의 의례에 대한 지식 및 문학적 출판을 통해 문화적 엘리트로서 자신들의 지위를 유지하는 상류 지주 계층의 선택받은 구성원을 가리킨다. 신사紳士라는 용어는 1900년 이전 지주로서 지역적 권세 또는 관료로서 지역 내지 국가 차원의 권력을 행사했던 이들을 지칭한다. 신사 전체와 그들 중 지식인의 문화적 지위는 과거 제도상의 신분과 관련되어 있었다. 그밖에도 명청시대에는 신사와 상인이 뒤섞여 있었다. 후자는 그들의 아들들이 상류층 엘리트의 일부가 되기 위한 고전 교육에 자신들의 재원을 자유롭게 투입하였다.

4. '도학道學'이라는 용어는 송宋·원元·명明 시기에 발전한 지식인의 사상적 유파를 가리킨다. 당대唐代, 618~906부터 1911년 청조淸朝의 몰락에 이르기까지의 모든 고전적 지성의 흐름을 포괄하기 위해 '신유학新儒學'이라는 용어를 쓰는 경향이 존재한다. 독자들은 신유학을 그것에 부여된 크고 모호한 명칭으로 이해하는 이러한 경향에 주의해야 한다. '도학'의 정의와 내용에 대해서는 17·18세기에 그랬듯이 11·12세기에 논란의 여지가 있었다. 정주이학程朱理學이라는 용어는 사서오경 및 왕조사를

'도학'적으로 해석하여 국가적으로 승인된 정이程頤, 1033~1107 와 주희朱熹, 1130~1200 학파를 특정하여 지칭한다. 이들의 관점은 1313년부터 공식적으로 과거 시험을 지배하기 시작했고, 1905년까지 과거 제도의 기준으로 존속하였다. 그러나 '도학'은 원·명·청시기 과거 시험의 공식 교육 과정으로서 이데올로기적 영역을 획득하기 전인 12세기에 더 주류를 이룬 송대 고전주의로 시작되었다.

5. 저자는 문과 과거 시험을 강조하기는 하지만, 우리는 중화제국 통치의 한 평행축으로서 무과의 지위를 간과해서는 안 된다. 저자는 제3장과 제6장에서 이들 평행축의 일부 면모에 대해 논할 것이다. 그러나 송대 이후 무과에 관한 좀 더 집중적인 연구가 여전히 필요하다. 더 나은 이해를 위한 기초자료로는 윈스턴 로Winston Lo 의 「송대 과거에 대한 새로운 관점 A New Perspective on the Sung Civil Service 」 *Journal of Asian History* 17, 1983이 있다. 샘 길버트Sam Gilbert는 「맹자의 전술 – 청대 강희제康熙帝의 무과 개혁Mengzi's Art of War : The Kangxi Emperor Reforms the Qing Military Examinations 」 *Military Culture in Imperial China,* Cambridge, MA : Harvard University Press, 2009에서 청대 무과의 중요성을 재평가한 바 있다. 앨러스테어 존스턴Alastair Johnston 의 『문화적 현실주의 – 전략 문화와 중국 역사 속의 대전략*Cultural realism : Strategic Culture and Grand Strategy in Chinese History* 』Princeton, NJ : Princeton University Press, 1955과 비교해 볼 수 있다. 조안나 웨일리-코헨Joanna Waley-Cohen 의 『중화제국의 전쟁 문화와 청대의 군사*The Culture of War in China Empire and the Military under the Qing Dynasty* 』London : I. B. Tauris, 2006 및 랠프 소여Ralph Sawyer가 옮긴 『무경칠서武經七書, *The Seven Military Classics of Ancient China* 』Boulder, CO : Westview Press, 1993 도 참고할 만하다. 저자의 설명은 명청시대의 문과에 있어서 고전주의적 사고의 역할을 강조하지만, 독자들은 오랜 문관의 자부심과 그에 따른 무관에 대한 무시가 낳은

과거 제도의 해결되지 않은 관념 문제들을 유념해야 한다.

6. 자주 활용되는 1·2차 자료들은 약어를 사용하여 미주에 명기하였다. 이들 자료의 약어는 미주 바로 앞쪽에 목록으로 제시하였다. 그 외 자료들은 해당 챕터에서 처음 미주에 인용되는 경우 서지사항 전체를 명기하고 그 뒤로는 축약 형태로 표기하였다. 참고문헌 및 한자들은 필자의 『중국 명청시대 과거문화사 A Cultural History of Civil Examinations in Late Imperial China(CHCELIC)』를 참고할 수 있다. 중국의 역사 인물들에 관해서는 『명대 전기 사전 Dictionary of Ming Biography』DMB, 『중국 청대 명인 Eminent Chinese of the Ch'ing Period(ECCP)』, 하워드 부어맨 Howard Boorman과 리차드 하워드 Richard Howard의 『민국시기 중국 인명사전 Biographical Dictionary of Republican China』New York : Columbia University Press, 1967~1971 등의 전기 모음집을 참고할 수 있다.

〈지도 1〉 청대 중국 행정지도

중국 명청시대 과거 제도와 능력주의 사회

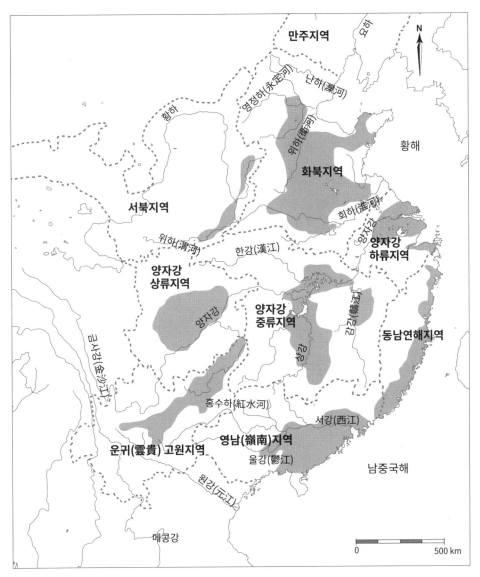

〈지도 2〉 중국 주요 하천 및 농업 기반 광역지도

들어가며

이 책은 중국 명청시대 역사와 고전 교육 및 과거 제도의 역사에 대한 통합적 접근을 시도한다. 이 책에서는 정치와 사회, 식자층의 삶에 있어 거의 세계 최초의 정치적 능력주의 사회였던 당시 중국에서 교육이 발휘한 역할과 과거 제도의 중요성을 강조한다. 민국시기 이전 전통식 교육과 과거 제도의 역사는 1400년 무렵부터 1900년 전후까지의 개인의 가치에 대한 고전주의적 이상과 교육, 학습 및 사회화의 역사적 과정 사이의 복잡한 관계를 설명할 분석 틀을 제공해준다.

고전주의적 교육자들이 밝힌 교육적 이상의 기저를 면밀히 살펴보면 우리는 명대1368~1644와 청대1644~1911 5백 년간 교육이 어떻게 이론적으로 제시되고 실행되었는지 볼 수 있다. 초등 교육을 위한 공립 학교가 없었던 상황에서 교육이 어떻게 사회 및 친족 관계와 젠더에 의해 영향을 받을 수 있었는가? 사회와 국가 전체적으로 초등 교육의 내용과 인지된 기능은 무엇이었는가? 과거 제도는 어떻게 고전주의적 이상을 대변하게 되었는가? 만주족 지배하에서 제국 영토의 배증은 다민족 정치 문화 속에서 어떻게 교육 및 학업의 확산에 영향을 미쳤는가?

송대960~1280는 1400년 무렵부터 1900년 전후까지 중국의 새로운 교육적 이상에 특별한 영감을 주었다. 후대의 사회정치적 맥락 가운데 놓고 보면, 우리는 왜 계층이나 젠더에 상관없이 중국인 그리고 몽골족·만주족 통치자들이 '도道'를 배우는 것도학, 말 그대로 '길 배움'. 20세기 초부터는 '신유학'으로 불림을 강조하는 도덕 교육에 가치를 부여하게 되었는지 알게 된다.[1] 도학은 그 내용과 의미가 매우 다양했기에 교육은 서로 다른 집단에게 상이한 것을 의미했다. 명청시대의 통치는 황실과 관료, 엘리트 지식인 가문 사이 이해관계의 불균형한 공통분모를 대변하였다. 명청시대 엘리트들은 지역 사회를 지배했으며, 그들의 가족과 친족 및 고향 공동체를 위한 지역적 의무로 인해 갈수록 평민과 여성에 대한 어느 정도의 사회적·교육적 도움을 제공하는 데 관여하게 되었다.[2]

이러한 일상적 실제의 측면들은 최근의 중국 연구에서 간과되었다. 최근 연구들은 전근대 중국의 교육을 암울한 암기식 학습으로 일축하거나, '도학'으로 일컬어지는 송대의 고전주의적 이상의 확산을 중국 지성사에서 지식인들의 주요한 목소리라며 감상적으로 다루는 경향이 있다. 전자의 경우 다행스럽게도 이미 정점을 지난 데 반해 후자는 여전히 그 강도가 이어지고 있다. 송·명·청 '신유학'에 대한 현대의 옹호자들은 송대 이후 정치적 행동주의나 사회적 자유주의 및 지역적 이견에 관한 역사 기록 속의 '도학'의 역할을 과장한다. 1억 5천만에서 3억에 달하는 거대한 제국의 백성들 가운데 명청시기 유가 지식인은 무속신앙이나 불교, 도교의 독실한 신자들보다 수적으로 우세하지 못했다. 서로 다른 사고방식을 지닌 방대한 구성원들은 제국의 시스템을 그것을 지탱하는 더 큰 사회 가운데 수용하였다. 태평천국운동1850~1864과 1911년 신해혁명 이전까지 사회적 혁명은 없었다. 소작농과 사대부 사이의 지속적인 사회적 격차는 늘 그대로였다.

과거 제도에 대한 부정적인 서술들은 1865년 이후 시기를 강조하였다. 후기 제국의 몰락에 대한 근대적 전제하에 목적론에 경도된, 과거 시험의 고전주의적 내용과 문학적 형식에 대한 이런 서술들은 지나치게 단순하고 예외적이다. 더욱이 20세기 초 중국 급진주의자들의 고전주의적 인재 선발 제도에 대한 반감은 이 제도에 대한 해석에 부정적 영향을 미쳤다. 이는 우리가 더 이상 공유하지 않는 1919년 '5·4운동' 시기의 역사적 어

젠다에 의해 추동되었다.[3]

이 책의 8개 장에서 저자는 주로 1400년 무렵부터 1900년 전후까지 명청시대 과거 시험과 국가 차원의 교육 과정을 다음의 세 가지 측면에서 제시할 것이다.

> ① 처음에는 남송1127~1280 말기 주류 고전주의였다가 이후 명대 초기인 1370 ~1425년 사이 정치적 희생의 대가로 정치적 정통이 된 '도학'의 두 번의 승리와 비극적 의미.
> ② 1450년 이후 잘 훈련된 과거 시험 '실패자들'의 제국이 초래한 비의도적이고 긍정적인 결과.
> ③ 시대적 변화에 부합하기 위한 과거 시험의 개편.

제1장과 제2장에서는 명조가 폭압적인 초기 이후 1500년 무렵까지 어떻게 사회적 명망과 관직이 기본적으로 교육적 자격을 위한 필기 시험에 의해 결정되는 정치적 능력 본위 제도를 창출했는지에 관해 서술한다. 시험에 의한 평가는 엘리트의 정치적 지위와 사회적 특권을 뒷받침해주었고, 결과적으로 15세기부터 20세기 초까지 이어진 새로운 지식인 사회 집단을 낳았다. 송대 유학은 1,350개 현縣과 수만의 향촌에까지 미치는 제국 차원의 시험 교육 과정이 되었다.

예를 들어 당송시기에 강조돼왔던 시부詩賦는 1370년과 1371년 명조의 첫 향시鄕試·회시會試에서 갑작스럽게 사라지게 되었다. 새로운 교육 과정은 여전히 사서오경에 관한 고전적인 문장을 요구하였다. 과거 시험에서 시詩의 배제는 1370년부터 시험 교육 과정의 저울추가 결정적으로 문장과 시의 균형 쪽으로 다시 기울게 된 1756년까지 계속되었다. 그러나 시험 정책은 지식인 집단 사이에서 시와 문학적 재능의 인기를 저해하지 못했고, 이는 지식인의 삶에 대한 영향에 있어 고전주의적 교육 과정의 문화적 한계를 보여준다.[4]

제2장에서는 과거 시험이 어떻게 신사와 군인 및 상인 가족을 아래의 세 가지를 공유한 학위 소지자라는 문화적으로 규정된 신분 집단으로 통합시키는 교육 과정을 창출했는지에 대한 윤곽을 제시함으로써 제1부를 마무리할 것이다. 곧 ① 공통의 고전주의적 언어, ② 공통 정전正典에 대한 암기, ③ 팔고문八股文으로 알려진 문학적 양식의 글쓰기가 그것이다. 시험은 문학적인 글을 짓는 문화를 규정했지만, 그 교육 과정은 또 제국의 이해관계에 관한 지식인의 여론을 반영하였다. 도덕적 함양은 조정朝庭의 지속적인 관심 대상이었다. 조정은 시험 시장에서 선발된 관리들의 황실에 대한 충성이 보장되기를 추구했다. 고전적 리터러시와 '도학'에 대한 정통함, 간결하면서도 품격 있는 과문科文 글쓰기는 학식 있는 지식인을 학위 소지자라는 문화적으로 규정된 신분 집단으로서 공적으로 구분지었다.

제2장에서는 또 공식적 지식의 해석 공동체, 정전의 기준, 제도적 통제에 관한 내용을 제시하고자 한다. 이러한 것들은 과거 제도와 제국 전체 시험장의 핵심 특징이 되었다. 시험관과 수험생은 정형화된 문제와 답안의 명확한 논리, 그리고 학식의 의미 및 주제 범주를 세우는 분명한 논리를 공유하였다. 이는 그들이 자신의 인식 세계를 그 시대의 도덕적 사고와 사회적 성향 및 정치적 강제력에 따라 특징짓고 구분할 수 있게 해주었다. 시험관은 관원이자 문학적 지식의 관리자로서도 복무하였다. 그들의 판단은 명청조의 승인 기준이 되었고, 이는 이론상 중요한 정치적 직위로의 접근을 통제하였다.

고전주의적 공감대와 정치적 효율을 위한 이러한 제도적 노력은 그것을 위해 세워진 목표를 달성하였다. 시험은 또한 그들이 계획하지 않았던 중요한 목표를 성취하였다. 제2부에서 우리는 전근대 유럽의 왕국과 민족국가에서 인본주의와 고전 교육이 엘리트들에게 이바지했던 것과 마찬가지로 고전 교육이 어떻게 사회적 지위와 정치적 권력, 그리고 문화적 특권 사이의 복잡한 관계를 재구성했는지를 보게 될 것이다. 제2부에서는 또 과거 제도가 왜 단독으로는 사회적 유동성의 직접적인 길이 아니었는지를 보여줄 것이다. (즉 과거 제도는 방대한 다수의 농민과 장인들이 엘리트 사회로 진입할 수 있는 기회를 제공하지 않았다.) 인구의 90%를 이루는 농민, 상인, 그리고 장인들은 격년 주기의 지방 시험에서 자주 낙방하는 2~3백만 명의 주요 구성 부분조차 되지 못했다. 그러나 '평민'과 [부유한] 상인들은 결국 부와 교육적 자원을 축적함으로써 자신들의 지위를 상승시켰다. 여러 세대에 걸쳐 그들의 아들과 손자들은 지역의 자격 시험을 통해 [지방 관학의] 생원生員 혹은 수재(秀才)이 되어 그러한 지위와 함께 생기는 특별한 법적, 세제적 혜택을 획득하였다.

신사, 군인 및 상인 출신의 적은 엘리트들의 지배체제로 진입하는 제한된 사회적 순환은 인재선발 과정의 기대치 않은 부산물이었다. 아울러, 과거 시험 실패자라는 막대한 인력풀은 보조적인 역할로 쉽게 이동할 수 있는 문학적 재능을 지닌 꽤 유복한 집단을 낳았다. 우리는 아이러니하게도 수백만의 과거 시험 실패자들의 더 큰 '성공담'을 보기 위해 공식적인 능력주의 사회 이면을 들여다봐야 한다. 과거 시험의 의도치 않은 결과 중 하나는 자신들의 언어적 능력을 의사로부터 변호사, 의례 전문가, 가문 관리자, 소설가, 극작가, 화가, 서적상, 과문 교사, 배우자와 후원자를 위해 경쟁하는 소녀·하녀·기녀, 자신들의 아들을 교육하는 어머니에 이르기까지 다양한 비공식적 목적을 위해 사용한 고전적 교양을 갖춘 수많은 남성(과 여성)의 창출이다.

제3장에서는 비기술적 도덕 및 경세 이론 기반 고전 교육을 통한 중국 엘리트들의 건강한 순환에 관해 서술할 것이다. 명대 과거 제도는 엘리트들 가운데서 권력의 최상층에서 조정에 복무할 소규모의 관료들을 성공적으로 선발하였다. 유럽에 몇 세기 앞서서 명조는 송대의 선례를 본떠 1450년까지 각 현縣마다 하나의 학교를 재정적으로 지원하기 위해 노력을 기울였다.[5]

제3장과 제4장에서는 1644년 명조의 예기치 않은 몰락에도 불구하고 뒤를 이은 청조가 어떻게 즉시 과거 제도를 복원하였는지를 보여주고자 한다. 청대의 과거 시험은 명대와 마찬가지로 140개 부府와 약 1,350개 현에서 정기적으로 진행되었다. 중세의 과거 시험은 수도에서만 열렸고, 1000~1350년까지의 정규 시험도 (열린 경우) 광역 단위 및 수도에서만 시행되었다. 만주족 황제들은 몽골족의 한족에 대한 권력 유지 실패를 반면교사로 삼아 유례없는 인구통계학적 변화를 겪고 있는 비범한 경제력의 제국에 대한 통치를 감당하기 위해 과거 제도를 선호하였다. 청 황제들은 1905년에 과거 시험이 폐지될 때까지 중국 정부와 사회에서 중심적 교육 지위를 차지한 제국 전역에 걸친 시험 제도를 시행하였다.

제4장에서는 각 현마다 하나씩 설치된 관학이 초기의 성공에도 불구하고 결국 과거 제도에 흡수되어 명목뿐인 학교로 남게 된 과정을 드러낼 것이다. 고전 교육 과정의 격식화로 인하여 관학에서는 교육이 거의 이루어지지 못했다. 관학은 더 권위 있는 과거 시험을 준비하는 학생들을 위한 중간기착지, 곧 '응시자격 관문'이 되었다. 의학전문대학원에 들어가고자 하는 미국 학생이 프린스턴 교육평가원Educational Testing Service에서 구성한 의료위원회의 심사만 통과하면 되고 대학에 다닐 필요는 없다고

상상해보라. 송대와 명청시대 고전 교육을 위한 관학들은 과거 제도에 압도되었다. 관학은 사실상 과거 시험 미급제자들을 위한 '대기소'가 되었던 것이다.

가문이나 가정, 사찰의 사적 영역이 젊은이들의 서면구어[백화(白話)] 및 고전 문해력 교육 기능을 이어받았다. 중국에서 관학은 결코 대중 교육이라는 목표를 고려하지 않았다. 인재들을 '성공의 사다리'에 올라타도록 고안된 고전 교육은 지역 문제에 있어 제국 전체 차원의 사회정치적 명망을 위한 필수조건이 되었다. 제국의 통치자들은 고전에 기초한 교육을 조정의 필수 과업으로 인식하였고, 중국 엘리트들은 고전 교육을 자신의 도덕적·사회적 가치의 올바른 척도로 여겼다.

제4장에서는 또 명대 교육이 계층 및 지위의 내림차순으로 사농공상 士農工商 간의 낡은 사회적 차별을 이미 전제하고 있었음을 보여줄 것이다. 명대에는 처음으로 상인의 아들이 과거 시험에 응시하는 것이 합법적으로 허용되었다. 그러나 모든 여성에 대한 무언의 젠더적 편견은 말할 것도 없이 ('부정한' 직업에 종사하는) 천민들로부터 모든 도사와 승려로 확대된 직업적 금지규정은 다른 많은 사람을 과거 시험의 경쟁에서 배제시켰다.

제5장에는 과거 시험 시장과 엘리트 및 대중의 문화사를 배치함으로써 제2부를 마무리할 것이다. 지식인들은 점점 더 벗어날 수 없는 '문화감옥'과 닮아가는 경쟁적인 지방·광역·수도의 과거 시험에 대한 정서적 반응을 이해하고 합리화하기 위해 정기적으로 지역 종교나 점술에 의존했다. 수험생과 시험관의 개인적 시련 및 고난과 관련된 지식인의 글이나 소설 및 설화 속 대중적 이야기, 그리고 민간 전통을 비교함으로써, 우리는 과거 제도가 중국의 문화사에서 왜 중심적인 사건이었는지를 더 명확하게 이해하게 될 것이다.

제5장에서는 또 (그들의 성공이 그들이 방문했던 사찰에 관한 주목할 만한 문학을 낳았던) 명청시대 전시殿試 장원급제자의 삶, 그들 또는 그들 가족이 꾸었던 꿈들, 그리고 훗날 성공의 전조였던 그들 인생 초기의 운명적 사건을 비교함으로써, 명청시대 시험 관련 꿈과 대중적 설화를 고찰할 것이다. 지식인들은 이러한 이야기들에 엘리트와 평민을 아우르는 공통의 문화 및 종교와 연계된 자신들의 무의식을 암호화하였고, 쉽게 접근할 수 없는 시험 시장에서 작동하는 '운명'의 예언적 힘에 대한 그들 자신의 이해를 단련시켰다.

제6장에서는 통치자와 엘리트가 문명화 교육을 통해 사회정치적 질서를 도덕적·정치적 교화와 동일시했을 때 제국 권력의 한계를 서술함으로써 제3부를 시작한다. 지식인 엘리트와 그들의 통치자들 사이의 주고받기는 그들 간의 사회정치적 협력관계가 정상 궤도를 유지하기 위해 과거 시험의 변화가 요구되었음을 의미했다. 고결한 관료들은 종종 감옥 같은 과거 시험장에서의 치열한 시험에 의해 일그러진 고전 교육의 목표에 대한 해결책의 하나로 서원에서의 상대적 자율성을 호소하였다. 서원은 빈번하게 정치적 이견의 중심이 되었고, 그들은 종종 그러한 행동주의로 인해 정치적 대가를 치렀다16세기 초에 먼저 숙청되고 나중에 폐쇄된 명말 동림서원(東林書院)의 이야기는 그러한 비극의 한 예이다. 양자강 삼각주 지역의 이러한 서원들은 그들의 학생에게 고전학을 가르치고 강학하는 것을 좋아했던 지식인들에게 중요한 교육 공간으로서도 이바지했다. 송대에 약 500곳, 원대에 400곳이었던 서원과 비교하면, 명대 말기에는 이런 서원이 총 1,000곳에서 2,000곳에 이르렀다. 청대에는 전국적으로 4,000곳 이상이었으며, 이는 1800년 무렵 3억에 달한 인구를 감안하면 적은 숫자였다.[6]

제7장에서는 18~19세기 동안 고전학의 새로운 경향이 과거 시험 교

육 과정에 성공적으로 침투하였음을 보여줄 것이다. 과거 시험 기록보관소들에 보존된 향시 및 회시 책문策問과 대책문對策文을 근거로 우리는 '도학'과 연관된 핵심 교리가 어떻게 점차 자신의 고향인 양자강 삼각주 지역 밖에서 시험관을 맡은 고증학자들이 출제한 책문들을 통해 부정되었는지를 보게 될 것이다. 그들은 과거 시험을 1650년 이후 변화하는 지적 맥락과 더 가깝게 접촉하도록 만들었다.

제7장에서 저자는 또 명청시대 과거 시험에서 책문의 역할에 관한 지속적인 논쟁에 대해 검토할 것이다. 우선 저자는 15세기 말에 보편화된 책문의 한 형태로서 '고거학考據學, reliable learning'의 부상을 입증할 것이다. 이는 이 용어가 학문적 범주로서 처음 광범위하게 쓰인 것이었으며, 이러한 발견은 이후 17세기 '고증학考證學, evidential research'의 출현을 더 이른 시기 과거 시험 책문의 발전과 연결시킬 수 있게 해준다. 이는 또 이후 18~19세기에 일어난 고증학을 다루는 책문의 부활에 대한 명대의 선례를 규명해준다.

18세기에는 고대에 대한 학습 지침 또한 과거 시험 교육 과정에 적용되었다. 그 결과 과거 시험에서 당송 문학에 대한 '도학'적 배제가 철회되었다. 역사학에 관한 책문은 논조와 내용에 있어서 명대의 '도학'적 역사 이상주의 옹호로부터 과거 한대漢代식 역사 전통에 대한 선호로의 변화를 나타냈다. 책문의 범위와 내용에 있어서는 청대 고전학, 특히 고증학의 학문적 영향이 반영되었다.

제8장에서는 18세기 후반의 과거 시험 개혁으로 논의의 중점을 옮길 것이다. 1740년대부터 한림원과 예부 관료들은 명대 초기 이래 존재해온 고전적 교육 과정에 도전하는 일련의 새로운 계획을 두고 논쟁을 벌였다. 청대 관료들은 원대와 명대에는 제외됐던 시詩와 논論 같은 송대 이전 과거 시험의 면모를 부활시켰다. 황제에게 올린 현존 상주문들에서는

1757~1758년 사이 격분한 관료들이 '도학'과 제국의 정통성에 대한 중요성 때문에 논 문제를 빼기로 한 결정에 이의를 제기했음을 보여준다. 1756년 이후 지방·광역·수도 과거 시험에서 시 문제의 부활은 수적으로 점차 증가하는 고전 문해력을 지닌 수험생들에게 시험을 더욱 어렵게 만들기 위한 일련의 교육 과정 개혁의 시작이었다. 더욱이 시 문제에 대한 형식적 요구 사항들은 팔고문과 더불어 시험관들에게 더 공정하지는 않더라도 더 효율적으로 답안을 평가할 수 있는 추가적인 도구를 제공해 주었다.

제8장에서는 또 태평천국의 난이 어떻게 과거 시험의 역사에서 큰 분수령을 이루었는지에 대해 서술하고자 한다. 1865년 이후 태평천국의 난과 서구 제국주의의 도전에 맞서 더 급진적인 개혁이 시작되었다. 1850년 이후 부패의 정도와 내전으로 인해 정부의 비상 자금 조성을 위한 낮은 학위, 심지어 거인擧人 신분의 매매 증가는 미증유의 것이었다. 2년 또는 3년마다의 경쟁 시험에서 합격자를 양산하는 만족스럽고 자연스러운 인재 선발 방식으로서, 선발의 기준 자체는 종종 면밀히 검토되었다. 그러한 정밀 조사는 종종 지식인의 수사로 마무리되었던 반면, 왕조의 끊임없는 시험 제도는 유지되면서 수백만의 남성이 고전 교육 과정을 암기하기 위해 서로 경쟁하도록 유인하였다. 아이러니하게도 태평천국은 그 효능을 인정하고 그들 자신의 기독교 기반 과거 시험을 도입했는데, 이는 과거 시험의 고전적 내용에 대한 최초의 전면적 도전인 동시에 그 제도적 형태는 보존한 것이었다.

제8장의 에필로그에서 볼 수 있듯이, 청에서 민국으로 이행하는 과정에서 새로운 정치·제도·문화적 형태가 나타나 후기 제국의 신념 체계에 도전하고 그 정치 제도를 굴절시켰다. 황제와 관료제, 그리고 지식인

의 문화적 형태는 빠르게 후진성의 상징이 되었다. 예를 들어 자연계에 관한 전통적인 지식 형태는 무비판적으로 '미신'이라는 꼬리표가 붙은 데 반해, 서구식 '근대 과학'은 새로운 지식층에 의해 지식, 계몽, 그리고 국력을 향한 길로 옹호되었다. 아마도 가장 대표적인 변화는 1370년부터 1905년까지 지속된 명청 과거 제도의 정치·사회·문화적 기능의 급격한 해체에서 일어났을 것이다. 그것을 대체할 만한 것이 거의 없는 상황에서 새로운 공화국은 지속성 있는 교육적 대안이나 신념 체계를 제공하지 못한 채 사실상 기존 제도의 권위를 박탈시켰다.

저자의 목적은 중국 과거 제도의 명예를 회복시키는 데 있지 않다. 과거 제도는 1905년에 폐지되었다. 대신 그것이 종말을 맞고 한 세기가 지난 후 우리는 1400년경부터 1900년 무렵까지 제국 왕조와 지식인-신사 엘리트 사이의 협력에 의해 조심스럽게 균형을 이루고 끊임없이 경쟁하는 교육·사회적 공학의 한 부분이 어떻게 작동돼 왔는지에 대해 어느 정도 감을 잡을 수 있다. 이러한 동반자 관계는 지식인 문화와 제국 제도의 급격한 쇠퇴가 시작된 태평천국의 난까지는 자못 성공적으로 기능하였다.

저자는 오히려 명청시대 중국 과거 제도를 20세기 이후 엘리트의 능력 기반 사회적 선발 및 정치적 순환에 있어 그 세계적 활용의 조숙한 선례로 제시하고자 한다. 청대 중국에서 과거 시험은 결함은 있으나 능률적인 '교육 회전의回轉儀, gyroscope'로서 기능하였다. 수도와 성省·부府·현縣 시험장에서 2년 또는 3년마다 벌어지는 그 격렬하고 자기중심적인 움직임은 사대부와 귀족 통치자들이 서로 간에 그리고 사회 전체에 대해 자신들의 적절한 균형과 방향을 유지하기 위한 필수조건이었다. 1865년 이후 이 교육 회전의는 방향을 잃어 약화된 만주족 조정에 의해 재교정되었다. 그들 왕조의 성공 근원에 대한 평가 대신 조정과 그 관료들은 마침내 그 회전의를 분해해버렸다.

물론 세계의 나머지 지역에서는 정반대의 일이 벌어지고 있었다는 것은 아이러니가 아닐 수 없다. 대규모의 시험 제도는 이제 중국을 포함해 전세계적으로 대중 교육을 뒷받침하고 있다. 예를 들어 우리는 19세기 중반에 런던대학교University of London가 '시험대학교Examination University'로 시작되었다는 것을 잊고 있다. 단지 학교의 틀만 있고 교수진은 없이 그 관리자들이 시험을 감독하고 합격자들에게 학위를 수여하였다. 만약 런던대학교가 시험 제도와 '원격 교육'의 근대적 사례의 하나라면, 중국의 경우는 최초의 그리고 가장 조숙한 관련 제도를 대표한다고 할 것이다. 명청시대의 고전 시험은 이후에 생겨난 근대적 시험들의 과소평가된 전례인 것이다.[7]

1850년 이후의 세계적인 사건들은 1905년까지 후기 제국의 형태로 온전하게 지속된 관료주의적 재생산 체계의 단순한 척도로 쓰여서는 안된다. 1905년 이전 수백만의 한족과 수천의 몽골족 및 만주족들이 기꺼이 굴복하고, 또 수천 명의 또 다른 이들이 저항했으며, 많은 사람이 부정행위를 했던 문화·교육적 제도에 대한 우리의 대응은 좀 더 신중해야 한다. 명말에서 청대까지 아마도 1~3%만이 합격할 수 있었던 상황에서 대략 15세부터 50세 사이의 5만 내지 7만 5천 혹은 그 이상의 시험자격은 지녔으나 불안해하는 남성 수험생들이 전국적으로 3년마다 17곳의 향시鄕試 시험장에 등장했던 것은 20세기까지는 미증유의 것이었다.

이 교육 제도와 그 외형적 시스템의 역사적 의의를 평가하기 위해서는 그 선발 과정의 시스템을 당연시하지 않는 철저한 사회문화적 연구가 필요하다. 그렇지 않으면 우리는 그것이 왜 그렇게 오래 지속될 수 있었고 그것이 왜 한국과 베트남에서는 본보기로 받아들여지고 일본에서는 그렇지 않았는지를 파악할 수가 없다. 전 연령대 수백만의 중국인 남성은 물론 그 가족과 친족들은 밖에서 들여다보기에는 교육 기관이기보다는 '문화 감옥'에 더 가까웠던 성도省都나 북경의 무서운 시험장에 들어가는 것을 꿈꾸었다. 그 안에서 무슨 일이 있었던 것일까?

제1부

주류가 되다

명청시대의 '도학'

제1장

명 제국의 권력, 문화 정치, 그리고 과거 제도

초기 제국 진한秦漢, 기원전 221~서기 220 시대와 중세 수당隋唐, 581~907 시기부터 중국의 통치체제는 황제와 관료조직 사이에 균형을 이루어왔다. 각 왕조의 이해관계는 결코 한결같이 통치자나 그 신하들에게 유리하게 결정되지 않았다. 관료 집단과 사대부로부터 저항받지 않고 황제와 그의 조정을 섬기는 본질적인 '국가'도 존재하지 않았다. 그럼에도 불구하고 후기 제국의 통치체제는 과거 급제를 통해 관료 집단을 채웠던 상류층 엘리트로부터 중요한 면에서 반半독립적이었다. 황실은 그들의 관심이 종종 상류 엘리트의 계층 기반 이해관계와 비대칭적이었던 제국 귀족의 계보를 유지했다. 조정은 자신의 이해관계에 기반한 정치를 철저히 고려하였다. 바꾸어 말하자면 때로는 문제를 겪었지만 명 왕조와 지식인 계층 간의 동반자 관계는 역사적으로 중요한 것이었다.[1]

원대1280~1368와 청대1644~1911 같은 비한족 왕조 통치시기에는 조정의 이해관계가 관료적 또는 지역적인 한족 엘리트를 대체할 수 있었다. 황실의 이해관계와 지식인의 가치 사이의 차이로 인해 각 왕조는 통치자와 상층 관료 사이의 동반자 관계를 재정립하였다. 이러한 역동적인 안배는 제국의 정치문화를 활력 있고 적응력 있게 만들어주었다. 그러나 명대1368~1644 초기에는 권력의 균형이 통치자에 유리하게 기울었고, 더 나아가 몽골 지배 이전 조정과 지식인의 이상 사이 공통분모의 대체로 평화로웠던 역사에 변화가 생겼다.

명대 초기 통치자들은 관료조직의 행정 부서들을 축소하는 공포 정치를 강행하였다. 1380~1402년 사이에 그들은 마치 황제들이 마침내 전능한 것처럼 보이게 만드는 피비린내 나는 정치적 숙청을 감행하였다. 그러나 이후 그렇게 불린 것처럼 명明의 '전제정치'가 국가와 사회 간의 동반자 관계의 종말은 아니었다. 조정 권력의 증대에도 불구하고 지식인들은 여전히 명 초기 황제들이 통치체제 안에서 '도학'의 역할을 강화하도록 설득할 수 있었다. 일부 논자들은 이런 강화를 단순히 명대 전제정치의 정치적 정당화로 해석한 바 있다. 그러나 그렇다면 왜 정주정이(程頤) : 1033 ~1107, 주희(朱熹) : 1130~1200 의 '도학'을 선택한 것인가? 명대 황제들은 효과적으로 지배하기 위해 관료들이 필요했고, 여전히 그들을 선발하기 위해 상대적으로 공정한 과거 시험을 활용했다. 통치자들은 또 상류 엘리트들의 가치를 왕조의 신성한 교리로 삼았는데, 이는 부분적으로는 그것이 명대 엘리트와 통치자 자신들이 천명한 것이기 때문이었다.[2]

명청시대 중국에서 왜 송대의 '도학'이 제국의 정통이 되었을까? 왜 그토록 많은 정치적 폭력이 필요했을까? 이런 두 가지 질문을 제기하면서 우리는 교육·문화적 지위의 초시대적 안정성으로부터 특정한 역사적 맥락 속에서 사상의 정치·사회·문화·경제적 우연성으로 옮겨가게 된다. 단지 그 보편적인 '의미'를 위해 '텍스트' 속의 사상을 파고드는 대신, 그것들이 또 어떻게 그런 사상들에 대한 참조를 통해 그 작용이 전파되고 이바지하는 특정한 '맥락'을 드러내는지 해독할 것이다. 이 챕터에서는 '도학'의 이상과 더불어 명청 통치자, 사대부 및 지식인이 그것을 어떻게 역사적으로 활용했는지에 관해 다룰 것이다.[3]

1. 명대 초기의 발전

1060~1070년대에 왕안석王安石, 1021~1086의 송대960~1280 정치체제 개혁의 실패는 모두를 놀라게 했다. 정이程頤, 정호程顥, 1032~1085가 이끄는 송의 일부 사대부들과 여타 고전학자들은 행동주의 정치경제학에서 보수적인 도덕적 의제로 회귀하는 것으로 수사를 전환함으로써 왕안석의 경세 계획을 재조정하기 위해 나중에 '도학'이라 불린 새로운 주장을 고안하였다. 왕안석 이후의 이런 보수적 비전은 인격 형성을 강조하는 형이상학적 원칙과 윤리적 가르침의 설득력 있는 조합을 제공해주었다. 이러한 가르침은 다음 세 가지를 견지했다.

① 지식인의 도덕적 수양은 자성의 근간이다.
② 가족과 가문의 화합은 개인 인격의 향상에서 비롯된다.
③ 관료의 도덕적 함양은 진보된 경세지책을 낳게 된다.

따라서 가장 설득력 있는 지식인의 이상 중 하나는 성현의 경지에 오르는 것이었다.[4]

그러나 '도학' 옹호자들은 1127년 북송의 수도 개봉開封이 여진족 침략군에게 예기치 않게 함락된 후 여러 딜레마에 직면하게 되었다. 송은 이제 동아시아에서 독립적이고 비교적 동등한 몇 개의 왕조들에 둘러싸여 있음을 자각하게 되었으며, 그중 거란족의 요遼, 916~1125와 여진족의 금金, 1115~1234이 가장 중요했다. 중국 동북부에 왕조를 건립하는 데 있어 거란족과 여진족의 역동적인 역할은 각 민족이 그 존재 이유로서 '대중국'의 재건을 정당하게 주장할 수 있음을 의미했다. 송은 1127년에 수도를 남쪽 절강성 항주杭州의 항구로 옮기면서 축소된 상태로 남게 되었다. 내륙 화북 평원의 개봉에서 멀리 떨어진 채 남송1127~1280은 그 이름처럼 대당 제국의 유산을 주장하는 여러 존재의 하나로 위태롭게 생존하였다.[5]

송의 이러한 정치·사회적 남천南遷의 일부로 확산된 '도학'은 정치적 분권화시기에 서서히 그러나 확실하게 남방 지식인의 점증하는 자주권 요구를 공론화하였다. 1127년 이후 지식인의 자주성과 '도학' 사이의 잠 재적 연관성을 인식한 이들은 송의 약점을 미덕으로 만들었다. 왕조나 통 치자가 아닌 지식인이 도덕적 함양과 성현의 이상이라는 가치를 대표하 게 되었던 것이다. 예를 들어 왕안석 개혁의 종언과 북방의 상실 이후 강 서성江西省 남동쪽의 깊숙한 내지와 절강성 남쪽의 요새 도시 무주婺州, 명대 에 '금화(金華)'로 개명 부근의 지식인들은 '도학'의 저명한 옹호자들이 되었다. 그들의 영향력은 원대에 증대되었다. 공교롭게도 장기간에 걸친 잔혹한 내전시기에 훗날 명의 초대 황제가 되는 주원장朱元璋, 1328~1398과 그의 군 대가 체류했던 곳이 바로 (그가 이름을 바꾼) 이 무주였다.[6]

송대와 원대에 '도학' 정통의 확산은 무주와 같은 지역들에 국한되었 다. 더욱이 남송 쇠퇴기에 '도학'과 제국의 정치는 불안정한 동반자였다. 예를 들어, 남송 조정은 1197년경에 공식적으로 '도학'에 위학僞學이라는 딱지를 붙이고 주희를 그가 사망할 때까지 가택연금 시켰다.[7] 이후 원대 에 몽골의 조정 관료들과 일부 한족 지식인들 사이의 제한적인 협력관계 는 쿠빌라이 칸과 그의 후계자들이 1314년에 재개된 송대 과거 시험의 불완전한 부활을 위한 정통 지침을 마련하도록 설득하는 데 도움을 주었 다. 그러나 원은 1315~1368년 사이 단 15차례의 전시殿試를 개최하여 연 평균 21명에 불과한 1,136명의 진사進士만 급제시켰을 따름이다. 이는 송 대에 매년 124명의 규모로 39,000명 이상의 급제자를 낸 것에는 크게

못 미치는 수치였다.[8]

더욱이 수많은 문인이 고위 관료로 원 왕조에 출사出仕할 수 있는 길이 기본적으로 막히게 되자 다른 직업으로 눈을 돌렸다. 불만을 품거나 궁박한 문인들은 의학에서 문학 및 연극 예술에 이르기까지 비관습적인 직업을 선택했다. 이민족 지배에 대한 한족의 정당한 대응이었던 지식인의 은거 역시 명이 원을 대체하게 되자 새로운 통치자가 지역의 지식인들을 관직으로 이끌기 위한 방도를 찾아야 한다는 것을 의미했다. 인재를 모집하고 그들을 관료체제 및 지역 통치에 배치하는 황제의 능력은 그 정당성의 핵심이었으나, 명대 초기 황제들은 이러한 협력이 자신들의 조건에 맞춰지기를 바랐다.[9]

그러나 13~14세기에 '도학'은 널리 퍼져 있으면서도 여전히 지역적인 지식인의 신념으로 남아 있었기에 명대의 주류 비전이 될 주요 후보 가운데 하나로 충분했다.[10] 하지만 이 챕터에서는 '도학'의 패권을 구축하고 완성하는 데 명대의 역사적 사건들이 필요했음을 보여줄 것이다. 예를 들어 정씨程氏 형제의 저작과 주희의 집주集註는 원대 후기 제한적인 과거 시험의 핵심 교육 과정이 될 수 있었으나, 국가적 정통으로서 정주이학의 대규모 재생산은 명대 초기부터 시작되었다. 1368년의 불완전한 시작 이후, 1384년에 지역의 현縣과 부府에서부터 성도省都와 수도에 이르기까지 전국적인 과거 시험을 통해 전파되면서 정주程朱의 신념은 왕조의 정통 이데올로기로서 정치적 힘을 획득하였다. 과거 시험의 문제는 위로부터 아래로 내려졌고, 수험생들은 밑바닥에서부터 위로 올라왔다. 그러나 황제는 여전히 이 양방향적 과정이 문화적으로 야심 찬 지식인들뿐 아니라 자신의 정당성 또한 반드시 보장할 수 있도록 해야 했다.

강남지역의 숙적들에게 막 승리를 거둔 직후인 1360년대에 주원장은 문무 관료 사이의 균형을 지닌 황제 치하의 정권을 예견했다. 거란·여진·몽골 등 북방민족 통치 기간 이후 문관 관료 집단이 자동적으로 그 군사적 상대를 관장하게 될지는 확신할 수 없었다. 예를 들어 명대 과거 제도는 남송 및 금나라 과거 제도의 문학 중심성을 따르게 될 것인가, 아니면 '도학'을 선호하고 시부詩賦와 경의經義 사이의 송대식 균형을 폐기한 원대의 선례를 유지하게 될 것인가?[11]

원대 문인 우집虞集, 1272~1348에 따르면, 정주이학의 공식적 허용은 몽골족 왕조의 주요 공적 가운데 하나였다.[12] 특히 1333년에 원나라의 전시에 급제하고 이후 1366년부터 주원장의 가장 신임받는 참모가 된 절강성 남부 출신 문인 유기劉基, 1311~1375의 중재를 통해서 황제는 관료 후보자들을 평가하는 데 '도학'에 기반한 원대의 모델을 선택하였다.[13]

주원장은 황위에 등극하기 1년 전인 1368년에 관료를 모집하기 위해 문무 과거 시험을 실시한다는 계획을 밝혔다. 그가 무주 / 금화의 초기 지지자들에게서 얻었던 메시지는 분명했다. 곧 지식인들을 다시금 관직에 적극 등용한다는 것이었다. 여진과 몽골 통치하에서 생겨난 제국체제의 민간, 문화 및 민족적 간극을 메우기 위해서 1368년에는 지역인재 등용 추천을 위해 지식인들을 초청하였다. 몽골 지배에 대항하여 반란을 일으킨 천 년왕국 백련교파白蓮敎派의 초기 수완가였던 황제는 1355~1360년 사이 그의 군대가 체류했었던 절강성 남부 출신의 지식인 엘리트들에 의해 고전적 성왕聖王이라는 이데올로기적 외피를 쓰고 제국의 지식인을 재통합하며 송대 정통 '도학'의 유산을 부활시키도록 설득되었다.[14]

한족 지식인의 지지를 얻고자 하는 열망에 그는 1369년에 다음과 같은 고전적 비전을 공식적으로 인정하였다.

백성의 교화는 왕조의 질서를 위한 전제조건이며 (…중략…) 학교는 그러한 교화를 위한 기반이다.

그는 각 부와 현에 지식인의 이상에 따라 관원들이 훈련되고 교육을 통한 관리管理를 제공할 관학을 설립하도록 명하였다. 학교는 결국 백성의 필요를 충족시켜주고 백성들이 건전한 관습을 형성하는 데 도움을 줄 것이었다.[15]

관료조직을 새로운 관원들로 채우기 위해서 1370~1372년 사이에는 안정된 모든 성에서 향시鄕試가 매년 개최되었다. 첫 번째 전시殿試는 1371년 남경에서 열렸다.[16] 명의 초대 황제는 원대의 방식을 뒤이으면서도 넘어서면서 몽골의 통치를 효과적으로 대체하고 수도와 성省 너머의 관료체제 경로를 확립하는 선발과 임명 과정을 재구성하였다. 그 선발 과정은 관계에 진출할 고전 문해력을 지닌 인재를 구하기 위해 최초로 정기적으로 부와 현까지 침투하였다. 여기에 더해 주원장은 최초로 정기적인 현 및 부의 자격 시험을 도입함으로써 송원대 과거 제도 선발 과정의 지역적 기회를 확대하였다. 이제 상인의 아들들도 선발될 수 있게 되었다.[17]

그러나 명대 초기에 관료체제의 재생산은 지식인들의 '도학'에 대한 숙달만을 전제로 하지 않았다. 여기에는 더 깊은 정치·문화적 문제들이 걸려 있었다. 명대 초기 황제들은 이 인재선발 시스템이 그들의 권력을 약화시키고 관료조직 내에서 남방 출신들에게 너무 많은 정치적 권력을 주지 않을까 염려했다. 개국 홍무洪武[엄청난 무력을 지녔다는 뜻의 연회] 황제로서 주원장은 그를 지지하는 강서 및 무주 / 금화 엘리트들이 정주이학을 추천했음에도 불구하고 경전 속의 정치적 반대 메시지들을 두려워하며 1371년부터 1384년까지 과거 시험을 일시 중단하였다.

얼핏 보면 정주이학의 금화 버전은 홍무제[주원장]와 그의 후계자들이 성왕의 권위를 주장하기 위해 제국 권력에 필요한 문화적 언어를 제공하는 듯 보였다. 지식인들이 보기에 그들은 효과적으로 '도통道統'을 되찾고 자신들의 '치통治統, 곧 통치의 합법적 승계'을 다시 세울 수 있었다. 그러나 그러한 도용은 말은 쉬워도 행하기는 어려웠다. 지식인들 또한 스스로를 정주이학의 언어를 통해 이해하였다. 통치자가 아닌 지식인들은 '도학'에 대한 자신들의 해석을 통해 도道를 재소유하였다. 그들은 성화聖化된 황제와 협력할 수 있었으나, 황제는 지역 사회에서 과도한 영향을 지닌 잠재적 성현으로서 그들과 권력을 공유해야 했다.[18]

이제 '도학'에는 사서오경에 대한 적절한 숙달이 요구되었다. 과거 제도의 정치·사회·문화적 규정은 원대 이후 정치적 상황들의 경우를 제외하면 통치의 고전적 규범을 선호했다. 과거 시험과 그 교육 과정, 시험 형식, 관직 임명 절차는 몽골시대를 이으면서 남송의 '도학'을 무주/금화 같은 공간에 기반한 지역적 움직임에서 청대에는 더 널리 융성한 왕조 전체의 정통으로 발전할 수 있게 해준 핵심 제도의 하나가 되었다.[19]

1371~1384년 사이 주원장은 그의 고전적 조언자들과 싸워 금화 출신 충신을 포함한 많은 사람을 처형하였다. 주원장과 그 계승자들이 선호했던 '도학'은 남송 및 원대 이래 무주/금화의 학자들이 그래야 한다고 시사했던 것처럼 지식인을 통치자보다 높게 평가하려 하지 않았다. 명 조정에 맞게 '도학'의 지식인 중심 수사를 개조하는 데는 개념적 해석과 담론의 변화만 필요한 것이 아니었다. 홍무제는 또 대규모 숙청을 통해 관료체계를 재정비하였다. 수만 명의 관리가 목숨을 잃었다. 명대 초기 황제들은 상징적·물리적 폭력에 대한 국가적 통제를 통해 조정과 왕조 전체에 걸쳐 '도학'의 가장 널리 알려진 목소리가 지식인의 것만이 아닌 통치

자의 것이 되도록 보장하기 위해 노력했다. 국가와 지식인들은 '도학'의 정치적 의미를 놓고 맞서게 되었다.

2. 맹자와 명대 과거 시험

명대 초기에 금화 및 강서성 지식인들은 홍무제가 송대의 문화적 이상을 부활시키기를 특히 바랐다. 주원장은 아무리 동정적이라 할지라도 통치자로부터 관료와 백성들로 내려가는 하향식 권력을 믿었다. 명조의 설립자는 자신의 정치적 정당성에 대한 대중의 위협이나 자신의 개인적 권력에 어떠한 고전적 제한도 용납하지 않았다.[20] 이전의 농민군은 자신의 남방 금화 조언자들에 의존하여 정당화를 추구했다. 그는 또 『주례周禮』에 제시된 국가주의적 제도와 의례를 찬양하는 것을 배웠다. 나중에 북송의 실패한 개혁 프로그램을 승인하는 데 사용된 초기 제국 이래 국정 전통에 관한 이 원전은 명대 초기에도 자주 인용되었다. 예를 들어 향촌 징세 및 호적을 위한 주원장의 농촌 지배 체계는 『주례』에 그 전거가 있었다.[21] 같은 논리에 따라 황제는 '도학'에 근거한 경전이 (원대에 그랬듯이) 과거 시험 교육 과정을 위해 명조에 가장 적합할 것이라고 설득되었다.[22]

그러나 사서四書 가운데 하나인 『맹자』가 주원장을 분노케 하였다. 주원장은 처음에는 경전 교육을 받지 못하였지만 빠른 학습자가 되었다.[23] '도학'은 맹자를 정통 가르침의 계보에서 공자 교리의 계승자로 추앙하였다.[24] 홍무제를 격노케 한 것은 통치차에게 복종해야 할 관료의 충성에 한계를 그은 (명대 향시와 회시 첫 시험 내용의 일부인) 『맹자』의 다음과 같은 구절이었다. "군주가 신하를 흙이나 지푸라기처럼 간주하면 신하는 그를 도적이나 원수처럼 본다." 맹자는 "백성이 가장 귀하고 사직은 그다음이며 군주가 가장 가벼운 존재이다"라며 통치자가 백성을 섬길 것을 주장했다.[25]

주원장은 이러한 정치적 발언이 통치자의 고유 권력을 강조하는 왕조 통치권에 대한 도전이라고 생각하였다. 맹자에게 왕조의 권력은 백성으로부터 비롯되는 것이었다. 전한前漢, 기원전 207~서기 9 시기에 맹자의 관점은 공자를 '무관無冠의 제왕'으로 정당화하고 거짓된 왕들을 비난하는 자발적인 흐름을 불러일으킨 바 있다.[26] 자신의 새로운 왕조의 통치권에 대한 이러한 위협은 주원장이 용인할 수 있는 범위를 벗어난 것이었다. 과거 제도를 폐지할 것인지 숙고 끝에 그는 불경죄 명목으로 과거 시험 수험생들의 독서 목록에서 『맹자』를 제거하도록 요구하여 사서의 경전적 위상을 격하시켰다. 여기에 더해 주원장은 맹자를 공자에 대한 제례와 공묘孔廟 내 성현·학자·순교자의 공식적인 사당에서 제거할 것을 요구하였다.[27]

주원장의 수석 장관들은 '도학'의 교리를 위협하는 황제의 위험한 선례들을 약화시키기 위해 노력했다. 그들은 『맹자』의 못마땅한 구절들을 삭제하는 데는 동의했지만, 나머지 본문을 성공적으로 방어하였다. 1373년에 과거 시험이 중단되었던 까닭에, 이 소동은 1384년까지 잠잠해졌다. 나중에 주원장이 자신의 적들을 문무 관료체제에서 성공적으로 제거한 이후 『맹자』의 검열본이 과거 시험에 사용되었다.[28]

조정의 전제정치는 주원장이 1378년부터 1380년까지 그의 수석 고문관이었던 호유용胡惟庸, 1380년 졸을 반역 혐의로 처형하면서 강화되었다. 이에 앞서 그는 호유용이 씌운 모반 혐의를 근거로 자신의 절강성 출신 조언자 유기劉基를 제거하였다. 황제는 제국 권력 찬탈을 위한 각료들의 지속적인 노력을 두려워하며 관료조직 내 모든 행정책임자 지위를 없애고 관료체계 내 모든 문무 관직을 자신의 지배하에 두었다. 1390~1393년 사이 1380년의 유혈 숙청이 재연되었다. 추산치가 다양하지만, 주원장 자신의 추정에 따르면 약 5만에서 7만 명이 처형되었다.[29] 당대唐代에는 고관들이 사회적으로 대등한 신분으로 황제와 동석하였다. 송대부터 그들은 좌정한 황제 앞에 시립하였다. 명대와 뒤이은 청대부터는 관료들이 황제 앞에 부복해야 했다. 황제 알현 의례의 변화는 명대 초기에 정점을 이룬 왕조 권력의 점증하는 중앙집권적 성격과 일치하였다.[30]

1384년에 과거 제도가 재개되었을 때 명의 시험관들은 마음의 도덕적 수양을 지식인이 아닌 황제의 신성성과 연결시켰다. 시험관들은 종종 자신이 출제한 문제를 통해 제국 통치를 위한 '마음의 방법[心法]'과 그 중심성에 대한 지식과 관련하여 수험생들을 압박하였다.[31] 이러한 선례는 이후의 과문科文에서 재생산되면서 청대 만주족 통치하에서도 황제의 문화적 권위에 관한 하나의 주문呪文이 되었다.[32] 명대 중기에 황제들은 이미 '도통'을 재확립한 것으로 지식인들의 칭송을 받았다. 이러한 지위는 송대나 원대에 무주 / 금화의 공격적인 지식인들에 의해서는 공개적으로 인정되지 못했던 것이었다.[33] 예를 들어 1547년 탐화探花 급제자는 전시 답안에서 다음과 같이 쓴 바 있다.

한·당·송의 통치자들은 지위는 있되 학문이 없었던 데 비해 (…중략…) 송대 네 명의 대가는 학문은 있되 성취가 없었다. 이것이 지난 수백 수천 년 동안 도의 전승이 끊어진 까닭이다.

결론은 명대 초기 황제들만이 '도학'과 제국의 통치를 성공적으로 결합시켰다는 것이다. 금화와 다른 강서성 출신 지식인들은 그들의 이상에 대한 이러한 배신을 묵인하거나 자신의 머리를 잃었다.[34]

명대 황제들은 그들의 통치를 드러내기 위해 정주이학을 선택했기에, 왕조의 존재 이유를 그 신념과 결합시켰고 학교와 과거 시험에서 그 교육적 전파를 위해 관료들을 투입하였다. 주류 고전학은 때로는 명대 초기의 금화를 포함하여 더 넓은 지식인 집단들로부터 생겨나 확산되었고, 때로는 과거 시험 교육 과정의 협소한 핵심이었다. 도덕철학으로서 '도학'은 명의 통치자와 관료 모두가 정당한 정치적 주권을 위해 지지한 개념과 논거, 신념을 제공하였다. '도학' 개념과 신념이 어떻게 시험을 통해 교육적 실천과 수행적인 정치가 되었는지에 대한 최종 결정권은 지역 지식인이 아니라 스스로를 대변하는 황제와 관료 집단에게 있었다.[35]

그러나 맹자의 정치적 이상주의는 살아남았다. 제국의 권력은 지식인의 반론을 완전히 제거할 수 없었다. 1385년 전시에서 강서성 지식인 연자녕練子寧, 1402년 졸은 주원장의 책문策問에 대한 대담한 답안을 작성했다. 홍무제의 질문은 명조를 설립함에 있어서 자신이 고대의 본보기에 전념했음을 강조하였다.[36] 연자녕은 대담하게도 실정失政의 책임을 황제에게 돌렸다. 그는 황제가 고대 법가식 제도가 지배적인 정치적 분위기를 조성하여 황제가 실행하고자 했던 성왕의 이상에 대한 배반을 초래했다고 비난하였다. 황제가 그런 정치적 소용돌이 속에서 어떻게 유능한 관료를 얻기를 기대할 수 있겠는가 하는 것이었다.

결점을 비판하시려는 폐하의 의도가 피상적이었던 것은 아닙니다. 책임을 위임하려는 폐하의 의도가 지나치게 무심한 것도 아닙니다. 그러나 관료들의 왕조에 대한 보답의 결과들은 바람을 잡는 것만큼이나 당혹스러운 것이었습니다. (…중략…) 사람들은 어떤 작은 공로 때문에 빠르게 출세하기도 하고, 어떤 작은 잘못으로 인해 신속하게 처형되기도 합니다. 이것이 폐하께서 진지하게 인재를 구함에도 불구하고 그들이 폐하를 실망시키는 이유입니다. 더욱이 인재를 낳는 것은 매우 어렵지만, 인재들을 육성하는 것은 더 어렵습니다. 폐하께서 그런 인재들을 낳는 것이 얼마나 어려운지 아심에도 불구하고 어떻게 하찮은 이유로 차마 그들을 불구로 만들고 처형하실 수 있사옵니까? (…중략…) 폐하께서는 어떻게 차마 그들을 살육하면서 여전히 "짐은 제국의 인재를 등용할 수 있다"고 말할 수 있습니까?[37]

연자녕은 대담한 항변을 하고도 기적적으로 살아남았다. 그는 황제가 읽을 것을 알았던 시험 답안에서 자신의 견해를 명확히 표현함으로써 통치의 고전적 방식은 통치자의 독점이 아님을 보여주었다. 주원장은 권력 추구와 부패 혐의로 수천의 관리들을 처형한 바 있다. 아마도 그는 연자녕에게서 바로 그가 찾던 관료인 청렴한 지식인의 목소리를 알아낸 듯하다. 그는 연자녕을 살려주었을 뿐 아니라 방안榜眼으로 급제시켰다. 연자녕은 한림수찬翰林修撰으로 임명되었다. 그러나 연자녕은 집안일로 인해 관직을 내려놓고 고향으로 돌아갔다. 후에 그는 주원장의 후계자와 대립하다가 강서성 지식인들에 대한 피의 숙청으로 생을 마감하게 된다.

1384년 과거 시험의 추가적인 변경으로 율학律學 및 기록문서 형식[조(詔)·고(誥)·표(表)]에 있어 한당대 전통이 포함되었다. 〈표 1.1〉에서 보듯이 향시와 회시 두 번째 시험[이장(二場)]의 내용 틀은 시험관들이 한대 양식의 조詔, 당대 양식의 고誥, 송대 양식의 표表 같은 행정적 글쓰기도 강조했음을 보여준다. 표表의 경우, 급제자들이 합격에 대한 감사를 표하는 당송대 사은謝恩 의식을 계승하였다. 명청시대의 장원급제자는 전시 합격자 전체 행렬의 선두에 서서 제국 관료로서의 첫 행동으로 황제에게 '사표謝表'를 올렸다.[38]

단계 구분	문항 수
초장(初場)	
1. 사서(四書)	제시문 3개
2. 역경(易經)	제시문 4개
3. 서경(書經)	제시문 4개
4. 시경(詩經)	제시문 4개
5. 춘추(春秋)	제시문 4개
6. 예기(禮記)	제시문 4개
이장(二場)	
1. 논(論)	제시문 1개
2. 조(詔)·고(誥)·표(表)	문서 3종
3. 판어(判語)	문구 5개
삼장(三場)	
1. 책문(策問)	대책(對策) 5편

*초장에서는 모든 수험생이 오경 중 하나를 전문화하여 해당 경전에 관해서만 답안을 쓰도록 요구되었다.
이러한 요구 사항은 1756년까지 지속되었다.

〈표 1.1〉에서 우리는 명청시대에 작문 능력이 엘리트의 사회적 지위의 분명한 표지였음을 볼 수 있다. 문학적 훈련과 평가용 문체 형식에 있어서 '도학'이 필수 내용이었던 후대의 악명 높은 '팔고문'의 중요성을 상기해 보면, 우리는 당송 문학에 대한 '도학'의 승리가 얼마나 불완전한 것이었는지를 알게 된다. 명청시대의 과거 시험 답안은 명시적으로 그 내용[理]과 형식[文]에 의거해 평가되었다. 시[詩]는 줄곧 '문인'의 표식으로 남아 있었다.

'판[判]'이라 불리는 법률 문서 문제는 당송시대에는 전문 시험으로 일반적인 것이었다.[39] 법률적 전문성에 대한 이러한 시험은 규범적 행정법과 징벌적 형법이라는 두 가지 핵심 영역에서 형법에 중점을 두었다. 공직 후보자는 법전의 법령과 조례의 실제 내용에 대한 지식을 입증할 수 있어야 했다.[40] 명대 초기 회시에 판어[判語]가 도입되었을 때, 이 개혁은 '실학[實學]'에 대한 홍무제의 요구에 부응하기 위한 의식적인 노력을 보여주는 것이었다.

앞서 언급했듯이 주원장은 1372년부터 과거 시험을 중단시켰는데, 그 이유는 관리로 임명되는 합격자들이 실제적으로 숙련되지 않았기 때문이라는 것이었다.[41] 『대명률大明律』은 1373년에 처음 편찬되고 1376년에 개정되었으며, 1389년에 완성되었다. 1381년에 주원장은 모든 정규 학생들에게 명조의 법규를 학습하도록 명했다.[42] 1384년부터 1643년까지 명대의 향시와 회시 이장二場에는 판어가 포함되었다. 이러한 평가 제도는 청조가 당송대 식의 율시律詩 도입을 위해 법률 문제를 포기한 1756년까지 지속되었다.[43]

주원장은 '도학'을 활용해 다음과 같은 후기 제국의 과거 시험 모델을 통합적으로 구성하였다. 정주程朱 도덕철학의 관점에서 사서오경 시험을 시행하고, 수험생들에게 고대 형식의 행정 문서 작성 및 왕조 법전에 대한 숙달, 시대 문제에 기반한 대책對策을 요구한 것이 그것이다. 고문의 흥성에 앞선 한대 식의 책문과 중세의 전문 시험들이 정주이학과 함께 부활하였고, 이 모두가 1384년부터 1757년까지 3년마다 실시된 향시와 회시의 변함없는 특징으로 유지되었다.[44]

이후 1384년에 한림원에 들어간 유삼오劉三吾, 1312~1399?에게 1394년에 황제가 불쾌하다고 느낀 88대목을 삭제한 『맹자』의 공식 판본을 마련하는 임무가 맡겨졌다. 이 삭제판에는 『맹자절문孟子節文』이라는 제목이 붙여졌다. 그 후 검열된 『맹자』가 쿠데타 이후 신기하게도 원본이 부활한 1414~1415년까지 과거 시험 수험생들의 표준 텍스트가 되었다. 그러나 주원장은 맹자의 위패를 곡부曲阜의 공묘에서 제거하여 군주보다 백성을 더 중시하는 맹자의 가치평가에 대한 명조의 반대 입장을 명확히 하는 데 성공했다.[45]

주원장은 남방 한족 지식인에 대한 불신으로 인해 과거 제도에 대해 재고하기도 하였다. 특히 소주부蘇州府에 근거를 둔 강남 신사층이 원대 말기

정권 승계를 위한 싸움에서 주원장의 라이벌들 편을 들었던 까닭에 그를 곤란하게 만들었다. 그들의 부와 문화적 명성은 안휘성 시골에서의 주원장의 미천한 초년과는 너무나 대조적이었다. 명청시대 통치자들에게 '남방'은 제국으로의 통합에 어렵지만 필수적인 지역을 대표했다.[46] 더욱이 만약 과거 시험이 지역 정원 없이 시행되도록 허용된다면, 남방 지식인들이 경쟁을 지배할 것이었다. 관료체제가 남방인들에 의해 좌우되는 것을 막는 것은 명대 초기에 제국의 중요한 목표가 되었고, 이러한 정책은 마지막 왕조가 교육 행정에서 정원제를 포기한 1904년까지 지속되었다.

3. 남권男卷 대 북권北卷

과거 시험은 고대에 이루어진 고전적 텍스트들을 평가하였기에 기본적으로 구어와는 구별된 서면어로 시행되었다. 명대 중국의 수많은 방언들은 특히 북방에서 비한족들과의 상호작용에 의해 영향을 받았다.[47] 과거 시험에 필요한 문화적 훈련을 습득하기 위해서 대다수의 학생들은 문언文言을 숙달시켰다. 그 간명함과 수천의 특이한 글자들, 그리고 고대 문법 형태는 어려서부터 성인이 되도록 암기와 끊임없는 관심을 요구하였다. 읽고 쓰는 능력을 갖춰주는 고전 교육은 시험 성공의 최소 보증 요건이었다.[48]

북송시대부터 제한된 급제 정원, 특히 누구나 탐내는 전시 급제를 위한 치열한 경쟁은 관직이 보장되지 않았음을 의미했다. 10 : 1의 경쟁률은 최종 경쟁에서 수험생의 성공 가능성에 있어 드문 것이 아니었다.[49] 시험 준비에 필요한 철저한 사교육을 위한 더 우월한 문화적 자원으로 전환되었던 남방의 더 높은 경제적 생산성과 더 많은 인구로 인해, 남방 지역에 거주하는 중국인들은 처음부터 향시鄕試에서 더 힘든 난관에 직면하였다.[50] 향시에서의 합격을 위한 경쟁률이 동남부에서는 100 : 1이었던 데 반해 서북부에서는 단 10 : 1에 불과했다.[51]

이러한 격차로 인해서 전시에 응시하는 남방 출신 수험생들은 요구된 문학적 답안을 위해 더 잘 준비되어 있었다. 북방 지식인들이 내용, 곧 고전적 교리를 강조했던 데 반해 남방에서는 문학적 형식에 대한 추종이 부상하였다.[52] 홍무제와 그 계승자들에게 과거 시험 초기 남방의 우세는 곤란한 문제가 되었다. 그리하여 남방인들에 의해 과거 시험과 관직 임명이 좌우되는 것을 제한하기 위한 주원장의 노력은 결국 과거 시험의 중단으로 이어지기도 했다. 과거 시험 시장이 남방인에 의해 독점되는 것을 막기 위해 주원장은 동남부의 '세련됨'과 서북부의 '단순함' 사이에 대한 송대 지식인의 문화적 구분을 그대로 따랐다.[53]

1365년부터 1367년까지 지속된 마지막 군사 작전에서 주원장 최대의 적의 왕권 주장에 대한 강남 지역 엘리트들의 지지 또한 명대 초기 경제 정책의 일부로서 과거 시험의 중단 결정에 기여하였다.[54] 홍무제는 소주나 송강松江 출신이 호부상서戶部尙書 직에 임명되는 것을 특정하여 금지시켰다. 이는 이들 부유한 지역 출신이 자신들 고향에 대한 세제 행정을 지배하는 것을 막으려는 의도였다.[55] 남방의 경제적 자원에 대한 주원장의 통제는 남방이 부유함을 과거 시험과 그에 따른 관직에서의 성공에 필요한 문화적 자원으로 전환하는 것을 저지하기 위한 그의 노력과 궤를 같이했다.[56]

상대적으로 가난한 가족과 가문들로 구성된 덜 부유한 북방은 여전히 고전 학습에 대한 문학적 교양을 평가했던 공직 경쟁에서 문화적 열세에 놓여 있었다.[57] 남방의 가문 학교들은 사적 소유권을 빈틈없이 보호하였다. 이를 통해 남방사회, 특히 강남 지역 엘리트들은 사회·정치·학문적 우위를 위해 서로 경쟁하였다. 이처럼 공동 자산은 송대 이래 교육적으로 우위에 있었던 남방 신사층과 상인들의 경제적·정치적 환경을 존속시키는 데 중심 역할을 하였다. 명대 중엽에 이르러 강남 지역에는 상인의 아들들을 위한 학교들도 생겨났다.[58]

홍무제가 1380년대에 남방 지식인이 과거 시험을 좌우하는 것을 막고자 했었다면, 그는 실패하였다. 예를 들어 1385년에 472명의 진사 가운데 132명[28%]만이 북방 출신이었던 데 비해 340명[72%]이 남방 지역 출신이었다. 향시와는 달리 회시會試에서는 지역 정원이 설정되지 않았지만, 주원장은 여전히 남방 문제에 대해 우려하였다. 황제가 공적인 관리에 대해 논의한 1389년의 대화에서 유삼오는 거친 북방인과 세련된 남방인 사이의 차이에 대해 거들먹거리듯 말했고, 여기에 대해 주원장은 반대하며 남방인이 신사가 되는 데 있어 독점권을 가지지 못했다고 대답하였다.[59]

홍무제는 1397년 봄의 전시에서 52명의 급제자 전원이 남방 지식인임을 발견하였다.[60] 황제는 편파 판정 가능성을 확인하기 위해 수석 시험관 유삼오에게 이전 회시의 낙방 답안들을 재검토할 것을 요구하였다. 남방 지식인인 유삼오는 순위 변동은 필요 없다고 보고하였다. 유삼오는 이렇게 해명했다. "저희들의 선발에는 남방인과 북방인 사이의 구분이 없었습니다. 단지 양자강 이남에 뛰어난 지식인이 많을 따름입니다. 북방 지식인은 그저 남방인에게 비교가 되지 않습니다." 황제는 노기를 띠고 이렇게 대답했다. "그대가 말한 것처럼 양자강 이북에 뛰어난 지식인이 없을 수가 있겠는가?"

격분한 주원장은 최소 두 명의 독권관讀卷官을 처형하였다[그중에는 공개적으로 능지처참을 당한 사람도 있었다. 그러나 그는 과거의 공로를 감안하여 유삼오는 살려주었다. 그러고 나서 주원장은 직접 회시 답안들을 읽어보았다. 답안의 순위를 매긴 후 그는 두 번째 전시를 개최했다. 아이러니하게도 두 번째 전시의 주제는 집권한 지 30년이 지났는데도 여전히 형벌의 방식으로 민사적 통치를 보완할 필요가 있는 데 대한 황제의 불만이었다. 이러한 황제의 압력 하에 1397년 회시와 전시 급제자 명단은 61명으로 다시 작성되었고, 이번에는 전원이 북방인이었다. 그 후 시험관들은 전시 응시자의 출신 지역에 주의를 기울이게 되었다. 시권試卷의 출신 지역 배경을 확인하기 위한 행정 서류함이 고안되었고, 그에 따라 시험관들은 익명의 시권에 '북권' 또는 '남권'이라 표기하게 되었다.[61]

황제는 1397년의 개입에도 불구하고 전시 급제자에 대한 영구적 정원을 설정하지는 않았으나, 공식적인 정밀 검토라는 문제를 제기하였다. 홍희제洪熙帝, 1425 재위에 의해 회시 총 급제 정원 중 북방 후보자를 40%까지 허용하는 지역 정원이 정해질 때까지 전시 급제자 명단에서 남방 출신의 우위는 80% 이상의 수준으로 유지되었다. 1427년 회시에서는 전체 정원 가운데 북방인은 35%, 남방인은 55%, '중부 지역' 출신은 10%까지 합격이 허용되는 것으로 소폭 개정되었다. 중부 지역 정원은 주변부 지역을 감안하여 1427년에 설정되었다. 이 비율은 명말까지 적용되었고 청대에도 유지되었다.[62]

정원제는 남방의 상류 지식인이 획득할 수 있는 우위의 정도에 절대적 제한을 두었지만, 정원제만으로는 급제자가 최초로 조정이나 수도 및 광역에 임명될지 아니면 지방의 부나 현에 임명될지가 결정되는 전시에서의 높은 순위를 위한 경쟁을 평준화할 수는 없었다. 가장 높은 등수의 전시 급제자는 보통 남방 출신이었고, 그에 따라 조정과 관련된 한림원 또는 수도의 다른 관직에 임명될 가능성이 높았다.[63] 1425년의 정원 조정은 북방인이 낮은 등급의 공직에 접근하는 것을 보장해주었다. 과거 제도는 전시에 대한 받아들일 만한 지역 정원제가 시행된 1450년 이후에야 고위 관직을 위한 주된 경로가 되었다.[64]

4. 찬탈자에서 성현으로 '영락永樂' 연간

주체朱棣, 1360~1424의 영락1402~1424 재위 연간은 1399년 분열의 내전과 더불어 시작되어 1402년 남경의 대학살로 이어졌다. 1424년 영락 연간이 끝났을 때, 이전에 북경 지역의 연왕燕王이었던 주체는 고대 성왕의 반열에 오른 통치자로 공포되었다. 영락제는 또 한·당·송의 황제들은 '치통治通'도 획득하지 못했지만 자신과 자신의 부친은 '도통道通'을 회복했다고 주장하였다.[65]

지식인들의 지지가 없었다면 주체는 그러한 주장을 할 수 없었을 것이다. '도학'과 홍무제 사이의 삐걱거리는 결합을 개선하지 않고서는 성왕이 된다는 자신의 주장도 성공할 수 없었다. 피로 물든 집권에도 불구하고 주체는 자신의 부친이 설정한 제한을 넘어 과거 시험 교육 과정의 범위와 규모를 확대함으로써 왕조와 지식인의 협력관계를 회복하였다. 그로부터 명대에 '도학'은 점차 정치적 삶 속에 스며들게 되었다. 그러나 지식인들의 비극적인 유혈사태는 명의 '도학' 정통의 서사로 기록되었으며, 그것은 만주족 통치자들이 명을 무너뜨렸을 때 조심스럽게 인정한 금지된 역사였다.[66]

주체가 1402년에 힘으로 '영락' 황제로 등극하고자 했을 때, 그는 절강성 동부 출신 학자 방효유方孝孺와 경사京師의 부감찰관이었던 연자녕練子寧에게 자신을 보좌해줄 것을 요구하였다. 연자녕이 전시 답안에서 주원장이 각료들을 비정하게 처형한 것에 대해 질타했던 것을 상기케 하는 대목이다. 방효유는 건문제建文帝, 1399~1402 재위만 보좌했지만, 연자녕은 초대 홍무제와 뒤이은 건문제 모두를 보좌하였다. 연자녕이 주체의 찬탈을 비난하자, 주체는 그의 혀를 잘라 입을 막았다. 그 후 연왕은 "나의 단 하나 소망은 [주나라 때] 어린 성왕成王을 돕기 위해 왔던 주공周公을 본받는 것이었다"며 자신이 명의 수도를 점령하고 건문제 대신 황위에 오른 것을 정당화하였다.[67]

연자녕은 손가락을 자신의 입에 대고 피를 적셔서는 바닥에 "성왕은 어디에 있는가?"라는 글귀를 분명하게 적었다.[68] 방효유의 경우에도 대립 구도는 마찬가지로 모골을 송연케 한다. 연왕은 처음에는 정중하게 건문제의 심복이자 그가 아직 살아 있음을 본 마지막 관료였을 방효유에게 자신의 황위 계승 선언문을 작성하도록 명하였다. 방효유가 주체를 죄인으로 낙인찍으면서 두 사람은 격론을 벌이게 된다.[69]

연왕 나는 스스로 성왕을 보좌한 주공을 본보기로 삼았고 더 이상은 없다.

방효유 성왕은 어디에 있습니까?

연왕 그는 (궁에서) 분신자살하였다.

방효유 성왕의 아들을 황제로 세우시는 것이 어떻습니까?

연왕 왕조는 원숙한 통치자를 필요로 한다.

방효유 그렇다면 성왕의 동생을 통치자로 세우시는 것이 어떻습니까?

연왕 그런 것은 내 가문의 일일 뿐이다.

연왕은 심사가 불편해진 채 방효유에게 자신의 즉위 포고문을 작성할 붓을 주었다. 방효유는 붓을 바닥에 내던지고는 눈물을 흘리며 경멸스럽다는 듯 논쟁을 이어갔다.

> **방효유**　내가 죽어야만 한다면 받아들이겠소. 나는 포고문 원고를 쓰지 않겠소.
>
> **연왕**　(큰소리로) 그대는 어찌 그렇게 갑자기 죽기를 바라는가? 그대는 죽으면서 그대의 구족九族이 걱정되지 않는가?
>
> **방효유**　십족을 멸하더라도 그게 나에게 무엇이 중요하겠소?

주체는 건문제에게 무슨 일이 일어났는지를 아는 방효유가 절대 자신을 새 황제로 인정하지 않을 것임을 알고는 종자들에게 명하여 칼로 방효유의 입 양쪽을 귀까지 찢어버리도록 명하였다. 그리고 나서 방효유는 다시 감옥에 던져졌고, 자신의 친구들과 추종자들이 하나씩 그에게로 끌려왔다. 방효유가 그들을 만나기를 거부하면, 그들은 죽임을 당하였다. 죽을 때까지 그는 주체의 자만을 조롱하면서 후세에 유명해진 시를 남겼다.[70]

'성왕곧 건문제'은 아마도 죽었을 것이다. 황후와 장자의 유해만 화재 잔해 속에서 발견되었다. 건문제가 탈출했다는 소문이 명대 내내 이어졌음에도 불구하고, 퇴위된 통치자를 위한 장례식이 남경 몰락 일주일 후인 7월 20일에 거행되었다.[71] 연자녕은 자신의 전 가족 및 친족과 함께 처형되었다. 대략 먼 친척들구족 또는 십족만 150명 이상 죽임을 당했다. 수백 명은 유배를 당했다. 방효유의 경우 그의 친족 약 873명이 처형당했다. 방효유와 연자녕 외에 다른 건문제 충신들의 친족도 제거되었으며, 일부 추정치는 1402년에 살해된 관료와 그 가족의 총수가 만 명에 달한다.[72]

건문 연간[1399~1402]은 역사 기록들에서 지워지고 대신 오래전에 사망한 홍무제[1368~1398 재위]의 재위 31~35년이 되었다.[73] 명대 초기의 '실록'은 두 차례 다듬어졌고, 홍무 연간의 최종 판본에서는 주체를 합법적인 계승자로 확정하기 위해 기록들이 허위로 조작되었다.[74] '영원한 즐거움[永樂]'의 황제로서 주체는 사후에 '태종太宗', '문황제文皇帝'로 알려진 강력한 군주가 되었는데, 후자는 1402년에 '문화 건립[建文]' 통치자인 자신의 조카를 제거하기 위해 주체가 사용한 군사적 방법을 감안했을 때 아이러니한 선택이었다. 1538년 이후 영락제는 주체와 마찬가지로 황위 승계의 새로운 계보를 세운 가정제[嘉靖帝, 1522~1566 재위]에 의해 '성조成祖'라는 묘호가 추증되었다.[75]

주체는 명대의 두 번째 설립자가 되었다[1415~1421년에 그는 수도를 북경으로 옮겼다]. 주체는 황위 찬탈 후 고전학 특히 '도학'에 대한 지식인의 신념을 적극 촉진하였다. 1409년에 완성하여 자신의 지정 승계자에게 증정한 주체 자신의 『성학심법聖學心法』은 그와 그의 계승자들의 '치통'과 연결시켜주는 '도통'에 대한 그의 생각에 있어 상징적인 것이었다. 주원장과 주체는 모두 성왕聖王의 제국 계승자들로서 신성화되었다.[76]

그러나 주체는 도덕적 본보기가 되기 위해 방효유와 연자녕의 목숨을 희생시켰던 맹자의 정치적 이상주의 요소를 조심스럽게 회복하였을 뿐 아니라, 그들을 지식인 순교자로 예찬하였다. 그가 무능력하고 이단적이라고 비난한 건문제와 반역적인 기생충으로 묘사했던 그 관료들로부터 황권을 찬탈한 이후, 주체는 실제로 군주 시해에 대한 맹자 식의 정당화로부터 이득을 얻었다. 그 자신이 바로 그가 타락과 부도덕함을 비판했던 황제를 제거한 것이었고, 그리하여 '천명天命의 변화'는 자신의 부친이 예견하고 반대했던 방식으로 그의 정치적 요구에 편리하게 기여했다.[77]

맹자의 말과 관련하여 주원장의 기분을 상하게 했던 것이 반대로 주체에게는 그의 군사적 행동을 위한 정당화로 환영 받았다. 그의 조카는 정당하게 퇴출당했다. 1409년 회시를 통해 맹자의 삭제판이 여전히 공식 텍스트로 사용되었음에도 불구하고, 일찍이 1404년에 주체는 맹자가 통치자들을 위한 황실 교육 과정에 부활되어야 한다고 결정했다.[78] 1409년 주체는 자신의 『성학심법』 서문에 백성이 왕조의 근간이라는 맹자의 견해에 완전히 굴복하는 내용을 포함시켰다.[79] 주체는 만약 그가 대중의 지지를 얻기 위해 백성에게 도덕적 우위를 허락하고 지식인과 조정 사이의 협력관계를 회복한다면, 황제로서 경전을 통해 그 자신의 진정한 의도를 숨길 것인지 아니면 드러낼 것인지 양자택일의 방법을 가질 수 있었다.[80]

'도학' 도덕철학은 부분적으로는 1402년의 사건들로부터 관심을 돌리기 위한 도덕적 이데올로기로 이용되었다.[81] 그러나 건문 연간의 희생자들 역시 격동의 15세기 초반에 여전히 '도학'의 일부였던 설득력 있는 지식인의 정치적 이상에 의해 동기 부여를 받았다. 동시에 정치적 찬탈자인 주체는 문화적으로 '도학'을 전용하여 명조의 성군이 되었다. 양쪽 모두 고전적 정통성을 주장하였다. 주체는 정치 권력 세계의 승리자가 되었으나, 연자녕과 방효유는 강서성과 절강성의 지역 구비설화 속에서 전설적인 영웅이 되었다.

수천의 관료들이 암암리에 처형되었음에도 불구하고 주원장과 주체의 성스러움에 대한 완벽한 서사는 과거 제도 가운데 끊임없이 재생산되었고, 그것을 통해 초기의 명조는 정치적·문화적 정당성에 관한 공식 기록을 통제할 수 있었다. 1402년 주체의 성공적인 권력 찬탈이 나중에 청의 만주족 황제들이 자신들의 명 정복을 정당화하기 위해 학습되고 모방되면서 명대 초기의 명 성왕聖王들의 이상화는 역사적으로 중요한 문제가 되었다. 명청 통치자들에 의한 '도학'의 이데올로기적 이용은 우연이 아니었다. 예를 들어 당대에 이세민李世民, 618~626 재위은 626년 지정된 후계자였던 자신의 형을 암살하고 이어서 스스로를 위해 자신의 부친 고조高祖, 618~626 재위의 퇴위를 강요하였다. 이후 638년 태종太宗으로서 이세민은 당대 과거 시험의 고전 학습에 필요한 정확한 논평을 제공하기 위해 『오경정의五經正義』의 편찬을 승인한 바 있다.[82]

송의 몰락 이후 원·명·청의 통치자들은 이러한 이데올로기적 기능에 도움이 되도록 '도학'을 선택하였다. 몽골족·한족·만주족 황제들 역시 백성들 사이에서 왕조의 정당성을 확고히 하기 위해 제휴했던 불교나 도교, 그리고 민간 종교들이 제공하는 대안들과 비교했을 때,[83] '도학'에 대한 그들의 호소는 통치자들을 자신들의 가장 교양 있고 영향력 있는 엘리트인 한족 지식인과 연계시켜주었다.[84] 명조통치자와 관료 집단와 지식인의 사상'도학' 사이의 선택적 친화성은 양쪽 모두로부터 최대한 활용되었다. 1402년 격동의 사건들 수면 아래에는 통치자와 지식인 관료들 사이의 문화적·정치적 정략결혼이 숨겨져 있었다.[85]

다른 한편에는 이데올로기와 지위에 저항하며 고난을 선택한 방효유와 영자녕 같은 순교자들이 있었다. '도학'은 양쪽 모두에 이바지하였다. 권력과 이상주의 양쪽 모두를 위한 존재 이유는 고전적 경전 속에 정확히 자리를 잡았다. 명대 초기 황실 이데올로기의 정확한 문화적 내용에 대한 분석은 1402년 이후 '도학'이 어떻게 제국의 목적과 엘리트들의 관심 모두에 기여했는지를 볼 수 있게 해준다. 그러나 연자녕과 방효유의 엄연한 전설은 맥락화를 교묘히 피했다. 그들은 역사적 우연성을 넘어 영원함으로 나아갔다. '건문 연간 희생자들'의 행동은 결코 명청 과거 시험 교육 과정의 일부가 되지 못했다. 17세기 명조의 몰락 직전까지도 그것은 공식적 학습의 대상이 아니었다. 하지만 그들의 전설은 명청시대 수백만 과거 수험생들이 주공周公이 충실하게 그의 조카 성왕成王을 보좌함으로써 세운 성현의 본보기가 담긴 『서경』을 통해 재인식하게 됨에 따라 계속 살아남았다.

5. 후기 제국 '도학' 교육 과정의 수립

주체의 '도학'적 정당성을 강화하기 위해 필요한 문화적 작업은 건문제를 보좌하던 것에서 약간의 공적인 가책을 느끼며 영락제에게 복종하는 것으로 전환한 사람들에 의해 수행되었다. 강서성 출신의 모든 연자녕 가운데는 한림원 편수編修 양영楊榮, 1371~1440 같이 연왕이 남경에 진입했을 때 그를 알현하고 적절하게 새 통치자를 보좌하기로 선택한 강서 출신의 다른 많은 이들이 있었다. 양영은 원래 자영子榮이었던 자신의 이름을 그 기회를 기념하기 위해 바꾸었다이 전략에 관해서는 제5장을 볼 것. 양영은 건문제 치하의 1400년에 진사에 급제하였다.[86] 1400년 전시의 시험관과 100명의 진사는 건문제의 관료들 대다수가 건문제를 한번 섬긴 이상 그의 시해자를 적극 도울 수는 없다는[不二臣] 나중의 일부 지식인들이 고수했던 고전적 명령에 유념하지 않았다는 증거였다.[87]

명대 초기의 지식인 협력자들

방효유는 1400년 전시에서 건문제의 독권관讀卷官 중 한 명이었던 데 비해, 강서성 출신의 해진解縉, 1369~1415은 수험생들의 답안 수합을 담당하고 있었다. 두 사람은 모두 한림원 학술위원이었다. 1388년 진사였던 해진은 1402년에 스스로 순교자가 되는 대신 최소한의 저항의 길을 선택했다. 그의 충성심으로 인해 주체는 해진을 한림원에 재임명하고 즉시 그에게 건문제의 문서들을 조사하여 찬탈에 저항하는 데 쓰일 만한 모든 것을 제거하는 임무를 맡겼다. 그런 다음 역시 1402년 영락제는 해진에게 주체를 황제로 공식화하고 건문제를 비정통으로 폄하하는 것으로 고치는 주원장 '실록'의 첫 번째 개정 임무를 부여하였다. 해진이 편찬을 도운 사서史書 판본두 번째 판본도 있었다에서는 주체를 주원장의 생존해 있는 장자로 제시하였다. 자신의 형이 죽은 1392년에 주체가 후계자로 지정되어야 한다는 것이 분명해졌다. 나중에 건문제를 보좌한 부도덕한 조언자들로 인해 자격 없는 '황손'이 대신 후계자가 되었다는 것이다.[88]

호광胡廣, 1370~1418은 1400년 전시에서 장원으로 급제하였다. 연자녕과 마찬가지로 호광은 건문제의 조정에서 중요한 강서성 출신 엘리트 가운데 하나였다. 건문제는 호광의 본명이 한대 관료의 이름과 같다는 이유로 그가 한림원에 들어가기 전에 이름을 바꾸도록 했다.[89] 1400년 전시에 급제한 또 다른 강서 출신은 김유자金幼孜, 1368~1431였다.[90] 김유자는 연자녕과 같은 고을 사람이었다. 두 사람은 함께 자랐고 젊었을 때 과거 시험을 준비하면서 공자의 『춘추』를 공부하였다.[91] 1402년 이후 호광과 김유자는 모두 영락제를 보좌했다. 그들은 건문제의 정복자 삼촌과의 협력을 지식인의 지지가 필수적인 통치자와의 공적인 평화를 이루는 길로 간주하였다.

주체는 관료들에게 약간의 도덕적 우위를 허락함으로써 연자녕 지지자들에게서 비롯된 강서 지역의 반대를 극복하였다. 호광은 즉시 자신의 이름을 광廣으로 다시 바꾸었다. 개명은 아마도 사람들이 직면한 도덕적 딜레마를 완화시켰을 것이다.[92] 주체에 의해 한림원 학술위원으로 재임명되면서 이후 그는 1414년에 영락제가 과거 시험에 요구된 '도학' 정통을 강화하도록 재가한『오경사서대전五經四書大典』편찬 사업 책임을 맡게 되었다. 김유자가 호광과 양영을 이 영향력 있는 문화 사업에 참여시켰던 것이다.[93]

'홍무실록'의 내용 변경에 더해서 주체는 또 1404년에 해진에게 약 147명의 학자를 불러들여 모든 현존 경사자집經史子集 저작을 단일한 모음집으로 묶도록 지시했다. 1404년에 이것이 완성되었을 때 황제는『문헌대성文獻大成』이라고 명명하였다. 이 사업은 이전 왕조시기에 진행된 유사한 사업들을 본받은 것이었다. 예를 들어 주원장 재위 기간 동안 해진은 1388년에 홍무제에게 경전에 관한 핵심적인 '도학' 저작의 편서를 지을 것을 제안하였다. 그에 앞서 1373~1374년에 주원장은 고전 학습 및 고대 제도 관련 노력에 관한 최고의 기록을 편찬함에 있어 당대唐代 통치자를 모방하는 것에 대한 관심을 이미 시사한 바 있다. 그리하여 사서오경을 해설하는 저작이 마련되었다.[94]

찬탈 직후『문헌대성』을 서둘러 착수한 점과 홍무 '실록'의 최초의 눈속임을 막 완성한 해진이 자료들을 모으고 편집하도록 선택되었다는 사실은 주체가 해진에게 고전 학습과 관련된 모든 기록물을 수집하기 시작하도록 명했을 때 마음속에 문화적으로는 물론 정치적인 동기를 가지고 있었음을 시사해준다.[95] 기록물들을 수집하는 것에 더해서 편찬자들은 주체의 황권에 악영향을 주는 자료들을 찾아낼 수 있었다. 최종 모음집은 주체의 동기를 잘 이해하고 영락 연간의 기록들을 잘 알고 있었던 건륭제가 부분적으로는 반만反滿 저작을 색출하기 위해 1770~1780년대에『사고전서四庫全書』편찬 사업을 승인한 18세기까지 깊숙이 드리워졌을 정치적 그림자라는 어두운 면을 지니고 있었다.[96]

1404년에『문헌대성』이 완성되었을 때 주체는 불만족스러워했다.[97]

1405년 그는 자신의 최측근 심복인 불교 승려 요광효姚廣孝, 1335~1418에게 그 사업을 더 진전시키도록 지시했다. 요광효의 재량 하에 승려와 의원 醫具이 포함된 2,169명의 편찬진이 알려진 모든 저작을 샅샅이 뒤져 편찬 사업을 위해 그것들을 필사하도록 배치되었다. '도학'에 비판적인 승려였던 요광효는 주체로 하여금 건문제에 대해 반란을 일으키도록 종용하고 황제의 최측근 조언자 중 하나로 남았다. 1407년에 『영락대전』으로 알려진 이 총서 편찬 사업이 완료된 후 요광효에게 1411년부터 1418년까지 지속된 홍무제 '실록'의 두 번째 개정 임무가 맡겨졌다. 기존에 완성된 원본과 마찬가지로 해진의 첫 번째 개정판의 모든 사본은 폐기되고 요광효의 재개정본만 남게 되었다.[98]

1404년 영락 연간의 첫 번째 회시에서는 472명의 급제자가 나왔다. 이는 주원장이 대폭 감소된 관료 집단을 채울 필요가 있었던 1385년 이래 가장 많은 숫자였다. 마찬가지로 전시 급제자 수의 갑작스런 증가는 황제가 자신에게 충성하는 지식인들을 즉시 재생산할 필요가 있었음을 반영해준다. 1404년에 시험관들이 정원을 어느 정도로 설정할지 물었을 때 황제는 처음으로 역대 최고 수준으로 설정하기를 바라지만 그 정원은 계속되어서는 안 된다고 대답하였다.[99] 전시가 끝난 후 황제는 회시 낙방자 전원에게 특별 문학 시험으로 재시험을 치르게 하도록 명했다. 그리하여 또 60명의 충성스런 학생이 국자감에 들어가 차기 회시를 준비할 수 있도록 선발되었다.[100]

1406년에는 전시 급제자의 25%가 연자녕의 출신 지역인 강서성 출신이었고, 1411년에는 32%까지 늘어났다.[101] 해진과 같은 강서 출신 지식인들은 내각대학사 지위까지 승진되었는데,[102] 이는 (특히 강서 출신 엘리트들 가운데) 새 황제에게 충성한 사람이 신속히 보상받았다는 점을 분명히 보여주었다. 주체와 (해진, 호광, 양영, 김유자를 포함해) 대부분 강서 출신인 7명의 최고위 조언자들과의 회견에 관한 한 기록에서 주체는 1402년에 집권한 이래 그들 모두가 지지해준 것에 대해 칭찬하였다. 영락 연간을 통틀어 강서성 출신은 매 3년마다의 전시 합격자 25~30%를 차지했고, 이러한 수치는 16세기 초에만 감소하였다.[103]

1409년 한림원 연구위원들의 도움으로 완성되어 후계자미래의 홍희제, 1425 재위의 도덕적 수양을 위해 제공된 주체의 『성학심법聖學心法』은 '도통'과 '정치적 정당성'의 통합을 설파하였다.[104] 1414부터 1415년까지 편찬된 『성리대전性理大全』으로 알려진 '도학' 개설서의 서곡으로서, 고전 주해에 대한 주체의 선록은 문화적 정통으로서 '도학'의 재인증을 대변하였다. 주희와 그의 송대 제자들을 인용하면서 황제는 도덕적 원리의 장으로서 '도심道心'이 주가 되어야 하고 이기적 욕구의 장인 인심은 전자의 명령을 따라야 한다는 주희의 견해에 완전히 동의함을 피력하였다. 황제는 사실상 자신의 아들과 신하들을 교육하기 위해 주희의 주석을 도용하였다.[105]

성왕으로서 주체는 양다리를 걸치고 있었다. 그는 정치적 정당성을 위해 정주이학을 이용하는 동시에 송대 '도학'의 지금껏 가장 위대한 제국의 후원자가 되었다. 그의 지식인 지지자들 또한 양다리를 걸칠 수 있었다. 그들은 통치에 있어서 지식인의 영향력을 회복하기 위해 '도학'을 이용하는 동시에 정주이학이 공식적 수사 가운데 만연되도록 만들었다.

주체의 『성학심법聖學心法』서문에는 다소 모호한 요소들이 있었다. 통치자가 자신의 관료들에게 기대하는 충성심에 대해 그는 다음과 같이 썼다. "통치자로부터 자신의 지위와 녹봉을 받는 자는 자신의 가족에게 하듯 왕조에 신경을 써야 한다. 그들은 스스로를 잊고 왕조를 따라야 한다."[106] 연자녕, 방효유 그리고 건문 연간의 순교자들은 해진이나 호광 같은 주체의 신복들보다도 이러한 이상에 더 부합한 삶을 살았다. 1413년에 그랬던 것처럼 황제는 이따금 연자녕이 자신에게 복종하기를 바랐다. 다른 한 편으로 호광은 1418에 사망했을 때 그의 보좌로 인해 크게 칭송되었다. 그러나 그보다 앞서 해진은 그가 반대했던 영락제의 지정 승계자의 미움을 사면서 1411년에 대역죄로 하옥되었고, 1415년에 옥사하였다.[107]

'도학' 경전

역사적 기록을 수정하는 것에 더해서 주체 정권은 그 기록을 감싸기 위한 교육적 정당성이 요구되었다. 영락제는 "성스러운 통치자이자 백성의 스승이며 배움의 후원자로 보여지기를" 원했다.[108] 이러한 문화적 노력은 1415년에 다음 세 가지 고전적 기획의 출판과 보급을 통해 정점을 이뤘다. ①『사서대전四書大全』, ②『오경대전五經大全』, ③『성리대전性理大全』. 이는 현 단위까지의 모든 관학에서 수백만의 수험생들이 과거 시험 준비에 사용해야 할 자료들을 규정하였다.

한림원에서 만들어진 이 3종의 대전大全은 '도학'을 신성화하였다. 오경·사서대전은 매우 서둘러 편찬되었다. 호광과 그의 수하들이 송원대 주석을 사서오경에 일관성 있는 구절별 주해로 준비하고 조정해 넣는 데는 1414년부터 1415년까지 단 9달이 걸렸다. 아마도 1415년에 목전의 북경 천도를 둘러싼 일들에 문화적 광채를 더하기 위해서였을 주해 편찬의 성급함은 후에 불완전함으로 인해 비판을 야기하였다.[109] 3종의 대전이 『홍무실록』 개정에도 동원된 한림원 연구위원들에 의해 편찬되고 그들이 『영락대전』 편찬도 도왔던 까닭에, 나중에 학자들은 삼부대전三部大全의 진정한 목적이 고전 학습에서 건문 연간을 삭제하기 위한 것이었다고 의심하였다. 고염무顧炎武, 1613~1682 같은 명청대 지식인은 종종 영락제의 기획들이 경학을 쇠락하게 만들었다고 비난하였다.

군주 (즉 주체)는 조정에 거짓말을 하였고 그 수하들[곧 관료 집단]은 지식인들을 속였다. 당송시대에 한 번이라도 이런 일이 있었던 적이 있는가? 그들은 건문제를 퇴위시키면서 진실하고 올곧은 관료들과 타협하지 않았는가? 더욱이 팔고문 시험이 시작되면서 지식인들은 송원대 이래 전해 내려오던 '실학'을 모조리 버리고 말았다. 높은 사람들과 아랫사람들이 서로 속아 넘어가 출세주의적 관심에 집착하게 되었고 결코 왜라고 묻기 위해 멈추지 않는다. 아! 경학의 실질적 종말은 여기서 시작되었다.[110]

다른 청대 지식인들 또한 영락제의 기획과 그것이 시험을 통해 만연되면서 명대 경학의 쇠락에 미친 영향을 자주 비난하였다. 청대의 『명사明史』 편찬자들도 유사한 불만을 갖고 있었다.[111]

주체는 3부작의 마지막인 『성리대전性理大全』이 완성되고 3부작 모두가 공식적으로 간행이 허가되었을 때 스스로 서문을 준비하였다. 주체는 황위를 계승한 1415년에 모든 성왕은 "천하를 다스리기 위해 도를 활용했다"고 썼다. 그리하여 "위대한 설립을 이룬 대황제 태조주원장의 후계자로서" 자신의 한림원 학술위원들에게 "경전의 의미를 밝히는 것은 무엇이든 포함시키고 경전의 의미에 반하는 것은 무엇이든 배제하는" 3부작을 준비하도록 명했다.[112] 호광과 (강서 출신의 양영, 김유자를 포함한) 편찬자들은 자신들의 진술 속에서 다음과 같이 아무런 불확실한 표현 없이 주체를 칭송하면서 건문제는 아예 존재하지 않았고 주체가 합법적인 계승자라는 주장을 그대로 따랐다. "육경의 도를 밝히고 우리 옛 성현들의 통일성을 이같이 지속할 수 있을 만큼 위대한 행적을 지닌 통치자는 지금껏 결코 존재하지 않았다."[113]

『성리대전』은 송·명 '도학'에 대한 교육 과정을 밑받침해주는 가장 분명한 선언을 대표하였다. 그것은 명청 왕조가 거의 500년 동안 유지되는 데 필요한 것이었고,『맹자』의 무삭제 완정본을 포함하였으며, 주체는 국왕 시해에 대한 정당화와 관련하여 아무 두려울 것이 없었다.[114] 이러한 조건으로 인해서 3부작은 사서오경이 학습되고 해석되는 정치적 환경의 변화를 대표하였다. 기념비적 텍스트로서 '대전 3부작'은 그 역사적 맥락을 초월하여 주희 이후 주해 전통의 한 기록이 되었고, 18세기까지 그 지위에 있어 한당대 주석을 뛰어넘었다.제7장 참고[115]

명 조정은 '도학' 경전의 이 판본들이 반드시 제국 전체 학교에 비치되도록 조처하였다. 송대나 원대에는 전국에 걸친 이 같은 확정적인 선집이 존재하지 않았다. 한당대 주해들은 별개의 저작들로 전락하였고, '3부작' 기획에 포함시키기 위해 선택된 송원대 주해 가운데 선별적으로 인용되었을 뿐이다. 예를 들어 명대 한림원 학술위원들은 인욕人欲을 벗어난 천리天理에 관한 정주 학파의 철저한 도덕주의를 과도하게 적용하였다. 후에 그들은 청대 학자들로부터 주희가 불교도를 논박하기 위해 밝힌 좀더 미묘한 차이의 이원론보다 형식주의적이었던 선악에 관한 불교적 시각을 제시한 것으로 인해 비난받았다.[116]

예를 들어 한림원 학자들은『사서대전』에 공을 들이면서『맹자』에 관한 논평들을 선별할 때 신하와 백성들이 악한 군주에 반대할 정당한 근거에 관한 맹자의 논의를 제한하는 기록들을 선택하였다.『맹자』가운데 홍무제를 격노하게 했지만 주체에게는 용인되었던 구절들에 대해서 호광은 맹자의 언사들이 단지 전국시대기원전 476 / 453~221의 혼란한 역사적 상황에만 적용되었다고 강조하는 주석가들을 선택하였다. 그에 따라 맹자는 당대에 대한 비판으로서가 아니라 과거에 대한 지침으로 확립되었다. 고대 폭군에 대한 그의 비판은 계몽된 명대의 선례로 해석될 수 없었다.[117]

맹자의 정치 이론에 대한 중요한 인정에도 불구하고 영락제의 정통성과 그의 왕조 통치권은 여전히 무력에 의해 입증된 제국 권력에 기초하고 있었다. 지식인들이 반대한다 하더라도 그 반대의 방식은 정치적으로 제약이 따랐다. 황제와 관료들이 함께 맹자 이론의 받아들일 수 있는 한계를 결정하는 가운데 권력을 차지하기 위해 내전을 벌인 자조차 통치자로서 높은 도덕적 지위가 주어졌다. 『맹자』의 온전한 무삭제판을 부활시킴으로써 영락제는 어떤 경전에 대해서도 직접적인 해석의 권한을 포기하였다. 일부 명말 지식인은 건문제와 방효유, 연자녕에 관한 역사적 기록을 복권시킴과 동시에 마침내 제국 권력에 대한 조정의 관점에 도전하였다.[118]

연자녕과 방효유의 경력이 전형적인 예가 된 정치적 반대 형태로서 도덕적 항변은 '도학'의 보편적·고전적 기준에 따라 명대 통치자를 평가하는 데 이바지하였다. 그러나 명청시대에 통치자들은 종종 이러한 반대의 길을 차단하거나 관료주의적 감시 형태로 전환하였다.[119] 1415년에 『맹자』의 완정본이 복원되었음에도 불구하고 1372년에 주원장을 곤란하게 만든 구절들은 향시나 회시에서 시험관들에 의해 거의 출제된 적이 없다. 원칙을 확인해주는 흥미로운 예외에 관해서는 "백성이 가장 귀하다"는 『맹자』의 유명한 구절이 환관의 권력에 대한 불만을 드러내기 위해 1624년 강서성 향시 시험관들에 의해 출제되었던 것을 주목할 만하다.[120] 애남영艾南英, 1583~1646의 답안이 높은 등수에 올랐으나,제7장 참고 그의 언급이 막강한 권력을 쥔 조정의 환관에게 비판적이었기에 그는 9년 동안 회시 응시가 금지되었다. 진사급제자가 아니었지만 애남영은 1402년의 비극적 사건을 고려하여 명대 초기의 정통성을 재평가했던 명말 지식인들 사이에서 산문 작가의 모범이자 오피니언 리더가 되었다.[121]

수정되지 않은 형태주체가 그의 관료들에게 양보한 주요 사항으로 '맹자'는 대부분 과거 시험 수험생이었던 독자들에게 발언하는 것이 허용되었다. 성왕으로서 주체는 고전적 경전이 제공할 수 있는 모든 것의 수혜자였다. 그가 지식인 엘리트들과의 협력관계를 회복하고 그들의 도덕적 가치를 중시하는 한 반대 의견조차도 그에게 유리하게 전환되었다.

6. 영락제의 유산

1425년 이후, 과거 시험은 관료제에서 고위직을 충원하는 주요 수단이 되었다. 명대 초기 과거 시험에서는 1385년과 1404년 회시만이 시험을 통해 관료를 임용한 송대의 범위와 규모에 근접했다. '도학'은 1241년 남송 조정에서 의례적으로 존중되었고 1313년에는 원대 과거 시험의 정전正典이 되기는 했지만, 이는 예비적인 단계였다. 조정이 처음으로 '도학'을 제국의 이데올로기로서 전국에 걸쳐 문화적·정치적 생활 가운데서 온전히 기능하게 한 것은 명대의 일이었다. 이후 명대 과거 시험은 '도학'과 '대전 3부작'에 기초해 1415년에 수립된 왕조의 교육 과정을 500년 동안 수백만 명의 과거 응시자들이 학습하고 숙달할 것을 보장해주었다.

일부 청대 지식인들은 순진하게도 명대 초기 황제를 선망의 대상이 되는 경전의 확고한 지지자로 여겼다.[122] 그러나 명대 초기의 제국 이념으로서 도학의 승리는 상당한 대가를 치르고 얻은 것이었다. 독재 권력과 정주程朱 철학 담론 사이의 연결은 아마도 중국 역사상 가장 강력한 황제인 주체와 자기 수양적 '도학'의 도덕적 이상을 옹호한 관료들 사이의 씁쓸하면서도 달콤한 타협으로 완성되었다. 위선은 피할 수 없었다. 명대 지식인들은 운 좋게도 더 이상 홍무제 주원장이나 그의 아들 영락제 같은 카리스마 넘치는 '성왕'과 대면하지 않았다.

주체의 찬탈에 대한 기억은 명나라의 양심을 짓눌렀다. 강서성 지식인 오여필吳與弼, 1392~1469은 찬탈자로 여기는 영락제를 섬기려 하지 않았기에 과거 시험 참가를 거부했다. 이 행위로 인해 그는 건문 연간 1400년 회시에서 1등으로 급제하고 1403년에 영락제하에서 '홍무 연간 실록'을 개정하고 재간행하는 데 관여했던그로 인해 주체는 그를 빠르게 승진시켰다 자신의 아버지 오부吳溥, 1363~1426와 멀어지게 되었다. 이후 오부는 『영락대전』의 부수석 편집자로 일하였다. 오여필 개인의 절개는 그의 강서성 제자 호거인胡居仁, 1434~1484에게도 영향을 미쳐 영락제가 사망한 지 오래 지났음에도 불구하고 명조의 과거 시험 참가를 거부하였다. 호거인은 자신의 글에서 정치적 찬탈에 대한 맹자의 경고에 간접적으로 호소하였다. 오여필과 호거인은 모두 도학자의 모범이 되었고 자신들의 절조와 도덕적 수양으로 영예를 얻었다.[123]

연자녕과 방효유의 운명은 공식 기록들에서 인정되지 않았고, "성황은 어디에 있는가"라는 그들의 질문은 여전히 답변을 얻지 못했다. 1416년에 주체는 순교자들의 가족에 대한 박해를 풀었고, 모친의 장례 참석차 강서성에 갔다가 막 돌아온 호광으로부터 사람들이 마침내 진정되었다는 것을 알게 되었다.[124] 처형된 관리들의 유족에 대한 사면은 이후 황제들의 통치 기간에 내려졌다. 예를 들어 1425년에 홍희제는 방효유의 절강성 후손 수천 명을 복권시켰다.[125] 이듬해 선덕제宣德帝. 1426~1435 재위는 살아남은 연자녕의 강서성 친족을 사면하였다.[126] 1573년에는 순교자 전원

이 사면되었다.[127]

명청 제국의 이데올로기와 과거 시험의 정통은 영락제와 그의 지식인 협력자들에 의해 후기 제국의 형태로 한데 엮인 상호 연관된 정치적·도덕적·제도적 맥락을 이용하여 도학을 길들였다. 이러한 제국 차원의 노력에 있어서 한무제기원전 140~87 재위나 당태종627~649 재위, 송태조960~976 재위가 영락제의 역사적 모델이었고, 남송 이종理宗, 재위 : 1225~1264과 원대 인종仁宗, 재위 : 1312~1320이 이미 도학을 제국 의례의 기반에 위치시키고 과거 시험의 정통으로 자리 잡게 하기는 했지만, 주체와 그의 정권은 명청시대에 더 큰 유산을 남겨주었다. 19세기 후반에 붕괴된 왕조와 도학 정통은 그 역사적 계보를 명대 초기로부터 직접적으로 이어받았다.

강희제재위 : 1662~1722가 한림원 학자들에게 『성리경의性理經義』1715년 간행라는 도학서와 『고금도서집성古今圖書集成』옹정 연간인 1728년에 개정간행을 편찬하도록 명했을 때, 조정은 영락 연간을 모방하여 만주족 통치자를 자신의 엘리트들과 협력하여 일하는 도학의 성왕으로 내세웠다. 건륭제와 그의 조정은 1773년에 중국 역사상 가장 방대한 서지학적 사업인 『사고전서』 편찬을 명했을 때 같은 조치를 취했다. 『사고전서』 편찬 사업은 반청反淸 저작을 감시하고 그럼으로써 그 본보기였던 『영락대전』과 마찬가지로 허용되는 지식의 공식적인 판본을 통제하였다.

이에 앞서 명대본 『성리대전』의 재판에 대한 강희제의 1673년 서문은 청대 초기의 정치적 정당성治統을 홍무제와 영락제의 도학적 문화 정책과 연결지었고, 그 정당성의 근거를 이전의 성왕으로부터 자신들의 청조 귀족들로 전환한 '마음의 방법心法'에 두었다. 만주족 통치자들은 또 도를 문화적 정당성道統의 수신기로 재이용하였다.[128] 명청 황제들과 각료들은 고대로부터 현재의 통치에 본보기가 되어 온 성왕들의 도에 호소하였다. 더욱이 그들은 고대의 도덕적 원칙이 정주이학을 통해 성왕들로부터 현재의 황제들에게로 마음에서 마음으로 전승되어왔다고 주장하였다. 그 후 황제와 관료, 그리고 도학은 서로 이러한 관련성을 공유하게 되었다.

독립적으로 떼어놓고 보면 명청시대 도학 교육 과정은 단순히 사서오경 및 정사正史와 관련된 철학적·역사적 담론의 문화 영역으로 인식되는 경우가 많았다. 그 문화 영역은 확실히 지역 지식인들에 의해 지지되었다. 그러나 수험생활, 그 준비과정의 의례, 그리고 성공의 단계들은 송대에 시작된 정치·사회·경제적, 그리고 문화적 재생산의 복잡하고 상호 관련된 과정들과도 연결되어 있었다.[129] 자격 시험은 사회정치적 시금석으로 기능했을 뿐 아니라, 다음 장에서 보게 될 것처럼 제국체제를 유지하는 완전한 파트너였던 고전 문해력을 충분히 갖춘 엘리트들로부터 기껏해야 반半문맹의 대중들을 가로막는 목적이 분명한 장벽으로 서 있었다.

정치적 효용을 목적으로 송원대의 제도를 확장하기 위한 명 조정의 이러한 노력에서 특별한 점은 계획된 목적을 놀라울 만큼 성공적으로 달성했다는 것이다. 그 자체의 본질적 기능 측면에서 볼 때 관료 충원 과정은 500년 동안 사회적 지위와 정치적 권력, 그리고 문화적 명망 사이의 복잡한 관계를 구현하였다. 중국 후기 제국의 시험은 종종 단순히 공공질서와 정치적 효율성을 유지하기 위한 정부 레퍼토리의 몇몇 수단 중 하나로만 인식되어왔다. 왕조의 관점에서 볼 때 잘 훈련되고 충성스러운 지식인 관료의 재생산은 주된 관심사로 남아 있었다. 교육과 시험에 대한 제국 차원의 지원은 제국이 고용할 재능 있고 충성스런 인재를 공급하는 시험 과정의 성공 여부에 달려 있었다. 반대로 송대 이래 과거 제도에 의해 만들어진 수많은 시험 실패자 집단은 국가의 통제를 넘어 고전 문해력을 지닌 이들을 위한 성공적인 대안 직업들의 전례 없는 물결을 일으켰다.

엘리트 교육이 왕조 인재 선발의 주요 목표와 거의 동일시되었던 까닭에, 많은 동시대인이 그러하듯 단지 그 경제적 또는 과학적 비생산성만을 기준으로 삼으며 시험 제도를 평가하는 요점을 놓치고 있다. 또 우리는 인재 선발 과정이 단순히 제국의 이익에만 이바지하였다고 가정할 수도 없다. 중국 엘리트들은 선발 과정을 통해 어느 정도 사회문화적 인정과 자율성을 얻을 수 있었다. 홍무제와 영락제라 하더라도 황제와 그의 조정이 선발 과정의 지적·도덕적 조건을 유지하기 위해 중앙 및 지방의 관료들과 협력해야 했던 까닭이다.

원대와 명대 이래 관료들에 의해 계승된 사회적 관습과 정치적 이해관계, 도덕적 가치는 15세기 초에 성숙한 형태를 갖추고 1905년까지 지속된 왕조의 학교 교육 및 과거 시험을 통해 (많은 비공식적·공식적 반대에도 불구하고) 공식적으로 재생산되었다. 다음 장에서는 고전 문해력을 촉진하고 도학의 숙달을 강화하기 위한 이 주목할 만한 정치 시스템의 제국 전체 차원의 사회문화적·언어적 측면에 대해 좀 더 탐색해보고자 한다.

제2장

명대에서 청대로
도학의 기준과 팔고문

　황제를 제국의 스승으로 예우하는 공적인 의례에는 공직 후보자의 시험 및 선발이 수반되었다. 후보자들이 지식인 범위로 축소되자 홍무제와 영락제는 합격자들에게 사회정치적 지위와 문화적 위신을 모두 부여했다. 그 후 고전 문해력과 도학에 대한 정통함, 그리고 간결하지만 우아한 과문科文을 쓸 수 있는 능력은 최종 합격자 명단을 통해 지식인을 공식적으로 인정받게 해주었다. 공직 임용 경쟁은 제국 전역의 신사·군인·상인 가문을 공통의 고전 언어 및 경전 암기를 공유하는 문화적으로 정의된 학위소지자라는 지위 집단으로 통합하는 왕조의 교육 과정을 성공적으로 창출하였다.

　시험 교육 과정에 의해 부분적으로 정의되었던 문학 문화는 또한 지식인의 성격과 양심에 대한 정의에 영향을 주었다. 시험으로 이어지는 암기 내용은 관료정치와 왕조의 엘리트 노복으로서 개인 역할의 중첩을 강화시켰다. 지식인의 도덕적 수양은 조정의 영원한 관심사였다. 조정은 자신이 선발한 관료들이 통치 가문의 이름으로 백성을 섬기도록 보장하기 위해 노력했다. 지식인들은 가장 높은 사회적 집단으로서 왕조의 협력자였고 정치·사회적으로 그들보다 아랫사람들의 본보기였다. 지식인에게는 왕조가 고전적 이상을 따르고 송·원·명 전환기에 형성된 도학의 정통성을 유지하는 것이 중요했다. 도학에 대한 국가의 승인은 또한 백성과 통치자의 정치적 노복으로서 지식인의 문화적 변화에 관련된 것이었다.

1. 언어, 고전주의와 서예

고전 중국어는 정치적 선발에 힘을 실어주는 언어였다. 도학의 도덕적 의미와 철학적 의의는 제국 정통의 사회적 가치와 정치적 권력에 대한 관료 집단의 논의를 필요로 했다. 언어를 논의에 포함시킴으로써 우리는 사회정치적 방침의 수단으로 승인된 고전 언어를 분석할 수 있는데, 그것은 고전 교육을 받은 문인들의 공용어로도 기능했다.[1] 1898년 이전에는 공립 학교가 없었기 때문에, 대부분의 평민 남성특히 시골의 농민, 장인, 상인은 언어적으로나 문화적으로나 시험 시장에서 배제되었다. 교육 자원의 불평등한 분배는 문해력 전통이 제한된 가정 출신은 고전 문해력을 포함한 전통을 지닌 가문 출신과 학위 시장에서 성공적으로 경쟁할 가능성이 낮다는 것을 의미했다. 과거 시험은 지역 엘리트 구성원 중에서 선발하고 그들의 신분을 확고히 함으로써 독점적으로 유지되었다.[2]

이런 엘리트주의에도 불구하고 효와 조상숭배는 계급과 문화적 장벽을 초월했다. 심지어 거의 모든 가정과 지역 학교들이 아이들에게 기능적 읽고 쓰기에 필요한 1,500개의 서로 다른 문자를 읽고 쓰도록 훈련시키는 데 사용했던 『천자문千字文』, 『백가성百家姓』, 『삼자경三字經』도 사회가 제창하는 고전적 가치로 부호화되었다. 구어적 성격의 대중적 문해력은 비엘리트층 사이에서 널리 퍼져 있었지만,[3] 그러한 문화적 수준은 고전 문해력만큼 정치적으로 영향력이 없었다. 중국의 초기 및 중기 제국 이래로 서면구어, 준고문 및 고문을 구분 짓는 언어 사용 영역은 고전 문해력을 완전히 갖춘 사대부들이 지역 사회에서는 거의 참여할 수 없었던 서면 담론의 세계로 들어가는 것을 보장해주었다. 따라서 이러한 언어 사용 영역은 계층 의식을 시사했다.[4]

근대 초기 유럽에서 중등교육과 초등교육을 구분한 라틴어 대 토착어와는 달리[5] 중국 후기 제국의 구어[만다린]와 문어[고문]의 경우, 토착 구어는 모든 사람이 공유했던 데 반해 고전 언어는 엘리트의 지식 분야였다는 점에서 구분된다. 학생들은 사서오경에 출전을 두고 단어로 만들어진 대략 40만 개의 반복되는 단어 범위 내에서 암기를 하였다. 이 수치는 방대한 왕조사[송대까지는 17종, 청대에는 22종의 정사가 있었다]는 포함하지 않은 것이다.

1405년 이후 조정과 관료들 사이에 만연한 지배적인 가치관, 사상, 질문, 논쟁은 고전 언어로 번역되었는데, 그 발음은 더 인구가 많고 번창한 남방 방언이 아닌 대략 중국 북방의 수도 북경 지역의 궁정 표준 만다린 방언[관화(官話)]에 기초한 것이었다. 명대에 남방의 수도로 유지되었던 남경의 상응 부처들에서는 남방식 만다린이 사용되었다. 1425년 이후 중국은 남방의 경제적 이점을 제한하기 위해 언어적 구분과 연계된 지리적 단위로 분할되었다. 북방 관화와 남방 관화로 알려진 명대 치하의 공식 언어에는 교육과 사회적 접촉을 통한 수년간의 훈련 후에야 언어를 습득할 수 있는 외부인에게 특권을 부여해주는 문어와 구어 형식이 요구되었다. 국가가 만주어와 몽골어를 팔기[八旗] 엘리트들의 공용어로 추가했던 청대에도 지식인들의 고전 언어는 관료들의 공적인 목소리로 남아 있었다. 남경과 같은 경쟁적인 수도가 없었던 청나라의 북경은 관료들에게 표준어를 제공했다.[6]

그러한 정책들은 여행을 거의 하지 않고 수도 밖에서 지역 방언만 말한다든지 단지 기초 수준의 문해력만 지녔거나 고전적으로 문맹인 사람들을 난처하게 만들었다. 그들은 필경사나 목판 각공, 심지어 지역 법률 문서 작성인이 될 수 있었지만, 학위가 없는 초급 문해력 소유자로서 사회 엘리트 중에서 정치 엘리트를 선발하는 과거 시험장에는 들어갈 자격이 없었다.[7] 공직 자격을 갖추는 데 필요한 합법적인 문화 교육을 받기 위해 시험을 준비하는 대부분의 학생들특히 남방 지역 학생들은 제2언어로 새로운 구어북방 또는 남방 관화, 그리고 성년이 될 때까지 간결함과 특이한 서체 및 고풍스런 형식에 지속적인 관심이 필요한 문어고전 중국어를 마스터했다.[8]

정치적 성공에 필요한 도학은 명대의 이중 수도에서 공직사회를 위해 공유된 구어와 문어를 재생산했다. 청대의 공식 관화와 출신지 방언이 다른 남방인은 더 많은 부를 더 넓은 사회적 접촉과 우수한 교육 자원 및 시설로 전환함으로써, 그러나 더 넓은 제국 전체의 엘리트와 동일시하는 대가를 치르면서 초기의 언어적 단점을 극복했다. 제국 전역에서 온 신사, 군인, 상인 가족은 지역 전통이나 사원, 방언에 계속 묶여 있는 출신 지역의 하층 사회 집단보다 문화적·언어적으로 서로 더 많은 공통점을 가지고 있었다. 엘리트는 지방, 광역 및 수도 권역에서 순환했던 반면, 비엘리트는 동일한 방언을 사용하고 동일한 전통을 공유하는 지역 집단으로 제한되었다. 공직을 준비하려면 계층 및 개인 차원의 지식인 문화와 '문인'으로서 지식인 모두와 관련된 고전 언어, 사고, 인식, 공감 및 행동에 대한 정통 및 지역 체계를 숙달해야 했다.

중국 남동부의 광동 지식인들은 제국 전역의 지식인들과 결정적으로 언어적인관화 그리고 담론적인고문 공통점을 공유했다. 예상치 못한 방식으로 1415~1421년 이후 북경에서 만다린 방언이 공식 구어체로 제도화되고 고대 고전 텍스트가 과거 시험의 요건으로 포함되면서, 부·주·현·성에서 '외지 출신' 관리로 근무한, 고전 문해력을 갖추고 관화를 사용하는 엘리트들과 다른 방언을 쓰는 이들 지역 본토인 준엘리트를 포함한 비엘리트들 사이의 괴리를 만들어냈다. 신사층과 상인은 종종 겹치는 언어적 전통에도 불구하고 개념적으로는 다르게 기능했다. 상인이 비공식적 문화와 가문 전통의 지역성과 풍부함을 보였다면, 신사층은 제국 전역에 걸쳐 활동하며 서면 고전 언어와 정치 권력의 공식 언어를 구현했다. 서북부의 산서山西 출신 지식인은 붓을 사용하는 필담 형태로만 의사소통이 이루어지더라도 남동부 광동 출신 동료와 구어적인 간극을 메울 수 있었다.[9]

과거 시험은 고전 교육만이 제공할 수 있는 문화적·언어적 통일성의 정도를 목표로 했다. 그러나 이 목표는 결코 완전히 달성되지 않았다. 언어적 통일성은 광범위한 지역 텍스트 전통과 지역 학문 전통을 허용했다.[10] 지식인들이 공직을 위해 선택한 고전 교육 과정은 언어적 기호40만 개 이상의 반복되는 단어, 문체적 범주팔고문 수사 형식, 도덕 개념도학 이론의 집합이었다. 이러한 중첩은 정치적 권력과 사회적 지위가 정부가 받아들일 수 있는 용어로 정의되고 지식인들과 공유될 수 있도록 보장했다. 좋든 나쁘든 의도했든 하지 않았든, 송대 도학은 정치적·문화적으로 왕조를 정당화하고 지배적인 신분 집단의 사회적 위신을 높이기 위한 지침을 확립했다. 홍무 및 영락 연간의 정치적 공포에도 불구하고, 명대 지식인들은 고전 경전의 문화적 구축에 온전히 참여하였다. 그들이 그 운영에 계속 관여했기에 과거 시험은 정치적·사회적 지지를 받았다.

관화 구어와 고전 문해력의 숙달은 엘리트 친족 전략의 핵심 요소였으며, 다른 많은 평민의 기초 문해력도 마찬가지였다. 족보 편집, 증서 또는 법적 소송장 작성, 입양 계약 및 융자 합의에는 친족 집단 내의 엘리트만이 제공할 수 있는 언어적 전문지식과 정치적 접촉이 필요했다. 고전 교육은 문화적 승인을 보장해주는 것이었다. 15세기와 16세기에 중등교육의 교육 언어로 구어를 고전 라틴어로 전환한 유럽 엘리트들과 다소 유사하게, 대부분의 명청대 한족·만주족·몽골족은 시험장에 들어가면 관화와 고전 중국어에 자신들의 모어를 종속시켰다.[11]

<홫진 2.1> 1388년 장원 필기구

고정신(顧鼎臣) · 고조훈(顧祖訓) 편, 『명장원도고(明壯元圖考)』, 1607년본.

상인들은 신사 가족들처럼 고전 학문의 교양 있는 후원자가 되었다. 명대에는 '상인 가족'이라는 세습 명칭이 실제로 적용되지는 않았음에도 여전히 사용되었지만, 이러한 상인들은 상류 엘리트들과 거의 구별할 수 없었다. 예를 들어, 양자강 삼각주에서는 상인들이 지역 학교 및 사립 학원을 설립하기 위한 자원을 제공했다.[12] 지역 사회, 특히 도심 사회에서 상인의 성공은 교역으로 인한 이윤과 높은 사회적 지위 사이의 상관관계를 드러냈다. 상인들의 후원으로 고전 학문이 번성했으며, 그 어느 때보다 많은 책이 인쇄되고 수집되었다.[13]

명청시기에는 모든 수험생이 반드시 결국 팔고문이라는 엄격한 대구식 문체가 된 에세이를 써야 한다는 엄격한 규정을 시행함으로써 엘리트 문학 문화가 더욱 강화되었다. 이는 수험생들 사이에서 악명 높았고, 기초 문해력을 지닌 상인, 농민, 장인들을 당황하게 만들었다.[14] 이러한 문화적 기대에는 응시자들이 서면 고전 중국어에 능통하기 위한 가장 특징적인 문화 훈련 형태의 하나인 서예를 숙달해야 한다는 점잖은 요구 사항이 추가되었다. 어린 시절부터 학생으로서 입문서의 글자를 반복해서 그대로 따라 쓰면서 배운 한자를 제대로 쓰기 위한 의례에는 붓, 먹, 벼루, 문진, 명주, 화선지 같은 문인 문화와 오랫동안 관련된 문화적 도구가 포함되었다.〈사진 2.1〉 참조 붓, 먹, 벼루, 종이는 문방사보文房四寶로 알려져 있다. 중국의 고급문화는 문학 형식에 대한 숙달과 그러한 형식을 아름답게 쓰기 위한 예술적 훈련을 요구했다.[15]

국가 시험에서는 얼룩이나 오려 붙인 글자가 없는 특수 용지에 허용 가능한 표준 서체[해서(楷書)]를 써야 했다. 학생들의 답안이 익명으로 처리되지 않았던 지방 시험에서는 부·주·현의 시험관들이 응시자의 문장뿐 아니라 서법도 평가하였다. 이와 유사하게 서예는 전시 급제자의 최종 순위에서 중요한 요소였고, 거기에는 [평가의 공정성을 위해 수험생의 답안을 익명으로 전사하는] 등록관謄錄官도 없었다. 이 절차는 [왕조 전적의] 편찬자를 위한 문학 시험이 정기적으로 열리는 한림원에 들어간 사람들에게도 계속되었다.[16] 학생들은 공인된 표준 서체를 사용하여 적절한 답안을 준비했지만, 교양 있는 사람은 흘림체[초서(草書)]나 필기체[행서(行書)], 심지어 고대 전각체[전서(篆書)] 글씨도 익혔다. 전서와 초서체는 가장 박학한 사람만이 이해할 수 있었다. 더 높은 수준에서 고전 중국어의 읽고 쓰기에 수반되는 의식은 그러한 미적 기능을 훨씬 더 신비롭게 보이게 했다.[17]

문화적 표현의 고전적·문학적·서예적 형태를 사회적 지위와 동일시하는 '아마추어' 지식인의 이상그리고 '이상'이 전부였다은 엘리트들 사이에서 수사학적 우위를 차지했으며, 특히 젊은이들이 학생이고 아직 관직에 오르지 못한 경우 그러했다.[18] 널리 알려진 이 '신사'의 이상과 그 문학적·미적 감수성은 고급문화에서 정의된 멋진 여가그림, 서예, 시 등의 방식에 비엘리트의 참여를 배제했다.

명대 시험에서는 법률, 의료, 제도, 재정 전문 분야가 책문 문제로 평가되기는 했지만, 남송 이후 관직 선발 과정에서 대부분의 전문 시험이 폐지되면서 제국이 기술 과목에서 사회정치적 권위를 철회했음을 시사했다.[19] 그렇다고 이들 기술 분야가 자동적으로 사라지게 만든 것은 아니었지만, 이후 법, 의학, 천문학 및 재정 문제에 대한 훈련은 종종 평민 사무원, 아전, 관료 보좌관, 심지어 명청 관료체제 내 기술 위주 부문에서 일한 이슬람교도와 유럽인의 전유물이 되었다. 이민족의 지배, 곧 처음에는 몽골족 그다음에는 17세기 만주족의 지배에 직면했을 때만 상당수의 지식인이 관직 이외의 직업들로 다시 눈을 돌렸다.[20]

명대에 문화 재생산은 사회 엘리트에 의해 독점되기는 했지만, 정부의 정치적 목표를 편리하게 뒷받침하였다. (1787년 이전) 응시자들이 관화 발음으로 사서오경을 기계적으로 암기하는 문제는 끊임없이 규탄 받았음에도 결코 해결되지 않았다. 질서와 순응에 대한 강조가 교육 과정에서 기계적인 학습예:교리문답이 근본적인 역할을 하도록 보장한 근대 초기 유럽에서처럼,[21] 후기 제국시기 중국의 교육자들은 통설을 기계적으로 받아들이는 것을 높이 평가했다. 과거 시험은 문화적 합의에 영향을 미치고 논증과 수사의 형태를 조절하는 데 있어 다른 많은 것 가운데 근본적인 요소였다.[22]

2. 1475년 이후 팔고문과 문학적 형식주의

문학적 평가가 어떠하든 후기 제국시기 중국의 회화가 '퇴폐적'이라는 지금으로서는 시대착오적인 1900년경 일본 미술사학자들의 주장[23]과 유사하게, 명청대 과거 시험용 에세이[팔고문(八股文)]는 당송대의 순문학[시부(詩賦)]으로부터 11세기에 왕안석이 옹호한 고전 에세이[경의(經義)]로의 전환에 가장 직접적인 뿌리를 두고 있다. 그러나 고전 에세이는 명대 초기까지 과거 시험에서 제국 전체 차원의 핵심 문학 형식으로 확고하게 자리 잡지 못했다. [그러나] 팔고문은 19세기까지 크게 유행했는데, 여기에는 그 문학적 혈통에 가치를 부여하려는 많은 노력이 있었다.

대부분의 명청대 지식인은 이런 에세이 형식의 기원을 과거 시험에서 시부를 에세이로 대체하는 것에 대한 1057년부터 1071년까지 북송의 찬반 논쟁에서 찾았다. 다른 이들은 에세이를 위한 제시문 선정은 수험생들이 단 한 구절만 보고 해당 경전 단락을 기억을 통해 암송해야 했던 당대에 간접적으로 기원을 둔 것이라 생각했다. 또 다른 이들은 [팔고문이 상당 부분 마치 성현이 직접 말하는 것처럼 서술해야 했다는 면에서] 그 형식을 금원대 희곡의 연극적 성격의 영향으로 돌리기도 했다.[24] 그러나 시험용 에세이의 역사는 더 복잡하며 ① 고대에 사용된 대책문對策文 ② 중세 에세이 중의 병문騈文 ③ 북송의 고문체 같은 여러 다른 원류가 있다. 팔고문을 쓰는 것이 여전히 유행이었을 동안, 병문과 고문의 옹호자들 모두 각기 팔고문을 정통 문학 전통과 동류의 장르라 주장했다. 시험용 에세이의 '고股, 곧 '뼈대''는 병문과 고문 장르 모두와 관계되어 있었다.

청대의 고전학자들은 팔고 형식의 '시문時文'이 일련의 4·6자구 형식 가운데 대구와 논증을 요구하는 중세 병문 스타일에서 비롯되었다고 주장했다. 이러한 입장에 반박하기 위해 '도학'을 지지한 이들 중 한 사람인 방포方苞, 1668~1749는 건륭제를 위해 『흠정사서문欽定四書文』을 편찬하고 팔고문을 고문 및 도학과 연결시켰다.[25] 팔고문 형식이 처음 정식으로 등장한 것은 명 성화成化 연간1465~1487이었다. 결과적으로 팔고문의 역사적 계보를 한당대 또는 송대로 거슬러 올라가 세우려는 경향은 1480년대에 갑작스럽게 등장했다는 점을 잊게 만든다. 비록 팔고 형식이 더 이른 왕조들에 뿌리를 두고 있지만, 나는 지식인 작가들 사이에서 그것의 문화적 의미를 풀기 전에 먼저 명대 중기의 모습에 초점을 둔다. 이와 유사한 더 이른 시기의 사례들과 마찬가지로 고전적 글쓰기의 이러한 새로운 유행을 처음 만들어낸 것은 황실이 아니라 지식인들이었다.

팔고문의 반대자들은 처음부터 동조적인 반응을 얻었으나, 1500년 이래의 폭넓은 스펙트럼은 또 그것을 옹호하는 역할을 하였다. 명말 대부분의 이슈에 있어 우상파괴자였던 이지李贄[26]는 팔고문에서 고대 가치에 대한 지식인의 탐구가 진행되고 있는 것을 보았다. 이지에게 있어서 시문時

文은 유명한 관료들을 배출하고 있는 것에서 그 가치가 입증된 것이었다.[27] 이와 유사하게, 파격적인 문학적 전통으로 잘 알려진 원굉도袁宏道, 1568~1610 와 이어李漁, 1611~1680는 팔고문을 시문時文의 거울로 여겼다. 그들에게 팔고 문은 형식적인 훈련으로서의 요구 사항을 넘어 그 자체로 중요한 문학 장 르가 되었다. 이러한 에세이는 시험장 안팎에서 남녀노소를 불문하고 고 전에 대한 교양을 갖춘 사람들이 사용하는 문화적 형식이 되었다.[28]

한림 학자 양장거梁章鉅, 1775~1849는 19세기 초에 『제의총화制義叢話』라는 책을 저술했다. 그는 선발 과정에서 축적된 결점을 언급했지만, 중국인 의 삶 속에서 시험용 에세이가 육성한 예술적, 문화적 수준을 높이 평가 했다. 양장거는 지금껏 누구도 받아들일 만한 대안을 찾아내지 못했다고 언급했다.[29] 완전한 문화적 신념으로 시험 에세이를 평가한 양장거 저작 에 서문을 쓴 청대 지식인들은 그것을 더 발전시킨 청대의 공헌을 칭송 하였다.[30]

명대 중엽 팔고문의 근원

송대와 명대의 시험용 에세이 스타일 사이에 상당한 연속성이 있음에 도 불구하고 일부 청대 초기 학자들은 팔고문이 결정적으로 명대 초기에 그 형태를 갖췄다고 주장했다. 『명사明史』의 편찬자들은 새로이 형성된 에 세이['제의(制義)', 곧 팔고문]가 명 홍무 연간 초기부터 시작되었다고 기록하였 다.[31] 고염무는 17세기 후반에 쓴 글에서 좀 더 역사적인 정확성을 기하 여 팔고문이 15세기 후반에 시작되었다고 기록했다.

고전적 에세이를 '팔고'라고 부르는 대중적 전통은 아마도 성화 연간1465~ 1488부터 시작되었을 것이다. '고'라는 표현은 짝을 이루는 어구를 가리키는 말이다. 천순天順 연간1457~1465 이전에 고전적 에세이의 글쓰기는 고전 주해의 부연에 불과했다. 그것들은 때로는 대구를 이루기도 하고 때로는 변화를 보이기도 했지만 고정된 형태는 없었다. (…중략…) 가정嘉靖 연간1522~1567 이후로 에세이 스타일은 계속 바뀌었고 수험생에게 물어보면 왜 그런 글을 '팔고'라고 부르는지 아무도 모른다.[32]

고염무의 서술에서 흥미로운 것은 그가 팔고문의 최초 시점을 성화 연간으로 기록했다는 점과 그 형식을 특정 작가의 영향으로 돌리는 데 실패했다는 점이다.

팔고문의 가장 유명한 초기 작가는 1474년에 응천부應天府 향시에 1등으로 합격한 학자 겸 관료 왕오王鏊, 1450~1524였다.[33] 그 후 왕오는 1477년 회시에서도 1등으로 합격하였다.[34] 그러나 전시에서 왕오는 당시 명대 문인 중 유일하게 '3연속 1등[삼원(三元)]' 급제를 달성한 상로商輅, 1414~1486를 수석 독권관으로 만나는 불운을 겪었다. 상로는 앞서 다른 독권관들이 왕오의 최종 대책문을 1등으로 올린 것을 종합 3등으로 평가함으로써 왕오가 두 번째 삼원 급제자가 되지 않도록 못 박았다.[35] 향시나 회시와는 달리 전시에서는 익명으로 채점하지 않았기에 상로는 왕오의 답안을 알아볼 수 있었던 것이다. 1474년 상로의 고향인 절강성 향시에서 1등을 한 사천謝遷, 1450~1531은 2연속 1등[이원(二元)]으로 1475년 장원으로 뽑혔다.[36]

이러한 등수 강등에도 불구하고 왕오의 팔고문은 시험장 밖에서 한림원의 영향력이 미치지 않는 곳에서 대유행하였다. "팔고문으로 따지면 왕오가 승리했고, 외모로 따지면 사천이 이겼다"는 말이 회자되었다. 상로는 시기심에 공식 순위를 조작했지만, 사천의 글은 왕오의 글에 필적하지 못했다. 왕오의 독특한 스타일은 팔고문이 될 장르의 진화를 일으켰다.[37]

왕양명은 1475년 회시 두 번째 책문 최고의 답안으로 선정된 대책문에 기초한 사물의 본성에 관한 왕오의 글을 칭송하였다. 왕오에 대한 왕양명의 전기에서는 남경 향시 시험관들이 왕오의 1474년 향시 에세이를 보고 송대의 대문호 소식蘇軾에 비견하며 크게 놀랐다고 기록하고 있다. 향시 시험관들은 감히 한 글자도 바꾸지 않고 왕오의 논論과 대책문을 최종 보고서에 그대로 기록했다.[38]

더욱이 왕오는 1477년에 은퇴한 상로와 달리 15세기 후반에 회시 시험관으로 자주 일했으며, 그의 고전 에세이는 그가 감독한 시험장에서 수천 명 수험생의 모범이 되는 실마리를 제공하였다. 왕오는 (4,000명이 응시한) 1487년 회시의 부시험관이었고, 1496년 회시의 수석 심사관 2인 중 하나였다. 고염무는 이 두 시험에서 팔고문 모델이 에세이의 등위를 매기는 데 처음 사용되었다고 주장했다. 왕오는 1490년에도 회시 부시험관이었고, 1508년에는 다시 회시 주시험관으로 임명되었다.[39] 1759년 하남성 향시에서 시험용 에세이에 관한 세 번째 책문은 왕오의 에세이가 팔고문의 선구였는지를 날카롭게 물었다.[40]

1487년에 공식 문체로 명시되기 이전 팔고문 형식의 최초 사례는 『맹자』의 "주공周公이 이적夷狄을 아우르고 맹수를 몰아내자 백성들이 편안해졌다"라는 구절에 대한 1475년 왕오의 에세이이다.[41] 그해 회시에서 『시경』에서 출제된 세 개의 인용구 가운데 두 개에 대한 왕오의 고전 에세이들과 그의 표表 그리고 대책문 두 편도 뛰어난 문체와 실질적인 우수성으로 시험관들에 의해 선정되었다. 주시험관 중 하나이자 뛰어난 한림 학자였던 구준邱濬, 1420~1495은 『맹자』에 대한 왕오의 에세이를 "매우 정교하게 작성되었다"고 평가했다. 왕오의 삼장三場 책문 답안들은 "신뢰할 수 있는 학습에 근거한[有考據]" 것으로 칭송되었는데, 이는 후에 고증학의 대두와

관련된 시험관의 조숙한 논평이었다.제7장 참고42

청대 선집들에 팔고문 양식의 모범으로 인용된, 아래 제시하는 왕오의 에세이는 『논어』의 "백성이 풍족한데 임금이 어찌 부족할까?"라는 구절을 바탕으로 한다. 이 글은 백성에게 생계를 제공하는 통치자의 책무를 다루고 있다.43 왕오의 모든 에세이는 대대로 과거 시험 응시자들에 의해 전사되고 인쇄되고 학습되었다. 나는 왕오의 에시이를 아래와 같이 균형 잡힌 항목들에 따라 제시한다.44

① 파제破題

아래에 있는 백성들이 이미 넉넉하다면, 위에 있는 임금도 자연히 넉넉한 법이다.

② 승제承題

대저 임금의 넉넉함은 백성에게 달려 있다. 백성이 이미 넉넉한데 임금이 어찌 홀로 가난할 리가 있겠는가?

③ 기강起講

유약有若45은 군주와 백성이 한 몸이라는 이치를 예리하게 짚어내며 애공哀公에게 말한 것이다. 그는 애공이 재정이 부족했기 때문에 세금을 늘리려 했음을 암시했다. 그러나 재정을 풍족하게 하고자 한다면 먼저 백성들을 풍족하게 해야 했다.

④ 기고起股

진실로 매 백 마지기의 땅에 대해 [수확량의 1 / 10을 거두는] 철법徹法46을 시행하고, 항상 아껴 쓰고 백성을 아끼는 마음을 지니며, 열에 하나만 거두면서 백성을 착취해 자기만 잘 살려는 생각을 하지 않을 수만 있다면, 백성은 자기 힘으로 생산한 것 가운데서 세금을 내는 데 어려움이 없을 터이며, 백성이 가진 재물을 모조리 취렴 당하는 일도 없을 것입니다.

그렇게만 되면, 민간에서는 소출이 쌓이고 저장도 할 수 있게 되어, 소위 부모 봉양과 처자 부양에 걱정이 없을 것입니다.

그렇게만 되면, 들판에 수확물이 무수히 쌓이게 되어, 소위 생육하고 장사 지내는 데 여한이 없을 것입니다.

⑤ 속고績股

백성들이 이미 풍족한데 임금이 어찌 홀로 가난하겠습니까?

⑥ 중고中股

제가 알기로 민간에서 소유하고 있는 것들은 임금이 모두 가질 수 있고, 따라서 꼭 나라의 창고에 거둬들이고서야 내 재물이 되는 것이 아닙니다.

들판에 저장된 것들도 임금이 모두 쓸 수 있고, 따라서 꼭 곡창에 쌓아두고서야 내 소유물이 되는 것이 아닙니다.

그렇게 무궁히 가질 수 있거늘, 어찌 필요해도 얻지 못할까 우려하십니까?

그렇게 끝없이 쓸 수 있거늘, 어찌 유사시에 구비되지 못할까 근심하십니까?

⑦ 후고後股

희생犧牲과 곡식이 제사의 수요에 족하고, 재물과 예물도 천자 알현 비용으로 쓰기에 족합니다. 부족할 때는 빌리면 백성들이 자연히 그 필요한 만큼 공급해줄 텐데 어찌 부족하겠습니까?

먹을 것과 쓸 것이 빈객의 필요에 족하고, 거마와 무기도 정벌용으로 준비하기에 족합니다. 부족할 때는 빌리면 백성들이 자연히 그 필요할 만큼 조달해줄 텐데 어찌 부족하겠습니까?"

⑧ 대결大結

아아! 철법을 제정한 것은 본디 백성을 위한 것이고, 나라 재정이 족하게 되는 것도 바로 백성들에게 달려 있는 것이거늘, 하필 조세를 늘려 넉넉함을 구한단 말인가!

왕오의 글은 건륭 연간 초기 『흠정사서문』이라는 제목의 선집에 수록되었다. 방포는 왕오의 글에 대해 다음과 같이 말했다.

층차가 세련되고 명확하며, 얕은 데서부터 깊숙이 들어간다. 문제의 의미가 충분히 드러나면 글의 형식도 완성된다. 선인의 진실된 본령은 후인의 글들이 그 시작과 끝이 조응하고 기발한 변화를 한껏 갖추었다 해도 그 뒤를 따를 수가 없다.[47]

팔고문의 인지적 문제

왕오는 형식적 병렬화와 유추 활용에 지나치리만큼 구조적으로 몰두하여 에세이를 썼다. 앞서 인용한 글은 전체적으로 구절의 균형[대구]과 글자 짝 맞추기[속대(屬對)]를 엄격히 고수했지만, 이런 특징은 글의 세 개의 주요 '고'를 통해 주장을 펼치는 왕오의 구성에서 특히 규칙적인 것이 되었다.[48] 명대 말기 500자였던 시험용 에세이의 길이가 청대 중기에는 700자 이상으로 늘었지만, 글의 기본 구조에는 변함이 없었다. 그러나 1543

년 산동성 향시에서 팔고문 결론 부분의 왕위에 대한 은근한 비판을 놓고 논쟁이 벌어지면서 수사적 장식으로 에세이를 마무리하던 관행이 쇠퇴하게 되었다.⁴⁹ 강희 연간에는 결말 부분[대결(大結)]이 황제의 명에 의해 제외되고 더 짧은 요약[수결(收結) 또는 낙하(落下)]으로 대체되었다.⁵⁰ 청대 에세이에는 종종 '고' 하나가 추가되었는데, 이는 주어진 제시문의 주제에 따라 완벽하게 평행을 이루고 수치상으로 균형 잡힌 네 개의 단락이 만들어질 수 있다는 것을 의미했다.⁵¹

일련의 주장들은 상호보완적인 명제의 쌍을 중심으로 구축되었다. 그것들은 수 세기에 걸쳐 초기 및 중세 중국의 병문과 고문 전통 모두에 의지한 문학 전통에서 설득력을 얻었다.⁵² 균형 잡힌 글은 유추에 의해 형식화되고 명확해지는 가운데 두서없고 산만한 순서를 피한 상호보완적인 구절과 단락의 쌍을 통해 주장을 밀고 나아간다. 최고의 팔고문은 시험용 에세이의 '고'의 병렬 구성과 상관관계가 있는 '이중 시각'으로 사서오경에 담긴 성현의 비전을 밝혔다.⁵³

왕오는 '기고'에서 현명한 통치 방식을 따를 경우의 경제적 결과에 비추어 통치자의 행동을 저울질했다. '중고'의 앞부분에서는 농민의 가계를 왕의 금고와 비유하고 뒷부분에서는 농민의 밭을 왕의 금고에 비유하는 등 개인적 평가를 드러냈다. '후고'는 왕의 의례 및 음식의 필요성에 비추어 동일한 요점을 제시하면서 세금과 부富 사이의 모든 방정식에서 백성의 우선순위를 강조했다. 세 개의 균형 잡힌 '고'를 기반으로 왕오는 세금 인상은 현인이 선호하는 치국책이 아니라고 결론지었다.

'기고' 부분은 원인[낮은 세금]과 결과[백성의 번영]를 명시적으로 연결한다는 점에서 거의 아리스토텔레스Aristoteles식이다.⁵⁴ '중고'에서는 만약 세금이 백성의 손에 남아 있다면 낮은 세금이 어떻게 나라 전체의 부를 증가시킬 수 있는지를 보여줌으로써 '기고' 부분에 대해 자세히 설명한다. '후고'에 서는 낮은 세금이 백성뿐 아니라 나라에 얼마나 직접적인 이익이 되는지 를 보여줌으로써 주장을 마무리 짓는다. 이러한 방식으로 왕오의 결론은 법가 전통에 따른 부와 권력에 대한 통제적 담론을 반박하였다. 왕오는 백성의 이익에 주안점을 두는 정치에 대한 공자의 비전을 중심으로 구축 된 지식인 담론으로 자신의 주장을 훌륭하게 전환했다.

팔고문처럼 근본적이고 널리 사용된 문학 장르의 인지적 측면은 수백 만의 중국 엘리트 남성들이 젊은 시절 지방 과거 시험을 준비하면서 배 운 논증의 형식을 보여준다. 고대부터 발전해 온 설득의 수사학적 형식으 로서 후기 제국의 고전 에세이의 '고'를 파악하고 이를 아리스토텔레스의 삼단논법과 비교하는 '비교 인식론'에 관여하는 것은 역사적으로 유용하 다.[55] 완전한 고전적 교육의 풍토에서 시험용 에세이는 지식인들이 공적 인 문학 담론 및 법과 같은 관련 분야에서 그들의 견해를 어떻게 조직하 고, 제시하고, 옹호했는지 상세히 보여준다.[56] 태평천국이 주제를 중국식 기독교 테마로 바꾸었을 때 그 과거 시험이 그랬던 것처럼, 후기 제국의 의학 시험은 팔고 형식을 요구했다.[57]

19세기 중국에서 가르쳤던 가톨릭 선교사들은 라틴 담론으로 중세 및 르네상스식 추론 형식에 비추어 팔고문의 수사학적 특성을 이해했다. 따 라서 그들은 중국어 에세이를 라틴어로 번역할 때 고전 중국어에 사용된 문학적 장치들을 존중했고, 그러한 웅변적, 시적 기술이 어떻게 지식인 들을 설득했는지 탐구했다.[58] 팔고문의 수사적 형태에 대한 라틴어 버전 은 초기 서양인들이 팔고문 장르에 대해 보였던 존중의 일부를 복원시켜 준다.[59]

① 파제논제 열기 : *Apertura*

② 승제논제 이어받기 : *Continuation*

③ 기강논의 개시 : *Exordium*

④ 기고논증 시작 단락 : *Anterior pars*

⑤ 속고논증 과도 단락 : *Propositio*

⑥ 중고논증 중간 단락 : *Media pars*

⑦ 후고논증 최종 단락 : *Posterior pars*

⑧ 대결논의 종결 : *Conclusio*

중국 시험용 에세이에서 병렬성이 갖는 인식론적 중요성은 문학, 수사학, 논증이 1470년대에 등장한 형식화된 팔고 '틀' 전체의 일부였다는 것을 의미한다. 그 통일성은 육체적으로는 시험장에 몰려들고 인지적으로는 팔고문에 간힌 수백만 남성의 고전적 재능에 대한 정확한 문학적 척도를 만들어냈다. 이러한 '틀'은 1475년 이후 더욱 형식화된 팔고라는 수사의 범주를 상징했다. 시험용 에세이의 초기 문학적 '장르'는 시간이 흐름에 따라 바뀌었고, 이후 15세기에 명청대 시험관들이 시험용 에세이를 평가하고 순위를 매기기 위해 사용한 기술적인 수사적 특징으로 공식화되었다. 향시 및 회시 시험관은 그러한 익명의 생산물들을 추상적 사고, 설득력 및 운율적 형식의 힘 측면에서 면밀히 검토했다.[60]

시험관과 교사들은 형식적 유사성을 지닌 명확한 '팔고의 틀'을 사용하여 '고'의 개수를 따지고 에세이의 글자 수를 세었다. 현전하는 채점된 시험용 에세이에서 우리는 항상 에세이 각 단락마다 균형 잡힌 구절과 대조되는 구절을 표시한 수많은 작은 동그라미를 발견하게 된다.[61] 팔고문의 틀을 따르도록 요구하지 않았던 향시 및 회시 삼장三場의 책문 답안에

서도 시험관들은 요점, 단락, 중요글자, 대구를 구분하기 위해 일정한 표시 패턴을 사용했다.[62]

균형 잡힌 구절 및 글자들에 대한 이러한 고전적 틀의 요구 사항은 시험관에게 에세이 순위를 매기는 단순하고 공정한 기준을 제공했다.[63] 이러한 틀에는 답안지에 글을 기입하는 규칙도 포함되어 있어 글자들이 상하좌우로 적절한 간격을 두는 것이 필요했다. 예를 들어 재위 중인 황제에 대한 언급은 글자의 행을 더 올려 쓰고 통치자의 이름은 피휘避諱함으로써 강조 표시되어야 했다. 글의 본문은 각 행의 더 낮은 높이에서 시작되었다. 현전 청대 초기 에세이 원고들은 수험생들이 팔고문을 열과 행으로 구분된 답안지에 옮겨 적어 등록관과 시험관이 글의 평행한 단락들에 대한 규칙적인 틀을 더 쉽게 파악할 수 있도록 했음을 보여준다.[64] 수험생이 길이, 균형 및 상보성에 대한 이러한 엄격한 규칙을 따르지 않았다면 그 에세이는 열등한 것으로 판단되었다.[65] 글의 한 단락 가운데 하나의 문장을 작성할 때, 글자를 잘못 배치한다든지 글자 수가 너무 많거나 너무 적으면 낙방할 수 있었다. 지역 시험 및 향시가 치러지는 1,350개의 관아와 시험장의 수백만 수험생을 고려할 때, 시험관들은 당연하게도 양식화되고 정형화된 팔고 틀이라는 요구 사항 덕에 짧은 시간에 수천 편의 답안을 읽고 평가하는 작업이 더 용이하고 공정해졌다고 느꼈을 것이다. 그러나 그러한 요구 사항은 역효과를 낼 수 있었다. 만약 시험관이 요구된 세 개의 '고' 가운데 두 개만 있는 답안을 1등으로 선정하는 실수를 했다면, 응시자들은 이를 지적하고 조롱하기 마련이었다.[66]

고염무와 방이지方以智가 그랬던 것처럼, 명말 무렵 많은 지식인은 엄격한 요구에도 불구하고 수험생들이 최근 합격자들의 에세이를 공부하고 거의 모든 문제에 대해 합격할 수 있는 답안을 작성할 수 있다고 느꼈다.

1697년 방이지는 부유한 가정의 청년을 위해 직업 선택을 제시한 그의 「일곱 가지 해법[七解]」에서 다음과 같이 썼다.

(경서의) 한 장절만 겨우 웅얼거릴 줄 알아도 수천 편의 시험용 에세이를 암기하면 되는데, 1년이 지나면 그 에세이들은 적합하지 않게 된다. 그러면 또다시 새로이 합격한 사람들의 에세이를 수집하고 외워야 한다.[67]

비록 명대에는 에세이를 500자로 청대에는 700자로 제한했지만, 평행한 형식은 두 시대 모두의 수험생들에게 '성인을 대신해 말하기'[代聖人立言]'위해 팔고의 틀을 사용하도록 요구했다.[68] 지배적인 사고방식의 목소리로서 지식인에게 널리 알려진 이러한 호소는 제1장에서 논한, 성왕들의 정치적 권위를 계승한 명청대 황제들에 대한 책문에서의 유사한 호소와 대조를 보인다. 지식인들은 팔고문을 통해 '도의 합법적인 전승[도통]'을 되찾을 수 있었지만, 황제가 자신의 '정치적 정통성[치통, 곧 통치의 합법적인 전승]'을 재정립할 수 있는 특권은 유지되었고, 그것은 문화적 권위에 대한 자신의 비전을 공유하는 지식인들에게 권한을 줄 자격을 부여했다.

수험생들은 이제 자신들이 외운 주희의 주해를 이용해서 스스로 독립하여 마치 각자가 경전을 지은 성현을 대변하듯 주어진 구절을 해석해야 했다. 또 수사적 형태로서 "성인을 대신하여 말하기"에는 고대 언어의 추정된 어휘와 설득력을 담은 감탄사와 낱글자 접속사들이 요구되었다. 작성된 에세이는 병렬적인 구절들로 표현된 언어의 수행적 측면에도 영향을 미치는 웅변적 요소들로 부호화되었다.[69]

왕오는 "백성이 풍족한데 임금이 어찌 부족할까?"라는 문제에 답하는 에세이에서 증세와 관련하여 통치자를 확실히 점잖게 꾸짖기 위해 엄격한 병렬 구조를 배치했다. 그는 백성과 군주의 이익 사이의 합일을 말했던 공자의 제자 유약을 소환하였다. 통치자보다 백성의 우선순위를 강조한제1장 참조 맹자 이전의 인물로 인해 왕오는 통치자가 직관에 반하는 생각을 하도록 반복적으로 당부받게 하는 방식으로 논증의 극적인 단락들을 구성할 수 있었다. 백성이 풍족하다면 통치자에게는 부족함이 없게 되고, 부족함이 없으면 근심도 없다는 것이었다. 왕오는 민생의 개선을 위해서 왕실의 부를 증진시키려 군주가 자연스럽게 하게 되는 일인 증세를 수사적으로 반대하였다. 왕오는 공식화된 팔고의 틀 안에서 통치자에게 고언을 하는 오래된 ('성현'으로 해석되는) 지식인의 역할을 보여주었다.

악명 높은 팔고문에 대한 문화적 공격은 19세기에 시작되어 20세기에 절정에 달했다. 비평가들은 사서오경에 대한 이 같은 에세이가 중국 문학에서 화석의 대명사가 됐다거나 에세이 자체가 중국의 문화적 정체와 경제적 낙후의 원인 중 하나였다고 비난했다. 최근까지 중국 문학에 관한 대부분의 저작들은 시험용 에세이를 문학 형식으로서 무시하거나 그것에 대해 오늘날의 노골적인 경멸의 시각으로 서술하였다. 왕오의 에세이는 그러한 경멸의 한계를 드러낸다.[70]

3. 시험용 에세이 수집 및 출판

명청시대에는 향·회시 시험장 내 시험관 밑에서 일하던 필사자, 목판 각공, 인쇄공들이 출판실에서 답안지들을 엮었다. 그들은 목판을 이용하여 합격자들의 에시이에 대한 시험관의 논평이 제시된 에세이를 인쇄했는데, 이것은 등수에 따라 제본되었다. '위묵闈墨'으로 알려진 이 판본들은 검은 먹으로 인쇄[묵권(墨卷)]되었음에도 불구하고 주홍 답안[주권(硃卷)]이라고도 불렸다. 검은색 버전은 시험관들이 실제로 읽은 익명의 (주묵硃墨으로 전사된) 에세이를 바탕으로 만들어졌다. 답안의 원본들은 요청한 수험생들에게 반환되었다. 시험구역[방(房)]별 부시험관들의 의견이 담긴 최종 답안지는 오경五經 및 담당 주시험관들에 따라 구분되었다. 따라서 대중을 위해 발행될 때 그것들은 '방고房稿'라고도 불렸다. 또한 향시 및 회시의 제시문이나 문제 각각에 대한 최고의 답안은 시험관의 공식 보고서에 포함되어 한림 학자들의 검토를 받기 위해 조정으로 송부되었다.

답안의 대중적 선집들은 원대의 중단 이후 명대에 들어 다시 편찬되었고, 명대 후기에 출판 붐이 일어나면서 그 명성이 높아졌다.[71] 송대에도 모범 답안을 구할 수 있었고 그중 상당수는 이후 원말명초에 재간행되는 남송 백과전서[유서(類書)]에 포함되었다.[72] 명대 중기에 시험용 에세이의 개인적, 상업적 선집이 증가한 것은 부분적으로는 성화 연간에 팔고문이 형식화되었던 데 기인한다. 명청시대에 1,350개 현과 140개 부에 걸친 3단계 시험을 추가하면서 시험 시장이 확장됨에 따라 이러한 선집에 관심이 있는 제국 전체의 수험생 규모는 (명대에) 100만 명에서 청대에는 200만 내지 300만 명까지 극적으로 증가하였다. 당대에는 약 6만 명의 공인된 학생들이 회시에 응시할 수 있었다. 송대에는 약 40만 명의 응시자를 위한 향시와 회시만 정기적으로 치러졌다.[73]

모범 에세이 작가들의 수는 명대 후기에 극적으로 증가했다.[74] 만력萬曆 연간[1573~1619]에 유행했던 '방고' 외에도 명대 후기의 사서四書에 대한 다양한 팔고문을 모아 엮은 조정의 선집이 1587년에 처음 등장했다. 당시의 가장 우수한 팔고문 예시를 포함한 '시문時文'을 '선본選本'으로 정기 간행하는 것이 그 뒤를 이었다. 1592년에는 이러한 부류의 또 다른 선집이 출판되었다. 종종 실제 시험 에세이가 아닌 '초안[고본(稿本)]'으로 알려진 개별 작가의 대중적인 팔고문 간행본들은 홍치弘治 연간1488~1505부터 시작되었다. 예를 들어, 왕오의 팔고문은 『왕수계문고王守溪文稿』라는 제목으로 처음 출판되었고 자주 재간행되었다.[75]

다른 많은 시험용 간행물들은 명말청초부터 나온 것으로 확인된다. 특히 복건성福建省과 양자강 삼각주 지역 상업 출판의 확산은 송원대보다 시험용 에세이를 더 널리 이용할 수 있게 해주었다. 시험용 에세이의 출판은 최근 연구에서 점차 주목받아온 인쇄소와 출판사의 주요 산물은 아니었지만, 그러한 에세이들그리고 역시 갈수록 많이 출간되었던 다이제스트, 연감 및 대중 문학은 16세기와 17세기에 백화 및 고전 문해력의 절대 수치가 점진적으로 증가했음을 시사해준다.[76] 청말에 이르러서는 경서와 왕조사는 여전히 잘 팔리지 않았고 더 인기 있었던 팔고문집도 마찬가지였지만, 후자는 백화소설의 판매에 이어 격차가 큰 2위를 기록했다.[77]

명말 문인들이 문체를 바로잡기 위해 편찬한 '행권行卷' 외에도,[78] 향시와 전시 합격자들의 최신 시험용 에세이의 출판은 비록 수명은 짧았지만 재정적으로는 성공적이었다. 신동 왕세정王世貞, 1526~1590의 에세이는 널리 모방되었다.[79] 시험을 잘 치른 한림 학자로서 그의 에세이와 견해는 공적인 성공을 기반으로 지식인들의 취향에 영향을 미치려 했던 조정의 한림원 내부자들을 대변했다. 그의 아들 왕사숙王士驌, 1566~1601은 고위직에 오르지 못했지만, 논평을 포함한 시험용 에세이를 편찬한 최초의 인물이었다.[80]

시험장 바깥의 경쟁하는 지식인 여론

민간 출판업체들이 그 수요에 부응했던 읽고 쓸 줄 아는 대중의 성장은 시험 과정에서 덜 성공적인 사람들이 자신의 에세이를 출판하고 대중의 인정을 받을 수 있는 공간을 창출하였다.[81] 향시에서 6번 낙방하고 1540년에 마침내 합격한 귀유광歸有光, 1506~1571은 이 시기에 고문체 에세이로 널리 명성을 얻었고, 60세였던 1565년까지 진사 급제를 하지 못하다가 당시 동기생들 가운데 거의 최하위로 합격했음에도 불구하고 왕세정과 최대 라이벌이 될 정도로 성장하였다.[82]

1624년 강서성 향시에서의 유명한 팔고문이 환관 권력에 대한 은근한 공격을 담고 있어 많은 논란을 일으켰던 애남영艾南英은 진사 급제를 하지 못했음에도 불구하고 정평 있는 팔고문의 대가가 되었다. 그가 직접 주해를 단 시험용 에세이집은 가장 널리 알려졌고 명말청초 선집들의 본보기가 되었다.[83] "백성이 가장 귀하다[民爲貴]"는 『맹자』에서 출제된 문제에 대한 정치적 문제작을 포함한 그의 많은 에세이는 훗날 방포가 편찬한 황제 공인 선집에 포함되었다. 이것은 정치적으로 위험성이 없는 작품대부분이 그랬음이라는 팔고문의 일반적인 이미지가 착각이었음을 보여주며 명대 초기에 『맹자』가 직면했던 검열을 연상케 해준다.제1장 참조[84]

명대의 충신 여유량呂留良, 1629~1683은 먼저 애남영의 팔고문 선집에 주해를 달았지만, 그 자신의 팔고문 모음집이 결국 청대 초기 지식인들 사이에서 애남영의 인기를 능가했다. 그는 여덟 살부터 팔고문을 쓸 수 있었다고 전해지지만, 1666년 절강성 향시라는 만만치 않은 난관을 넘지 못하고 물러나 의사가 되었다. 또 그는 인기 있는 팔고문 선집의 편집자가 되어 시험관들이 매긴 공식 등수에 대한 자신의 견해를 추가했으며, 이따금 이민족의 중국 지배에 대해 비난하는 논평을 포함시켰다. 이러한 논평은 사후 옹정雍正 연간에 파문을 일으켰다.[85]

대명세戴名世, 1653~1713는 1680년대 강남성江南省 향시 첫 시험에서 낙방했음에도 불구하고 시험용 에세이의 전문가로 명성을 떨쳤다. 그는 향시에서 여러 차례 떨어졌지만, 학생들은 논평과 분석이 완비된 그의 팔고문을 널리 읽고 모방했다. 일반적으로 저명한 학자는 자신의 에세이가 출판되기 전에 먼저 시험에 합격했다. 1709년 회시에 1등으로 합격하고 전시에서 2등을 하자, 그는 한림원에 편수編修로 들어갔다. 이러한 성공은 팔고문 대가로서 그의 명성을 확인시켜 주었지만, 그는 문화적 자율성을 잃었다. 2년 후인 1711년 남명南明 왕조에 대한 그의 역사서에서 명말의 칭호를 사용했다는 이유로 선동죄로 고발되어 1713년에 처형되었고 그의 알려진 모든 저작들은 파기되었다.[86]

　여유량, 대명세, 그리고 이불李紱, 1673~1750 같은 다른 이들은 팔고문의 공식 등수를 효과적으로 뒤집었다. 이제 두 개의 공적 평가가 있게 되었다. 하나는 공식 석차에 따른 것이었다. 다른 하나는 정식 시험장 밖의 지식인을 대변했는데, 합격한 답안과 시험관들에 대한 그들의 비판은 팔고문에 대한 더 광범위한 대중적 취향과 승자보다 패자가 몇 배 더 많다는 사실을 반영했다. 낙방자들은 시험장 밖의 문화적 심판자들의 견해에 동조하는 경향이 있었고, 보통 시험관들을 팔고문 장르의 형편없는 평가자들이라고 비난했다. 1702년 대명세는 그해에 합격한 시험용 에세이에 대해 쓴 글에서 "기준을 정하는 자는 천하에 있고, 기준을 정하지 않는 자는 시험관들 중에 있을 따름이다![有定在天下, 而無定者則在主司而已矣]"라고 말했을 정도이다.[87] 그러나 시험관의 기준에 대한 이런 비판은 직업적 비평가의 일은 아니었다. 지식인의 문화적 활동의 '직업화'에는 특히 사서四書 관련 합격 답안에 대한 편찬, 편집, 논평으로 생계를 꾸리는 사람들이 분명 포함되었지만, 그들의 넓어진 직업적 관심사는 전근대 중국 문화경제에서 공식화된 지위로 아직 확립되지 못했다.[88]

제국의 정전正典을 둘러싼 갈등

한·당대의 고문체를 모방했던 이몽양李夢陽, 1472~1529 등과 함께 명대 '전칠자前七子'로 알려진 산문 작가 이반룡李攀龍, 1514~1570 같은 저명한 문장가들은 사서四書에 관한 저작을 편찬하여 자신들의 견해를 전파했다. 사서는 또 그 간명함과 균형이 고문의 필수조건인 진정한 한대 문학 작품으로 간주되었다. 예를 들어 이반룡의『사서정변四書正辯』은 왕양명이 주희의『대학』관을 반박하고 풍방豐坊, 1523년 진사이 석조 유물에서 새로이 발견했다는『대학』의 '고문' 버전으로 알려진 위서가 나왔던 시대에 등장했다.[89]

불교와 도교가 점차 영향력을 행사했고 왕양명 같은 지식인 학자들은 당시 유행했던 '삼교합일'이라는 대의에 동조했다. 임조은林兆恩, 1517~1598은 수재秀才 신분에 불과했지만 1551년에 과거 시험 공부를 포기하고 학생들에게 자신의 심성 수양법을 가르치고자 했다. 명대 후기 (사상적) 혼합 경향의 지도자 중 하나인 원황袁黃은 정주이학程朱理學과 양립할 수 있는 도덕서[선서(善書)]의 활용을 고려했다. 이를 위해 그는『사서산정四書刪正』을 편찬했다. 불교와 도교의 견해가 과거 시험에 영향을 미치기 시작했다.[90]

왕양명의『대학』에 대한 견해가 지식인의 삶에 어느 정도 영향을 미쳤는지는 그의 가르침을 반영한 사서四書 관련 선집이나 시험용 에세이들에서 분명히 드러난다. 왕양명은 '고문' 버전『대학』을 재구성하면서 주희가 '격물格物' 단락에 자신의 주석을 추가하고 그것을 정본으로 통용되게 함으로써『대학』의 원본을 왜곡했다고 주장했다. 이 정본 논쟁은 문헌학 및 그러한 수수께끼를 풀기 위한 고증학 인기의 근원 중 하나가 되었다.[91]

왕양명의 견해는 가정 연간1521~1567 시험 응시자들 사이에 만연하였다. 예를 들어, 1523년 회시에서 시험관은 왕양명의 가르침에 비판적인 것으로 여겨진 책문을 출제했고, 시험을 치르던 왕양명의 많은 강서성 출신

제자 중 몇몇은 항의 표시로 퇴장하였다. 그들 중 다른 하나는 이 기회를 그의 스승의 가르침을 기리는 데 사용했고 진사 급제라는 보상을 받았다. 다른 합격자들은 왕양명의 가르침에 충분히 감명을 받았다. 융경隆慶 연간1567~1572에는 시험관들 사이에서 반왕양명 분위기가 완화되었다. 그 후 정주학程朱學 옹호자들이 '이단학'으로 여겼던 것들이 과거 시험에 꾸준히 침투했다.[92]

사서四書에 대한 가정 연간의 주석 역시 정통 정주程朱 주해에서 왕양명과 그의 제자들에게서 비롯된 새로운 견해들로 부분적으로 전환했음을 보여준다.[93] 1589년 장원이자 한림 학자였던 초횡焦竑, 1541~1620은 그의 고전 학문에 있어서 탈종파적이었다. 1594년 명대 최고의 지식인 학자들을 기리는 사서 관련 선집에서는 정주의 정통주의를 지지하는 사람들은 물론 왕양명과 그의 추종자들을 포함시켜 명대의 도덕 원리에 대한 해석을 강조하였다.[94] 그러한 탈종파주의는 17세기 초 왕양명보다도 그의 가장 급진적인 제자들을 비판했던 정주의 충성스런 지지자들 사이에서도 드물지 않았다. 고전적 탈종파주의는 또 그러한 책의 구매자와 독자들을 더 많이 끌어들였다.[95]

이러한 선집들에 포함된 의견은 다양하고 새로운 경향이 분명했지만, '도학'의 주류는 현전하는 대부분의 사서 관련 모음집에서 대체로 유지되었다. 탕빈윤湯賓尹, 1568년생의 『사서연명집주四書衍明集註』에서는 주희가 아직 살아 있었다면 포함했을 내용이 들어 있다고 주장했다.[96] 그러나 양명학파의 영향을 받지 않은 사람은 거의 없었다. 명말청초의 '도학'은 여러 면에서 시험과 사서 선집에서 '도학'의 해석에 영향을 미친 왕양명 이후의 정주학 부흥이었다. 만력萬曆 연간1573~1619에 점점 더 많은 이런 선집들이 왕양명의 견해를 공개적으로 통합함에 따라 불교나 도교의 해석을 포함한 시험용 에세이 및 주해에도 문을 열어 주게 되었다.[97] 유동천兪桐川은 청조의 유리한 위치에서 되돌아보면서 선불교 교리가 지식인 사상에 침투하게 만들었다며 왕양명의 제자들을 비난했다. 애남영과 고염무는 모두 선불교 교리가 담긴 팔고문으로 인해 만력 연간의 시험을 비판했다.[98]

도교와 불교의 영향을 받은 지식인들에 의해 팔고문에 이단적인 요소가 들어가는 것 외에, 명말의 또 다른 학문적 경향은 명대 초기의 공식적인 고전 교육 과정에서 제외됐던 한당대 주해의 부활이었다. 일부 명대 학자들은 영락 3부작의 고전 주해에 대해 점점 더 비판적이었고, 대신 증거 연구와 사서에 대한 연구를 결합함으로써 경학을 되살리려 했다. 1516년에 이미 절강성 향시에서의 한 대책문이 명대 과거 시험에서 15세기부터 시작된 '신뢰할 수 있는 학문[고거학(考據學), 제7장 참조]'의 침투를 비판한 바 있다. 방포는 한당대 주해에 대한 이해 부족을 이유로 명대 중엽의 에세이들을 비판하였다.[99]

명 말기에 복사復社를 이끌면서 완성한 장부張溥의 『사서고비四書考備』는 사서에 언급되거나 그와 관련된 인물들에 대한 고증적 연구였다. 그것은 설응기薛應旂, 1500~1573?가 1577년에 출판한 『사서인물고四書人物考』의 1642년 후속편에 해당한다. 청대 초기에 고증학자인 염약거閻若璩, 1696~1704는 『사서석지四書釋地』라는 지리학적 저작을 편찬했다. 증거와 분석은 이제 정전에 속하는 사서에 적용되게 되었다.[100]

1780년대 건륭 연간의 『사고전서』 편집자들은 이러한 사서학의 발전을 되돌아보며 16세기 이후 얼마나 많이 변화했는지에 대해 다음과 같이 평했다.

명대에는 지식인들이 팔고문을 강조했다. 이 에세이들은 결국 사서를 강조

했다. 결과적으로 우리는 이 같은 권위 있는 저작즉, 설응기의 『사서인물고』을 가지게
되었다. 그들은 응시자들이 시험관들에게 좋은 인상을 줄 수 있도록 자료들을
짜 맞추고 조각내었다. 이런 접근법은 고전적 기법에 있어 부패의 극단을 대표
한다.[101]

청대의 이러한 오만함은 사서에 대한 연구가 명대에 정주의 정통으로
부터 먼저 양명학 연구로, 이후에는 고증학으로 얼마나 멀리 이동했는지
를 설명해준다.

청대 초기의 사서에 대한 주해는 왕양명으로부터 멀어지며 명말의 흐
름을 따랐다. 1645년 청조는 향시와 회시에 있어 사서에서 출제하는 제
시문 3개의 순서를 정했다. 『대학』 또는 『중용』은 3개의 제시문 중 하나
의 출전이 되어야 했다. 나머지 두 개는 『논어』와 『맹자』에서 출제되도록
규정되었다. 1658년에는 황제가 회시를 위해 사서의 제시문을 선정하였
다.[102] 앞서 인용한 여유량과 대명세가 엮은 선집들은 예를 들자면 애남
영의 선집들과는 달랐는데, 이는 여유량과 대명세가 한당대 주해로 정주
학을 보충하는 데 관심을 두었기 때문이다. 고대 학문의 부흥이 한창이
었던 18세기에는 팔고문에 송대 이전 주해를 사용하는 것이 절정에 달했
다. 1779년 건륭제는 친히 순천부順天府 향시의 『논어』 제시문에 대한 에
세이들을 검토하고 그것들이 한당대의 고전적 주해와 용납할 수 없을 정
도로 상충한다고 비난하였다.[103]

명대에 시작된 고대 학문[고학(古學)]으로의 전환은 청대에 최고조를 이뤘
다. 이것은 차례로 경학과 과거 시험용 에세이 모두에 영향을 미쳤다. 사
서 연구를 위한 한당대 주해의 중요성을 강조한 모기령毛奇齡, 1623~1716 등
역시 정주 '도학'적 해석에 반대하게 되는 대진戴震, 1723~1777 같은 후대 지

식인들에게 영향을 주었다. 그 후 한학의 저명한 학자인 완원阮元은 과거 시험에 있어 사서 및 그 주해의 역사에 관한 최고의 저작을 편찬했다. 『사서문화四書文話』라는 제목의 이 책은 역시 더 넓은 독자를 위한 팔고문의 문학적 내용 및 제도적 체계를 상세히 기술한 1843년 양장거의 영향력 있는 『제의총화』 출판과 유사하다.[104]

문학적 취향의 공식화

청대 조정에서 간행한 시험용 에세이 선집들은 명대의 선례를 모델로 삼았다. 1737년 송학파와 동성현桐城縣 출신 고전주의자 방포가 황실의 후원 아래 함께 엮은, 고문을 바탕으로 한 에세이들 외에도 1704년에서 1750년 사이에 수많은 고문 선집이 출판되었다. 대명세 역모 사건에 연루되었던 방포는 정치적 복권 이후 고대의 문학 전통과 '도학'을 통합하고, 한대 주해에 중점을 둔 고증학이 점증하는 시기에 새로운 활기와 대의로 팔고문을 활성화하려 했다.[105]

방포의 선집은 명대 에세이집 4집[486편]과 1735년 옹정 연간 말까지의 청대 에세이집 1집[297편]으로 세분되었다. 방포는 또 서문에서 팔고문이 1469년 이후 어떻게 발전했는지에 대해 간략한 문학적 설명을 제시하였다. 방포에 따르면 명대 중기[1465~1506]에 응시자들은 명대 초기 이래의 전통 안에서 사서오경의 원문에 가까이 머물며 그 주해를 따랐다고 한다. 그들의 언어는 제약을 받았고 형식의 규칙을 정확히 따랐지만, 그들은 종종 주해를 곡해했다.[106]

방포는 1506년부터 1567년까지의 두 번째 시기에 당순지唐順之, 1507~1560와 귀유광歸有光, 1507~1560 같은 뛰어난 작가들이 고문체와 시문체時文體를 동일시하여 명대 에세이를 최고조로 끌어올릴 수 있었다고 주장했다. 방포는 (1567~1620년을 포함하는) 세 번째 시기에 작가들이 문학적 도구에 지나치게 관심을 갖게 되고 결과적으로 고전적 본질을 잃었기 때문에 팔고문이 쇠퇴했다고 믿었다. 마찬가지로 방포에 따르면 네 번째 시기 1621~1644의 에세이들은 제시문을 해석하는 주관적인 관점으로 전락했다. 이러한 경고에도 불구하고 방포는 그의 선집에 다른 어느 시기보다 네 번째 시기의 글을 더 많이 포함시켰다.

방포는 그가 포함시킨 청대 에세이의 평가에 더욱 신중했다. 만주족 통치하의 유배 경험은 그에게 문학과 정치가 폭발하기 쉬운 혼합체라는 것을 가르쳐주었다. 천계天啟 연간1621~1628에 대한 애남영의 정치적 비평 같은 명대 에세이를 포함시키는 것이 그가 감히 할 수 있는 최대치였다. 대신에 방포는 청대 에세이에 대해 명대 네 시기 전체 에세이의 가장 훌륭한 점들을 종합하는 것에 수사적으로 호소했고, 선집에 포함된 모든 청대 에세이가 '도학'에 참고가 되는 '정통 학습[正學]'의 "의미와 원리를 밝혔다[發明義理]"는 요약으로 설명을 마무리했다. 그의 의도는 팔고문을 송 이전의 균형 잡힌 산문 형태와 연관지음으로써 고대 학문과 병문이 가식적인 것에 도전하고 있던 시기에 시험용 에세이를 정주학의 방어물로 끌어들이려는 것이었다.[107]

그러나 방포가 성공한 것은 비공식 외부인이지만 장르의 대가인 귀유광 등 명대 지식인들이 이미 한 것 이상으로 중국 문학사에서 팔고문 고유의 지위를 높였다는 데 있다. 이 점에 있어서 애남영, 여유량, 대명세 같은 개인들은 팔고문 틀을 암울한 문화 감옥에서 구해냈고, 출판계에서 자립할 수 있는 생존 가능한 장르로 만들었다. 그들의 문학적 혈통은 공식 시험 바깥의 지식인의 삶에 국한되었지만, 이는 팔고문의 틀이 어느 정도 문학적 자율성을 얻을 수 있게 해주었다.

방포는 그 혈통을 청 조정에 들여와 에세이를 칭송했다. 예를 들어, 방포의 선집에 에세이가 포함되었던 몇몇 사람은 시험에서 성공하지 못했다.[108] 그 틀은 이제 과거 시험과 지식인들의 장르적 취향을 아우르게 되었는데, 이는 만주족 왕조가 기꺼이 받아들인 추세였다. 더욱이 방포의 선집은 현대 학계에서 예외적인 것으로서보다는 규칙처럼 무심코 인용한 17세기 고염무 같은 문인의 팔고문에 대한 비판의 전통을 부정했다. 1740년부터 1793년까지 계속된 시험 교육 과정의 중대한 개혁 기간 동안 방포의 선집은 제국의 지지를 받았다. 팔고문은 비판으로부터 살아남았고 과거 시험과 지식인의 선집 모두에서 일반적으로 인정된 장르가 되었다. 1781년 그리고 다시 1814년에 관료들은 방포의 선집 이후 마련된 모범 시험용 에세이를 대중에게 다시 간행해주도록 요청했다.[109] 1898년 개혁에서 절정에 달한 팔고문에 대한 청대 후기의 비난은 이 문화적 혈통을 편의대로 생략하고 지식인의 삶에 있어서 이 장르의 의미와 중요성을 박탈했다.

18세기 후반에 쓴 글에서 이조원李調元은 명대 초기 이래 관원 선발에 있어 과거 시험의 지속성과 중대한 역할을 칭송하였다. 이 책에서 자주 인용되는 이조원의 선구적인 명청 과거 시험 연구는 사람들의 일상생활에 미치는 영향을 주의 깊게 고려하였고, 그가 지적했듯이 부족함이 많음에도 불구하고 대체로 긍정적인 영향으로서 18세기 후반 시험에 대한 관념을 잘 대변해주었다.

이런 긍정적인 평가는 시험관으로서 지식인의 역할로 이어졌다. 그러한 관리자로 일하면서 그들은 시험용 에세이에서 허용 가능한 문학적·학문적 기준을 정하고, 공식적인 교육 과정에서 평가된 지식의 영역을 주기적으로 변경하는 것에 대한 책임을 조정과 공유했다. 같은 지식인들이 시험관으로 임명되면 공직 후보자들이 숙달해야 했던 정책 이슈의 범위를 정할 수 있었다. 1425년 이후 지식인 시험관은 시험 시장을 판단하는 데 있어 왕조의 파트너가 되었다.

4. 왕조 지식 통제의 정전적 기준 및 한계

관료체제는 제국 전역에 걸친 시험 제도를 운영하고 인력을 배치하기 위해 막대한 재원을 투입했다. 아이러니하게도 그 가장 큰 결과는 명대 후기의 시험관들이 더 이상 답안을 하나하나 주의 깊게 읽을 시간을 가질 수 없게 되었다는 것이다. 심지어 팔고문에서도 최종 순위는 매우 임의적이었다. 시행되는 교육 과정이 미치는 교육적 영향을 인정하면서도 우리는 시험장 안에서 지친 시험관의 고전적 기준을 위로부터 정통성을 강요하려는 변함없는 또는 일관성 있는 시도로 과도하게 해석하지 않도록 경계해야 한다. 석차에 사용된 기준을 유지하는 데 있어서 시험관의 역할은 점점 더 복잡한 수수께끼를 닮아갔다. 그들은 종종 명백한 오류만을 지적했다.

해석 공동체와 정전적 기준들, 정규 지식의 제도적 통제가 제국 전역의 시험장에서 시험관들을 통해 통합되었다. 그러나 그러한 공공 정치 권력은 문학적 취향의 폐쇄적인 지적 세계나 변하지 않는 '도학'의 정통으로 전환되지 않았다. 도덕적 추론을 위한 그들의 분석 틀은 도덕적 범주와 문학적 차별성을 평가하는 시험의 행위적 결과에 관한 영향력 있는 언어적 가정을 전제로 했는데, 이는 실제로는 항상 틀렸음이 입증되었다. 그럼에도 불구하고 시험관들은 고전 정전을 해석하고 그것을 어떻게 제도적으로 평가할 것인지 규정하며 석차에 적용되는 문학 기준을 결정하는 고전 및 문학 전문가들로 구성된 공동체로서 조정에 이바지했다. 이러한 문화적, 제도적 메커니즘을 통해 이론적으로 그들은 관료제에서 가장 중요한 정치적 지위에 대한 접근을 통제했다. 명대 초기 고전 정전의 역사적 안정성제1장 참조은 만주족 통치자들이 그들의 지식인 조언자들에 의해 주요 교육 과정 개혁의 시대를 시작하도록 설득되던 18세기까지 대체로 변하지 않고 남아 있었다.제8장 참조

시험관들은 사서오경, 정사正史 등에서 뽑은 평가용 제시문의 텍스트 간 조합을 감독했다. 성공한 합격자로서 그들은 사실상 면허를 가진 고전학 전문가들이었다. 그들의 해석적 권위는 시험장에서 정통 '도학' 신념의 권위를 재생산하고 변화시키는 데 도움을 주었다. 해석을 통제하려는 그들의 노력은 왕조의 문화적 보수주의가 고정된 정전의 권위에 기초해 있음을 보장해주었다. 그러나 그들은 왕양명 추종자들의 경우처럼 수험생들이 에세이에 적용할 해석 방법을 항상 좌우할 수는 없었다. 참신함과 문학적 창의성은 법률로 규정될 수 없었다. 고전 에세이는 새로운 스타일과 해석을 통해 시험장 밖에서 중요한 장르로 진화할 수 있었다.[110]

시험용 에세이의 문법과 수사, 균형 잡힌 어구는 아이러니하게도 '도학'을 문학 경연으로 바꾸어놓았다. '도학'에 대한 정통적인 해석과 도덕적 수사를 위한 규정된 연쇄 논증이 팔고 형식을 통해 선별되었다. 시험관은 조정과 관료체제의 대표자였을 뿐 아니라, 지식인 문화의 참여자였으며 그것의 변천과 함께했다. 그들의 해석 방식은 종종 고전 언어를 좁히고, 규정된 개념적 해석을 걸러냈으며, 선호되는 문체상의 장르를 제한하면서 시와 같은 일부는 완전히 배제했다.1756년 이전.[111]

수험생들에 의해 요구된 예스러운 수사에는 고대인의 비전을 전달하

기 위한 정형화된 언어가 필요했다. 그 '예스러움'은 고전 정전에 대한 정주程朱의 재구성을 바탕으로 하였다.제1장 참고 비록 암기식 숙달로 인해 불가피하게 희석되었지만, '도학'에 대한 강조는 모든 지식인이 덕의 본보기가 된다면, 왕조와 엘리트, 그리고 농민들이 번영할 것이라는 점을 시사했다. 명대 말기에는 왕양명에 의해 도덕적 지식과 인간의 행동이 동일시되었다. 양명학과 정주학 양자 모두에 있어서 정치적·사회적·문화적 조화는 각 개인의 도덕적 근엄함에 달려 있었다.

시험관의 기준은 공적으로 받아들일 수 있는 구별짓기의 형태로 전환되었다. 외부의 반대 의견, 대중 종교, 그리고 점술이 이러한 고전적 기반에 도전했지만 결코 뒤집지는 않았다.제5장 참고 고전 에세이는 일련의 문화 장르고문, 병문 등로 구체화되고 팔고 틀을 통해 표현되면서 왕조가 신하를 선출하고 지식인이 성왕들의 고전적 비전을 표현하는 공통 영역이 되었다. 왕오의 시대인 1475년경, 그리고 이후 1900년 무렵까지 시험관들은 경쟁을 위한 본보기로 팔고문 형식으로 쓰여진 양식적인 답안을 선택했다.

최종 석차

그러나 과거 시험을 통한 제도화는 요구된 문학적 형식주의에 대한 상당한 조정을 필요로 했다.[112] 실제로 명대 과거 시험의 범위와 규모는 버거운 것이었다. 1523년 회시의 수석 시험관은 400명의 합격자를 선발하는 데 있어 17명의 부시험관과 2명의 수석 시험관이 15개의 구역방房으로 나뉘어 약 3,600개의 답안 두루마리[卷: 대략 '챕터']를 검토했다고 기록했는데, 이는 3단계에 걸쳐 진행되는 전체 시험의 3,800명 응시자 각각에 거의 1개꼴이었다. 55명의 시험 관계자는 대략 각각 약 69명의 응시자와 65개의 답안 두루마리를 다뤄야 했다. 부시험관들은 각각 220개 이상의

두루마리 답안을 읽어야 했다.[113]

청대에 이르러서는 지방 자격 시험과 향시의 응시자 수가 너무 늘어난 까닭에 시험관들은 비록 구성원의 수는 늘었지만 답안지의 수량을 감당하는 데 어려움을 겪었다. 예를 들어 1742년 회시의 수석 시험관은 4명의 수석 시험관과 18명의 부시험관이 5,913명의 응시자가 작성한 5,073개의 답안 두루마리를 읽었고, 그중에서 공식 기록에 포함시키기 위해 319명의 합격자 가운데 22편의 에세이를 선별했다고 보고한 바 있다. 각 부시험관은 대략 응시자 328명의 282개 두루마리를 읽어야 했다. 합격률은 5.4%에 불과했다.[114]

1711년에 조정은 채점 기한을 연장했지만, 1729년 광동성 향시의 수석 시험관은 공식 보고서 서문에서 약 9,000명의 응시자 답안을 평가하는 데 20일이 걸렸다고 언급했다. 시험관들은 단 78명의 합격자[0.9%]와 최고의 에세이 22편을 뽑았다.[115] 1759년에서 1774년 사이에 네 차례의 향시를 감독한 전대흔錢大昕, 1728~1804은 1762년 호남성 향시에 대해 보고하면서 시험관들이 높은 기준을 유지하면서 겪었던 실제적인 어려움을 다음과 같이 표출했다.

답안 두루마리의 수는 엄청났고 (평가) 시간은 제한되어 있었다. 우리가 뽑은 사람들이 항상 옳다거나 단 한 명의 뛰어난 인재도 간과되지 않았다고 말한다면, 솔직히 나 자신도 감히 믿지 못할 것이다. 그러나 우리는 선발의 길을 활짝 열고 답안을 엄정하게 평가하기 위해 최선을 다했다.[116]

1465년 이후 향시와 회시에서 3명의 최상위 합격자는 보통 사서에서 출제된 3개의 제시문 가운데 하나에 대한 최우수 에세이를 쓴 사람들이었다. 그리고 나서 그들은 경서 에세이들과 이장二場의 논論 문제, 삼장三場의 책문 석차에 따라 서로 구별되었다. 1787년까지는 오경 각각에 대한 최고의 에세이를 기준으로 5명의 최상위 합격자도 선정하였다. 그로 인해 사서에 대한 팔고문이 우선시되었음에도 불구하고 명대의 시험관들은 여전히 답안을 평가하느라 매우 분주했다. 명대에서 청대로 넘어가는 과정에서 사서에 대한 에세이의 평가에 중요한 변화가 일어났다.

청대 초기에 이러한 평가 방식이 바뀌었다. 향시와 회시에서 시험관들은 한 응시자의 사서에 대한 세 편의 에세이가 다른 누구보다 고르게 우수하다고 평가하는 경향이 있었고, 그렇게 함으로써 그의 높은 석차를 정당화하였다. 최고의 사서문四書文 작가로 한 명의 후보자를 선정하는 것이 규정이었다. 이 절차상의 변화는 큰 차이를 만들었고, 응시자들은 최종 석차와 공식 보고서를 통해 이것을 알게 되었다. 이는 청대의 시험관들이 명대의 관행처럼 3명의 최우수 합격자들 사이의 동등한 지위를 깰 필요 없이 거의 전적으로 사서에 의존하여 최종 최우수 석차를 낼 수 있다는 것을 의미했다. 이렇게 사서에 초점을 맞추게 된 것은 시험관들이 사서에 근거한 석차를 입증하기 위해 오경, 논, 책문에 대한 답안을 재량껏 이용할 수 있다는 것을 의미했다.

이러한 변화는 명대에서 청대까지 합격 답안에 대한 시험관의 논평 길이가 크게 줄어든 것으로 확인된다. 명대에 시험관들은 일반적으로 최종 보고서에 몇 문장의 평어를 썼다. 청대에 와서 시험관들은 여덟 글자예: "사고가 깊고 풍부한 힘이 있으며, 기운이 가득하고 총기가 지극함[思深力厚氣足神究]"[117], 네 글자예: "배움에 근본이 있음[學有本原]"[118], 또는 한 글자예: "선발[取]" 또는 "적중[中]"[119]의 짧은 구절을 쓸 충분한 시간조차 없었다. 이 짧은 논평들은 답안들이 왜 서로 구별되는지에 대한 아무런 표시도 제공해주지 않는다. 시간이 흐름에 따라 청대 시

험관의 평어 길이는 8자에서 1자로 줄어들었다.[120]

명대에 이미 조정은 책문이 충분히 진지하게 받아들여지지 않는다고 불만을 나타내기 시작했다. 가정제는 1527년 그리고 1564년에 재차 시험관들에게 책문을 강조하도록 요구했고, 사서나 경서 에세이에 대한 역량과 관계없이 답안이 가치 없는 자는 모두 낙제시키라고 명했다.[121] 비록 덜 중요하기는 했지만 명대 대부분의 기간 동안 책문은 진지하게 받아들여졌다. 향시와 회시에서 가장 좋은 대책문은 보통 최상위 5명의 응시자들이 썼고, 이는 시험관들이 석차에 대한 최종 선택을 하는 데 도움을 주었다. 1445년에 상로가 '삼원'을 했을 때, 그의 회시 팔고문들은 최고라 여겨지지는 않았다. 그는 이장二場과 삼장三場에서 자신의 뛰어난 논, 표表, 그리고 대책문을 바탕으로 1등을 차지했다.제5장 참고[122]

청조가 사서에 대한 평가를 바꾼 것은 삼장에서의 책문이 점차 경시되었다는 것을 의미했다.제7장 참조 1654년 이후 대책문이 최고로 분류된 수험생들의 석차는 상위 10명의 합격자들보다 갈수록 더 낮게 매겨졌다. 1660년대와 1890년대에 잠시 그 중요성이 부활했던 것을 제외하면, 88등1693 또는 98등1852 정도의 낮은 석차 합격자들이라도 그들의 대책문은 최고로 선택될 수 있었다. 1825년 순천부 향시에서 68등을 한 합격자는 5개의 책문에 대해 최고의 에세이를 썼는데, 이는 명대에는 전례 없던 관행이었다. 청대에는 시험관들이 너무 버거워져서 한 사람의 대책문들을 최우수로 선택했고, 그에 따라 다섯 개의 문제마다 다른 사람을 선정할 필요가 없게 되었다. 청대 초기에 사서에 대한 평가에서 일어났던 일이 청대 말기에는 이제 책문에서 되풀이되었다.

청대의 결과는 많은 학생이 시험관들이 초장初場에 근거하여 석차를 결정한다는 점을 알고 이장과 삼장의 답안은 그저 마지못해 작성했다는 것이었다. 답안 평가와 수험생의 석차 결정의 물리적 규모는 도덕적·문학적 구별의 순수한 '고전적 지침'으로부터 시험관과 후보자를 똑같이 비껴나게 만들었다. 각 문항에 대한 고전 지식은 기대만큼 적용되지 않았다. 각 시기의 문학과 고전적 경향을 대표하는 시험관들은 '도학'과 고전 학식, 역사 지식, 문학 재능 등이 수험생들에게 비춰지는 방식에 선택적으로 영향을 미쳤다. 제한된 시간과 평가해야 할 답안의 방대한 수량의 압박으로 인해 교육 과정이 의지하는 형식주의적 기준보다 현실적인 고려 사항들의 비중이 더 커졌다.[123]

임의적인 석차

시험관의 권위와 고전 교육 과정의 신뢰성이 심각하게 약해지고 운명 관념이 시험을 치르거나 평가하는 사람들 마음속에 널리 침투하게 된 것은 연속되는 시험 또는 낮은 단계부터 높은 단계까지 시험 순위의 일관성이 부족했기 때문이다. 수험생들이 치르는 각 시험에서 반복적으로 최상위를 차지하는 사람이 거의 없었기에, 주어진 시험에서 누구나 1등을 할 수 있고 이전에 1등을 한 사람도 꼴찌를 할 수 있다고 가정되었다.

그 이유 중 일부는 시험관의 무능이나 부패였다. 더 중요한 것은 명대 말기에 응시자가 증가하면서 지역 단위에서 고전 문해력을 갖춘 방대한 남성 풀이 만들어졌다는 점이다. 그들 중 많은 이들은 시험 시장의 다른 누구 못지않게 정규 교육 면에서 경쟁력이 있었다. 지역의 생원生員 자격 취득 및 검정 시험에서 고전 문맹자와 초급 문해력 소유자, 중급 문해력 소유자가 걸러지면 향시에서는 그 나머지의 99%가 걸러졌다. 일반적으로 재수생들만이 이 향시라는 장애물을 통과하고 진사 급제를 위한 회시로 올라갈 수 있었다.[124]

명대의 회시와 전시에서도 한 시험과 그다음 시험 순위의 상관관계가 거의 없었다. 실제로 그 유명한 장원급제자조차도 1469년 회시에서 240 등으로 합격하고 향시에서는 겨우 83등을 했을 정도이다. 1568년 장원은 향시에서는 84등, 회시에서는 (합격자 410명 중) 351등을 기록했다. 목록을 검토해보면 결과치들 사이의 밀접한 상관관계가 거의 없었다. 이것이 1445년에 '삼원'을 달성한 상로가 그토록 칭송되는 이유이자 그가 1475년에 다른 사람들이 자신의 위업을 재연하지 못하도록 막은 이유이기도 하다.[125]

임의적인 석차는 청대 전반에 걸쳐 계속되었다. 1820년에 '삼원'을 달성한 진계창陳繼昌, 1791~1849이나 1685년에 '이원二元'이 된 육긍당陸肯堂, 1650~1696을 제외하고는 청대 향시, 회시 또는 전시에서 장원급제자의 등수는 거의 상관관계가 없었다. 회시에서는 21명표본의 35%이 100등 미만이었고, 7명12%은 200등 미만이었다. 16명의 장원29%만이 회시에서 상위 10 등 안에 들었고, 향시에서 상위 10등 안에 든 사람은 더 적었다15명 또는 25%. 표본 전체에서 5명의 장원8%만이 향시와 회시 모두에서 상위 10등 안에 들었다.

1756년 이후 시詩 문제가 추가되고 1793년에 논論 문제가 제외되면서 개별 에세이를 평가하고 응시자들의 석차를 정하는 데 사용되는 기준은 더욱 변화되었다. 1786년 이후 오경을 모두 암기하도록 공포된 요구 사항 역시 경전들보다 사서를 선호하는 역학 관계를 변화시켰다. 기준들, 고전적 해석들, 그리고 공식적 지식에 대한 통제는 시험 제도 자체의 막대함으로 인해 절충되었다. 대중 종교와 점술에 의거한 외부 지식인들의 의견은 종종 시험 제도에 이의를 제기하였다.

명청시대 대중문학에서 시험관을 갈팡질팡하는 바보로 그리는 상투적인 해석은 이러한 현실에 바탕을 두면서 선발 과정의 희극적인 이면을 묘사하였다. 장존여莊存與, 1719~1788 같이 힘 있고 영향력 있는 한림 학자나 조정 각료조차도 짧은 답안에 대한 악명 높은 선호로 인해 그를 조롱하는 수험생들의 우스갯거리가 될 수 있었다. 장존여가 시험관을 맡았을 때는 팔고문에 300글자청대 중기에는 550자가 표준이었다를 채우지 못한 사람이 최상위 등수에 오를 가망이 있었던 것이다. 그는 수천 편의 답안을 읽는 감당하기 어려운 과제에 직면해 있었지만, 수험생들은 그의 곤경을 거의 동정하지 않았다.[126]

수험생들의 에세이는 그 수사적·문학적 차이에도 불구하고 명대 후기부터 청대 중기까지 전반적으로 고전적 내용의 일관성을 재생산했고, 이는 평가를 훨씬 더 어렵게 만들었다. 이런 각축장은 지역 지식인들의 논쟁 같은 사적 영역에서 의견의 다양성과 극명하게 대비되었다. 지식인들이 다양하게 옹호하는 학문적 의견과 고전적 입장이 광범위하게 존재했다. 그러나 시험 제도의 영역 내에서는 16세기와 18세기 후반 지식인들의 동요시기를 제외하고 다양성은 대체로 지탄받았다. 의도치 않게, 보편적 원칙에 대한 '도학'의 호소는 왕양명 등에 의해 야기된, 정치적·도덕적 현상 유지에 대한 감지된 위험을 방지할 통일된 이데올로기를 후기 제국에 제공해주었다. 18세기의 고증학은 18세기 후반에 그 문헌학적 근본주의로 인해 더 심각한 위협을 야기했다.

5. 저항, 정치적 집단, 조직적 반대 의견의 형태

시험장에는 부정행위와 비리, 규정 위반을 막을 필요에 따라 경비원들이 배치되었다. 1800년 이후 청의 향시와 회시 시험장 내 운영진에는 의관醫官 2명이 추가되었다. 또 점점 더 많은 문제가 발생함에 따라 '특별한 임무'를 위한 더 많은 감독자가 필요하게 되었다. 통로들에는 수험생이 서로 쪽지를 돌리지 못하도록 특별 경비원들이 늘 경계를 서고 있었다. 다른 경비원들은 중앙의 시험관 아문 꼭대기나 담장 모퉁이의 각루 위에 배치되어 외부인이 자료를 건네주거나 내부인이 정보를 서로 주고받는 것을 감시했다. 발생했던 부정행위와 비리의 정도는 사전에 계획된 감시를 거역한 것으로 나타난다. 수험생들은 보이는 것만큼 고분고분하지 않았고, 그들이 억압적인 과정이라고 인식한 것에 대응하기 위해 수많은 전략을 고안해냈다. 그들은 그들이 보기에 정통 지식으로 가장한 권력에 대항하려고 시도했다.[127]

부정행위와 규정 위반

당송대의 시험관들은 정기적으로 부정행위에 대해 논의하고 이를 처리하기 위한 절차를 고안했다. 예를 들어, 1225년 남송 과거 시험에서는 부정행위가 고질적이었고, 1230년대와 1240년대에는 표절 같은 규정 위반이 두드러졌다. 명대에는 종종 시험관들과의 공모에 의존한 다음과 같은 부정행위자의 오래된 기술들이 널리 알려져 있었다. ① 경험 있고 일반적으로 나이가 많은 과문科文 작가가 더 젊은 수험생 대신 호시號舍에 들어가는 사칭타인의 이름으로 가장하거나 타인의 좌석에 앉음, ② 시험 문제가 발표된 후 시험장 내부 또는 외부의 누군가가 작성한 답안을 자기 자리에 있는 수

〈사진 2.2〉 (위) 부정행위용 저고리, (아래) 확대 사진
출처 : 프린스턴대학교 동아시아도서관 게스트(Gest) 컬렉션.

험생에게 전달하기, ③ 몰래 옷 안에 자료를 지니고 시험장에 입장하기(사진 2.2) 참조[128], ④ 시험관 매수, ⑤ 익명의 답안지에 빈 페이지를 남겨두거나 사전에 약속한 두세 개의 글자로 된 암호를 포함시켜 매수한 시험관에게 암시하기, ⑥ 시험관이나 사무원으로부터 미리 문제를 구매하기.[129]

부정행위는 보통 낙방한 사람들이 쓴 그 시대의 소설, 연극, 이야기나 대중적 상상 속의 선택적 전략이었다.[130] 인기 있는 비극적 영웅들은 연거푸 낙방했거나 때로는 부정한 방법으로 합격하는 데 굴복한 사람들이었다. 정당하게 합격한 자와 그들을 합격시킨 시험관의 권위 체계가 대중의 상상 속에서 뒤집히면서 비정한 악인들이 시험관이 되었다.

시험관과 사무원들은 규정 위반을 처리하기 위한 수많은 방법을 고안했다. 예를 들어 문제가 발표된 직후 사무원들은 각 좌석을 확인하고 현재 작성되고 있는 답안지 두루마리가 다른 답안지나 다른 사람의 것과 바꿔치기 되지 않도록 각 답지에 확인 도장을 찍었다. 또 사무원들은 정기적으로 전 좌석을 순시하며 모든 수험생이 현재 사용하는 좌석 번호를 그들의 수험표와 대조하였다. 답안지나 수험표에 찍힌 도장이 일치하지 않을 경우 응시자는 실격 처리됐다. 예를 들어, 포송령蒲松齡은 1687년 산동성 향시에서 한 에세이를 쓰다가 실수로 답안지 한 장을 건너뛰었던 까닭에 낙방하였다.[131] 부정행위를 통제하기 위한 또 다른 기법에는 (지방 자격 검정 시험의 명단에 근거하여) 최고의 수험생들을 시험관 아문에 더 가까운 줄의 자리에 앉히는 것이 포함되었다. 이렇게 '영예를 안음으로써' 그들은 시험장 내에서 재능이 떨어지는 수험생들과 소통할 기회를 덜 가질 수 있었다.[132]

수천 명의 수험생이 시험장에 모여 있다 보면 '스승들' 감시하의 유순한 수험생 특유의 점잖음을 뒤집고 험악해질 수 있었다. 외부인들을 며칠 동안 비좁은 장소에 머물게 하다 보니 화재 외에도 전염병이 시험장을 위협할 수 있었다. 절차상의 부정이나 시험관의 비리 사례가 있었다는 소문에 수험생들이 동요되면 폭동이 일어났다. 심지어 문제의 오자誤字조차도 시험거부와 항의로 이어질 수 있었다.[133] 예를 들어, 1567년 남경 향시 응시자들은 합격자 정원이 대폭 감소한 것을 알게 되자 폭동을 일으켰다. 그들은 수석 시험관들에게 욕을 퍼붓기도 했다.[134] 이후 1603년 소주蘇州에서 시험 폭동이 일어났다. 응시자들은 지방 시험을 감독하는 지부知府가 일부 응시자의 답안지를 조작했다는 주장에 격분했다. 다음 단계 지방 시험이 시작되자 일부 수험생이 항의했고, 지부는 그중 한 명에게 태형을 명했다. 이어진 아수라장에서 수험생들과 바깥에 운집한 군중들이 돌멩이와 벽돌을 던지며 폭동을 일으키면서 시험 시위는 공적인 소요사태가 되었다. 해당 지부는 물리적인 공격을 받았고 나중에 사직이 허락되었다.[135]

청대에도 저항이 폭동으로 악화되곤 했다. 1699년에 순천부 향시에서 규정 위반에 관한 보고가 있었고 수석 시험관들은 명백히 결백했음에도 불구하고 처음에는 처벌을 받았다. 1705년에는 순천부 향시 응시생들이 가두 시위를 벌이고 상징적으로 수석 시험관들을 의미하는 허수아비 두 개를 참수하였다. 그 후 1711년 양주부揚州府에서는 최종 결과를 보고 실망한 수험생들이 염상鹽商 아들들에게 학위를 팔았다는 이유로 만주족 수석 시험관을 고발하면서 폭동이 일어났다. 폭도들은 거리를 행진했고 자신들의 불만을 게시했으며 부학府學으로 쳐들어가서 교관을 인질로 잡아두었다. 이 지역의 만주족 총독總督과 한족 순무巡撫는 이 사건을 두고 서로를 고발했고, 추문은 강희제가 두 사람 모두 관직을 박탈한 1712년까지 계속되었다.[136] 1711년 강남성의 향시 응시생 두 명이 고전적 문맹임이 밝혀졌고 수석 시험관들은 해직되었다. 나중에 조사관들은 해당 수험생들이 8월에 향시가 열리기 전에 시험장 안에 필사된 자료를 교묘하게 숨겨두었다는 사실을 알게 되었다. 이 사건에는 지역 총독總督까지 연루되어 있었다.[137]

더욱이 부정행위는 18~19세기에 무과 시험을 치르는 팔기인[만주족]들 사이에서도 악명이 높았다. 1758년 황제의 개인 고문이자 양자강 삼각주 지역 출신 지식인인 장존여는 북경 시험장에서 그의 엄격한 감독이 팔기인들의 폭동을 유발하면서 거의 해고될 뻔했다. 처음에는 이 사건에 대해 장존여에게 책임이 추궁되었지만, 건륭제는 그를 구제해주고 기인旗人들의 악명 높은 행동을 다음과 같이 책망했다.

팔기인이 한문을 배우고자 한다면 역시 온 힘을 다해 암송해야 한다. (이렇게 하면) 시험에 응시할 수 있는 힘이 생길 것이다. 스스로 답안을 작성할 수 없고 그저 답안이 적힌 쪽지를 돌리거나 시험장에 자료나 책을 몰래 반입하는 등 부정행위만 하며 무모한 요행으로 명예를 얻는다면, 한문 공부에 할애한 시간은 법과 규정을 가볍게 여기고 부패한 관행에 빠지게 하는 해로운 수단으로 간주될 수 있다.[138]

뇌물수수와 그 결과

수험생들은 대체로 부유한 가정 출신이었고, 보통 사회적 지위가 낮은 사무원과 경비원들에게 뇌물을 줄 수 있었다. 사무원과 수험생 사이의 사회적 괴리는 심각한 문제였다. 특히 사무원의 아들들은 1384년 이래 과거 시험을 치르는 것이 금지되면서 지역 아문의 세습 한직에 머물 수밖에 없는 운명에 처해 있었고, 그들은 이를 자신들의 기여에 대한 부적절한 보상으로 인식했기 때문이다.[139] 이따금 지방 행정장관이 매수돼 성省

으로 송부하는 필수 추천 서식에 허위 정보가 입력되어 사무원의 아들이 향시에 응시하곤 했다.[140] 사무원들이 이런 식으로 관리들에게 뇌물을 줄 수 있었다면, 지역 엘리트들 또한 그들의 아들이 향시에서 높은 등수에 오르게 할 수 있었다. 명청시대에 감생監生 자격의 합법화된 판매는 공식적 지위를 경제적 수단과 동일시함으로써 뇌물수수와 합법적 구매의 차이를 지위와 부의 문제로 만들었다.[141]

왕조의 관점에서 볼 때 가장 심각한 문제는 수석 및 부시험관들의 뇌물수수였다. 여기에는 보통 거액의 금전이 수반되었고 다른 사람들이 이를 알게 되면 시험장 내에서 폭동이 일어날 수 있었기 때문이다. 각 성의 교육감[142]은 3년 동안 성도省都에서 근무하면서 관할구역 내에서 생원 자격 취득 및 검정 시험을 감독하는 정기 순시를 했기에 가장 민감한 자리였다. 지방 행정장관들 역시 친척이나 친구에 대한 호의로 특정 수재秀才를 향시 명단에 최상위로 올려놓을 수 있었다.[143]

명대 후기 향시의 수석 시험관과 부시험관은 조정의 예부에 의해 특별히 임명된 외부인이었기에 지역에서는 영향력을 행사하기 어려웠다. 일부 부시험관은 한림원 출신이었고, 따라서 지위가 높은 친척이나 친구가 없으면 지역 응시자들이 그들에게 접근하기가 더 어려웠다.[144] 그러나 비판자들은 한림 학자가 지방 시험관으로 임명되는 경우, 그의 물품이나 이동에 필요한 것들은 그가 지나는 부·주·현에서 지원되었다고 지적했다. 게다가 한림 시험관은 시험 전후에 지역 관리들과 지식인들로부터 선물을 받을 수 있었다.[145]

더욱이 회시에서는 한림 시험관들에 대한 압력이 조정에서 비롯될 수도 있었다. 명대에 시험관들에게 영향을 준 가장 유명한 고위 관료의 사례에는 수석 각료 장거정張居正, 1525~1582이 연관되어 있었다. 그는 1574년 회시에서 자신의 장남을 그해 전시에서 선발하기 위해 영향력을 행사하려 했다고 전해진다. 이후 그의 차남은 1577년에 진사에 급제했고, 삼남은 1580년 전시에서 장원급제하였다. 만력 황제가 일상 행정 업무를 그의 손에 맡겼기 때문에 장거정이 시험관들에게 영향을 미칠 수 있다는 것은 많은 이들에게 그럴듯해 보였다. 그러나 그러한 혐의는 결코 입증되지 않았다.[146]

비리는 구조적인 것이었기에 시험관들이 향시의 비리를 막도록 요구한 건륭제의 1741년 칙령에도 불구하고 18~19세기에 제국 전체적으로 계속되었다.[147] 이후 1752년 순천부 향시의 감독관이 응시자 한 명으로부터 뇌물을 받았는데, 그 응시자는 감독관의 조카임이 밝혀졌다. 해당 응시자는 거인擧人 지위를 박탈당했고, 그의 삼촌은 해임되고 신분이 강등되었다.[148] 현대 작가 루쉰魯迅, 본명은 주수인(周樹人), 1881~1936의 조부이며 소흥紹興 출신 한림 학자이자 주씨 가문 최초의 중요한 학자였던 주복청周福淸은 1893년 절강성 향시에 배정된 한 시험관에게 뇌물을 주려 한 혐의로 체포되었다. 이 추문은 루쉰 가족에게 경제적, 사회적으로 모두 영향을 미쳤다. 루쉰은 사숙私塾을 그만두고 강남수사학당江南水師學堂에서 새로운 진로를 시작했다. 이후 그는 남경의 강남육사학당江南陸師學堂 부설 광무철로학당鑛務鐵路學堂으로 전학했다.[149]

과거 시험의 부정부패와 뇌물수수를 다루는 법은 대청률大淸律에 "학위 후보자 시험의 편파성"이라는 법규로 포함되어 있었다. 이 법규는 자격 없는 응시자를 합격시키거나 훌륭한 응시자의 합격을 막은 관리들에게 가해지는 곤장 횟수를 명시하고 있다. 이러한 지침은 대명률을 계승한 것이다. 관료의 뇌물수수가 관련된 경우에는 처벌이 대폭 가중되었다. 향시 및 회시 시험관 사이의 공모에 관한 청대의 한 하위 법규는 당사자들을 즉각 참수하도록 규정했다. 앞서 언급한 주복청의 경우처럼_{그는 공모죄} 로 처형되지 않고 1901년까지 수감되었다 이러한 엄격한 형벌은 실제로는 경감되었지 만, 법전은 이부吏部가 과거 시험의 공정성을 지키는 데 충실할 것을 분명 히 했다.[150]

응시자들의 항의, 시험관들과의 공모

시험은 중국의 현재와 미래의 엘리트들이 대규모로 모이는 유일한 기 회였다. 경쟁은 수험생들을 서로 분리시켰지만, 비리와 부정행위는 특히 시험관의 편파성이나 불공정이 드러났을 때 그들을 뭉치게 만들었다.[151] 만약 시험관들의 비리 혐의가 폭동으로 이어지면 그 결과는 관련된 모든 사람에게 심각한 것이었다. 불만을 품은 수험생들의 고발이 빈번했기에 조정은 신중해야 했다. 분노한 황제들은 종종 홍무제의 1397년 선례를 이용하여 혐의가 입증되지 않을 경우 거슬리게 만든 모든 수험생은 재시 험을 치러야 한다고 명했다.[152]

입증이 됐든 안 됐든 명대의 기록에는 시험관으로 선임되었을 때 비리 죄로 고발된 유명한 지식인들에 관한 내용이 많이 남아 있다. 어떤 이들 은 답안 주제를 미리 판매한 혐의로 수감되었다.[153] 또 다른 경우, 1597년 순천부 과거 시험의 부수석 시험관이 일부 답안지에 특정한 도교 문구가 등장했다는 이유로 기소되기도 하였다. 그것들은 시험관이 답안 작성자 를 알아볼 수 있는 암호일 가능성이 있다고 여겨졌다.[154] 명대 후기 시험 관들 중 몇몇은 직책을 사임하고 여러 해 동안 은거했다.[155]

비슷한 사례들이 청대 초기에도 발생했다. 당시 만주족과 한족 팔기 정 복자 엘리트들은 남방 수험생들 사이의 급제를 위한 부정행위를 통제하 려고 노력했다. 1657년 강남성 향시에서는 시험관들이 비리 혐의로 기소되면서 낙방자들 사이에서 폭동에 가까운 사건이 발생했다. 수험생들은 일부 수험생이 작성한 답안 원본에 이름이 적혀 있지 않았던 것으로 추정되고 그것이 시험관들이 선호하는 수험생들을 위해 미리 준비한 것일 수도 있다는 사실을 알게 됐다. 응시자들은 문학의 신 문창제군文昌帝君을 모신 지역 사당에 모여 시험관들을 비방하는 성난 노래를 불렀다. 검토후 황제는 즉시 수석 및 부시험관을 모든 직책에서 해임하고 비리에 연루된 수험생들을 북경으로 압송해 추가 조사를 받도록 명했다. 또 1658년 황제는 소동을 일으키지 않은 모든 수험생에 대한 재시험[복시(覆試)]을 명했다. 그 후 수석 시험관들은 해임되기는 했지만 이전의 공로로 인해 목숨은 건졌다.[156]

당대 이래 과거 시험은 조정의 정치에 휘말렸다. 급제자를 축하하는 의식은 합격자들과 시험관들 사이에 뚜렷한 사회적·지적 결속을 만들어냈고, 이는 그것을 방지하기 위해 능력주의 시험을 공포했던 조정의 정치적 당쟁을 악화시켰다. 수험생들이 상급 시험을 위해 떠나기 전 참석한 자신들의 후원자들을 위한 지역의 '향음주례鄕飮酒禮'와 시험관과 급제자들 사이에 후원자-의뢰인 관계가 구축되는 수도에서의 '사은례謝恩禮'의 영향에 대응하기 위해 당대 후기 조정은 감사 의례를 금지했다.[157]

이러한 통제 정책은 시험 의례의 초점이 시험관들에게서 황제에 대한 충성심과 호의로 옮겨간 오대907~960와 북송北宋 때 되살아났다. 송 조정은 또 황제를 수석 시험관으로 하여 전시殿試 의례에 집중하였고, 급제자들이 국자감에서의 공자孔子에 대한 의례에 참석하기 전에 황제에 대한 사은례에 참석하도록 요구하였다. 명청시대에 황제를 위해 행해진 수도에서의 사은례는 점점 더 거창해졌지만, 주요 초점을 통치자에게 두었음에도 급제자들의 시험관들에 대한 열성은 결코 극복되지 못했다. 예를 들어, 명대 말기에 마테오 리치Matteo Ricci, 1552~1610는 급제자들이 시험관들 앞에서 눈물을 흘리는 것을 보고 그런 계기로 맺어진 평생의 사제 관계에 주목했다. 이런 신뢰할 수 있는 사제 관계로 말미암아 명조와 청조를 괴롭힌 정치적 동맹과 시험에서의 담합이 나타나게 되었다.[158]

지식인 파벌주의, 조정 정치, 그리고 선동

게다가 지역의 정치적 문제나 해당 시기의 비상사태는 시험 에세이의 주제로 선택되는 고전 제시문의 시대초월적 원칙들로부터 관심을 돌릴 수 있었다. 시험관과 응시자들은 그들의 문제와 답안이 정치적 우의로 읽히지 않도록 조심해야 했다. 특정 민감한 문제를 피하지 못하거나 시험 답안에 금지된 단어를 사용하는 것은 재앙을 초래할 수 있었다. 시험에서 불합격하는 빈번한 원인은 응시자들이 답안에 금기 문자를 사용하는 것이었다. 1456년 순천부 향시를 담당한 한림 수석 시험관들은 황제의 이름과 같은 글자를 사용하는 것에 관한 금기를 어기는 주제를 선정했다는 혐의를 받았다. 시험관들은 시험장 내에서 부정행위를 허용한 혐의로도 기소되었다. 마찬가지로, 1537년 두 명의 남경 향시 수석 시험관은 그들이 응시자들을 위해 선택한 문제의 불경죄로 고발되었다.[159] 그러한 혐의는 종종 그 혐의를 만든 사람들의 특별한 이해관계를 감췄다.[160]

우리는 논란이 많은 애남영이 1624년 강서성 시험의 한 문제에 대해 수도의 환관 권력에 비판적인 답안을 쓴 것으로 인해 명대 향시 참가가 금지되었다는 것을 보았다. 당시까지 그 다수가 무석현無錫縣의 동림당東林黨 추종자들이었던 시험관들은 조정에서의 그들의 정치적 문제를 지역으로 끌어왔다. 이와 마찬가지로 1624년 남경과 항주 향시에 파견된 시험관들은 동림당을 막 제거하려던 환관 지도자 위충현魏忠賢에게 적절한 경

의를 표하지 않았다고 한다. 그 결과 그들은 해고되었고 시험에 지원할 권리를 잃었다.[161]

이후 소주를 중심으로 한 복사는 1629년 조정의 당쟁에서 구성원을 지원하는 데 전념하는 만만치 않은 조직을 결성했다. 복사는 한 왕조 내에서 조직된 가장 큰 정치적 이익 집단을 대표했고, 과거 급제는 권력을 향한 그 전통적인 경로였다.[162] 예를 들어, 1630년 남경 향시에서는 30명의 복사 구성원이 합격했다. 이 수치는 전체 7,500명의 지원자 중 그해 남경에서 승인된 150명의 거인 중 20%에 해당한다. 1631년 북경에서 열린 회시에서는 347명의 급제자 중 복사 구성원이 62명[18%]을 차지하면서 성공담을 재연하였다. 설립 2년 후 복사 당원 몇 명이 한림원에 발탁되었다.[163]

1643년에는 400명의 진사 중 최상위 세 자리가 모두 복사 구성원들에게 돌아갔다. 그들은 모두 한림원에 들어갈 수 있었다. 1631년 이후에는 몇몇 구성원이 내각 대학사로 활동했다. 그러나 명나라가 만주족에게 몰락하자 일부 구성원이 청의 과거 시험에 합격하기는 했지만 복사는 기능을 멈췄다.[164] 명대식 파벌주의는 금세 사라졌고, 명조의 몰락 원인은 부분적으로는 과거 시험을 통해 자신들의 정치적 의제를 내세우려 했던 동림당, 복사 등 정치단체들을 약화시킨 영향 탓이었다.

만주족 통치자들은 처음에는 자신들의 정치적 영향력을 확대하기 위해 과거 시험을 이용함으로써 지식인 파벌의 재발을 막을 수 있었다. 대신 개별적으로 반기를 드는 사건이 주기적으로 표면화되었다. 예를 들어 1726년 강서성 향시에서는 교육감 사사정査嗣庭, 1664~1727이 팔고문 문제의 하나로 선택한 4글자 주제維民所止의 첫 번째와 마지막 글자가 재조합하면 의심스럽게 각 글자의 머리 부분이 잘린 옹정雍正이라는 연호와 같아[165]

시해를 암시하는 듯 보였기에 대역죄로 고발되었다.

조사를 통해 사사정의 소지물과 시에서 선동적인 문구가 드러나자 황제는 그를 투옥하라고 명했고, 사사정은 이듬해 옥사했다. 그는 부관참시되었다. 사사정의 고향인 절강성에서는 시험이 중단되었고 그의 두 형도 체포되었다. 절강성 출신 거인은 1727년 회시에 아무도 응시할 수 없었다.[166] 후임 교육감은 철저한 조사를 통해 지속적인 선동의 증거를 찾지 못한 후 1729년 절강성 향시를 예정대로 거행하도록 조정을 설득할 수 있었다.[167]

1740년 건륭제는 1712년 진사 사제세謝濟世, 1689~1756가 쓴 사서오경에 대한 논평의 선동적인 내용을 우려하게 되었다. 사제세는 강희제 휘하의 한림 학자였다. 1726년 옹정제 때 감찰어사로 근무하던 중, 그는 황제의 총신을 무고했다는 이유로 처음에는 사형선고를 받았으나 대신 몽골로 유배되었다. 그곳의 군사 책임자는 사제세의 유배시기 저작을 면밀히 조사하였고, 그가 여전히 주희의 정통 주해에 의문을 제기하고 있다는 것을 발견했다. 사제세는 다시 사형선고를 받았으나 1730년에 석방되었고 1735년 건륭제가 즉위하면서 사면을 받았다.

1736년 상소문에서 사제세는 대담하게 전시殿試가 내용적으로 경직되어 있다고 비난했고, 시험관들이 고정된 문학적 원칙과 서체에 전적으로 의존하는 것을 비판했다. 1740년 사제세가 다시 조사를 받고 그의 최신 고전 저작들에 '도학'의 신념에서 벗어난 비정통적인 견해가 포함되어 있다는 것이 발견되면서 그의 모든 출판물과 목판들은 파기되었다. 수사를 담당한 총독은 사세제가 자신의 죄를 뉘우쳤다고 보고했다. 그렇지 않았다면 그는 세 번째 사형선고를 받았을 것이다.

마지막 두 가지 예는 많은 응시자들이 당시의 문제에 항의하기 위해 수험생들의 모임을 활용한 1876년 사천성 동향현東鄕縣의 지방 시험과 1895년 강유위康有爲, 1858~1927가 주도한 수도에서의 시위이다. 청대 말기 도시 항쟁의 한 예로서 동향현의 응시자들은 1870년대에 지방 관리들이 조세 시위에 대처하기 위해 사용한 폭력적 방법에 불만을 품었다. 그들은 요구된 제시문에 대한 답안을 작성하는 대신 시험지에 불만 사항을 적어 당시 성의 교육감이었던 장지동張之洞, 1833~1909에게 불평을 토로했다. 장지동은 황제에게 조세 항거에 관한 상소를 올렸는데, 이는 철벽같은 지방 관리들에 대한 소송 사건의 최종 결정에 영향을 미쳤다.[168] 1895년 회시를 앞두고 북경에서 벌어진 수도에서의 시위는 미증유의 것이었고, 1894~1895년 청일전쟁에서 청이 패배한 이후 정치적 문제에서 황권의 무력함과 지식인 여론의 점증하는 힘을 시사했다.

이 책의 제2부를 구성하는 3개의 챕터에서는 명청시대의 고전적 정통으로서 '도학'으로부터 능력주의 관원 선발 제도의 의도치 않은 결과를 설명하는 것으로 논의를 전개해나가고자 한다. 제3장에서는 1450년 이후 과거 시험의 정치적 역학을 탐구하는 것으로 시작하는데, 이는 엘리트의 제한된 순환으로 제국 전체의 능력주의체제가 어떻게 5세기 동안 살아남을 수 있는지 이해할 수 있게 해줄 것이다.

과거 시험의
의도치 않은 결과

제3장 ——————— 명청시대 엘리트의 순환

후기 제국 시험의 체계와 절차에 대해 분석해보면 명대 제도의 성공은 송원대 과거 시험 모델의 정교화와 개혁에 있었음을 알 수 있다. 1350년에서 1450년 사이의 경제적 불황 이후, 행정 조직의 역사는 한편으로는 수도에서부터 1,350개 전체 현으로까지의 제도적 시스템이 확장되고 강화된 과정이었다. 명대 중기부터 후기까지의 본격적인 상업화와 1600년까지 2억 3천 1백만 명의 인구에 도달하는 느리지만 꾸준한 인구통계학적 성장이 이러한 확장에 기여했다. 다른 한편으로, 청대에 계속된 수험생 수의 대중적인 급증은 꾸준히 증대하는 수재 및 거인 규모에 비해 (인구 증가 대비) 수적으로 감소하는 진사의 우위가 점차 증가하는 특징으로 귀결된다. 요즘 말로 비견하자면 '박사학위'가 '석사' 및 '학사'학위보다 상위에 있었던 것이다.[1]

명대의 확장이 주로 행정조직과 관련되었던 만큼, 이 장과 다음 장에서는 그 사회정치적 결과를 설명할 것이다. 이하 챕터에서는 시험 시장과 엘리트 문화사 간의 상호작용에 대해 설명하고자 한다. 시험 절차와 제도적 진화의 핵심적인 측면은 그 제도적 부분에 대한 기능적 또는 목적론적 분석이 설명할 수 없는 예기치 못한 사회·정치·경제·문화적 결과를 낳았다. 시험 체제의 역사적 결과와 그것의 본래 의도된 기능은 분석적으로 뚜렷이 구별된다.

허빙디Ping-ti Ho, 何炳棣의 선구적인 업적을 제외하고, 후기 제국 과거 시험에 대한 연구는 그것을 근대화의 제도적 장애물로 치부했다. 보다 포괄적인 견해는 1850년 이전에 시험 제도에 의해 재생산된 경영 관리적 사대부 엘리트들이 산업화 이전 사회에서 정치·사회적 관리자로서 분명히 비효율적이라는 선험적인 이유가 없었다는 것을 보여준다.[2] 만약 우리가 단지 학문적 전문화와 경제적 생산성의 근대적 목표에 비추어 문학 교육을 평가한다면, 엘리트 문화와 제국의 제도 사이의 사회·정치적 상호작용은 역사적으로 왜곡된다. 명대와 청대 공히 발전이 비견될 만한 지점에서, 나는 양쪽 모두에 대해 말해주는 사건들과 과정들을 서술하면서 동시에 주목할 만한 차이점을 강조할 것이다. 청조가 1644년 이후 명대의 과거 시험이나 그 관행을 크게 바꾼 지점들에 대해서는, 1905년 과거 시험의 종말 이전 1850년까지의 마지막 발전 단계에 초점을 둔 후반부 챕터들을 위해 그 분석을 남겨두고자 한다.

1. 관료의 정치적 재생산

명대의 관료체제는 『명사明史』에 따르면 관학과 문무 과거 시험, 천거, 임명 등 네 가지 주요 구성 요소를 지닌 선발과 임명 제도를 통해 스스로를 재생산하였다. 송대의 선발과 임용 과정은 시험, 학교, 임명, 음서蔭敍, 보증 임용[보임(保任)], 평가 등 6가지 측면이 있었다. 비록 명과 청이 송에 비견할 만한 인사고과 과정을 유지했지만, 후기 제국에서는 엘리트들의 순환을 건강하고 활기차게 유지하기 위해 가문의 연속성을 강화하기 위한 보장 정책이나 보증 임용과 같은 다른 측면들은 축소되었다.[3]

명청시대에 학위로 벼슬을 하는 사람들은 교육을 위한 예부禮部와 임명 및 평가를 위한 이부吏部가 관여하는 더 큰 행정 체계의 일부였다. 직급과 지위 분류가 유동적이었던 당송시대와는 달리, 명대의 행정조직은 양자 간의 엄격한 상응성즉, 관리는 그 지위에 적합한 직위에만 임명될 수 있었다에 의해 지배되었다. 이와 함께 송대 과거 시험의 공정성을 훼손했던 세습 특권의 전통도 허물어졌다.[4]

과거 시험은 결국 관학체제를 송대에는 부府 단위까지, 명청시대에는 더 나아가 현 단위까지 미치게 하였다.[5] 현마다 하나씩 설치된 왕조가 운영하는 이런 높은 수준의 학교는 처음에는 임명된 시험관이 마련한 필기 시험을 위한 후보자들을 양성했다. 제국 전체의 학교 네트워크로서 초기의 성공에도 불구하고, 관학은 결국 시험 제도에 흡수되었고 명청시대에는 이름만 학교로 남았다. 관학에서 실제 교육은 거의 이루어지지 않았고, 학생들이 스스로 과거 시험을 준비하고 노력에 대한 녹봉을 받을 수 있는 정원 기반의 중간기착지가 되었다.[6]

관학에 입학하기 위해서는 고전 문해력이 전제되어야 했다. 백화白話와 고전 문해력에 대한 교육은 사적인 영역에 맡겨졌고, 관학은 20세기 초까지 대중 교육의 목표를 갖지 못했다. 허빙디가 '성공의 사다리'라고 적절히 묘사한 것으로 인재를 끌어들이기 위해 고안된 고전 교육은 수도와 지방의 사안들에 있어서 사회적·정치적 명망의 관건이었다. 고대와 고전주의 그 자체를 지향한 제국의 통치자들은 경전에 기반한 엘리트 교육을 정부의 필수 과제로 인식했고, 중국의 신사들은 고전 교육을 그들의 도덕적·사회적 가치에 대한 올바른 척도로 여겼다. 적절하게 일반화되고 고취된 고대의 지혜는 남성들을 지도자로 단련하고 중앙 및 성급 관료조직과 지역 아문에서 정치 권력을 행사할 수 있도록 양성하였다.[7]

엘리트 교육에 대한 제국의 통제는 관리들을 선발하고 승진시키는 왕조의 특권을 전제로 했기에, 정부는 학교를 설립하거나 교사를 양성하는 것보다 시험을 조직하고 체계화하는 것에 더 관심이 있었다. 정부는 고전 중국어 교육과 시험을 위한 훈련이 관학으로부터 가정교사, 서당 또는 가문 학교의 사적인 영역으로 이동하는 것을 허용했다. 1500년까지 과거 시험은 100만 명 이상의 청년과 노인 남성을 선발 절차에 끌어들였고, 보통 각 현마다 1,000명이 넘었다. 2년마다 실시하는 지역 시험으로 시작하여 3년마다 실시하는 향시와 회시로 마무리되는 명대 과거 시험은 제도적 그물망의 끊임없는 시스템을 통해 인적 자원을 동원했다. 거듭된 비판과 끊임없는 개혁 노력에도 불구하고, 수험생활은 죽음과 세금처럼 엘리트 사회와 대중문화의 자연스러운 고정물이 되었다.[8]

황제가 좋든 나쁘든 폭군이든 무능한 자이든, 왕조를 위해 더 중요한 것은 3년마다 고전 문해력을 갖춘 새로운 성인 남성 집단이 정부에 들어오도록 보장하는 선발 시스템이었다. 참신함과 새로운 활력은 결국 일상화되기는 했지만, 1865년 이후에 일어난 것처럼 명청 관료제가 부패와 절대주의 또는 무관심에 돌이킬 수 없이 굴복하지 않도록 해주었다.[9] 예를 들어, 1384년 이후 명대의 향시와 회시는 관료제의 리듬을 거의 놓치지 않고 엘리트 사회에서 끊임없이 시계추처럼 운영되었다. 청대에 만주족 황제들은 황제의 생일이나 경사스러운 일을 축하하기 위해 종종 추가적인 특별한 '황은皇恩' 시험[은과(恩科)]을 허가했다.[10]

명청 정부는 위계질서를 관료 자치권의 보루로 받아들였다. 임명과 승진에서 개인적 취향보다 엄격한 절차가 우선되어야 했다. 명대 초기 황제들의 결정적인 개입제1장 참조 이후 부활한 제국 명령으로부터의 상대적 자치권은 공무에서 통치자의 영향력을 줄이기는 했지만 제거하지는 않았다. 지식인 관료들은 인사 원칙을 통해 공정한 시험에서의 성공으로 권한을 부여받은 제국의 동반자로서 지위에 걸맞은 자긍심을 얻게 되었다. 왕

조는 엘리트의 이해관계를 수용하였고 엘리트는 정당성과 인력을 제공했다.[11]

제국 정부의 관료 밀도가 낮고 인구가 꾸준히 증가함에 따라, 왕조는 응시자의 수를 수용 가능한 수준으로 제한하기 위해 지역 자격 시험, 향시, 회시에 엄격한 정원제를 활용하였다.[12] "정규 학력 단계의 상승은 행정적 자본의 위계와 상응"했기에 명청시대 시험 제도는 지방 고을과 도시를 성 단위로 통합했다.[13] 지방의 관학들은 사립학교들과 더불어 제국 관료제를 위한 공급기관으로 동원되었다.[14] 지방 고을과 도시에서의 계층 구조는 지방 행정장관과 성 교육감들이 승인하는 지방 문·무과 학위들에 대한 왕조의 통제와 연관되어 있었다.[15]

인구 증가에도 불구하고 현들이 합병되었기 때문에, 전통시기 중국 현縣 개수의 안정성한대 1,180개, 당대 1,235개, 송대 1,230개, 명대 1,385개, 청대 1,360개은 환상에 불과하다.[16] 총계를 보면 1500년 이후 관직 후보생이 급격히 증가한 데 비해 관료체제 내 지방 행정장관직의 수는 상대적으로 일정하게 유지되었음을 알 수 있다. 행정에 있어 관료의 밀도가 점차 낮아지면서 "정부 효력의 장기적 저하"를 초래하였다초기 제국의 지방 관료 밀도와 보조를 맞추기 위해서는 1585년 4,000석, 1850년 8,500석이 필요했을 것이다. 16세기에 인구가 약 2억 3천 1백만 명으로 증가하고 19세기에는 4억 4천만 내지 4억 5천만으로 증가함에 따라, 이는 조세 및 사법 체계를 통제하는 왕조의 능력에 영향을 미쳤다. 그러나 태평천국의 난1850~1864까지 관원 선발 과정은 이러한 행정적 쇠퇴의 장기적 과정에 중요한 예외로 남아 있었다.[17]

시험을 통해 영향력을 확대하려는 지역 엘리트들과 엘리트의 사회적 순환 '밸브'를 정치적 통제하에 두기를 바라는 교육 관료들 사이에 줄다리기가 있었다. 교육정책의 변함없는 특징은 시험 응시 자격 소지자 수가 비정상적으로 늘어난 기간 후에 정원을 감축하는 것이었다. 예를 들어 청의 통치자들은 불만을 품은 수많은 응시 자격 소지자 수와 명나라의 몰락을 동일시했다.[18] 또 제1장에서 살펴본 바와 같이, 1425년 이후 왕조는 남북방의 지역적 균형을 도모하기 위해 수도에서의 회시를 위한 추가적인 지역 할당제를 적용하였다.[19]

명청대 황제들과 관료들은 종종 왕조의 학제 바깥에서 사립학교가 확산하는 것을 제한하려고 노력했다. 대개 실패로 돌아갔지만 일부 반대자들이 이따금 시험 제도에 이의를 제기했기 때문이다.제2장 참조[20] 또 논란이 된 것은 지식인이 그들의 사회정치적 역할을 수행하기에 가장 적합한 교육에 대해 지녔던 상이한 견해였다. 고매한 관리들과 지역 지식인들은 종종 치열한 시험 과정에 의해 고전적 목표가 뒤틀리는 것에 대한 해결책으로 사립학교나 가정에서의 자기 수양을 호소했다. 명대 말기에 사립학교들은 잠시 정치적 반대 견해의 구심점이 되었다. 이러한 도전들 자체는 1620년대에 당파 내분과 환관 정치 권력이 정치적 위기를 촉발하기 이전에 제도적으로 행정조직을 겨냥하였다.[21]

지식인의 반대 의견은 행정조직을 통한 사회적 선발이나 교육정책을 통해 사회적 위계질서를 결정하는 정부의 권리에 거의 도전하지 않았다. 교육은 남성과 여성, 그리고 지식인, 농민, 장인, 상인 사이의 사회적 구별을 등급과 위신의 내림차순으로 상정했다. 이러한 사회적 비전이 맞지 않게 되었을 때, 왕조의 교육 비전은 14세기 후반에 단지 상인의 아들들에게 시험 경쟁의 자격을 부여하는 정도로만 바뀌었다. 조선인과 월남인이 간혹 명대 과거 시험에 응시했었지만, 청조는 자신들의 제도를 고수하는 것 외에 당시 세관 검사관이었던 로버트 하트Robert Hart, 1835~1911 경의 고전에 능통한 아들이 광서光緒, 1875~1908 재위 연간 초기 수도 지역 향시에 응시

하는 것을 단호히 거부했는데, 이는 그러한 요청이 불러일으킨 지식인들의 항의 때문이었다.[22]

1860년 이전까지, 민정 직책은 상공업이나 군대에서의 직위보다 더 많은 위신과 권력, 보수가 따랐다. 공직사회에 들어가는 것은 시험을 준비하는 데 필요한 교육 시간과 비용을 감당할 수 있는 모든 사람의 목표가 되었다. 왕조를 유지하기 위해 교육 시스템이 '도학'의 정치·사회·도덕적 가치를 고취하고 강화하는 데 이바지하도록 하는 정부의 최소한의 요구는 정주학의 신성성을 예찬하고 사회·도적적 가치의 척도로서 백성의 가치 우선권을 지지하는 문학적 수사와 일치했다.

왕조가 이러한 합법적인 문화적 상징들을 독점함으로써 통치자는 정부에 구성원을 공급는 데 필요한 제도적 조건을 정당화할 수 있었다. 시험의 위계는 사실상 상업이나 군사적 성공에서 비롯된 부와 권력을 행정조직으로 되돌림으로써 용인 가능한 사회적 위계를 재생산하였다. 그러나 5%도 안 되는 소수의 후보자만이 관원이 되는 데 성공할 수 있었던 까닭에, 교육을 통해 전승되는 정치적 정당성은 오로지 강화된 사회적 지위가 각급 시험 경쟁의 중요한 부산물이었기에 계승될 수 있었다.

2. 엘리트의 순환

명대에 고전 문해력을 갖춘 남성들을 관계官界에 진입하게 하는 관료체제의 인재 발굴은 제국의 수도와 성도省都를 넘어 처음으로 모든 부와 현까지 침투했다.[23] 예를 들어 당대에 과거 시험은 제국의 수도에서만 열렸다. 한대 및 수대隋代, 581~618와 마찬가지로 응시자는 지역 엘리트들에 의해 추천되었다.[24] 송대에 시험은 두 단계로 확대되었는데, 하나는 로^路,후대의성
에해당에서의 시험이었고 다른 하나는 수도에서의 시험이었다.[25] 비록 일
부 지방 시험이 치러졌지만, 지방 학생들에게는 여전히 추천이 원칙이었
다. 원대 지방 시험의 제한된 범위는 그것이 아직 고위직으로 가는 효과
적인 통로가 아니었다는 것을 의미했다.[26]

　〈표 3.1〉의 과거 시험 흐름도에서 알 수 있듯이, 명대에는 3년마다 실
시되는 향시 응시자를 선발하기 위해 2년 주기의 세고^{歲考},곧 '연례 시험'와 3
년 주기의 자격 검정 시험인 과고^{課考}가 부·주·현 관아에서 시행되었다.
이론적으로 두 개의 지방 시험이 3년마다 지방 행정장관이나 성 교육감
주관으로 치러졌다.[27]

　향시는 수도에서의 마지막 단계인 회시와 전시로 이어졌다. 보통 응시
자들은 가을에 향시를 치르고, 합격하면 이듬해 봄 남경1421년까지이나 북
경1415년부터에서 회시에 응시했다.[28] 황제는 자신에 대한 정치적 충성과 공
평타당한 최종 순위를 보장하기 위해 후보자들을 직접 판별하는 시험으
로서 회시 합격자들을 위한 마지막 전시를 주재했다. 이 마지막 단계는
시험관들에 대한 충성이 통치자에 대한 충성을 능가한 당대 시험에 대한
송대의 전도^{顚倒}를 대변하였다. 청대에 각 세션의 문제 유형이 자주 변경
되었음에도 불구하고 이 3단계 방식은 대체로 1905년까지 유지되었다.[29]

〈표 3.1〉명청시대 과거 시험 및 학위 흐름도

동생(童生) : 가정에서 교육받는 입학 전 수련생
↓
동시(童試 : 부·주·현 자격 취득 시험) (현고(縣考), 주고(州考), 부고(府考), 원고(院考))
↓
생원(生員, 또는 수재(秀才)) = 부·주·현학 학생) (세시(歲試) 또는 세고(歲考) : 격년 주기의 자격 갱신 시험)

↓

과시(科試) 또는 과고(科考) : 3년 주기의 자격 검정 시험

↓

공생(貢生) → ↓ ← 감생(監生)

세공(歲貢) →←─ 예감(例監)

발공(拔貢) → ↓ ← 증감(增監)

은공(恩貢) →←─ 부감(附監)

우공(優貢) → ↓ ← 우감(優監)

부공(副貢) →←─ 음감(蔭監)

부생(附生) →←─ 은감(恩監)

늠생(廩生) →←─ 발공생(拔貢生)

↓

향시(鄕試) : 3년마다 가을에 시행하는 성급 시험

↓

거인(擧人) : 향시 합격자. 명대에는 공사(貢士)라고도 불림.

(해원(解元) : 각 성 향시 1등 급제자)

↓

회시(會試) : 3년마다 봄에 열리는 수도에서의 시험

(회원(會元) : 회시 1등 급제자)

공사(貢士) : 전시(殿試)를 제외한 모든 회시 급제자에 대한 청대 용어

↓

전시(殿試)

↓

진사(進士) : 관직 임명을 위해 황제에게 선보이는 지식인

장원(壯元)

탐화(探花) → ↓ ← 방안(榜眼)

↓

조고(朝考) : 한림원을 위한 조정의 배치 고사(1723년 이후)

↓

석차에 따라 내부(內府), 육부(六部), 성(省) 또는 부·주·현 직위에 임명

출처 : 벤저민 엘먼, *A Cultural History of Civil Examinations in Late Imperial China*(중국 명청시대 과거문화사),
Berkeley : University of California Press, 2000

자격 취득 시험과 자격 검정 시험

새로운 후보자를 관학 학생으로 임명하기 위한 격년 주기의 지방 시험은 하루 시험으로 치러졌다. 이 시험은 기존 응시자격 취득자생원, 즉 상급 과거 시험에 참가할 수 있는 면허 취득자의 지위를 갱신하기 위한 자격 시험으로도 편리하게 활용되었다. 새로운 생원들은 부·주·현 시험에서 행정장관들에 의해 처음 선발되었다. 모든 새 응시자와 자격 갱신을 위한 생원들은 두 편의 에세이를 쓰도록 요구되었는데, 하나는 사서四書의 한 구절을 바탕으로, 다른 하나는 오경의 한 구절을 바탕으로 출제되었다. 여기에 더해 책문이 주어졌고, 1756년 이후에는 시 문제가 요구되었다.[30]

홍무제의 주장에 따라 명대 초기 수험생들은 도덕 및 법률 훈계서인 그의 「대고大誥」도 암기했다. 나중에 이것은 태조의 「성유육언聖諭六言」을 외우는 것으로 대체되었다.[31] 이러한 추가 사항은 후에 청대 지방 시험에서 강희제의 「성유聖諭」1670와 옹정제의 「성유광훈聖諭廣訓」1724을 사용하는 선례가 되었다. 이 글들은 지방 관료들의 도덕 강의에서도 낭독되었다.[32]

관아 사무관들이 응시자와 생원들의 서체, 형식, 내용을 검토한 후에는 등급이 매겨졌다.[33] 통과한 사람들에게는 2차 및 3차로 유사한 일련의 문제들이 주어졌고, 이 과정은 대다수가 탈락할 때까지 며칠 동안 계속되었다. 예를 들어 상해현上海縣 출신의 저명한 화가이자 서예가인 동기창董其昌, 1555~1636은 17세의 나이에 첫 부고府考에서 2등을 했다. 동기창이 왜 그의 사촌이 자기를 제치고 1등으로 뽑혔는지 문의해보니, 후대 그의 회화와 서체의 명성을 감안하면 아이러니하게도 그의 에세이들은 내용은 뛰어나지만 서예는 미흡하다는 답변을 들었다. 그 후 동기창은 서예를 연마하기로 결심한 것으로 보인다.[34] 반복되는 시련에서 살아남은 응시자들은 형식과 내용[문리(文理)]에 따라 6개 등급으로 분류되었고, '도학'의 가르

침에 비추어 평가되었다.[35]

그 후 새로 합격한 응시자들은 자격 취득 시험[원고(院考)]을 위해 부府 아문 소재지에 모였는데, 이것은 종종 기존 생원들을 위한 자격 검정 시험[과고(課考)]으로도 활용되었다. 교육감은 정기 시험 일정에 따라 성省을 순회하면서 누가 새로운 관학 생원 자격자가 될 것인지를 결정했다. 그해에 시기가 맞는 경우 교육감은 신구 생원들 가운데서 그룹별로 향시에 참가할 수 있는 소수의 인원도 선발했다. 자격 취득 시험과 자격 검정 시험 모두에 대해 교육감은 부·주·현의 예비시험에서 사용된 것과 동일한 시험 형식과 교육 과정을 되풀이했다.

부·주·현학의 생원이 된다는 것은 기존의 후보자가 이제 성도省都로 여행하고 향시에 응시할 수 있는 특권을 얻기 위해 역시 교육감이 감독하는 3년마다의 자격 검정 시험에 응시할 수 있다는 것을 의미했다. 그러나 배정된 적은 정원을 감안할 때, 보통 대다수는 낙제하였다. 향시에 불합격한 사람들은 차기 자격 갱신 시험 및 자격 검정 시험에서 다시 경쟁하기 위해 돌아왔다.

늘 소수의 생원만이 거인이 되었기에, 명 왕조는 생원들이 법적 지위를 유지하기 위해 지방의 자격 갱신 시험을 계속 치르도록 요구하였다. 따라서 지방 자격 갱신 시험은 보통 부·주·현 자격 취득 시험과 겸해서 치러졌는데, 이는 새로 생원이 되기를 원하는 젊은 응시자보통 20세 미만와 지위를 유지하려는 기존 생원20세부터 60세까지 모두에게 요구되었다. 지방 행정장관과 성 교육감들이 다른 책임들을 맡고 있는 상황에서 이렇게 많은 서로 다른 시험들을 격년으로 감독하는 것은 현실적으로 불가능했다. 만약 지방 행정장관들이 지방 문과 시험과 무과 시험을 동시에 치르지 않았다면, 그들은 끊임없이 시험을 시행하고 감독해야 했을 것이다. 많은 경우 문무 학위 후보자들은 따로 시험을 치르기보다는 함께 소집되었다.

보통 20세를 기준선으로 연령에 따라 구분되기는 했지만, 가능한 경우 새로운 응시자와 기존 생원들은 역시 함께 시험을 치렀다. 각 그룹에는 동일한 형식의 서로 다른 문제가 배정되었다. 마찬가지로 자격 검정 시험이 최종 자격 취득 시험과 동시에 치러질 때도 신구 응시생이 겹치게 되었다. 자격 취득 시험, 자격 갱신 시험, 자격 검정 시험은 가능한 한 함께 시행되었다. 젊은이들과 노인들은 그런 합동 시험에서 함께 모였고, 그룹별로 연이어 며칠 동안 시험을 치렀다.

정원 및 시험 시장

청대에 대략 17세에서 37세 사이였던 신입 생원의 인원수는 각 부·주·현에 할당된 연간 정원에 기초했다.[36] 모든 생원은 쌀로 봉급을 받았고, 그 가족은 조세 면제 혜택을 받았다.[37] 한 지역의 총 생원 수에 대한 명대의 정원은 처음에는 각 부당 40명, 주 및 현당 30명으로 정해졌다. 선덕宣德, 1426~1435 연간에는 남경과 북경 지역 부의 경우 60명으로 증가했지만, 다른 부들은 40명으로 유지되었다. 1392년에 신입생 정원은 매년 부학 2명, 현학 1명, 주학은 3년에 겨우 2명 씩으로 제한되었다. 정원에 대한 이러한 지침은 16세기까지 문서로 남아 있었지만 그즈음에는 무시되었다. 1465년 이후에는 많은 현들에 총 약 2,000명 규모의 지방 자격 시험을 치르는 생원이 있었다.[38]

지방 자격 시험 및 향시에 대한 정원은 조세 할당량이 물적 자원의 징수를 균등하게 분배하듯이 엘리트 선발 시장을 통제하기 위한 왕조의 노력을 대변하였다. 지역 사회로부터 부와 노동력을 징발하는 명대 조세 제도와 비교했을 때, 명대의 지식인 선발은 정치적 직위를 위해 신사 엘리트들을 이끄는 데 있어 더 지속적이고 효과적이었다. 명 왕조는 16세기에 관료 가족들에게 주어진 관대한 면제를 전혀 받지 못한 평민들의 조세 부담이 갈수록 가중되면서 물적 자원에 대한 통제력을 상실했다. 청대 초기 남방에 만연했던 탈세의 정도를 줄이기 위한 노력에도 불구하고, 후기 제국 정부는 물적 자원에 대한 통제를 회복하지 못했다.[39] 이와는 대조적으로, 19세기 중반 대규모 농민 반란, 전례 없는 인구 증가, 자금 조성을 위한 학위 판매 확대 등이 행정조직의 효율성과 건전성을 심각하게 위협할 때까지 지역 정원을 통한 정치적 선발은 여전히 효과적이었다.[40]

합격자와 불합격자 사이의 비율에 따른 정원을 설정한다는 것은 엘리트 구성에 대한 정부의 개입이 시험 경쟁의 초기 단계에서 가장 통절히 느껴졌다는 것을 의미했다.[41] 엘리트의 사회적 지위와 관료의 정치적 지위는 명 왕조가 몽골 지배하의 공백기 이후 중국 사회 전반에 걸쳐 과거 시험을 제도화하기로 한 결정의 이중적 산물이었다. 관료들의 정치적 재생산은 지역 신사층의 사회적 재생산과 일치했다.[제4장 참고] 왕조는 엘리트들을 합법적으로 인정했고 그들이 선호하는 교육 과정을 숙련하도록 승인했다. 불편부당함과 평등주의의 고전적 이상에 대한 수사는 행정조직에 있어서 후보자들의 불평등한 기회의 현실을 성공적으로 감추었다. 과거 시험에서의 성공은 지역 사회에서 부유하고 힘 있는 자들의 특권으로 발전했다. 지역 정원과 시험 성공을 위한 경쟁에서 장인, 농민, 아전 계층은 행정조직의 개방성이라는 이점을 거의 이용할 수 없었다. 후기 제국시기 동안 전체 인구의 2% 미만이 신사 지위를 얻었다.[42]

1400년까지 약 8천 5백만의 인구 중 약 3만 명의 생원이 있었으며, 이는 거의 2,800명당 생원 1명의 비율이다.[43] 1700년에는 총인구 2억 6천 8백만 가운데 50만 명의 생원으로 늘어났고, 이는 540명당 생원 1명의 비율이었다. 인구 대비 시험 자격 취득자의 비율은 시간이 지나면서 덜 경쟁적이게 되었지만, 시험 자격 소지자들이 공직 자격을 주는 상급 시험에 합격할 가능성은 더욱 낮아졌다. 실제로 청대에는 생원 지위는 훨씬 덜 드물거나 덜 특별했고, 오늘날 대학 학위처럼 엘리트 구성원으로 남아 있기 위한 사회적 필수조건이 되었다.[44]

15세기부터 명대 관직 선발 과정의 각 단계는 대부분의 후보자를 탈락시켰고, 모든 단계의 선발 과정에서 성공 확률은 아마도 청대에 6,000명 중 1명0.01%이었던 것보다 약간 더 높았을 것이다. 그러나 인구가 증가함에 따라 훨씬 더 고정된 수도 및 성, 지방의 직위 수1500년경 20,400개, 1625년경 24,680개의 관직에 대한 잠재적 후보자의 점증하는 규모는 관직에 임명된 적이 없는 생원들 대다수가 필수 노력의 면제라는 파렴치한 조작 또는 반란으로 이어질 수 있는 충족되지 않은 기대라는 측면에서 지역의 안보 문제를 일으킬 수 있다는 것을 의미했다. 관료들은 또 시험 자격 소지자의 과잉 생산이 지식인 학문의 이단적 견해와 지역 가부장주의의 약화를 낳을 수 있다고 우려했다. 왕양명의 새로운 '도학' 관점의 주요 독자는 정주학에 대한 그의 비판에 동조하고 그들을 끌어들이는 점점 더 경쟁적인 시험 시장에 불만을 품은 16세기 생원 공동체였다.[45]

향시 및 회시 시험장이 학교라기보다는 감옥처럼 보였던 데는 그만한 이유가 있었다. 귀족적 가치가 팽배했던 동시대의 유럽이나 일본과 달리 명청시대에는 토지 소유의 부와 상업적 부가 시험 지위와 밀접하게 관련되어 있었고, 이로 인해 중국에서 계급 기반 반란의 가능성이 어느 정도 완화되었다. 하지만 그 시스템의 신뢰성이 유지되려면 치열한 경쟁은 규칙이 잘 준수되는지 감시되어야 했다.

3. 새로운 정치 집단으로서 거인擧人들

1450년 이후 문과 거인 및 진사 학위를 위한 경쟁이 격화되면서 처음으로 송대 과거 시험 경쟁 수준에 이르렀다.[46] 잔여주의, 즉 거듭되는 실패는 '수험생활'의 전형적인 특징이 되었다. 1441년 850명이었던 명대 향시의 시험당 낙방자 수는 1495년에는 3,200명으로 증가했고, 1573년에는 4,200명으로 132년 만에 4배나 증가했다.[47] 15세기와 16세기 동안 향시의 경쟁이 크게 심화되어 명대 말기 양자강 삼각주 지역의 한 민요는 남경[응천부(應天府)] 향시에서 "황금은 향시 합격자[거인]에게 주어지고, 전시 합격자[진사]에게는 (겨우) 은이 돌아갔다[金擧人, 銀進士]"고 단언했다. 경쟁이 향시에서 더 치열했기 때문이다.[48] 1630년까지 제국 전역에서 약 49,200명의 후보자가 청대 전성기보다 45% 적은 1,278개의 거인 자격을 위해 3년마다 경쟁했다. 단지 2.6%만이 성공할 수 있었던 것이다.

청대에 약 2백만 명의 응시자가 3년에 두 번 시행되는 현의 자격 취득 시험 및 자격 검정 시험에 등록했다. 이들 중 3만 명[1.5%]만이 생원 지위를 취득했다.[49] 보수적인 추정치로 1850년 이전 17개 성에 총 약 89,600여 명의 거인 학위 후보자가 있었고, 이 중 1,300명[1.5%] 미만이 합격했다.[50] 명대에는 새로운 사회적 역학이 일어났다. 명대 이전에는 후보자가 회시와 전시에 떨어지면 집으로 돌아와 처음부터 다시 시작해야 했다.[51] 명대 초기에 이 요건은 거인들이 힘들게 취득한 학위 신분을 유지할 수 있도록 변경되었다. 그들은 낮은 지위의 관직 임명 자격을 계속 유지하는 것 외에도, 향후의 회시를 위한 응시 자격도 자동적으로 갖추게 되었다. 그들은 또 진사 학위를 향한 그들의 전진을 계속하기 위해 황실 학교[국학, 훗날 국자감이라 불림]에 들어가는 것도 허락되었다.[52]

명대에 처음으로 고유한 사회적 지위와 정치적 특권을 지닌 다음과 같은 세 가지 주요 갈래의 거인 계층이 등장했다. ① 지방 교육직 자격을 갖춘 2급 거인[부방(副榜)], ② 학업을 계속하기 위해 국자감에 입학하고, 그에 따라 하위직 임용 자격이 주어진 거인, ③ 다음 전시를 준비하기 위해 고향으로 돌아온 거인. 진사 학위가 점점 중요해졌기에, 거인들은 낮은 직위에 봉직하기보다는 회시에 도전하는 것을 선호했다. 이는 가장 부유한 엘리트들은 정부에서의 최고 수준의 경력만을 받아들일 수 있었다는 것을 시사한다. 경제적 여유가 있는 많은 지식인은 국자감의 하위 후보자 부류에 들어가기보다 집에 머무르는 것을 선호했다.[53]

학교 제도가 독립적 지위를 얻는 데 실패한 것은 명대 초기까지 거슬러 올라간다. 대부분의 학생은 지방 관학을 최후 수단의 보루로 삼고 출세를 위해 시험의 길을 선택했다. 관학은 시험 제도의 일부가 되면서 독립적이지 않았기에, 국자감 학생들은 전시殿試 트랙에 상응하는 사회·정치적 혜택을 받지 못했다. 그 결과 많은 거인이 임용을 위해 황실 학교 제도 내에서 대기하는 대신 과거 시험을 선택했다. 학교는 단순히 시험장이 되었다.[54]

관학에서는 응시 자격을 취득한 학생들의 진척도를 확인하기 위해 계절 및 월별 시험이 시행되었다. 주로 유구, 일본, 조선, 안남, 시암[태국] 등 해외에서 온 외국인 혹은 중국인도 조공체제의 규정에 따라 공생貢生으로서 관학에서 공부하는 것이 허용되었다. 비록 중국인 후보자들이 선발과 임명 과정의 추천, 음서, 연납捐納 기회를 계속 활용하기는 했지만, 명청시대 대부분의 고위 관료들은 특히 명 왕조가 추천 제도를 폐지한 1459년 이후 지방 시험 및 향시, 회시에서의 성공에 의지했다.[55] 송대와 달리 명대에 세습 지위가 학위 시장의 공정성을 위태롭게 했을 때,[56] 음서는 그

상속권자가 낮은 직위에 진출하는 것을 보장했을 뿐이다.[57]

시험 자격이 매우 중요했던 까닭에 가정 연간[1522~1557]에 이르러서는 상급 과거 시험에 합격하지 못하면 관학에서의 교육은 거의 의미가 없었다. 하급 관리로 살 운명에 처한 관학에 남아 있던 학생들은 제국 정치에서 성공할 기회가 거의 없었다. 명대 말기에 이르러 거인 학위만 받은 후보자들은 평판이 좋은 관직을 얻기가 어렵다는 것을 알게 되었다.[58]

명대 초기에 거인들은 행정에서 두드러졌으나, 그들은 결국 진사 수의 증가로 인해 대체되었다.[59] 세 가지 출세 경로, 즉 진사, 거인, 그리고 지역 관아 업무를 위해 선발된 사무관[이원(吏員)] 가운데 진사는 높은 정치적 지위와 엘리트로서 사회적 존경을 보장해주는 유일한 수단이 되었다.[60] 비록 많은 진사가 중앙 및 성급 관료체제에서 높은 직책을 맡았으나, 1500년 이후에는 대부분 지방 행정장관, 그리고 다양한 등급의 관아 부관으로 임명되었다. 특히 1574년 이후 진사들은 지부知府나 지현知縣이 되는 경향이 있었다.

유동적인 교육직

거인들 역시 처음에는 부·주·현의 교육관으로 활동했으며, 명대 초·중기에는 향시 관원으로 활동할 자격이 부여되었다. 기간과 복잡성으로 인해 특히 3년마다 실시되는 향시 및 회시는 운영을 위해 시험 관원의 완전한 충원이 필요했다. 중세시기부터 시험 관원들이 중요했지만, 현급에서부터 수도 및 궁정 층위까지의 교육 및 시험 관원의 완전한 관료체계화는 15세기 중반까지 공식화되지 않았다.[61]

명대의 지방 교육관들은 성 교육감 아래서 관학을 담당하도록 배치되었다. 명대 후기의 수치[140개 부, 193개 주, 1,138개 현]를 적용하면, 전국적으로 13

개 성省 및 남경과 북경 두 수도의 교육감들이 감독하는 지역 단위 교관[교수(教授)] 1,471명과 부교관[훈도(訓導)] 3,415명이 있었다[명대 변경 위소(衛所) 지역 관학의 교육관 미포함].[62] 1385년에는 회시에 낙방한 거인 전원이 지방 관학의 교관으로 임용되었는데, 이는 거인 학위가 여전히 교육 관원으로 적합했음을 보여준다. 게다가 명대 초기에는 진사 학위 소지자들을 지방 교육관으로 임명하는 것이 드물지 않았다. 그러나 15세기 중반까지 야심적인 지식인들은 교육 관직을 막다른 길로 간주했다.[63]

16세기 후반에 지방 교육 관원들은 상당히 낮은 계급으로 분류되었고, 진사들이 수도 및 성, 지방의 가장 명망 높은 직위에서 압도적 우위를 보였다. 이들은 갈수록 지부·지현으로 임명되었으나, 진사들은 또 지방 교육관의 지위가 급락하는 상황에서 유일하게 살아남은 교육감 직위의 대부분을 장악했다. 거인들조차 진사 학위를 두고 경쟁을 계속하기 위해 낮은 수준의 교육직을 기피했다.

명 정부는 엘리트들이 더 이상 원하지 않는 교육직을 채우기 위해 1450년에 '세공歲貢'을 지방 교육 관리로 임명하기 시작했다. 이는 그 직책을 맡을 지역 남성들을 찾는 문제를 해결했지만, 그 직책을 행정조직의 하위직으로 등급을 떨어뜨렸다.[64] 많은 이들이 명대 지방 교육관들의 명예 추락을 맹비판했다.[65] 이는 명대 교육관들이 그 직함을 받을 자격이 없다는 것을 의미했다. 청대 옹정 연간[1723~1735]이 되어서야 지방 교육관의 시험에서의 지위와 제도적 효력을 향상하기 위한 다른 시도가 이루어진다.[제6장 참조][66]

거인 지위의 하락

명대에 과거 시험 관원의 선발은 전반적으로 하향세를 이어갔다. 1465년 시점만 해도 하위 학위 소지자, 특히 거인들은 교관 및 향시 시험관으로 임명될 수 있는 충분한 기회가 있었다. 이러한 향시의 양상은 1585년까지 유지되었다. 그때까지 1465년 이후 문과 향시에 임명된 대부분의 수석 및 부시험관은 제국 전역의 관학에 배치된 4,200명의 교관들 중에서 선발되었다[제척 법규에 따라 해당 시험이 열리는 지역 출신은 배제됨]. 그들 대부분은 거인 학위를 가지고 있었다.[67] 1585년 이전에 거인들이 먼저 교관이 된 다음 외지의 수석 및 부시험관으로 근무했던 명대의 관행은 지방 진사 학위 소지자가 시험장에서 종종 거인 아래에 배치된다는 것을 의미했다. 1549년에도 많은 진사가 여전히 사무관, 답안 선별관 및 검사관으로 근무한 데 반해 거인들은 수석 및 부시험관 자리 10개 모두를 차지했다.[68] 이와 유사하게 1567년에도 부시험관들은 외지 출신 거인이었다.[69]

1585년 이후로는 향시 시험관 선발 정책이 바뀌었다. 예를 들어 1583년에 만력제[1573~1619 재위]는 수도의 한림 학자들을 향시의 수석 시험관으로 선임했는데, 이는 조정이 지역에서 더 직접적인 통제권을 행사하기를 원했다는 것을 시사한다. 이전에는 한림원 구성원은 주로 회시 및 전시, 그리고 보통은 수도 지역 향시에만 배치되었다.[70] 1585년과 1594년 사이 수석 및 부시험관으로 임명된 진사의 수가 급격히 증가했다. 명대 말기에 이르러 진사 학위 소지자들은 향시 시험관의 대다수를 차지하며 거인들을 대체했다.

그 결과 1585년 이후 명 왕조에서는 정치·사회적으로 다음과 같은 세 가지 과정이 진행되었다. ① 향시에서 진사들이 수석 및 부시험관으로 거인들을 대체해나갔다. ② 외부의 지방 행정장관 및 부행정장관이 향시의 주요 시험관으로 외부 관학 교관을 대체해나갔다. ③ 거인 학위에 대한 경쟁 정도가 매우 치열해져서 겨우 2~3%의 지원자만이 합격을 예상할 수 있었다. 진사 학위 소지자들은 그 점증하는 인원수로 인해 명대 관료체제에서 지방 행정장관이나 부행정장관 같은 대부분의 고위직을 장악하게 되었다. 진사들은 또 거인 후보자 선발의 지배권을 쥐었다. 1585년 이전에는 교관과 시험관으로 근무하던 거인들이 자신들의 동료를 선발했다. 명대 말기에 거인들은 진사 학위 소지자에 의해 권력과 영향력 있는 위치에서 밀려났고, 이는 청대까지 이어진 사회적 지위 하락이었다.

거인 및 교관의 보편적인 지위 하락은 1600년경부터 1900년 무렵까지 정치적 채용에 있어서 사회적 조건의 주요 변화를 대변한다. 심지어 진사들도 결국 20세기 초에 개혁가들에 의해 오명을 썼다. 부분적으로 상업 발전과 인구 증가에 기반한 명대 과거 시험 응시자의 급격한 증가는 고위직 임명을 위한 가장 높은 진사를 제외한 모든 학위를 평가절하했다. 거인들의 이러한 정치적 지위 하락의 산물은 낮은 학위 소지자 개인 및 가족의 기대와 그들의 현실적인 정치적 기회 사이의 점증적인 괴리였다. 명말 관료체제의 24,680개 직위 가운데 각료, 총독, 교육감 같은 최고위직이나 지방 행정장관 및 부행정장관직은 진사 학위 소지자들이 차지했다. 나머지는 거인, 공생, 그리고 천거된 생원들에게 남겨졌다.

1600년경 이후로는 정치적 성공을 거둔 거인이 더 적어졌다. 그들은 기대치를 낮추고 낮아진 지위의 생존 혜택을 이용하여 지방 관리로 일자리를 얻었다. 많은 사람들에게 거인은 그 자체로 목표가 되었고, 갈망하는 진사를 향해 가는 길에 꼭 필요한 중간 정거장이었다. 15세기와 16세기의 이러한 국면은 명대 초기 수백만 청년 후보자들의 꿈을 산산이 부수고 성공 가능성은 극소수에 불과하다는 것을 깨닫게 했다. 1720년대의 짧은 시기를 제외하고는 생원과 거인이 받은 사회적·법적 혜택은 고위 공직에서 점점 더 배제됨에도 불구하고 그들의 학위에 대해 보상해 주었지만 정신적 비용이 많이 들었다. 실패의 압박은 명청시대 엘리트들이 기

록하고 호기심과 두려움으로 언급한, 꿈과 악몽으로 표현된 개인과 가족의 불안을 낳았다.제5장 참고

4. 향시 및 회시 관원의 변화

명말 시험 시장에 진사들이 넘쳐나면서 거인의 지위 하락이 발생했고, 2등급[이갑(二甲)] 또는 3등급[삼갑(三甲)]으로 합격한 진사들에게도 부정적인 영향을 미쳤다. 처음에는 1등급[일갑(一甲)] 또는 2등급 상위에 오른 이들이 한림원에 들어가 황제의 비서관으로 근무했다. 1371년부터 1415년까지의 기간 동안은 회시 시험관으로 임명된 소수의 한림 학자가 수석 시험관을 맡았다. 그러나 1478년 이후에는 일반적으로 수석 및 부시험관의 80% 이상이 한림 학자로 구성되었다.

한림원 구성원을 부시험관으로 우대하는 정책 변화는 교관들이 그 임무를 맡는 것을 희생하는 대가로 이루어졌고 1454년 회시에 적용되었다.[71] 이후 1527년에 한림 학자를 임명하는 정책이 향시 수석시험관에 적용되었다. 1504년에 이러한 직위는 지방 교관에서 진사로 격상되었다. 1523년 이후 대부분의 향시 시험관은 낮은 등급의 답안 선별관 및 검사관, 등록관謄錄官 또는 교열관으로 일했다.[72]

16세기까지 최상위 석차 진사들이었던 한림원 집단은 전시와 회시의 주요 시험관 직위를 확고히 장악했다. 그들은 또 향시의 수석시험관으로 점점 더 많이 임명되었다. 청대에 한림 학자들은 향시의 부시험관으로도 임명되었고, 그리하여 조정과 예부의 명의로 지역 및 궁정의 선발을 전적으로 책임지게 되었다. 16세기 초 급속히 번영하던 명나라 경제에 대한

통제력 부족과는 대조적으로, 황제와 조정의 핵심은 제국 전체 시험 시장의 중간 및 최고 단계를 직접 통제했다.[73]

이러한 경향은 청대 강희 연간 초기에 가속화되었고, 이 시기에 행정조직과 지역 교육에 대한 한림 학자들의 책임이 증대되었다. 1680년 한림원 구성원은 수도 북경 지역에 교육감으로 파견되었고, 1681년에는 양자강 삼각주 지역의 절강성과 강소성에 파견되었다. 1699년 한림 학자들은 거인들을 위한 수도에서의 특별 '재시험[복시(覆試)]'을 감독하는 데도 관례적으로 배속되었다. 그 이전에는 대개 남방 지역 출신인 거인들의 회시 응시가 허락됐었다. 게다가 1669년부터는 향시를 감독하는 데 장원급제자를 배정하는 전통이 시작되었다. 그 이전에는 장원급제자가 보통 회시 부시험관으로 근무했다.[74]

복건성의 경우, 거인 학위에 아쉬운 대로 만족해야 했던 이들 가운데 1552년 복건 향시에서 22등을 한 천주泉州 출신의 악명 높은 명대 문학가 이지李贄, 1527~1602가 포함되어 있었다. 3,000명의 응시생 중 90명의 합격자합격률 3% 중 하나였던 이지는 처음에 가족이 그를 위해 생원 신분을 사준 부학府學의 3등급 학생이었지만, 가정의 재정적 어려움으로 인해 회시나 전시에는 줄곧 응시하지 못했다.[75]

만년에 '도학'의 정통성에 대한 인습타파와 비판으로 유명해진 이지는 1552년 향시에서 25세의 나이에 그가 나중에 공격할 경전의 필수 해석들에 숙달했음을 입증하는 전통적인 시험을 통과했다. 이지는 거인 학위만 가지고는 중요한 관직을 얻을 수 없었지만, 1555년에 운 좋게도 하남성의 현학 교관[교유(敎諭)]으로 임명되었는데, 이는 16세기에 여전히 거인이 열망할 수 있는 몇 안 되는 직책 중 하나였다. 이후 1561년에 그는 북경으로 먼 길을 떠났고 거기서 미임용 거인의 최후 수단인 국자감 감생

자리를 위해 약 2년 가량을 기다렸지만, 조부가 사망하면서 그마저 단념해야 했다.[76]

이후 이지는 북경의 예부와 남경의 형부刑部에서 여러 낮은 직책을 맡았다. 1578년 그는 마침내 운남성 현에서 직위를 얻었고, 3년 동안 재임한 후 사임하여 그의 특별하지 않은 관직 경력을 사실상 마무리했다. 일반적인 진사 학위 소지자는 자신의 경력 초기에 현에서의 관직 자격을 얻었다. 이지가 직면했던 시련과 고난은 명대 거인들의 특징이었고, 대부분은 이지 만큼의 명성이나 불명예도 얻지 못했다. 후에 「성교소인聖教小引」이라는 제목의 글에서 이지는 그의 학생 시절을 다음과 같이 묘사했다.

나는 공자를 공경했지만 왜 공자가 공경할 자격이 있는지 알지 못했다. 나는 "키가 큰 사람 뒤에서 연극을 보는 키 작은 사람 같이",[77] 다른 사람들의 연구를 추수하며 그저 맞장구쳤다. 그래서 쉰 살이 되기 전에 나는 다른 개가 짖으니까 짖기 시작한 사냥개와 같았다. 왜 짖느냐고 물으면 나는 말문이 막혀서 스스로를 비웃어야 했다.[78]

명대에 진사 학위를 따는 것은 얼마나 어려웠을까? 합산 수치가 매우 높은 복주부福州府 복청현福淸縣의 경우, 1370년부터 1546년까지 총 306명의 진사를 배출했다. 그러나 176년 동안 진사의 평균 수는 연간 2명 미만이었다. 약 1,227명의 거인이 그곳 출신이었으며, 이는 1년에 7명에 불과했다. 복건성에서 진사 학위 소지자들의 지위와 명성은 거인들을 앞질렀다. 시험 시장에서 크게 성공한 지역들은 대개 그들의 명망을 입증하기 위해 문서 기록을 남겼다. 이런 정보는 당시 지역 관보와 지방지에 포함되었다. 명대에 복건은 1636년까지 92명의 한림 학자를 배출할 수 있었고, 33명의 복건 출신 진사 학위 소지자가 전시에서 최상위 3등 안에 들었으며 53명은 상위 5등 안에 들었다. 그러한 기록들은 가문의 성공도 강조했다.

복건성 향시에서 수석을 한 사람을 제외하면, 시험 관련 기록들은 진사에 대한 편중이 두드러졌다. 향시에서의 성공에 대한 기록이 적은 것은 명대에 이미 거인 학위가 얼마나 흔해졌는지를 시사해준다. 진사 학위 소지자는 지역 엘리트들을 기리는 대부분의 지방 관보에 기록될 만큼 전반적으로 중시되었다. [그러나] 관보에 포함된 시험 관련 기록을 보면 진사에 편중되어 있으면서도 지방 관보들은 여전히 거인들을 칭송하고 종종 지역 사회 생원의 이름을 포함시켰다.

5. 진사와 한림원 '집단'

평등주의적인 지식인 관리의 선발은 황제가 주재한 최종 전시와 밀접히 결합되어 있었다. 당송시대부터 황제는 사실상 최고위 시험관이었으며, 급제자들로부터 상징적으로 관원으로서 충성 맹세를 요구했다. 명대부터 통치자는 '도학'의 성왕으로 인정되었다. 황제들은 왕자 시절 과거 시험의 최상위 급제자 중에서 선발된 한림원 교사들로부터 자신들의 정통성에 대한 고전적 근거를 배웠다.[79]

1475년 이후 3년마다 전시 급제자 수는 대략 300~350명 정도였으나, 회시에 대한 절대적인 정원은 정해져 있지 않았다. 그러나 정원은 특히 명대 초기의 불안정한 시기에 크게 변동을 거듭했다. 예를 들어 1406년의 급제자 명부에는 472명의 이름이 올라 있는 데 반해 1385년에는 32

명의 진사 학위만이 승인되었다. 이는 각각 명대의 최고치와 최저치에 해당한다. 허빙디는 명대 전체적으로 연평균 89명[시험당 289명]이 회시에 합격했다고 추정했다.[80] 1450년 이후에는 일반적으로 3,000~4,000명의 거인이 250~350개의 자리를 놓고 3년마다 회시에서 경쟁했다. 이는 단 7.5~10%만이 진사 학위를 받았다는 것을 의미했다. 1550년 이후 응시자 수는 4,500명에서 4,700명 사이로 증가하였다. 진사 급제자 수에 큰 변화가 없었기에, 1601년에 급제 비율은 6.4%로 떨어졌다. 명대 말기에는 1549년부터 1589년까지 치러진 14번의 회시에서 62,000명 이상의 거인들이 약 4,200개의 자리를 놓고 경쟁했다. 명청시대의 장기적인 인구통계학적 추세에 따라 청대 회시의 경쟁은 18세기에 100% 증가하였고 급제 비율은 3.5%로 떨어졌다.[81]

당송시대에 아직 관료체제의 정식 구성원이 아니었던 한림 학자들은 처음에는 황제의 개인적 조언자로 일했고, 황제는 그 자질만큼이나 명성 때문에 그들을 선택했다. 송대에 한림 학자의 기능은 정치에서 문화적 업무로 옮겨갔다. 이윽고 한림 학자들은 송 황제들을 위한 문서 초안 작성에 관여하게 되었다. 개인 비서로서 한림 구성원들은 관료체제에서 정치적 권력을 얻기 위해 왕좌에 가까이 있는 점을 이용했다. 한림원 시독학사侍讀學士들은 황제와 그의 왕자들을 위한 고전 및 역사 수업을 담당하도록 임명되었다. 비록 원대에 한림원은 정치적 영향력이 크게 약화되었지만, 한림으로 지명된 이들은 여전히 문화적인 일, 특히 왕조사 편찬을 담당하도록 배정되었다.[82]

1385년 이래로 한림원은 전시 최상위 급제자를 받아들였는데, 이는 1404년 영락제가 29명의 진사를 조정에서 복무할 한림원 서길사庶吉士로 선발하면서 관례로 공식화되었다. 그 후 명청시대에 최상위 3인의 진사 급제자는 보통 한림학사로 임명되었고, 상위 20~40명은 한림원 서길사가 될 수 있었다.[83] 한림원은 가장 권위 있는 학술기관이자 최고위 관직을 위한 훈련장이었기 때문에, 전시 최상위 급제자들이 정계의 중심으로 진출하기 위한 핵심 장소였다.[84]

명대의 문민 통치하에서 한림원은 충분히 발전한 정부 기관이 되었다. 홍무제 치하에서 관료조직 내의 재상들이 모두 숙청되고 제거된 후 그 정치적 기능이 증대되었다. 15세기에 한림의 직무에는 전시·회시·향시의 감독, 저작물의 간행,『영락대전』및 '대전 3부작' 같은 특별문화사업의 실행, 황제와의 역사적·정치적 토론, 제국의 칙사로서 임시 임무 수행 등이 포함되었다. 당송시대의 전임자들과 비교했을 때, 명대 한림 학자들의 정책 수립에서의 역할은 줄어들었다. 그들은 점차 황제의 집행관으로서 관료체제와 시험 시장을 관장하는 내각 대학사大學士가 되었다. 1646년 이후 회시 및 향시의 1등 합격자 역시 진사에 급제하기만 하면 모두 한림원에 들어갈 수 있었다.[85]

한림 학자들의 견해는 황제와 조정의 핵심을 움직일 수 있는 최상위 진사 급제자들의 의견이었다. 그들이 제국 전체에 영향을 미치는 관료가 되는 것은 자연스러운 일이었다. 한림원은 과거 제도의 정점에서 조정 및 관료체제 내 정치적 영향력을 향한 중요한 디딤돌이 되었고, 예부에 임명된 자들을 통한 그 문화적 영향력은 상당했다.[86] 예를 들어 전시에서의 장원·방안·탐화는 한림 학자의 전형적인 경력 패턴을 따랐다. 명청시대의 이러한 패턴은 한림원과 예부, 내각 간의 긴밀한 연계를 수반했다. 한림 경력은 상호보완적이고 중복되는 정부 조직을 통한 정치적 출세의 모델을 대표했다.『명사』의 편찬자들은 다음과 같이 언급했다.

진사만이 한림원에 들어갈 수 있었다. 오직 한림만이 조정의 핵심에 들어갈 수 있었다. 한림만이 남북 예부의 상서尙書나 시랑侍郞 또는 이부상서를 역임할 수 있었다.[87]

18세기 초 만주족 조정 핵심이 군기처軍機處를 만들어 한림원과 예부로부터 스스로를 보호하게 될 때까지 한림원은 조정과 관료 집단의 정치적 동반자 관계의 중심에 있었다.[88] 1380년 이후 내각 대학사는 점차 6부를 조정하고 감독하였으며, 예부 역시 권력층 내부와 외부의 중간 지대에 걸쳐 있었기에 더욱 중요해졌다. 명나라의 후대 황제들, 특히 16~17세기 황제들이 조정의 핵심 구성원들에게 많은 권한을 위임하면서, 내각과 예부 사이의 긴밀한 연결은 명대뿐 아니라 청대 관료체제에도 중요한 정치적, 제도적 영향을 미친 경력 패턴을 낳았다.

다수의 명대 대학사는 예부 출신이었다.[89] 대부분의 대학사는 또 관직 경력 초기에 한림원 구성원이었다. 예를 들어 명대에 전체 대학사165의 75%124가 한림원 구성원들이었다.[90] 더욱이 허빙디는 이들 대학사 가운데 109명66%은 예부에서도 근무하였고 93명56%은 예부에서 곧바로 대학사로 옮겨갔음을 밝힌 바 있다.

명대의 전형적인 관료 경력에서 (보통 높은 영예를 지닌) 성공적인 진사 급제자는 먼저 한림원에 임명되었고, 그곳에서 그는 편찬자, 편집자, 향시 시험관 또는 황제의 개인 비서로 조정에 복무했다. 이후 그는 다양한 직책을 맡지만 결국은 보통 전시나 회시의 관원으로서 예부의 고정직이 되었다. 당시 예부는 18세기 초까지 관료조직에서 최고 자문기구로 남아 있던 내각으로 승진하기 위한 발판이 되었다.[91]

비록 나머지는 다른 이유들로 뽑혔지만, 최상위 진사 급제자들은 한림원에 들어가는 것이 보장되었다. 예를 들어 1646년에서 1659년 사이 회시 1등 합격자는 전시의 등수와 상관없이 모두 자동적으로 한림원에 배치되었다. 후에 향시에서 1등을 한 이들도 이런 식으로 영예를 안았다. 1673년부터 1685년까지는 동일인이 전시와 회시에서 모두 1등을 하면, 그해 전시에 응시한 향시 1등 합격자 전원이 한림원에 들어갔다.[92]

한림원의 초기 3년 과정에서 성과가 좋은 한림 학자들은 고전적 학식과 부賦를 시험하는 특별 고사를 치렀다. 순문학은 명대 초기부터 정규 시험에서는 제외되었지만, 한림 시험에서는 여전히 중심이었다. 학자들이 이 한림원 고사에서 좋은 성적을 거두면 한림원은 그들을 편찬자로 존속시켰다. 그렇지 않은 경우 그들은 중앙 관료나 지방 관리로 임명되도록 한림원으로부터 일반 "관료 집단으로 방출"되었다. 어느 쪽이든 한림원에 있었던 경력은 그들이 진사들 가운데 엘리트가 될 수 있게 해주었다. 이 배타적 집단의 구성원들은 명청 왕조의 가장 중요한 직위의 후보자가 발탁되는 특별한 공동체가 되었다.[93]

6. 한족과 만주족

1644년 청 왕조가 북경에 자리를 잡은 직후 만주족 정권은 명대의 문무 관직 제도를 부활시켰고, 명대의 전례에 따라 관원 선발 및 평가 과정의 학교, 시험, 추천, 임용 등 4단계가 존속되었다.[94] 그러나 특히 확대된 제국을 위한 교육 제도에서 중요한 변화가 이루어졌다. 관학 제도 외에도 (만주족·몽골족·한족 군인 가족으로 구성된) 팔기八旗와 만주족 황실을 위한 특수학교가 세워졌다.[95] 1627년 명대식 관료체제를 수립한 후, 1634년에

조정은 이미 만주족·몽골족·한족 팔기에 대한 만주어를 사용한 시험을 개시했다.[96]

만주족과 한족 관계의 민감한 문제는 1646년 청조의 첫 번째 전시殿試에서 섭정 도르곤Dorgon, 多爾袞, 1612~1650과 당시 8살이었던 순치 황제1644~1662의 다른 보좌관들에 의해 제기되었다. 황제의 섭정은 왕조가 만주족과 한족 관료들 및 백성을 공동의 목적을 위해 통합할 수 있기를 바랐다. 청조의 첫 번째 장원은 만약 그 구상이 "고대 제왕의 다스림은 도에 근본을 두고, 그들의 도는 마음에 근본을 두었다二帝三王之治本於道, 二帝三王之道本於心"는 명대 지식인이 오래전에 정통으로 만든 '도학'의 도덕적 주문을 이해한 현명한 통치자로부터 나온 것이라면 만주족과 한족이 새로운 왕조를 개선하기 위해 함께 협력할 것이라고 답변했다.제1장 참조[97]

1649년 전시에서 황제는 만주족 대 한족의 과거 시험 정원을 어떻게 처리하는 것이 가장 좋은지에 대해 질문했다. 그는 회시 합격자들에게 "만주족과 한족이 일체가 되고 한마음이 되며 분열 없이 협력하게 하고자 하는데 어떻게 해야 백성들이 나라를 위하게 할 수 있겠는가今欲聯滿漢爲一體, 使之同心, 合力歡然無間, 何道而可民爲邦?]"에 대해 기술하도록 요구했다. 청대 두 번째 장원의 최고의 답변은 만주족 대 한족 응시자들을 위한 전시의 특별 정원 대신 문화적 통합을 주장했다. 문화적 통합은 '도학'의 도덕적 함양에 비추어 다시금 정의되었다. 그 답안은 북방 지식인과 남방 지식인 사이의 오랜 구분을 만주족과 한족 간의 차이에 적용하여 다음과 같이 언급했다.

만주족은 내적인 질박함[質]을 강조하므로 우리는 이 특성을 보완하기 위해 외적인 문채[文]를 이용해야 한다. 한족은 외적인 문채를 강조하기 때문에 이를 보완하기 위해 내적인 질박함을 이용해야 한다.

만주족을 도덕적인 북방인으로, 한족을 문화적인 남방인으로 정의하는 수정된 고정관념이 등장했다.[98]

만주족 정복 엘리트들은 처음에 북방 한족들이 남방인들보다 더 신뢰할 수 있는 신민이라고 생각했다. 산동성의 경우, 명대의 마지막 두 차례 향시 가운데 1639년 합격자 85명 중 19명[22%]과 1642년 거의 90명 중 31명[34%]이 만주족의 후원으로 진사 학위를 받았다. 청 정권은 그러한 전향자들을 수용하기를 열망했다. 예를 들어 1646년 회시에서는 전년도 청조 향시에서의 산동성 합격자 59%가 급제하여 진사 학위를 받았다. 1644년 이후 군사적, 정치적 측면에서 매우 성공적이었던 북방 협력자들에 의존하는 청조의 정책은 청대 초기 과거 시험의 특징이기도 했다.[99]

조정은 또 과거 시험관을 매우 신중하게 임명했다. 만주족과 한족 팔기는 비팔기 한족에 앞서 회시 수석 시험관으로 임명됐다. 1658년 청 왕조의 충직한 진사들이 시험 관리직을 충분히 채울 수 있게 될 때까지 회시 수석 또는 부시험관으로 임명된 대부분의 명대 진사 학위 소지자는 줄곧 북방인 가운데서 선발되었다. 예를 들어 1649년에 두 명의 남방 시험관이 처음으로 회시 시험관으로 임명되었다. 1658년에는 22명의 수석 및 부시험관 모두 비팔기 한족이었다. 13명은 1655년 진사 급제자였고, 그들 중 다수가 남방인이었다.[100]

이와 유사하게 1645, 1646, 1648년의 초기 향시에서 시험관을 맡은 북방인의 비율은 70% 이상으로 매우 높았다. 그러나 1651년부터 1660년까지 남방 시험관의 비율이 서서히 증가했다. 초기 북방 지식인의 우위 이후, 명말 남방 지식인 네트워크의 점진적인 부활은 남방인들이 1647년에서 1658년까지 전시 합격자 명단을 다시 지배하면서 더욱 분명해졌다.[101] 청대 초기의 전시에서는 만주족 대 한족 정원이 40:60의 비율로 시행되었는데, 이 비율은 명대의 북방 정원과 남방 정원에서 차용한 것이었다. 1652년과 1655년에 한족과 팔기들을 위한 별도의 시험들이 열렸으나, 1658년에 다시 합쳐졌다. 1652년과 1655년에는 진사 학위를 노리는 팔기들에게 4 : 2 : 4^{만주팔기 : 몽골팔기 : 한군팔기}의 10% 정원이 정해졌다. 1655년 이후 만주족이나 몽골족 중 어느 누구도 갈망의 대상인 최상위 3인의 전시 급제자 가운데 들지 못했다. 그 후 한족 시험 관원들은 만주족에게 높은 순위를 부여하지 않았다는 이유로 비난^{또는 칭찬}을 받았다.[102]

만주 팔기들을 위한 특별 시험은 1651년에 제정되었다. 한문을 모르는 만주족들은 만주어로 시험을 볼 수 있도록 허락되었다. 이러한 특별 시험은 강희 연간에 만주족을 위한 향시 단계의 '번역 시험'으로 공식화되었다. 이러한 특권은 1735년에 몽골족으로까지 확대되었다.[103] 만주어와 몽골어 번역 시험은 처음에는 공문서 형식에 기반한 문제 하나와 사서나 오경에서 뽑은 제시문을 주제로 한 에세이 한 문제가 출제되는 한 차례 시험으로 진행되었다. 이후 건륭 연간에 요구 조건이 강화되었고, 만주족과 몽골족들은 문관으로서와 군인으로서 훈련을 통합하기 위해 한문으로 시험을 치르도록 권장되었다. 대부분의 만주족은 여전히 향시와 회시에서 한족과 경쟁하지 않았다. 또한 시암 및 투르키스탄의 무슬림과의 외교 업무를 담당하는 전문 번역 부서의 한족에 대한 번역 시험이 요구되었다. 이러한 시험들은 명대 초기 이래 한림원 관할하에 있었다. 나중에는 러시아 부서가 추가되었다.[104]

또한 한림원에 들어간 한족들은 만주어를 배우도록 요구되었고, 이는 1647년에 시작된 관례였다.[105] 1688년 항주 출신의 한 한족 응시자는 전시의 책문에 대해 한문과 만주어로 답안을 작성했다. 그는 이중언어 능력을 바탕으로 한림원의 편집자로 임명되었다.[106] 문서와 역사기록들이 이중의 공식 언어로 정확히 기록될 수 있도록 한림 학자들에게는 만주어 특별논술시험과 한문을 만주어로 번역하는 문제들이 부과되었다.[107] 1748년에 건륭제는 두 명의 한림 학자가 만주어 학습 성과가 부실하다고 질책했다.[108]

청 왕조는 또 확장된 제국의 다른 소수집단들이 지역 교육 문제에 있어 적절한 관심을 받아야 한다는 점을 중시했다. 강서성江西省의 붕민棚民[109]은 1762년에 교육감이 그들을 위한 지역 정원을 마련하면서 소수집단으로 포함되었다. 이후 1763년에 강서성 총독은 붕민들이 유민流民 생활 양식을 버리고 정착하도록 장려하기 위해 지방 생원 정원제를 수립해야 한다고 주장했다.[110]

그러나 소수집단의 정원은 서남부 지역에서의 지위를 노리는 한족의 표적이 되었다. 1767년에 광서성 교육감은 5개 부府에서 한족이 생원이 되기 위해 더 경쟁적인 자신들의 정원 대신 쉬운 토착민 정원을 이용하고 있다고 상소를 올렸다.[111] 마찬가지로 1785년 서북부의 총독은 무슬림들 사이에서 전통적인 지식인 학문이 번영할 수 있도록 학교를 설립할 필요성에 대해 상소를 올렸다. 1784년에 감숙성甘肅省에서 무슬림 분리주의자들에 맞서 청나라 군대를 성공적으로 이끄는 것을 도운 복강안福康安, 1754~1796은 과거 시험을 무슬림들을 제국의 주류로 편입시키는 방법으로 인식했다.[112]

교육 개혁가 진홍모陳弘謨, 1696~1771가 1730년대부터 운남성에서 근무하며 기록한 다른 빈번한 상소문과 포고령들은 중국 서남부 소수집단들의 특별한 요구 사항을 다루었다.[113] 1807년의 한 상소문에서 호남성 교육감 이종한李宗瀚, 1769~1831은 한족과 자리를 두고 경쟁하지 않아도 되게끔 향시에 응시하는 묘족苗族들의 정원을 허락해줄 것을 요청했다. 그러나 이종한은 지역 관리들이 묘족의 권리를 주장하는 사람들, 특히 한족을 경계해야 한다고 서둘러 덧붙였다. 이 역시 목표는 시험을 위한 지방 정원 할당제를 통해 묘족을 지식인의 주류에 동화시키는 것이었다.[114]

1640년대와 1650년대에 향시 및 전시의 정원을 높게 설정한 이후, 1660년에 만주족 통치자들은 대부분의 한족 지역에서 지방 자격 시험 및 향시에 대해 서서히 합격자 수를 낮게 설정했다. 그들은 명대 말기에 지역 사회의 신사, 상인, 군인 가족들에 대한 정부의 통제력을 상실한 높은 정원을 인지했다. 1645년에서 1700년 사이에 3년마다 뽑는 거인의 총원은 거의 절반으로 줄어들었다. 명대 이래 거인 명부를 10%까지 부풀리던 2급 거인[副榜]은 1662년에 폐지되었다. 생원 자격을 위한 지방 정원은 큰 부府는 20명, 큰 현은 15명, 작은 현은 단 5명으로 감소했다.[115]

왕조의 인적 자원에 대한 통제권을 되찾기 위한 더욱 엄격한 교육정책은 1660년대에 양자강 삼각주 지역 신사 가문들의 탈세를 엄중히 단속하고 왕조의 사용을 위한 물적 자원을 만회하려는 만주족의 노력과 관련이 있었다. 또한 중앙 관료조직 내 만주 및 한군漢軍 팔기의 수가 많았기 때문에, 지방 및 성급 행정에서 만주족의 임명은 눈에 덜 띄었음에도 일반 한족에게 돌아갈 직위는 더 적었다. 3년마다 수여되는 진사 학위의 총계는 1645년 399에서 1667년 155로 61%가 감소했고, 1670년에 299로 잠시 상승한 후 1676년에 109로 30%가 추가로 줄었다.[116]

순치 연간 초기에 향시 합격자 정원은 더 관대했는데, 예를 들어 강남[안휘성(安徽省), 강소성(江蘇省)]과 수도 지역 순천부順天府의 경우 명대 말기의 100명이었던 것에서 160명 이상의 합격자들이 회시에 응시할 수 있도록 허용되었다. 그러나 1660년 향시 합격자 정원은 큰 성에서 약 60명까지 대폭 줄어들었다. 비록 강희 연간1662~1722에 점차 증가했지만, 1700년까지 제국의 인구는 약 3억에 달했음에도 정원 수는 명대 말기보다 훨씬 더 적었다.[117] 1765년에 이르러서야 안휘성 교육감이 황제에게 상소하여 양자강 삼각주 지역에 대한 정원 증대를 요청하고 그러한 번영한 지역의 정원이 여전히 너무 낮다는 것을 지적함으로써 요청을 정당화했다.[118]

명대와 마찬가지로 지방 정원제는 여전히 시행되었지만, 허용되는 회시 합격자 수에 대한 절대 한도는 정해지지 않았다. 1646년에 399명의 전시 응시자가 급제했을 때, 58%는 남방 출신이고 38%는 북방 출신이었으며 4%는 제국 중심부 출신이었다. 이 수치는 명대에 산출된 55 : 35 : 10의 지역 비율과 부합한다.제1장 참고 결국 남방 대 북방의 비율은 60 : 40이 되었고, 중부의 할당량은 그 사이에서 나뉘었다. 서남부 성들에 대한 할당제가 설정되었고, 황제는 1701년 회시에서 이를 두 배로 늘렸다.[119]

3년 주기의 회시 및 전시 합격자 수는 300명 안팎이었다. 허빙디는 청대의 시험당 합격자 수를 239명명대에 비해 50명 감소 또는 연간 약 100명명대보다 10명 증가으로 계산했다. 1679년과 1736년의 [한족 학자 특별 추천 채용 시험인] '박학홍사과博學鴻詞科' 같은 특별 시험이 빈번했기 때문에 청대에 연간 합격자 수는 실제로 더 많았다. 또 만주족 황제는 3년마다의 정기 시험 일정에서 자주 벗어나 긴 재위 기간을 기념하거나 황제의 생일을 축하하기 위한 '은과'를 시행하였다.[120]

내가 설명한 과거 시험의 구조와 과정은 그 교육·사회·정치적 실행 양상과 분리되어서는 안 된다. 우리는 명청시대 과거 시험의 오랜 제도적 측면들을 이해함으로써 과거 시험이 후기 제국시기에 어떻게 엘리트들을 성공적으로 동원하고 고전 지식의 '도학' 영역을 우선시하게 되었는지 알게 된다. 우리는 또 수백만의 현급 시험 응시자들은 물론이고 수많은 거인 및 생원들의 희생으로 1580년 이후 제국 관료체제의 상층을 독점했던 소수 진사들의 점점 더 커지는 독보적인 지위를 보게 된다. 진사들의 독보적 우위는 1600년 이후 지식인과 조정 사이의 협력관계가 보통 가장 부유한 가정과 최고 엘리트 가문의 배타적인 집단으로 점차 제한되었다는 것을 의미했다.

진사 학위를 받은 지역 엘리트들은 문화 및 신분상의 귀족으로 진화했다. 이윽고 18세기 후반에 계속 증가하는 응시자 중 1%만이 더 낮은 거인 학위를 취득할 수 있게 되면서 청대 시험 시장에서는 송대 진사의 명성조차 추월당했다. 이런 상황이고 보니 대부분의 지식인은 시험 실패에 대처해야 했고, 그러한 실패는 우리가 제5장에서 보게 될 것처럼 시험 제도에 대한 다양한 형태의 저항을 낳았다.

제4장에서 나는 과거 시험의 정치, 문화적 구조에서 비롯된 사회적 역학을 탐색할 것이다. 시험장은 제국과 지식인 사이의 투쟁과 타협을 대변하는 장소였다. 거인 및 진사 학위 소지자들의 경력 목표는 성공과 실패의 피라미드 정점을 상징했고, 그 아래로는 일련의 부·주·현 관아 및 지방 시험장이 있었다. 이 시험장들은 나머지는 제자리걸음을 하도록 남겨둔 채 합격자들을 성공의 사다리에 오르도록 이끌었다. 이런 공간들은 또 제국의 권력과 영향력을 지역 마을과 공동체까지 미치게 하였다.

제4장 ——— 명청시대 중국의 고전 문해력

고전 문해력은 후기 제국시기 중국에서 중심적인 역할을 했다. 관료체제의 공식 언어로서 고전 문해력은 1905년까지 중국 사회에서 사회적 지위를 규정하는 데 기여하였다. 명청시대에는 일반 '공립' 학교가 없었다는 점을 감안할 때, 과거 시험 합격자의 사회적·지역적 출신은 가문 학교, 자선 학교 및 사원 학교 또는 가정에서의 민간 교육과 매우 밀접한 관련이 있다. 젊은이들은 그러한 장소에서 생원 자격 취득 및 자격 갱신 시험에 합격하는 데 필요한 고전적인 훈련을 받았다. 합격한 응시생들은 일단 생원 자격을 취득하면 부·주·현의 지방 관학에 입학했다. 관학이라는 공적인 공간은 향시 및 회시에서의 진일보한 성공을 위한 전형적인 발판이었지만, 공식 학교는 19세기 중반에 여전히 '시험 대학'이었던 런던대학교University of London와 마찬가지로 공부의 장소라기보다 중간기착지였다.[1]

이 장에서 나는 신사층과 상인 엘리트들이 관직 자격을 갖추기 위해 어떻게 문화자원을 획득하고 독점했는지를 중점적으로 다룰 것이다. 공직 관료체제는 지식인 가치의 시험으로서 사회적 선발 과정을 제시했다. 백화白話가 아닌 고전 텍스트의 숙달과 '도학'적 가르침에 대한 교육적 요구 조건은 시험장에서 경쟁할 자격 취득자와 고전적으로 문맹인 이유로 배제된 자들 사이에 언어적 장벽을 만들었다.

고전 문해력을 충분히 갖춘 지역 사회의 신사-상인 엘리트들은 제국의 관료체제에 대한 접근 기회를 독점했고, 그러한 독점은 대중의 강한 저항을 불러일으켰다.

1. 상류 엘리트의 사회적 재생산

각 왕조는 관료체제의 권력을 제국 조정과 공유할 충성스러운 관원들을 필요로 했다. 상응하는 사회적 지위와 정치적 위신을 지닌 대안적 직업이 없었기에 관료가 되는 것이 우선시되었다. 이 시험 과정의 참가자들은 이 시스템을 개인과 가족, 가문의 성공을 거두기 위한 가장 권위 있는 수단으로 바꾸었다. 그러나 이러한 성공은 상당한 시간, 노력, 교육의 투자를 필요로 했다. 정치적 선발의 과정은 가족과 가문의 사회적 재생산을 위한 지역적 기회의 목표로 해석되었다. 청년들을 시험에 대비시키기 위한 경제적·노동적 희생즉, '투자'을 감당할 수 있는 사람들은 그렇게 했다. 효행과 시험 성공의 관계는 역사 기록 속에서 희생하는 가정과 시험에 합격하고 손윗사람들에게서 받은 성원에 보답한 근면한 아들들의 이야기로 예시되었다. 일반적으로 경력주의는 부모에 대한 사회적 의무와 자신의 개인적 열망을 두고 이따금 거리낌을 지닌 사람들 사이에서 개인적 이상주의를 이겼다.[2]

관학 제도는 이미 관화官話, 곧 제국 수도의 공식 언어를 구사하고 고전 중국어를 읽고 쓰기 위해 학교 교육 및 가족 전통을 통해 사회화된 후보자들에게만 국한되어 있었다. 관학들은 학생들의 읽고 쓸 수 있는 능력을 가정하고 시험 준비에 중점을 두었다.[3] 공직을 위해 아들을 훈련시키는 초기 단계는 신사로서 엘리트 지위를 얻거나 유지하고자 하는 가문의 사적인 책무가 되었다. 과거 시험은 제국의 이익, 가족의 전략, 개인의 희망과 포부의 방향이 재조정된 합의점이었다.

엘리트 가정에는 남성의 교육과 여성의 양육을 구분하기 위해 명확한 경계선이 세워졌다. 비록 이러한 관행이 문화적으로 강제되었을 뿐 결코 법적으로는 문제가 제기되지 않았음에도 불구하고, 여성들은 (남자로 가장한 소설과 이야기는 제외하고) 시험장에서 배제되었다. 송대부터 많은 여성이 문해력을 갖추었지만,[4] 가족 교육에 있어서 이러한 젠더 분할은 엘리트 가정의 여성들에 대한 교육이 더 널리 퍼진 17세기까지 그대로 유지되었다. 아버지가 국가의 관리로 일하면서 집을 비운 동안 많은 엘리트 아들들은 어머니로부터 초기 고전 수업을 받았다.[5] 따라서 남성과 여성을 위한 교육은 비록 그 차이가 절대적이지는 않았지만, 특히 엘리트들 사이에서 다른 것을 의미했다. 널리 퍼진 한족의 젠더 이데올로기는 과거 시험을 통해 사회에서의 정치적·사회적·경제적 리더십에 대한 경쟁적인 접근 기회를 소년들에게 허락하는 동시에, 종속적인 역할의 여성을 아내, 어머니, 여성 가장으로 규정했다.[6]

1450년 이후 학위 소지자들은 정치적·사회적 명망을 다시 독점하였고, 상인, 장인, 농민 같은 비자격자들은 시험이나 연납을 통해 낮은 학위를 얻지 않는 한 고위직에서 배제되었다.[7] 학위 소지자는 관직을 맡지 않더라도 선발과 배제 과정의 중요한 부산물인 부역 혜택명대의 노역 면제과 법적 특권형벌 감형을 통해 사회적 지위를 높였다. 상급 향시와 회시가 극복할 수 없는 장애물이었다 해도 생원 자격을 취득한 청년은 훈련을 위한 가족의 자원 투자에 충분히 보답했다.[8]

잘 조직된 친족 집단으로서 지역 가문들은 사회적·경제적 힘을 과거 시험에서의 성공으로 전환할 수 있었고, 이는 결국 지역의 문화 및 교육

자원에 대한 그들의 지배적인 통제와 관련이 있었다. 교육은 종종 부계 혈연 집단을 존속시키는 데 있어서 부나 고위직을 능가했다.[9] 후에 특히 남방에 밀집된 지체 높은 가문의 수가 증가함에 따라 엘리트 집단 내에서 쉽게 움직이면서 현·성·수도의 지도자들과 더불어 친족 집단을 대표하여 중재할 수 있는 고전 문해력을 갖추고 지위가 높은 지도자가 필요했다. 이러한 지체 높은 가문들은 그것을 구성하는 지역 가문들을 통합하는 공동의 사유재산을 중심으로 구축되었다. 특히 번영한 양자강 삼각주의 이런 부유한 가문에서 생산된 경제적 잉여는 그러한 가문들의 강력한 부분을 이루는 구성원들이 고전 교육을 더 잘 받을 수 있게 해주고 과거 시험에서 성공할 수 있게 해주었으며, 이는 결국 가문 외부의 정치 및 경제적 권력을 강화했다.[10]

예를 들어 강소성 상주현常州縣의 영향력 있는 장莊씨와 류劉씨 가문은 명청시대에 특히 그들 가족이 관리로서 다른 성에서 살면서 자녀들을 관화로 폭넓게 사회화하기 위한 충분한 교육 자원을 조성할 수 있었다. 동시에 그들은 대부분의 가족들보다 가정에서 아들과 딸 모두에게 필요한 고전적 규범에 따라 더 엄격한 교육을 제공하였다. 1600년부터 1800년까지의 과거 시험에서 그들의 젊은이들의 성공은 남달랐지만, 그것은 전형적인 사회문화적 패턴에 기반을 둔 것이었다.

장씨와 류씨 같은 가문들은 그들의 복잡한 혈연 조직이 제공하는 재정적·사회적·정치적 이점을 기반으로 하였다. 이것은 그들의 성공적인 두 가문 간의 통혼 전략과 면세 가문 토지에 대한 공동 투자의 증가를 낳았다. 그들은 제국 전역에 있어서 교육 전략을 발전시키기 위해 재정 자원과 자선 재산을 활용하는 지식인 집안의 전형이었다. 자신들의 증대된 경제적 자산을 우수한 교육 자원으로 변환한 것이 (18세기 제국 관료체제에서 그들의 성공이 전례가 없었음에도 많은 가족들에 의해 모방된) 두 가문이 인척으로 맺어진 '전문 엘리트'가 된 근본적인 원인이었다.[11]

예를 들어 안휘성 휘주徽州에서는 명말까지 지역 가문들의 지도력이 생원 지위를 획득한 가문 구성원들의 손으로 서서히 넘어갔다. 낮은 등급의 학위만으로는 공직에 오를 수 없었기 때문에, 지방 학위 소유자들은 점차 그들 가문 재산의 실질적인 관리자가 되었다.[12] 특히 번영한 양자강 삼각주의 부유한 가문에서 발생한 경제적 흑자는 가문의 일부 부유한 구성원들이 고전 교육을 받고 과거 시험에서 성공을 거둘 접근 기회를 얻을 수 있게 했으며, 이는 결국 가문 외부의 정치적·경제적 힘의 원천으로 이어졌다.[13]

성공을 위해서는 고전 중국어로 가문의 남성 구성원들을 장기간 교육하기 위한 경제적 자원이 필요했다. 양자강 삼각주, 절강성, 복건성의 많은 '지체 높은' 가문들은 미래의 사회적·정치적 발전을 위한 지역적 기득권을 가지고 있었다. 그들은 고전적 학식의 강한 전통을 지닌 가족 출신들이었고, 가족 중 공직에 오른 남성 구성원으로 인한 소득의 하나로 관화를 구사할 수 있는 자격을 지니고 있었다. 교육은 단순히 사회적 지위를 나타내는 지표가 아니었다. 백화 또는 기타 지역 방언에 있어 더 넓은 범위의 문맹 및 어중간한 문해력 소유자 또는 입문 수준 문해력 소유자의 사회 내에서, 공식적 생활의 구어와 고전적인 문서의 문어에 대한 지배력은 사회적·정치적 이점을 지녔다.

예를 들어 복건성의 신사층은 가족 및 가문 지향 외에 교육 자원의 제공에 대한 사적인 책무를 수행하기 위해 '교육 지향'을 유지했다. 그렇게 함으로써 그들은 지역에서의 권세를 유지했다. 복건과 대만에서 확인되는 청대의 증거는 보통 수준의 가족도 교육과 시험 성공을 촉진하기 위해 면세 신탁 자산을 조성했다는 것을 보여준다. 한 가정이 충분한 자산을 가지고 있을 때, 그들은 가정의 젊은 남성들이 문과 또는 무과 학위를 취득할 수 있도록 지원하기 위해 수입을 따로 떼어두었다. 각 아들에게 배정되는 총액은 거인이나 진사 같은 고급 학위를 위해 경쟁할 경우 더 많았고, 생원에 대해서는 훨씬 더 적게 책정되었다.

1797년 복건 가족의 한 계약서에는 부친이 사망했을 때 가족들이 장례비를 지불한 후 어떻게 개인 은퇴 자산에서 남은 자금을 투자하여 교육신탁을 만들기로 결정했는지에 대해 언급되어 있다. 계약서는 이렇게 명시하고 있다. "우리는 공부가 사회적 지위를 높일 수 있고 그러한 명예가 조상에게 영광을 바쳐드릴 수 있다고 생각한다. (…중략…) 교육신탁은 손자들이 위로는 관료가 되고 아래로는 우리 가문에 영예를 안겨주기 위해 (시험에서) 성공할 수 있도록 장려하고자 마련되었다." 개별 가족들은 유년기 훈련에 대한 지원을 제공해야 했다. 교육신탁은 성인 남성이 향시 및 회시에서 경쟁하도록 유도하기 위해 고안되었다. 더욱이 거인 및 진사 학위 소지자는 자녀에게 그 소득을 물려줄 수는 없었지만 남은 생애 동안 추가적인 신탁 수입금을 받았다. 가족의 교육재산이 분배되는 경우에는 아들들 사이에 교육신탁의 수입이 분할되었을 뿐 아니라 책이나 방, 기타 자산도 나누어졌다.[14]

과거 시험은 야심 찬 남성과 그 가족의 환상을 사로잡았던 까닭에, 엘리트 지위의 결정적인 특징은 시험에서의 성공이 되었다. 사회적 이점은 '문화자원' 피에르 브르디외(Pierre Bourdieu)가 '상징적 자본'이라고 부르는 것을 통해 학문적 우위로 변환되었다.[15] 부는 성공적인 시험 응시자의 명성을 정당화하고 높여주는 충분한 언어 및 문화 훈련을 위한 자원을 제공하였다. 상인 가문들은 합법적으로 응시 자격이 부여되자 관직에서도 더 큰 부와 더 공인된 성공으로 가는 길을 발견하였다. 장기적인 가문의 위신을 위해 필요한 과거 시험에서의 성공과 이후 관직 재임在任은 급제자와 가장 밀접히 연관된 이들에게 직접적인 권력과 위신을 부여해주었다. 전통적으로 지방 시험 정원을 독점해온 가문과 혼인을 맺을 경우, 그에 따른 가문 내부 및 인척들 사이의 다양한 부계 경로들로 인해 지역적 명성의 흐름은 더 멀리까지 미쳤다.[16]

상인, 장인 및 기타 평민들은 지식인의 정치 및 도덕적 담론을 익힐 적절한 언어 훈련과 교육 시설에 대한 접근권이 부족한 경우가 많았다. 이 문제를 해결하기 위해 지역 엘리트들은 '자선 학교[의학(義學)]'를 점점 더 많이 만들었는데, 일부는 가문 내부의 학교였지만 대부분은 가문 외부의 학교였다. 이런 학교들은 신사층의 자선 기관, 초급 교육, 지역 독지 활동의 혼합을 대표했으며, 이는 지역 평민들에게 교육을 제공하기 위해 왕조가 세운 '지역 사회 학교[사학(社學)]'를 보완했다. 그러한 반공식적인 자선 기관에서는 가난한 가정의 초급 학생이나 부유한 가문의 상대적으로 가난한 구성원이 '초급 문해력'을 얻을 수 있었다. 불교 사찰 학교도 이런 기능을 수행했다. 일반적으로 사찰의 교육 과정은 초심자를 위한 불교 교육과 시험 위주의 고급 교육으로 나뉘었다.

가문이 기부하는 교육은 또 그 가문이 유명하지 않은 곳에서보다는 가문 내 작은 가족의 출세를 위해 더 많은 가능성 있는 기회를 제공했다. 공동 가문 집단은 출신이 아무리 보잘것없다 하더라도 전반적으로 그 가문의 학위를 가진 구성원으로부터 혜택을 받았다. 그래서 여러 세대에 걸쳐 학위 소지자로서 지위를 유지하지 못한 한 가문 내 개별 가족의 실패는 다른 부계 친족 또는 인척의 학문적 성공으로 상쇄될 수 있었다. 따라서 하나의 공동의 전체로 볼 때 가문들의 사회적 순환은 개별 가족들의 순

환과는 다른 것이었다.[17]

문화적으로 우세한 양자강 삼각주나 복건성의 지배적인 가문들과 부유한 상인 가족들은 그들의 재능 있는 남자아이들에게 우수한 시설을 제공함으로써 높은 지역적 지위를 유지했다. 가문 학교들과 상인이 자금을 조달한 학원들(예를 들어 양주(揚州)의 염상(鹽商)들이 그 자제들을 위해 세운 학원들)은 빈틈없이 지켜지는 사적 소유물이 되었고, 지역 엘리트들은 사회적·정치적·학문적 우위를 놓고 서로 경쟁했다. 따라서 성공적인 공동의 자산은 신사와 합법적으로 응시 자격을 부여받은 상인들이 지배적이었던 경제적·정치적 환경을 지속시키는 데 중심적인 역할을 했다. 혈연에 대한 수사학은 지역의 자선 활동으로 번역되었고, 그것은 지역 사회에서 이미 확고히 자리 잡은 사람들에게 유리했다.[18]

장인이나 농민 가정은 일반적으로 아들들을 위해 수년 동안 구어 문법 및 방언과는 다소 동떨어진 고전 언어로 훈련시키는 사치를 감당할 수 없었다. 간혹 낮에는 소를 타고 들판에서 고생하며 시험에 합격하기 위해 밤늦게까지 등잔 옆에서 책을 읽는 가난한 학생은 그런 경우가 드물었던 까닭에 반드시 칭송되었다. 누구에게나 열려 있기는 했지만, 관직 경쟁의 내용은 성공으로 가는 사다리에서의 첫발부터 언어적으로 중국인의 90% 이상을 배제했다. 고전적 교육 과정에 기초한 언어 및 문화자원의 불평등한 사회적 분배는 제한된 문해력 전통을 가진 가정이 고전적 문해력을 포괄하는 전통을 지닌 가정과 학위 시장에서 성공적으로 경쟁할 수 없다는 것을 의미했다. 시험들은 사실상 주로 지식인과 상인 배경을 가진 젊은이들의 장점을 시험했다.[19]

보잘것없는 응시자들의 드문 성공은 시험 과정을 신비화하는 데 도움이 되었다. (공격적인 도교도나 불교도를 제외하고) 낮은 계층의 교육적 사망률은 고전 교육이 지식인들의 시험 성공을 위한 합법적 근거라는 것을 그들로부터 인정받음으로써 정당화되었다. 법적으로 자격이 있지만 언어적으로 선발 과정에서 제외된 평민들은 자신들의 불운이 고전적 훈련의 부족으로 인한 것임을 인정해야 했다. 고전적으로 훈련된 엘리트들은 결국 고전 문맹자들을 무지하다고 탓했다.

2. 신사층의 사회적 이점

중국 후기 제국의 사회적 순환은 주로 고전 중국어로 된 고대 문헌을 암기하는 것에 기반한 고된 '수험생활'을 위해 아들들을 대비시킬 수 있는 문화적·언어적 자원을 가진 사람들 사이에서 일어났다. 에드워드 크랙Edward A. Kracke Jr.과 허빙디는 회시 합격 이전에 직계 남성 조상이 최소 3대 동안 평민 신분이었던 관리들이 그들이 연구한 송·명·청 진사 학위 소지자 중 각각 53%, 49.5%, 37.6%를 차지한다고 추정했다. 최근의 연구는 이러한 사회적 '유동성'의 감소되는 수치가 가문의 방계 출신이나 가문 내 다른 가족들과 인척 관계에 있는 관리를 친척으로 둔 평민을 과소평가하기 때문에 여전히 부풀려져 있다는 것을 시사한다. 그러한 방계나 인척은 언뜻 보기에 평민처럼 보이는 사람들의 학문적 성공 가능성에 결정적인 것일 수 있었다.[20]

과거 시험의 익명성은 통치자, 엘리트, 평민들에게 공적인 성공에 대한 지식인들의 꿈의 실현 가능성을 설득하였고, 그로 인해 실패의 악몽이라는 실제 결과가 와전되게 만들었다. 향시와 회시 답안의 익명을 요구하는 성적주의 제도이자 사회적·정치적 지위의 자의적인 세습 특권을 제한하는 과정인 이 시험 제도는 시험에 앞서 언어 자격을 통해 이루어지는 사실상의 배제로부터 관심을 돌렸다. 시험을 통한 사회적 이동성의 측정에는 뜻밖의 함정이 놓여 있다. 합격자들을 더 큰 수험생 풀에서 분리한 다음 전자의 사회적 배경만을 재구성함으로써 우리에게는 '생존자'의 왜곡된 인원수가 남겨지게 된다. 실패자를 포함하여 선발 과정에서 경쟁한 모든 사람을 포함하는 고전 문해력을 지닌 넓은 남성 계층을 만들어내는 데 있어 시험의 역할을 강조하는 것이 더 유용할 것이다. 과거 시험의 문지기 기능은 선발 과정의 암묵적인 사회적 결과였다.[21]

왕조의 사회적 중립성은 허구였고 조정과 지식인은 관료정치의 동반자였다, 사립학교와 학원의 문화적 자율성은 (정치에 간섭하지 않는 한) 환상에 불과했다. 고전 학습을 배제의 기준으로 삼음으로써 제거의 과정은 사회적 계층 상 불리한 사람들일수록 더욱 철저했다. 명 조정은 이를 지역적 현상으로 인식했지만, 남방 엘리트들이 북방 엘리트들에 비해 가진 이점을 바로잡으려 했을 뿐이다. 제1장 참조 [22] 가장 낮은 단계의 시험에 합격하기 위한 최소한의 요구 사항도 충족시키지 못하는 사람들은 명청 사회의 서로 다른 사회 계층들 가운데서 임의로 구분되지 않았다. 농업, 공예, 무역에서 아들들의 생산적인 노동에 의존하는 가족은 다단계 시험 과정을 계속 밟아나가는 데 필요한 수년간의 훈련을 제공할 수 없었다. 더욱이 세금이나 곡물 징수에 대한 무거운 책임을 짊어진 많은 가난한 지식인들도 시험 시장에서 경쟁할 수 없었다.[23]

모든 여성은 물론 농민, 장인, 아전, 승려, 도사를 선발 과정의 응시자격 단계부터 배제함으로써, 경쟁에 참여하는 사람들이 지식인 또는 상인 가족이나 가문, 혹은 자신들의 남아를 교육하는 데 투자할 충분한 언어적·문화적 자원을 가진 족벌 출신의 소수 청년들이 되는 것을 보장하였다.

신사층이 왕조에 의해 요구된 문화적·언어적 자원을 독점함으로써, 부와 권력을 지닌 가족들이 여러 세대에 걸쳐 계속해서 그러한 자원을 독점할 수 있었다. 명청시대 문화자원의 세습은 당대와 북송시대의 중세적 관직 세습을 대체했다.[24]

3. 시험 급제자의 사회적 출신

명대 초기에 홍무제는 호부戶部에 나라의 모든 가구에 대한 등록을 완료하도록 명했다. 호적 대장[황책(黃冊)]에는 가구 및 인구 기록이 포함되었고, 토지조사 결과는 지도와 책[어린도책(魚鱗圖冊)]으로 만들어졌다. 1381년에는 각 현과 부에 대한 세금 할당량이 설정되었다. 1391년에 개정된 이 거대한 사업은 명나라의 통제하에 있는 경제적·군사적 자원을 측정하고, 토지세현물 납부의 분배를 균등하게 하며, 모든 가구로부터 공평한 요역을 징발하는 것을 목표로 했다. 호적 대장에는 왕조의 총 물질 및 노동 자원에 대한 평가가 반영되었다. 마찬가지로, 소규모 가문들은 총 물질적 부에 비추어 그들의 문화적 자원을 평가했다.[25]

명 왕조는 전체 인구를 사회·경제적 범주[적(籍)]로 공식 분류하여 문과 및 무과 시험에 대한 접근성을 측정하였다. 가구를 평민, 군인, 장인, 상인 등으로 구분한 이러한 분류는 지역 사회에서 각 가정의 최초 신분과 그들이 제공해야 하는 요역의 양을 반영하였다. 각 가구 범주에는 관료체제를 위해 수행할 특정 부역이 할당되었으며, 이러한 임무는 각 지역 사회의 110가구[이갑(里甲)]의 마을-가족 단위에 따라 조직되었다. 상인 가구는 필요에 따라 상품이나 물품을 공급해야 했고, 군인 가구는 병역을 위해 최소 두 명의 군인을 제공해야 했으며, 장인 가구는 국가의 작업장에 한 명의 노동자를 제공해야 하는 식이었다.[26]

토지 대장은 10년마다 개정하게 되어 있었고, 각 가정은 영구적으로 요역을 수행하도록 요구되었다. 세금 징수의 이론과 실제 사이의 큰 격차는 시간이 흐르면서 확대되었고, 그로 인해 16세기 무렵에는 경제에 대한 왕조의 통제력이 크게 약화되었다. 지역 시장이 점차 그 출처가 전 세계에 걸쳐 있는 은 통화제로 바뀌고 그에 따라 정부가 직접 통제할 수 없게 되자, 이는 농지 세원에 대한 왕조의 지배력을 약화시켰다.[27] 명나라의 인구가 6천 5백만 명에서 2억 5천만으로 증가하고 경제가 더욱 상업화됨에 따라 조세 제도는 갈수록 시대에 뒤떨어지게 되었다. 1600년 무렵 명 정부는 토지세 및 요역의 은 일괄 납부로의 대체를 허용하는 '일조편법一條鞭法'을 반포했다. 전체 인구를 사회적 범주로 구분한 명대 초기의 분류는 문서에는 남아 있지만 강제되지는 않았다.[28]

각 가족 구성원의 법체계에서의 신분과 문과 및 무과 시험에서의 사회적 지위도 부분적으로 는 이러한 사회적 분류를 기반으로 기록되었다. 명대에는 처음으로 상인의 아들들이 시험 과정에 참여할 수 있는 권한을 부여받았지만, 소위 천민들은 그렇지 못했다.「들어가며」참조 그 목표는 각 가정의 개인들을 왕조가 집권했을 당시 그들의 최초 사회적 신분에 따라 분류하는 것이었다. 18세기에 만주족 조정은 사회적으로 경계를 구분하는 명대의 분류를 뒤늦게 무효화시켰다.[29]

사회적 지위를 법적으로 강제하지 않았기에 계급 제도는 아니었지만, 관리, 학자, 평민, 상인, 군인, 장인이라는 명대의 세습 분류는 직계 부모가 더 이상 그 직업을 유지하지 않더라도 명대 관직 후보자들이 그 가족 본래의 직업에 따라 분류되었다는 것을 의미했다.[30] 그러한 사회적 분류는 개인의 공식적인 세습 운명[분(分)]과 지역적 지위를 말해주기는 했지만, 종종 사회적 순환으로 인해 더 이상 쓸모없는 것이었다.제8장 참조 그럼에도 불구하고 해당 정보는 자격이 있는 가족의 아들들이 응시자격 시험을 볼 수 있도록 허용하는 모든 서류에 절차대로 기록되었다. 그들이 '성공의 사다리'를 밟아 올라감에 따라, 적격 가정 출신은 그 가족이 지식인으로서 상류 엘리트층으로 진입한 경우에도 여전히 부역 대장 상 가족의 사회적 신분에 따라 분류되었다. 다시 말해 후기 제국 사회는 명대의 노동 자원 분류에 비해 생각보다 훨씬 더 유동적이었고, 명대 초기의 사회적 분류는 명대 후기에 와서는 너무 시대에 뒤떨어졌으며, 뒤이은 청조는 과거 시험 등록 서류에 가족 신분을 기록하는 것을 중단하였다.[31]

18세기에 이르러 관리의 아들들이 어떤 시험도 치르지 않고 그들의 감생 등급을 물려받을 수 있었던 음廕의 특권은 송대와 명대에 비해 사회적 중요성이 떨어졌다. 그러한 자격으로 관직 임명이 이루어지는 경우 중앙정부의 부차적인 직책이나 동지同知 또는 현승縣丞으로 임용되는 데 국한되었다. 청대 초기에는 상인의 아들상인이 된 평민의 아들이 아님이 문과에 응시할 수 있도록 각 성에 할당제가 정해졌다. 그러한 지역의 시험장 10곳마다 합격자는 한 명만 허용되었지만, 그마저도 초기에는 할당량에 도달하지 못했다.[32]

1786년 청 조정은 교육관들이 관학 입학을 결정할 때 평민이나 상인 가족 출신을 구별해서는 안 된다고 재차 강조하여, 상인의 아들들에게 응시 권한을 부여하는 명대 초기에 시작된 정책을 확고히 했다.[33] 1786년 이후에는 상인 가족 출신 향시 응시자들의 답안지가 평민들의 답안지와 통합해서 다뤄졌다.[34] 청대의 등록 과정에서 중요한 것은 응시자의 가족이 이전 3대에 어떤 공직을 역임했는가 하는 것이었다.[35]

명대 후기부터 청대 초기까지 거인들의 사회적 출신과 관련하여 약 절반이 평민[민적(民籍)] 출신이라는 점을 발견하게 되는데, 이는 명대 초기에는 그들의 가족이 상류 엘리트층으로 분류되지 않았다는 것을 의미한다. 그러나 1550년경에는 많은 '평민'들이 실제로 상류층의 일부가 되었다.[36] 예를 들어 명대 중기의 유명한 장군이자 도덕 철학자인 왕양명[1472~1528]은 원래 '평민'으로 분류된 절강성 가문 출신이지만, 그의 아버지 왕화[王華, 1453~1522]는 1481년에 장원급제를 하고 1507년에 이부상서까지 올랐다. 왕씨 가족은 평민 신분에도 불구하고 오랫동안 영파부[寧波府] 여요현[餘姚縣] 지역 엘리트의 구성원이었다.[37]

관료, 장인, 상인 가족 출신 거인의 수는 극히 적었다. 명대 초기에 공식적으로 상인으로 분류된 가문이 거의 없었기는 하지만, 16세기 무렵 무역과 상업에 종사하는 사람들은 여전히 그들 가족의 최초 사회적 신분에 따라 평민, 군인, 또는 장인 가족으로 분류되었다. 그런데 흥미롭게도 명대 거인 중 약 20%는 명대 말기에 그 가족이 여전히 군무를 담당하고 있었든 아니든 군인 가족[군적(軍籍)] 출신이었다. 군관 가족은 또 거인 학위 소지자의 5~7%를 배출하고 있었다.

명대 진사의 사회적 출신에 대한 비교 가능한 수치는 명대 초기에는 76~85%가 평민 가정 출신이었던 반면, 청대 초기에는 보통 55~64%가 평민 출신이었다는 것을 보여준다. 명대에 진사 학위 소지자 중 25% 이상이 군인 가족 출신이었던 반면, 특수 가문 출신은 10% 미만이었다. 일반적으로 또 다른 3~4%는 명대 초기로 거슬러 올라가는 군관 가족 출신이었다. 이 군인 가족 집단은 만주족 치하에서 팔기들에 의해 밀려나면서 현저히 쇠퇴했다. 군관 가족 배경을 가진 급제자도 감소했다. 이후 청대의 시험 기록은 이러한 정보를 추적하는 것을 중단했는데, 이는 부분적으로 만주족 팔기가 새로운 군사 엘리트가 되었기 때문이다.

이러한 조사 결과는 명대 특수 신분 출신의 진사들에 대한 허빙디의 분석을 통해 확인된다.[38] 군인 가족의 범주는 일반적으로 명대의 모든 진사 학위 소지자의 17%에서 31%를 차지한다. 군관 가족 출신을 합하면 명대 군인 집안에서 진사를 배출한 비율은 시간이 지나면서 18%에서 36%로 늘어난다. 주목할 점은 명대 진사 중 160명[1% 미만]만이 '지식인-학자'[유적(儒籍)] 가족 출신[보통 '유생'이라고 번역됨]이었는 데 비해, 허빙디가 집계한 총 22,577명의 진사 가운데 일반적으로 약 14,500명[시간이 흐름에 따라 56~80%, 전체적으로는 64%]이 평민 출신이었다. 이로써 소위 평민들은 비록 일반적으로 이미 지역 지식인 엘리트 구성원이었다 하더라도 거인 및 진사 학위 소지자들의 가장 큰 범주가 되었다.[39] 이전의 연구는 명대 군인 가족의 사회적 지위와 유동성을 과소평가했다. 엘리트의 사회 지위의 변화는 보통 그 지위를 입증하고 높여준 시험 성공에 앞서 이루어졌다.[40]

앞서 언급한 상주현의 장씨 같은 엘리트 가문은 명대 후기에 상층 신사 가문의 지위로 전환되었음에도 불구하고 여전히 평민 가족으로 분류되었다. 명대에 장씨 가문은 총 6명의 진사를 배출했다. 청대에 장씨 가문은 27명의 진사와 97명의 학위 소지자를 배출하는 '대가문'이 되었다. 11명의 장씨가 한림원에 들어갔다. 막대한 부와 명성을 지닌 지식인 가족들의 결합체였지만, 그들은 엄밀히 말하면 '평민' 가문으로 남아 있었다.[41]

명대 초기에 통치자들 덕분에 토지와 부를 물려받은 군인 가족의 비중은 군인 가족으로서 초기 경제적 자원을 그 아들들이 시험 시장에서 잘 경쟁할 수 있는 충분한 교육 자원으로 성공적으로 전환한 것으로 거슬러 올라갈 수 있다. 게다가 많은 군인 가족 출신들이 더 높은 지위와 문관직을 얻기 위해 문과 시험을 선택하기는 했지만, 군인 가족은 그들의 사회적 지위를 유지하기 위해 명대 무과 시험에 의존했다. 군인 가족 출신의 많은 사람이 중앙 관료의 고위직에 올랐고 몇몇은 대학사가 되었다.[42]

적어도 한 명의 할당된 구성원은 가족의 납세 의무를 이행해야 했다. 그러나 명대 문관 후보자를 분류하고 판단하는 데 사용된 공식적 지위는 1600년경에는 더 이상 쓸모없는 것이 되었다. 이는 1400년 이후에 얼마나 많이 달라졌는지를 알 수 있는 대목이다. 이제 상인과 신사들 사이에 전례 없는 직업적 유동성이 있었고, 그로 인해 시험 시장으로 유입되는 엘리트들의 상당한 순환이 있게 되었다.

4. 시험 합격자의 지리적 분포

생원 및 거인 학위에 대한 정원 할당제와 진사 학위의 지역 할당제에도 불구하고, 명청시대 관료들은 남방의 특정 부와 현들이 지니고 있던 재정적 이점을 결코 상쇄하지 못했다. 그들은 그러한 장점을 시험 시장을 위한 우수한 교육으로 전환할 수 있었다. 예를 들어 양자강 삼각주에서 소주부蘇州府와 장주현長洲縣은 남경 향시에서 보통 1·2등을 차지했고, 소주부는 가장 경쟁적인 ('금거인金擧人') 시험에서 종종 합격자의 20%나 차지했다. 14세기 말 명나라 초대 황제가 소주의 우위를 위축시키기는 했지만, 소주는 당대부터 청대 말기까지 50명의 최상위급 진사를 배출했다. 그중 9명의 장원은 명대에, 26명은 청대에 나왔다. 소주는 전시 최상위 급제자 3자리 중 2자리를 9번이나 차지했다.[43]

북방 수도 지역에서는 그 지역 응시자들이 타지역 출신 관료의 아들들과 학위를 놓고 경쟁을 벌였다. 관료의 자녀들을 위한 느슨한 등록 제도는 청대에 그 맹점이 규제될 때까지 남방인들에 의해 남용되었다. 고전 문해력을 갖춘 남방 후보자의 수는 북방보다 훨씬 더 많았다.[44] 청대 초기에는 다른 성 출신의 상당수 수험생이 북경에서 거인 학위를 받았다. 1654년에는 강소성, 안휘성, 절강성, 복건성 등 남방 4개 성 출신들이 순천부 회시에서 20%의 학위를 취득했고, 1657년에는 28%를 차지했으며, 1660년에는 북방 수도 지역 향시 합격자 정원의 19%가 남방에 적을 둔 응시자들에게 돌아갔다. 명대에 남부 수도 남경 지역에서 향시 합격자 중 외지인이 차지하는 비율은 매우 적었다. 북경 시험에 남방 응시생이 넘쳐나면서 남방 출신의 진사 급제 가능성이 증대되었다.

청대 전체적으로는 강소성 출신이 전체 장원급제자의 43%를 차지했고, 그중 소주가 절반 이상, 곧 전체 장원의 23%를 차지했다. 명대 초기에는 진사 학위 시장에서 강서성과 절강성 출신 응시자들이 강소성을 앞질렀다. 명대 중기에 이르러서는 양자강 삼각주 지역이 장원급제자 배출을 주도했다. 명대와 청대 공히 더 많은 양자강 삼각주 출신들이 회시와 전시에서 최상위를 차지했다. 이러한 경향은 우리가 정보를 가지고 있는 명대 진사 전체[93%]의 지역적 분포를 살펴보면 확인된다. '강남'[즉 '양자강의 남부]으로 불리는 양자강 삼각주 지역의 강소와 안휘 두 성은 명대 중기[1473~1571]부터 전체 진사 중 16%를 차지하며 1위를 기록했다. 절강성은 안휘성의 수치가 강소성에 추가되지 않으면 1위를 차지하지만, 전체의 14%를 점하며 2위를 기록했다. 따라서 전체의 30%가 이 세 지역에서 배출된 것이다.

송·원·명 전환기에 정치와 문화 방면에서 매우 두드러졌던 강서성은 명대 초기[1371~1472]에 진사 급제자의 17%를 배출하면서 한 세기 동안 1위를 기록했다. 명대 중기 동안 강서성의 진사 학위 보유자 비율은 10%로 감소했고, 명대 말기에는 8%로 더 떨어져 명대 초기의 절반에도 미치지 못했다. 1517년부터 1519년 사이에 왕양명이 지역 반란세력을 상대로 한 군사 작전을 성공적으로 지휘한 이후 강서성은 양명학의 거점이 되었다.[45]

강서성의 문화적 명성의 쇠퇴는 청대에 가속화되었다. 15세기 후반에 하향 이동이 증가하고 다른 성으로의 이주가 늘면서 강서성의 영향력이 줄어들었고, 이는 강서 출신 관료 임용이 감소하는 데 한몫했다. 강서인은 또 1450년 이후 조정에서 그들의 영향력을 감소시키는 정치적 논쟁에 휘말리게 되었다.[46] 한편, 양자강 삼각주의 성들은 남동부 해안선을 끼고 있고 대운하를 따라 남방 화물집산지가 집중된 지역이었던 까닭에 명대 후기 상업의 중심지가 되었다. 강과 수로, 호수들의 그물망이 동서로는 양자강과, 남북으로는 대운하와 연결되었다. 강남은 화북과 화남을 양자강 중상류 지역과 연결하는 지역 간 교역 지대라는 전략적 위치를 활용했다. 강서성은 더 적은 경제적 자원이 가족과 가문을 위한 더 적은 교육적 자원으로 전환되는 지방 오지가 되었다.[47]

청대 초기에는 더 안정된 북방의 성들에서 많은 수의 진사가 배출되었다.예를 들어 1646년 진사 급제자의 95%가 산동성, 하남성, 산서성 및 북경을 중심으로 한 수도 지역에서 나왔다. 그 후 청나라가 1427년부터 진사 학위에 대한 지역 할당제를 재시행했음에도 불구하고, 남방은 전반적으로 시험 시장에서 지배적인 영향력을 회복했다.[48] 할당제는 18세기에 열등한 지역, 특히 서남부와 서북부 변경 지역의 학위 소지자를 수용하기 위해 발전했다. 비록 진사 학위 소지자를 배출하는 성의 순위는 크게 변하지 않았지만, 명대와 청대 초기 주요 성의 배출 비율은 청대 말기에 약 2~3% 감소했다. 이와는 대조적으로, 청대 후기에 변경의 성들은 할당량을 크게 늘렸는데, 서북부의 감숙성甘肅省

은 진사 학위 소자자 수를 3배로, 서남부의 귀주성貴州省은 거의 4배로 늘렸다.[49]

후기 제국 시험 시장에서 양자강 삼각주의 장기적인 중심성은 유지되었지만, 명대 초기에 최고의 응시자들을 배출한 복건성의 성공으로 인해 도전을 받았다. 복건성의 운은 청대 후기에 진사 학위 소지자가 18%로 증가하면서 되살아났다. 1776년부터 1904년까지 복건성의 2개 부府는 진사를 배출하는 2개의 주요 지역이 되었다. 청대 초중반에는 복건성의 어느 지역도 상위 10개 부에 오른 적이 없었다.[50] 청대에는 인구 증가 역시 모든 성에 영향을 미쳤다. 강남의 경우, 인구 대비 진사 학위 소지자의 수가 63% 감소했고 절강성은 58% 감소했으며, 복건성은 73%라는 현저한 감소를 보였다. 교육기회가 확대되고 있던 동남부 변방의 성들과 동북부의 요녕성遼寧省만 통계적 증가세를 보였다.[51]

그러한 지리적 경향은 왕조의 정치에서 권력과 영향력으로 해석되었다. 관료계에서 남방인의 높은 비율은 명대 정치에서 지속적인 문제가 되었고, 청대의 할당제 변화는 제국의 다른 지역에 비한 남방의 교육적 이점을 상쇄했을 뿐 제거하지는 못했다. 명청 정부는 시험 시장의 공정성과 전국적 개방성을 합리적으로 유지하기 위해 성별 합격자 수를 신중하게 파악했다.[52] 그럼에도 불구하고 권력의 정점에서는 진사, 특히 최상위 등급으로 급제하고 한림원에 들어간 사람들만이 그들의 지역적 이해관계를 제국의 관료체제로 끌어들였다.

5. 학위 취득에 걸리는 시간

마지막으로, 노인에 대한 명백한 사회적 차별의 부재는 과거 시험을 특징짓는 것이었다. 효도와 연장자에 대한 공경이 공적·사적 도덕의 토대였던 사회에서, 과거 시험은 통치자, 시험관, 응시자들에게 사회적·언어적 자격이 손상되지 않는 한 모든 연령의 사람이 감당할 수 있는 만큼 몇 번이고 시험을 치를 자격이 있어야 한다는 뚜렷한 관념을 심어주었다. 실제로 시험은 한 사람의 사회적 지위에 대한 인식을 놀라운 방식으로 바꿀 수 있었다. 예를 들어, 노인 생원들은 성공적인 청년의 사회적 지위를 높이고 실패한 노인의 사회적 지위를 떨어뜨리는 차별화된 정치적 지위로 인해 젊은 거인 학위 소지자 앞에서 굽실거리게 되었다. 늙은 실패자는 노인을 공경하면서도 비공식적으로는 젊음과 정신적 활력을 강조할 여지가 있는 대중 속에서 젊은 신동들과 대조되었다.

18세기 풍자소설『유림외사儒林外史』에서 과거 시험 실패자였던 오경재吳敬梓, 1701~1754는 1487년에 새로 합격한 젊은 생원과 60세가 넘고 아직 거인 학위를 위한 응시 자격을 갖추지 못한 사찰학교의 나이 든 마을 훈장의 만남을 다음과 같이 묘사하면서 이 주제를 이용하였다.

> 명나라 때 사대부들은 관학 생원들을 모두 '붕우朋友'라 불렀고, (관학 입학 응시 자격만 갖춘) 동생童生들은 '소우小友'라 불렀다. 동생이 생원으로 입학하면 나이가 열몇 살밖에 안 되더라도 '노우'라 불렀고, 입학하지 못하면 나이가 여든이라도 '소우'라고 불렀다. 이것은 마치 여자가 시집가는 것과 마찬가지이다. 여자가 시집갔을 때는 '새댁'이라 불리다가 나중에는 '아주머니'나 '마님'이라 불리지 '새댁'이라 불리지 않지만, 첩으로 들어갔다면 머리가 백발이 되어도

'새댁'이라고 부르는 까닭이다.[53]

명대 복건성의 과거 시험 성공에 관한 기록들 또한 마치 가차 없는 시험에서의 성공이 어른스러움과 인내의 증거인 듯 시험에 합격한 수험생들의 넓은 연령대를 기술했다. 명대 복건성의 40명 이상의 학위 소지자는 13세에서 19세 사이였는데, 이는 젊은이들이 얼마나 일찍부터 사서, 그리고 오경 중 하나를 외우기 시작했는지를 고려하면 놀라운 일은 아니다. 80명 이상의 복건성 출신 거인이 80세 이상이었지만, 그중 일부는 시험장에 들어갔을 때 100세가 넘었다. 한 명은 104세의 나이에 지부知府로 임명되었다.[54]

암기 요건이 1756년 이전에는 상대적으로 적었고 1793년 이후에는 상당히 더 늘었기 때문에, 20살이 되기 전에 거인의 지위를 얻은 소년들은 신동으로 알려지게 되었다. 40세에 아직 생원 자격 갱신 시험을 치르고 있다면 늙은 것이었다. 시험장에서 노인들은 젊은이가 최신 스타일로 써준 에세이를 대가로 젊은 수험생들에게 고전 구절을 설명해주었던 것으로 잘 알려져 있다.[55] 당국은 생원 자격 시험에서 등록 양식에는 종종 응시자가 청년이라고 명기되어 있는데 시험을 보는 사람은 종종 40세나 50세인 경우가 있다고 지적하였고, 시험관들은 교육관들이 실제 응시자를 확인하지 않았다고 꾸짖었다.[56]

엄청나게 경쟁이 치열한 명청대 향시에 합격한 소수의 사람들보통 5% 미만은 전형적으로 20대 중후반이었다. 16세기 동안 남경의 대부분의 향시 합격자63%는 21세에서 30세 사이였고, 26%만이 31세에서 40세 사이였다. 최연소 합격자는 15세였고, 최고령자는 50세였다. 명대 남경의 향시 결과를 청대와 비교하면, 19세기에 응시자가 일반적으로 거인이 되는 연령이 증가했음을 알 수 있다. 명대에는 단지 7~8%만이 40세 이상이었고, 50세 이상은 없었던 반면, 청대에는 15~17%가 40세 이상이었다. 1835년과 1851년 진사 학위 소지자의 3% 이상이 50세 이상이었다. 이러한 연령의 변화는 1793년 이후 숙달해야 할 자료의 갑작스런 증가에 따른 것이었고, 이는 응시자들이 더 많은 시간을 들이도록 만들었다.

1871년 18세의 젊은 나이에 강남성 향시 응시 자격을 얻었던 1894년 장원급제자 장건張謇, 1853~1926은 향시에 다섯 번 낙제했다가 1885년 33세의 나이로 2등에 올랐다. 이 합격 연령은 향시 응시자의 20%에게 일반적인 것이었다. 1871년과 1885년 사이에 장건은 응시 자격 유지를 위해 몇번의 자격 갱신 및 검정 시험을 거쳐야 했다. 그는 향시에서의 뒤늦은 성공 이후 42세의 나이에 회시에 성공적으로 합격하기까지 (1886, 1889, 1890, 1892, 1894년 등) 5차례의 도전을 해야 했다. 그는 회시에서 60등에 불과했지만, 재시험에서 10등에 올랐고 1894년 전시에서는 장원급제하여 한림원 수찬修撰에 제수되었다. 장원으로서 그의 명성은 그가 성공하기 위해 끈기 있게 버틴 거의 20년간의 시험 실패에 기반한 것이었다.[57]

청대 말기에 갈수록 많은 80대 노인들이 향시 응시 자격을 얻게 되자, 그들은 불합격한 경우라도 일반적으로 2급 거인[副榜]의 명예로 보상을 받았다. 건륭제는 1736년 회시에 응시한 모든 노인에게 상을 내렸다. 예를 들어 1852년 향시에서는 90세 이상이 13명 있었고, 그들은 각각 거인 학위로 보상을 받았다. 또 80세 이상의 응시자 65명은 부방의 지위를 부여받았다. 1853년에는 90세 이상의 응시자가 17명, 80세 이상의 응시자가 79명이었다.[58]

명대와 청대 장원급제자의 연령을 비교해 보면, 우리가 정보를 가진 명대의 모든 장원 중 약 13%가 25세 이하였다는 것을 알 수 있다. 청대에는 이 비율이 6%로 크게 감소했다. 명대 장원 55명 중 절반 이상이 26세에서 35세 사이였고, 이는 청대에도 거의 그대로였다. 명대의 경우, 장원의 89%가 26~45세였고, 청대의 경우 86%였다. 46세 이상의 고령 장원들은 명대에 4%에서 청대에는 약 8%로 증가했다. 일반적으로 명대에서 청대로 가면서 장원으로 선발되는 청년은 적고 나이 든 사람이 더 많았으며, 평균 연령은 33세에서 36세로 바뀌었다. 결과적으로 장건은 1894년에 다소 나이가 들었지만 꽤 전형적인 장원이었다. 그와 같이 대부분은 정상에 도달하기 전에 성년기의 10년에서 20년 동안 향시와 회시에서 여러 번 낙방했다. 이러한 지연된 성공에 대한 정서적 비용은 다음 장에서 평가될 것이다.

명대의 진사는 20세 미만은 거의 없었고, 대부분은 26세에서 45세 사이였다. 청대에는 전체 진사의 72%가 26~45세 사이였다. 1868년에는 15%가 25세 이하였고, 1894년에는 그 비율이 11%였다. 청대 장원의 6%만이 25세 미만이었다. 청대에 거인 학위 후보자의 수가 증가함에 따라, 그들의 평균 나이도 증가했다. 그러나 50세 이상의 비율은 1835년 5%에서 1894년 1% 미만으로 감소했다. 젊은 수험생은 청대 후기 시험 에세이와 관련된 문제 변화에 더 잘 적응했다. 18세기 후반에 시 문제를 다시 도입한 것도 변화를 가져왔다. 그리하여 나이 든 후보들은 이전보다 더 높은 비율로 낙방하게 되었다.

시험관들은 인구 증가가 시험에서의 자리들을 엄청나게 앞지르고 있는 상황에서 노인들이 시험에 계속해서 떨어지고 있다는 것을 깨달았기에, 고령 응시자들의 이례적인 증가를 크게 우려하며 보고했다. 예를 들어 1699년 순천부 향시에서 100세가 넘은 한 광동성 지식인은 뜻깊은 응시를 기념하기 위해 밤중에 초롱과 "100세 응시자[百歲觀場]"라고 알리는 펼침막을 든 증손자를 앞세우고 거창하게 북경 시험장 안으로 인도되었다.[59] 다른 한편으로 건륭제는 1770년 순천부 향시에서 시험관들에게 두 소년11세, 13세을 합격시켜 신동을 격려하도록 명했다.[60] 1784년, 고령의 진사 후보자의 증가는 심상치 않게 되었다. 한 기록은 그해 회시 응시자 중 한 명이 90세 이상, 20명이 80세 이상, 5명이 70세 이상이라고 언급했다. 황제는 그들이 시험에 통과하지 못했음에도 불구하고 관리들에게 특별 포상을 하도록 명했다.[61] 1826년에는 역시 광동성 출신인 104세의 한 응시자가 회시에 낙방했지만 상징적으로 국자감에 배치되었다.[62]

이러한 놀라운 경향은 동시대의 서구 관찰자들에 의해 다음과 같이 확인되었다.

중국을 제외하고 어느 나라에서 할아버지와 아들, 손자가 같은 학위를 위해 같은 시험에서 경쟁하여 80세라는 연령에 오랫동안 갈망하던 영예로 그 나이와 불굴의 끈기를 보상받는 사례들을 볼 수 있겠는가?[63]

후기 제국의 과거 시험은 각 왕조와 협조적인 지식인들이 스스로를 위해 설정했다는 점에서 명대부터 청대까지의 지속성과 정교화를 통해 중국이라는 국가와 사회의 성격을 재생산하는 역동적인 힘이 되었다. 명청 시대의 시험 제도는 그 공정성을 떠나 엘리트 문화와 정치, 사회의 주목할 만한 결정적 요소로 기능했을 만큼 고전 학습과 지식인의 위신, 왕조의 권력, 문화적 관습이 이 시험 제도와 조화되었다. 과거 시험은 사회 전반을 좌우할 수는 없었고, 지식인 엘리트들이 쉽게 정부에 교육 과정을 요구할 수도 없었다.제1장 참고 그러나 교육적인 측면에서 시험 제도는 국가와 사회를 통해 한 세대에서 다음 세대로 교육의 권위를 물려주었다.[64]

이 장에서 서술한 과거 시험 시장에서 경쟁한 명청대 지식인과 상인 집단은 지속적으로 인구통계학적 압력하에 있었다. 명대 초기에 만들어진 제도들은 1850년까지 사회 전체의 인구 통계와 보조를 맞출 만큼 충분히 변하지 않았다. 1850년에 청나라의 인구가 4억 5천만 명으로 두 배 이상 증가한 데 비해, 진사 및 거인 학위 소지자 수는 상대적으로 정체 상태를 유지했다. 현에서 수도에 이르기까지 모든 수준의 학위 경쟁은 엄청난 것이 되었다. 그 결과로 초래된 점점 더 높아지는 암기 기준은 시험 시장에서의 경쟁 심화에 대한 대응이었다.[65]

우리는 이제 시험 교육 과정과 후기 제국 지식인 문화에 영향을 미친 대중적·문학적·고전적 형태의 지식으로 눈을 돌리고자 한다. 우리는 과거 시험 자체의 영역 밖에 존재했던 많은 문화적 차원을 다룰 것이다. 문화적·종교적 형태와 대중적 이미지들은 노련하고 박식한 지식인 엘리트와 결합된 독재 정치체제에서 자라난 단순한 부수 현상이나 공허한 수사학 또는 미신적인 믿음이 아니었다. 만약 그것들이 공허한 문화 형태였다면, 그러한 시험 과정은 1905년까지 지속되지 않았을 것이고, 제국의 '가장 뛰어난 엘리트들'을 '문화 감옥'으로 자발적으로 끌어들이지도 않았을 것이다.

제5장 ——————— 불안, 꿈 그리고 수험생활

젊은이와 노인은 시험장에 서로 다른 경험을 가지고 들어왔다. 성공의 의례는 미성숙한 사람들을 유혹했다. 반복적인 실패는 여전히 따기 어려운 학위를 추구하는 노인들을 괴롭혔다. 소년들의 다년간의 희망찬 준비와 성인 남성들의 더 긴 세월의 쓰라린 패배에 기반한 그들의 감정적 긴장 상태는 왕조의 시험장에 대한 인간의 반응을 대변한다. 그 장소는 진입하려는 젊은이들에게는 기회의 장소였고, 빠져나오지 못한 노인들에게는 '문화 감옥'이었다.[1] 성공에 대한 정신적 압박은 개인의 성격에 강한 영향을 주었다. 대부분의 경우 장원급제자 장건의 경력으로 상징되는 끈기제4장 참조가 삶의 방식이었다. 일부는 그들에게 고통을 안겨주는 것을 엘리트적인 또는 통속적인 표현으로, 때로는 정치적 저항으로 풀었다.

과거 시험은 '도학'의 고전적 담론과 지식인의 일상생활을 매개했다. 약간의 명성과 부를 가져다주기도 하지만 대다수에게는 실망을 안겨주는 긴장감이 촉매제였다.[2] 지식인들은 경쟁적인 시험에 대한 정서적 반응을 풀기 위해 종종 종교와 점술에 의지했다. 1904년 청대 마지막 전시의 탐화인 상연류商衍鎏는 사촌의 시험 경험에 대해 다음과 같이 썼다.

1891년 내 (훌륭한) 사촌은 스무 살에 향시에 합격하여 거인이 되었다. 그러나 이듬해 북경에서 회시를 마치고 (광동) 광주廣州로 돌아온 그는 병에 걸려 얼마 지나지 않아 죽고 말았다. 어머니는 나에게 이렇게 말씀하셨다. "너처럼 좀 어리석게 굴어야지 너무 똑똑하면 요절한단다."[3]

지그문트 프로이트Sigmund Freud가 박사 시험을 준비하는 학생의 '정신적 탈진'을 치료한 이야기도 마찬가지로 유용한 정보를 제공해준다. 그것은 프로이트의 꿈과 신비 요법에 대한 논의로 이어진다.

어느 날 박사학위를 위한 최종 시험을 준비하는 매우 총명한 한 학생이 나를 찾아왔다. 그 학생의 넋두리에 의하면 흥미와 집중력, 기억력조차 모두 잃어버려서 응시를 할 수 없다고 했는데 (…중략…) 정신분석학의 영향력으로 공부할 수 있는 능력이 회복되었고, 그는 시험을 보기 위해 나를 떠났다. 그러나 그는 시험에 합격하고 나서 그해 가을에 잠시 나에게 되돌아왔다.[4]

과거에 낙방한 이들은 종종 오경재1701~1754의 『유림외사』나 포송령蒲松齡, 1640~1715의 『요재지이聊齋志異』 같은 소설을 통해 선발 과정을 조롱했다. 그러한 서사물은 실패자의 각도에서 시험 과정에 죄를 씌웠다. 그러한 작품들이 엘리트와 비엘리트 모두의 관심을 끌었기에, 우리는 양자 사이의 유동적인 상호작용을 보여줌으로써 '대중-엘리트'의 이분법을 문제 삼아야 한다.[5] 기록된 꿈과 상서로운 사건은 시험 응시자의 집단적인 정신적 긴장에 대한 비공식적 이야기들로 드러났고, 대중은 이를 개인의 성공 또는 실패를 설명하는 데 사용했다.[6]

가부장제 사회의 젠더 이데올로기를 감안할 때, 소년과 남성은 시험으로 인한 불안을 직접 경험했다. 아버지와 어머니, 자매와 친척들도 영향을 받지 않을 수 없었다. 그들은 그 경험을 공유하고 위로와 위안, 격려를 제공했지만, 성패의 직접적 경험은 점점 더 어려워지는 역경에 맞서는 수백만 남성 수험생들의 소유였다. 깊은 사회적·정치적 간극은 시험관의 공식적인 고전적 표준과 수험생이 두려움을 완화하기 위해 치료적으로 기꺼이 적용하고자 하는 종교적 전략을 분리시켰다.

지식인의 좌절은 중세의 시험부터 흔한 주제였다.[7] 암기 수준, 고전 저작의 폭넓은 독서, 고전 에세이그리고 1756년 이후의 율시를 작성하는 데 필요한 다년간의 훈련은 엘리트의 아들들이 시간이 지남에 따라 세대를 뛰어넘고 언어 및 지리적 장벽을 넘어 제국 전체에 걸쳐 공유한 유년기와 청년기를 수반했다. 암기 작업은 다른 사람들에게 맡긴 채 시험용 모범 답안을 교묘하게 숙달하여 교육 제도를 교란시킨 사람들도 지방 생원 자격 취득 시험 및 자격 검정 시험 수준을 넘어서기를 희망했다면 고전 문해력을 갖추고 있었다.

지방 시험에서는 고전 문맹이 위장될 수 있었지만, 문맹자는 시험장 내부의 부정이나 시험관의 수뢰가 거인 및 진사 학위를 취득할 수 있는 고전 문해력 소유자를 위한 더 분명한 대체 경로였던 향시에서 도태되었다. 명대에 3년마다 열리는 향시 시장은 5만에서 7만 5천 명으로, 청대에는 10만에서 15만 명 규모로 성장했다. 도전 과제는 더 이상 지방 시험에서 소년들의 문화적 구분선이었던 고전적 문해력을 입증하는 것이 아니라, 수십 년 동안 작문 기술을 연마한 젊은이와 노인들의 바다에서 돋보일 우아한 팔고문을 쓰는 것이었다. 고전적으로 문명인 누군가가 낮은 학위를 샀는데 뇌물을 주고 관직에 올랐다면 그는 금세 폭로되었다. 청 조정은 항상 그러한 결과를 주시했다.[8]

시험에서의 성공은 대개 사회적 성공을 의미했지만, 경력 측면에서 출세의 의미는 명대에서 청대로 가면서 크게 바뀌었다. 명대 말기에 이르러서는 진사 학위를 제외한 모든 학위는 지위가 떨어졌고, 청대에는 진사 학위 소지자도 하위 등급으로 합격하면 지현이나 지부로 임명되기 위해 몇 년을 기다려야 하는 경우가 많았다. 우리는 사회적 명망, 법적 특권,

그리고 요역 면제가 대부분의 평민 가정들을 시험 시장에서 경쟁하게 만들었다는 것을 보았다. 19세기에 이르러 시험 성공의 기회가 줄어들면서 인간의 취약함이 악화되었다. 어떤 왕조도 1650년 2억 5천만 명에서 1800년에 3억 5천만으로의 인구 증가에 상응하는 청대 엘리트의 인구통계학적 확장에 직면한 적이 없었다.[9]

명청시대에 엘리트 집안의 남성 구성원으로 성장하는 것은 사회화의 오랜 패턴을 전제했다. 어른들은 매일매일의 준비라는 관점에서 수백만의 젊은이들에게 어린 시절을 규정했다. 지식인에게 불안과 좌절은 늘 공존했다. '남성 불안'은 개인으로서 그리고 가족생활 내에서 남성의 역사적 경험에 의해 생성된 엘리트의 사회적·의학적·지적 현상이었다. 이 정서적 압박에 대한 단일한 반응은 없었다. 그러나 중국 엘리트들이 수험 생활의 가차 없는 기계적 과정들이 초래한 다양한 정신적 긴장을 다루는 방식에는 분명한 패턴이 있었다.[10]

1. 1850년 이전 암기와 고전주의의 사회학

과거 시험은 지방·성도·수도에서 하나의 사회적 광경이었고, 이는 시험장 내부의 정치적 광경을 보완했다. 부유한 가정에서 유년 시절로부터 젊은 성인으로 넘어가는 통과의례는 특정 연령에 한 아동이 숙달한 고전 텍스트의 수로 평가되는 경우가 많았다. 예를 들어 16세에서 21세 사이 소년의 '관례冠禮'는 그가 1787년 이전에 지방 과거 시험에서 경쟁하기 위한 최소 요구 사항인 사서, 그리고 오경 중 하나를 모두 숙달했다는 것을 암시했다.[11]

비록 송나라 때부터 '도학'자들이 도덕적인 자기 수양과 지적 각성을 위해 암기 학습을 비판했지만, 명청 시험 체제의 아이러니 중 하나는 학위 시장에서 성공하기 위해서는 경전에 대한 정주程朱 주해의 세심한 암기가 요구되었다는 것이다. 시험이 도덕을 직접 측정하거나 '도학'의 암기가 지적 각성을 증진시키는지 여부를 판단할 수단이 없었기에, 암기 학습은 도덕 수양과는 성격상 어긋나는 것이었다. 좋은 글은 교양 있는 지식인의 표식이었지만, 그런 관념에 도전할 수 있는 충분한 반례가 있었다.

정신 기술로서의 암기

명대의 흔한 속담으로 "금으로 가득 찬 상자를 물려주는 것은 아들에게 경서 하나를 가르치는 것과 비교되지 않는다"는 말이 있다.[12] 전통시기 중국에서 작문의 전통은 고전 텍스트를 그대로 기억하는 학생의 능력을 통해 구두로 반복되었다. 구두와 문장이 함께 활용되면서 문해력과 기억력이 모두 향상되었다.(사진 5.1) 참조[13]

고전 문해력은 ① 한자 단어의 암기, ② 사서, 오경 중 하나오경 모두를 외워야 했던 1786년까지 및 정사正史 읽기, 그리고 ③ 작문의 3단계 학습 과정을 통해 형성되었다.

교육을 받은 남성그리고 여성에게는 품격 있는 시험용 에세이를 쓸 수 있는 능력이 최고의 성취였다. 이 학습 과정은 아동 시절 암기부터 시작해서 청소년시기의 읽기와 함께 계속되었고 무르익은 글쓰기로 마무리되었다. 단계적인 학습 순서로서 기초는 3세에서 8세 사이의 아이들이 오랜 시간 동안 구두 암기를 하는 것이었다. 전근대 지식인들은 기억력이 어린 나이에 가장 강하다고 믿었지만, 이해는 문학적 언어와 그 도덕적·

〈사진 5.1〉 1430년 장원의 외워 쓰기

고정신(顧鼎臣)·고조훈(顧祖訓) 편, 『명장원도고(明壯元圖考)』, 1607년본.

역사적 내용을 숙달하는 것에서 비롯되는 점진적인 성과였다. 중국인들은 학생들이 5~6세면 교육을 받을 수 있다고 생각했지만, 성숙한 학습은 15세는 되어야 시작될 수 있었다.[14]

처음에 아이들은 기억을 통해 한자의 모양을 따라 그리면서 문자 형태를 익혀나갔다.(사진 5.2) 참조 보통 학생들은 8살에 문중 또는 사찰 학교에 입학하기 전에 이미 송대부터 시작된 『천자문千字文』과 『백가성百家姓』을 외웠다. 또 그들은 원대 초기에 왕응린王應麟, 1223~1296이 지은 것으로 전해지는 '도학' 소책자 『삼자경三字經』을 익혔다.[15] 이 3종의 유명한 입문서에는 총 2,636개의 단어 안에 약 1,500개의 서로 다른 글자들을 포함하고 있었다. 종종 어머니의 지도하에 집에서 진행된 취학 전 교육[16]을 통해 학생들은 고전 문어 특유의 단어들의 중요한 순서와 조합을 암기할 수 있었다.[17] 입문서의 암기는 서예 연습을 통해 강화되었다.[18] 저스터스 두리틀 Justus Doolittle, 盧公明, 1824~1880 목사는 자신이 1865년에 목도한 상황을 다음과 같이 기술했다.

학생들은 학교에서 수학, 지리, 자연과학에 관한 책을 공부하지 않고 공자와 맹자의 글을 공부한다. 이것들은 암기하여 책을 등지고 암송하도록 요구되었는데, 이를 '배서背書'라고 한다. 학생들은 수업을 통해 가르침을 받는 것이 아니라 각자 자신이 원하는 책을 공부하며, 자신의 능력에 따라 더 길거나 더 짧은 지도를 받는다. 그들은 모두 큰 소리를 내며 공부하는데, 종종 목청껏 소리를 지른다. 그들은 암기를 위해 먼저 글자의 소리를 배운다. 수년간의 공부 후에 그들은 그 의미와 용법에 대한 이해력을 얻는다. 그들은 학교에 입학하면서부터 본보기로 주어진 글자를 붓과 먹으로 종이에 따라 베끼면서 글씨 쓰기를 시작한다. 언어를 정확하고 빠르게 쓰기 위해서는 엄청난 양의 연습이 필요하다.[19]

〈사진 5.2〉 1469년 장원이 어린 시절 글자를 배우다
고정신(顧鼎臣)·고조훈(顧祖訓) 편, 『명장원도고(明壯元圖考)』, 1607년본.

원대의 정단례程端禮, 1271~1345와 청대의 1821년 거인 왕균王筠, 1784~1854 같이 다양한 교육자들은 서예를 향상시키는 최고의 방법으로 입문서의 글자를 따라 쓰는 것을 강조했다. 정단례는 학생들이 시간이 지나면서 따라 쓰는 것을 하루 1,500자에서 4,000자로 늘려야 한다고 생각했다.[20] 왕균은 문자에 대한 지식이 고전 문해력의 주요 구성 요소라고 언급했다. 읽기와 쓰기는 아이들이 약 2,000개의 서로 다른 단어를 외운 후에야 시작되었다.[21]

그다음 사서를 암기하기 시작했고, 명대에는 오경 중 하나를 외웠다[1786년 이후로는 오경 모두 요구됨]. 최소한의 고전 문해력곧 '기본적인 읽고 쓰는 능력' 이 2,000개의 서로 다른 글자를 숙달해야 했다면, 학생들은 일반적으로 충분한 고전 문해력에 필요한, 경서들에 공통된 1만 자까지 총계를 꾸준히 늘려나갔다.[22] 당송대 시험에서 고전 문해력에 중요한 역할을 했던 시는 1756년 이후 과거 시험의 일부로 복원되었다. 후한後漢 때 허신許慎, 58~147이 편찬한 한자 사전 『설문해자說文解字』는 530개의 부수部首에 따라 배열된 9,373개의 글자를 담고 있는데, 이러한 틀은 다소 변형되기는 했지만 대부분의 전근대 및 현대 한자 사전에서 기본 체계로 남았다.[23]

시·부·산문 등의 작성 요건으로 인해 당송시대에 여러 학자들이 시험 보조 도구로 성운聲韻 사전을 편찬하였다.[24] 1716년에 완성된 청대의 『강희자전康熙字典』은 214개 부수 하에 47,030개의 서로 다른 글자를 분류하였다. 후기 제국시기에는 총 약 48,000자의 글자가 있었지만, 그중 상당수는 이체자異體字였다.[25]

지식인 교육자들은 단어의 수에 따라 암기 과정을 계획했다. 오경 전체가 시험에 요구되었던 고전학 전성기의 사립학교 교사 왕창王昶, 1725~1806은 1789년 강서성 남창南昌에 있는 자신의 서당에서 입학생들에게 각 경서의 반복되는 단어의 수가 『시경詩經』 40,848개, 『서경書經』 27,134개, 『역경易經』 24,457개, (『대학』과 『중용』이 포함된) 『예기禮記』 98,994개, 『춘추春秋』 15,984개라고 말했다. 왕창은 학생들이 이 다섯 경전에 나오는 20만 개 이상의 단어를 암송하는 데 부지런하다면 690일밖에 걸리지 않을 것이라고 의욕적으로 예측했다.[26]

미야자키 이치사다는 사서오경 및 『춘추』에 대한 주해를 포함하여 당송대의 '13경'을 기준으로 단어들의 글자 총계를 대략적으로 추정하였데, 이는 당송대의 과거 시험 응시자들이 약 57만 개의 반복되는 단어를 암기해야 했음을 보여준다. 〈표 5.1〉에서 단어 수는 시험 요건의 일부이다.[27]

〈표 5.1〉 '13경' 내 단어들의 글자 수

서명	글자 수	요구조건
『논어』	11,705	명청대 필수
『맹자』	34,685	명청대 필수
『효경』	1,903	1787년까지 필수
『역경』	24,107	명청대 선택
『서경』	25,700	명청대 선택
『시경』	39,234	명청대 선택
『좌전』	196,845	명청대 선택
『공양전』	44,075	명청대 선택
『곡량전』	41,512	명청대 선택
『주례』	45,806	비필수
『의례』	56,624	비필수
『예기』 (필수인 『대학』 및 『중용』 포함)	99,010	명청대 선택
계	621,206 (선택 = 470,000)	1786년 이후 518,000자 사서 : 약 75,000자 오경 : 약 470,000자

다소 시대에 맞지는 않지만, 이 만만치 않은 목록을 근거로 미야자키는 대부분의 글자가 반복되더라도 하루 200자가량의 속도로 40만 자 정도

의 문자를 암기하는 데 6년이 걸릴 것으로 추정하는데, 이는 20만 단어에 대해 690일이 걸릴 것이라는 왕창의 추정치보다는 확신이 부족한 견해이다.[28] 왕창의 낙관적인 계산은 1904년 청대 마지막 전시의 탐화인 상연류에 의해 입증되었다.

내가 12살이 되기 전에 시험을 준비하기 위한 나의 학습 과정은 앞서 언급한 (고전) 계획으로 구성되어 있었다. 생각해 보면 5세에서 12세 사이의 소년에게 사서오경을 비롯한 수많은 글을 공부할 뿐 아니라 그것을 암기하고 이해하며 설명할 것을 기대하는 것은 너무 과할 것 같지 않은가? 사실 매일 중단 없이 공부만 한다면 이것은 성취될 수 있고, 여기에 이상하거나 기적적인 것은 없었다.[29]

엄청난 양의 정보를 기억하는 데 열정적이었던 젊은이들의 전설이 종종 회자되었다. 후한시대 산동 출신 예형禰衡, 173~198은 여행 중에 수백 개의 비석에 공식적으로 새겨진 칠경七經의 모든 글자를 한눈에 외우는 능력으로 기억되고 있다. 예형은 비석 자체에 누락된 두 단어만 암송하는 데 실패했다.[30] 이후 명나라 때 1465년에 거인 학위를 받고 지방 교관이 된 상열桑悅, 1447~1513은 왜 책을 버리거나 태우느냐는 질문에 어떤 책이든 그의 눈에 띈 것은 언제든 외울 수 있었다고 대답했다. 그는 "그것은 이미 내 안에 있다"고 외쳤다.[31]

사진처럼 정확한 기억력이 없는 사람들에게 연상 훈련은 전통시기 중국 레퍼토리의 일부였으며, 구두 암송은 운율이 있는 글자들, 4글자 단위의 노래, 그리고 균형 잡힌 대조적 글자 쌍 만들기[속대(屬對)] 기술의 도움을 받았다. 왕균과 대부분의 교육자들은 두 글자로 된 단어의 암기를 고전적 기억의 주요 구성단위로 삼았다. 1796년에 시 문제가 추가되면서 응시자

는 당대 식 율시를 작성해야 했으며, 균형, 대칭, 그리고 대구의 요건이 더욱 두드러지게 되었다.[32]

1704년에 강희제는 응시자들의 고전적 에세이 작성의 편의를 위해 1711년에 완성되어 1720년에 재간행된『패문운부佩文韻府』편찬을 명했다. 이 책은 한 구절의 마지막 글자로 사용된 10,000개 이상의 서로 다른 글자들의 운韻에 따라 문구와 전고들을 분류했다. 편찬자들은 각 항목 아래에 그 문학적 용례를 설명했다.『패문운부』는 시험 응시자들이 쉽게 외울 수 있도록 병렬 어구의 쌍을 편리하게 구성했다.[33]

1890년 특별 회시에 급제하여 1892년 한림원에 들어갔던 북경대학 총장 채원배蔡元培, 1868~1940는[34] 1923년에 쓴 회고록에서 이러한 학습 기술을 근대적인 용어로 다음과 같이 묘사하였다.

> 균형 잡힌 대구對句는 한 글자로 시작하여 네 글자로 확장된 구절을 구성하는 기법이다. 다섯 자 이상의 구절을 쓰면 (산문이 아니라) 시를 쓰는 것이 되는 셈이었다. 이를 통해 본보기 문구를 먼저 제시하지 않아도 자유로운 구성이 가능했다. 대조를 이용하여 명사, 동사, 형용사를 짝지을 수 있을 뿐 아니라, 명사 중에는 동물, 식물, 광물, 기구, 시설들을, 형용사 중에는 색상, 성질, 숫자들도 짝지을 수 있었다. (…중략…) 다른 경우는 유추를 통해 얻었다. 또한 대구를 구성할 때는 네 개의 성조도 구별하였다. 예를 들어, 평성平聲의 글자는 다른 평성 글자와 짝을 지었다.[35]

중국인들은 예수회 선교사 마테오 리치가 중세 유럽의 기억술에 기반을 둔 엄청난 기억력을 가지고 있다는 것을 알게 되자, 그를 초대하여 그 연상 기억술을 보여주도록 했다. 강서성 총독은 리치에게 과거 시험을 준비하고 있던 세 아들에게 그의 기술을 가르쳐 달라고 부탁하였다. 리치는 그의 기억력을 기독교에 대한 지식인들의 관심을 높이기 위해 사용했다. 이러한 기억술 및 용어와 교리를 전하기 위한 인쇄된 입문서가 유용하다는 점을 감안하여, 예수회는 이방의 신앙을 전파하기 위한 대중적 고전 교리문답을 만드는 수단으로 『천주교 사자경天主敎四字經』이라는 제목의 그들 자신의 고전 입문서를 편찬하였다.[36]

고전 교과과정의 범위

원대에 지방 관학에서 일했던 정단례는 명청시대에 모범적인 고전 교육 과정으로 영향을 미친 자신의 문중 학교의 독서 계획을 마련했다. 정단례가 청소년들이 '도학'의 정설을 터득하고 과거 시험을 준비할 수 있도록 고안한 독서 체계는 상세히 열거할 만하다.[37]

취학 전 고전 독서8세 이전

– 『성리자훈性理字訓』

　선택적 대안:『천자문』또는『몽구蒙求』등 기타 입문서

– 주희가 엮은 입문서『동몽수지童蒙須知』

학교에서의 고전 독서8세 이후부터 14세 또는 15세까지

– 『소학小學』: 주희가 편찬한 고전 선집.[38]

– 사서四書, 모든 단계의 과거 시험에서 필수

　『중용』: 원문 및 주석

　『논어』: 원문만

　『맹자』: 원문만

『중용』: 원문만

『효경』명청시대 '논(論)' 문제를 위해 요구됨

『역경』: 송대의 '도학'적 주해로 보완

『서경』: 원문만

『시경』: 원문만

『의례』와 『예기』: 원문만

『주례』: 원문만

『춘추』: 원문과 3종의 한대 주해

고급 고전 교육15세 이후

- 주희의 『대학장구大學章句』

- 주희의 『논어집주論語集註』

- 주희의 『맹자집주孟子集註』

- 주희의 『중용장구中庸章句』

- 주희의 『논어혹문論語或問』: 『논어집주』와 비교

- 주희의 『맹자혹문孟子或問』: 『맹자집주』와 비교

- 부분 외워 쓰기를 통한 경서의 원문 복습

- 3~4년에 걸친 글자 구성의 6가지 원칙[서법육조(書法六條)] 숙달[40]

'13경'에 초점을 맞춘 것을 제외하고 정단례의 교육 과정은 사서, 그리고 오경 중 하나를 숙달하는 것을 강조한 명청 과거 시험 교육 과정에서 본보기가 되었다. 1645년부터 1757년까지 청대의 향시 및 회시를 위한 교육 과정은 1384년부터 1643년까지의 명대의 그것 그대로였다. 〈표 5.2〉는 청대 초기 과거 시험의 형식을 보여준다. 비록 젊은 남성이 21세 이전에 생원 자격을 취득한 경우는 드물었지만, 학생이 강도 높은 암기 훈련을 감당할 수 있다면 15세부터 생원 자격 시험에 합격할 수 있었다.

〈표 5.2〉 청대 초기(1646~1756)의 향시 및 회시 형식

단계 구분	문항 수
초장(初場)	
1. 사서(四書)	제시문 3개
2. 역경(易經)	제시문 4개(선택)
3. 서경(書經)	제시문 4개(선택)
4. 시경(詩經)	제시문 4개(선택)
5. 춘추(春秋)	제시문 4개(선택)
6. 예기(禮記)	제시문 4개(선택)
이장(二場)	
1. 논(論)	제시문 1개
2. 조(詔) · 고(誥) · 표(表)	문서 3종
3. 판어(判語)	문구 5개
삼장(三場)	
1. 경사시무책(經史時務策)	대책(對策) 5편

* 참고 : 초장에서는 모든 수험생이 오경 중 하나를 전공하도록 요구되었다.

아마도 후기 제국 '수험생활'이 가장 잘 기록된 사례로서 41세의 나이에 1894년 전시 장원이 된 장건張謇, 1853~1926은 4살서양 나이로 3세 때 아버지에게 『천자문』을 배우기 시작했다. 1868년에 16세였던 장건은 고전 에세이와 율시를 요구하는 현의 생원 시험에 응시할 준비가 되어 있었고, 그는 합격했다.〈사진 5.3〉 참고[41]

14세기 초 정단례의 목록을 19세기 후반에 장건이 따랐던 고전 교육 과정과 비교하면, 차이점들에도 불구하고 많은 유사점을 발견하게 되는데, 이는 1315년부터 교육 과정이 크게 개편된 1756년까지 엘리트들을

〈사진 5.3〉집에서 독서하는 1391년 장원

고정신(顧鼎臣)·고조훈(顧祖訓) 편, 『명장원도고(明壯元圖考)』, 1607년본.

위한 고전적 교육 과정의 연속성을 입증해준다. 가장 큰 차이점은 시, 특히 당대 식 율시가 18세기 중엽 과거 시험에 복원된 것이다. 장건의 교육 내용을 그가 특정 텍스트를 공부한 연령에 따라 아래에 나열한다.[42]

4~5세	『천자문』
5~11세	『삼자경』 『백가성』 시 관련 도서(1756년 이후 과거 시험에 필요) 『효경』 『대학』 『중용』 『논어』 『맹자』 『시경』 고전적 작문 입문서[43]
12세	사서 암송
13세	사서오경 복습 『이아(爾雅)』 작시 연습[44]
14세	『예기』 『춘추』 『좌전』 작문 연습[45]
15세	『주례』 『의례』
17세	주희의 『자치통감강목』 등의 역사 선집

장건의 독서 경력은 더 어려운 사서오경장건의 시대에는 모두 요구될을 숙달하기 전에 기초 텍스트부터 시작하는 질서 있는 연대기를 잘 보여준다. 한문 형식을 사용하여 사서오경에 관한 글을 잘 쓰는 능력과 율시를 짓는 능력으로 정의되는 작문은 유년기에서 젊은 학생으로의 전환의 정점을 상징했다.[46] 향시·회시·전시에서의 책문에 대비하기 위해서는 역사 읽기가 필요했다.

장건은 최종 명단에서 200등 아래로 떨어지기는 했지만, 16세 생일에 고향인 강소성에서 지방 시험을 통과했다. 같은 해 장건은 부^府의 자격 취득 시험에 합격하여 생원이 되었고, 2년 후 자격 검정 시험에서 1등급을 받았다. 그는 18살에 성도^{省都}에서 다음 단계의 시험을 치렀고, 그곳에서 훨씬 더 힘든 시간을 보냈다.[47]

논술과 글쓰기 엘리트의 형성

완전한 고전 문해력을 요구하는 교육과 보다 대중적인 백화 작품을 읽는 데 필요한 교육 사이의 주요한 문화적 차이는 전자에서는 글을 쓰는 능력이 우선시된다는 것이었다. 위에서 언급한 과거 시험 응시자를 위한 독서 교육 방식은 '독서 엘리트'가 훈련의 부산물이기는 했지만 '독서 대중'을 만들기 위한 것은 아니었다. 그들은 암기와 서예 연습을 통해 '글쓰기 엘리트'의 일원이 되기 위해 훈련을 받았다. 이 엘리트들은 각자 자신의 에세이 쓰기를 통해 명성과 부, 권력을 얻을 수 있는 고전적으로 훈련된 지식인으로 특징지어졌다.[48]

그런 문화적 맥락에서 독서만으로는 불충분했다. 작문은 고전 교육의 마지막 단계였다. 고문을 잘 쓴다는 것은 글을 읽을 수 있을 뿐 아니라 글의 밑바탕이 되는 작법을 이해하고 재현할 수 있는 엘리트 독자가 높이 평가하는 문예를 선보이는 것이었다. 관리 선발을 위해 과거 시험을 이용하는 왕조의 주요 목표는 '독서 대중'의 확대가 아닌 '글쓰기 엘리트'의 제한, 통제, 선발이었다.[49]

숙련된 기술과 미적 감성으로 글을 쓰는 것은 문화인으로서 지식인의 필수조건이었다. 조정과 관료체제의 관점에서 보면, 고전적 작문은 관료 집단 내에서 공통의 언어적 자질과 고전적 기억을 보장해주었다. 그러나 지식인의 관점에서 글을 쓴다는 것은 지식인이 고대인들에게 다가가 선인들의 진리를 밝힐 수 있도록 하는 문화[文]의 한 형태에 참여하는 것이었다. 명청제국의 정통에 대한 요구와 교육받은 사람들의 예민한 문화적 감성은 시험 제도 안에서 충족되고 절충되었다. 그것은 단순히 정치적 또는 사회적 권력에 기반을 둔 일방적인 제국의 헤게모니가 아니었다.제1장 참고

젊은이들이 일단 고전 문해력을 습득하면 고전적 형식을 사용하여 사고하고 쓸 수 있도록 훈련하는 것이 과제였다. 사서오경에 관해 글을 쓰는 데는 '성인을 대신하여 말할 수 있는[代聖人立言]' 지식인이 요구되었다. 어린이는 글자를 외우고 시구를 읊조리며 균형 잡힌 대구를 숙련할 수 있었지만, 완전한 고전 교육을 위해서는 젊은 성인만이 에세이로 결실을 맺을 수 있는 수준의 이해와 사고가 필요했다.[50] 예를 들어 정치적 임명을 기다리는 동안 서당에서 고전적 글쓰기를 가르치며 경력의 대부분을 보낸 장학성章學誠, 1738~1801은 아동에서 성인으로의 전환을 글쓰기의 측면에서 다음과 같이 묘사했다.

요즘 내가 한 소년에게 글을 쓰게 하면, 비록 그것이 단 몇 개의 단어로 이루어진 문자열일지라도 그는 문장을 완성해야 한다. (…중략…) 작은 것에서 큰 것, 짧은 것에서 긴 것 순으로 진행하여 서너덧 개의 단어로 이루어진 구절도 너무 적지 않고 수백 수천 단어도 너무 많지 않다는 것을 깨달을 수 있도록 해야 한다. 마치 장기와 뼈가 이미 완성된 갓난아기와도 같이 그 아이는 그렇게 남자로 성장해 가게 된다.[51]

청소년들은 작문 기술이 진보함에 따라 더 길고 더 복잡한 에세이를 쓸 수 있게 되었다. 장학성은 전체 에세이가 부분보다 더 중요하다고 생

각했다. 후자에 초점을 맞추는 것은 단편적인 접근 방식으로, 장학성은 어린이가 성공적으로 모방할 수 있어도 반드시 이해할 수는 없다고 생각했다. 소년이 성숙해짐에 따라 대부분의 다른 교사들은 전체 에세이를 준비하기 위해 부분들을 강조했다. 그들은 아이들이 논리 정연한 한 편의 에세이로 연결할 수 있게 되기 전에 팔고문의 부분들을 따로따로 쓰도록 훈련시켰다. 그러나 양측은 어린아이들이 의미 있는 에세이를 쓸 수 없다는 데 대해서는 의견을 같이했다. 읽기에서 쓰기로의 전환을 용이하게 하기 위해 수많은 작문 입문서가 고안되었다.[52]

왕균은 학생이 16살이면 에세이를 쓸 준비가 되었다고 생각했다. 장학성처럼 그는 어린아이가 초기 암기에서 에세이를 쓰는 어른의 능력으로 어떻게 발전하는지 설명하기 위해 신체적 성장과 성숙의 비유를 사용했다. 운율 규칙은 기계적으로 배울 수 있었지만, 형식과 도덕적 내용을 감상하는 데 필요한 미적 감성은 시간이 걸렸다. 과거 시험으로 인해 장학성처럼 팔고문의 유용성에 대해 의구심을 표한 사람들조차 글쓰기를 가르치기 위해 그것을 선택했다.[53] 어린 시절 암기한 구절에서 진지한 에세이로의 전환은 또 문법적 요소들의 사용에 의해 가능해졌고, 이를 통해 산문 작자는 문학 형식의 균형 잡힌 조각들에서 주제 상 긴밀히 구상된 고전 에세이로 나아갈 수 있었다.[54]

많은 작문 교사들은 팔고문을 필요악으로 여겼지만, 명대 말기와 청대에 부흥한 당송대 대가의 고문을 어떻게 모방하는지를 학생들에게 먼저 보여줌으로써 이런 기계적 형식을 가르치는 일반적인 방법에 도전했다.[55] 청대의 많은 사람들은 시험용 에세이가 명대에 더 기계적이고 규칙적인 방향으로 흐르기 이전에 송대의 이런 고문 작품들이 팔고문 형식의 기원이었다고 생각했다. 장학성은 팔고문이 초보 학생들에게는 너무 어렵다

고 생각하여 더 작은 섹션으로 시작했다.[56]

그러나 후기 제국시기 전체에 걸쳐 산문 작문은 장학성과 같은 고전 교육자들의 이상과 개인, 가족 및 가문의 성공을 위한 고전 에세이그리고 장학성 시대의 율시의 중요성 사이에 갇혀 있었다.[57] 문학 형식으로서 고전 에세이를 그 출세지향의 정치적·사회적 맥락에서 분리할 수 있는 학생은 거의 없었다. 우리가 보게 될 바와 같이 그것을 욕하던 많은 사람들이 결국은 명대 중기의 탁월한 '팔고문'을 고전 문해력과 고문의 자랑스러운 상징으로 제시함으로써 필요에 의해 그들 스스로 움직여 미덕을 만든 형국이 되었다.

명청시대의 경서 전문화

명청대 과거 시험 응시자들은 오경 중 하나[전경(專經)]를 전공했다. 경서 전문화는 조정이 태학太學에 전문가를 배치한 한대로 거슬러 올라가는데,[58] 당송시기에는 법률, 서예, 수학 등의 전문 시험과 더불어 경서에 대한 전문화가 계속되었다. 원대에는 1314년에 오경의 전문화를 재개하였다. 1787년에 오경이 모두 요구될 때까지 생원과 거인 학위 소지자들은 향시와 회시 중 초장初場에서 사서와 그들이 선택한 오경 중 하나에 대한 에세이를 썼다.[59]

등록부에는 응시자가 오경 중 어느 것을 선택했는지 기록하였고, 향시 및 회시 시험장의 사무원들은 답안지들을 해당 경서 시험동에 배정했다. 예를 들어 왕양명은 불과 20세의 나이에 1492년 절강성 향시에 2,200명의 응시자 중 한 명으로 등록했다. 왕양명은 그해 절강성에서 합격한 4% 중 한 명으로 첫 번째 시도를 통과했지만, 90명의 합격자 중 70등이라는 실망스러운 성적을 기록했다. 게다가 그는 『예기』를 전공한 단 9명의 거

인10% 중 한 명이었다.[60]

왕양명이 여요현餘姚縣의 지방 시험에 합격했을 때, 그는 아마도 3분의 2는 『예기』에 나오는 145,000개의 단어를 외웠을 것이다. 그 길이를 고려하면『춘추』에 대한 『좌전』만이 더 길었다, 왕양명은 암기를 위해 『예기』를 골랐을 때 소수의 선택을 하고 있었다. 그의 선택은 사서四書 중 2종『대학』, 『중용』이 원래 『예기』에 포함되었기 때문에 더 쉽게 이루어질 수 있었다. 그럼에도 불구하고 왕양명은 소수의 응시자 집단 중 한 명이었다.

다른 응시자들의 85%는 『역경』, 『서경』, 또는 『시경』을 공부했다. 이 경서들의 시험동에서의 경쟁률은 매우 높았다.『예기』를 외우는 데 필요한 더 긴 시간 동안 잃었던 것은 해당 시험동에서의 낮은 수준의 경쟁으로 보상되었다.

1499년 회시에서 당시 28세였던 왕양명은『예기』를 선택한 300명 중 22명7.3%의 합격자 가운데 한 명이었다. 그의 시험동의 시험관들은 『예기』 제시문들에 대한 왕양명의 한 에세이를 255편 가운데 가장 좋은 에세이로 선택했다. 경쟁률이 낮은 시험동에서의 이 높은 성적은 결국 그가 1499년 회시에서 전체 2등을 할 수 있게 해주었다. 시험관들은 그를 오경에 대한 최상위 5인 중 한 명으로 분류했다.[61] 예를 들어 만약 그가 『시경』을 전공했다면, 그는 『역경』 875명과 『서경』 840명을 포함한 약 1,285명의 응시자와 경쟁해야 했을 것이다. 왕양명은 사회 질서를 위해 예악禮樂을 이용하는 것에 대한 대책문 한 편을 요구하는 전시殿試에서 9등을 했다.[62]

경서별 인원수 면에서 볼 때, 1499년 절강성 향시는 명대 중기의 한 전형이었다. 젊은 지식인들의 경서 전공 선택의 세속적 경향은 명대 고전 학습의 변화를 설명할 수 있게 해준다. 우리는 오경의 전공 비율 변화에 따라 향시 및 회시의 시험동 수가 증감을 거듭했다는 것을 알고 있다. 명대 초기『춘추』가 인기를 끌었던 이유 중 하나는 1395년에 "성현들의 훌륭한 본보기"가 담겨 있다고 믿은 홍무제의 선호 때문이었다.[63] 우리는 또 명대 초기에 송대 호안국胡安國, 1074~1138의 주소註疏가 훨씬 더 길고 더 오래된 한대 주해보다 더 인기 있었다는 것을 안다.[64] 이는 명대 초기 학생들이 3종의 한대 주소에서 28만 개의 어휘를 외울 필요가 없었다는 것을 의미했다. 그러나『좌전』에서 출제된 문제가 사용되었을 때도 대부분의 수험생은 다른 경서들을 전공으로 선택하였고, 1500년 이후에는 응시자의 약 6~8%만이『춘추』를 전공으로 선택했다.[65]

명대 절강성 향시의 두 가지 주요 경향으로는 수험생들 사이에서『춘추』의 인기 하락 그리고『역경』전공 비율의 급격한 증가가 확인된다. 경향들을 단순화해보면 15세기『서경』의 인기, 명대 말기『시경』전공 비율의 느린 감소, 그리고 왕양명이『예기』를 선택한 1492년까지 절강성에서 50년간 지속된 그 비율의 상승을 지적할 만하다.

명대의 복건성 시험은 이러한 전공 경향을 입증해준다. 더 나아가 명대의 회시와 남경의 향시를 비교해 보면, 우리는 제국 전체적으로『시경』의 인기에 주목할 만한 일관성이 있었다는 것을 발견하게 된다. 약 30~35%의 젊은 지식인이 전공으로 꾸준히『시경』을 선택했다. 명대 말기에 3년마다의 향시에서 50,000~75,000명의 생원이 경쟁했다면, 그중 15,000~22,500명의 생원이 사서四書에 더해『시경』암기를 선택하였다. 더 적절한 길이『시경』은 세 번째로 짧은 경서임 외에도, 운율이나 병렬 어구 같은 기억 장치를 포함한 노래 같은 특성들로 인해『시경』은 특히 인기를 얻었다.

『서경』과『역경』은 줄곧 선호 대상으로 남아 있었다. 각각 약 25,000개의 어휘가 있는 가장 짧은 두 종의 경서로서, 처음에는 20%가 넘는 전공 비율을 보였고 시기는 다르지만 각각 30% 이상까지 비율이 올라갔다. 『서경』의 인기는 15세기 초에 절정에 달했다가 명대 말기에 20%로 다시 하락한 반면, 『역경』은 명대 중기에 30%에 달했고 시험 시장에서의 첫 번째 선택으로서 『시경』에 도전하면서 그 높은 수준을 유지하며 때로 응시자의 40%까지 끌어올리기도 했다. 청대에는 전공 비율이 일정하게 유지되었다. 각 성들은 수용 가능한 비율에 대략 맞출 수 있을 것으로 예상할 수 있었다. 『역경』, 『시경』, 『서경』의 인기에도 불구하고, 모든 경서에서 향시 및 전시 급제자가 나올 수 있도록 보장하기 위해 할당제가 도입되었다. 관료들은 명대의 추세가 계속된다면 3종의 짧은 경서가 주어진 85%의 할당량을 넘어설 것이며 거의 아무도 『춘추』나 『예기』를 공부하지 않을 것이라고 우려했다.

고염무 같은 17세기 지식인들은 이미 명대 고전학이 피상적이라고 비판했고, 부분적으로 이를 전문화 정책의 탓으로 돌렸다. 경서들에 대한 포괄적인 지식을 지닌 응시자가 더 적어졌다는 것이다. 황종희黃宗羲, 1610~1695 같은 다른 이들도 오경에 대한 재강조를 촉구했다. 예를 들어 1681년 강남성 향시에서 주이존朱彝尊, 1629~1709은 시험관 자격으로 응시자들에게 전문화 요건에 대해 질문하기 위해 책문 중 하나를 출제했다.[66] 18세기에 들어서면서 지식인들 사이에서 경서 한 종만 숙달하는 것으로는 불충분하다는 공감대가 서서히 형성되었다. 지식인들은 모든 응시자가 모든 경서를 배워야 한다고 청 정부를 설득했다.[67]

1724년에는 오경 모두를 숙달한 응시자들을 위한 특별 항목이 설치되었다. 옹정제는 대다수 성들의 정규 학위 정원에 그러한 합격자 5명을 추가했다. '오경' 특화 수험생들은 단일 경서에 대해서만 에세이를 작성하는 대신 모든 경서 각각에 대해 쓰도록 권장되었다. 그들이 초장初場에서 사서에 대한 필수 논술과 함께 이것을 성공적으로 해냈다면, 향시 및 회시의 이장二場, 삼장三場의 조詔·고誥·표表 문제를 제외한 모든 문항이 면제되었다.[68] 1735년 순천부 향시 응시자의 8.2%가 이 새로운 길을 선택했는데, 이는 사서와 3종의 가장 짧은 경서 중 하나에 대한 에세이를 쓰는 응시자들이 일반적으로 암기하는 10만~11만 5천 개의 어휘에 비해 44만 개를 외워야 하는 것이었다. 1740년대에 강남에서는 5% 미만의 사람들이 이 새로운 교육 경로를 따랐는데, 이는 1742년 북경의 회시에서도 확인된 수치이다.[69]

조정은 1756년부터 1786년까지 30년 동안 세 단계로 나누어 고전 학습을 장려하기 위한 개혁을 완료하였다. 1787년에 조정은 사서四書와 균형을 맞추기 위해 1756년 이후 요구되었던 시 문제를 이장二場에서 초장으로 옮기기로 결정했는데, 이는 '도학' 에세이를 지지하는 청대 지식인들을 격분시켰다. 교육 과정에 율시를 추가하는 것은 지방 시험부터 회시까지 모든 응시자가 당송대의 고시古詩 선집, 특히 최신 개정 '당시삼백수唐詩三百首'를 숙달해야 한다는 것을 의미했다.[70]

건륭제는 1788년부터 1793년까지 모든 지식인이 오경을 숙달해야 한다는 요구를 단계적으로 도입하기로 결정했다. 오경의 엄청난 길이를 감안할 때 학생들의 암기 습관을 하루아침에 바꾸는 것은 불가능했다. 1793년 이후, 젊은 수험생의 경우 더 높은 학위를 위한 고전 암기 요건이 4배가 증가했고, 여기에는 1756년 이후 응시자들이 수백 편의 당송대 고시들도 배워야 한다는 요건이 추가되어 있었다.[71] 이러한 변화는 시험 교육 과정을 마스터하는 데 필요한 고전 학습 연수를 증가시킴으로써 지식인들에게 영향을 미쳤고, 이는 거인 및 진사 학위 급제자들의 연령을 더 높이는 결과를 초래했다.

위에서 개괄한 심각한 결과는 단순한 통계 그 이상이었다. 예를 들어 1% 미만의 향시 합격률을 보이면서 점점 더 많은 응시자들이 탈락함에 따라, 시험 결과의 문화적 영향은 종교와 점술의 영역으로 옮겨갔다. 시험 실패에 대응하고 명성과 부를 끈기 있게 추구하는 치료적 방법은 사회적·정치적 통계를 대하고 넘어서기 위한 역동적인 문화적 형태가 되었다. 우리는 그 수치들에 주목해야 한다.

2. 종교와 시험

시험 성공의 추구는 시험에서의 영광을 꿈꾸지만 희망이 좌절되면 때로는 저항했던 낮은 등급의 생원들 사이에서 기대감이 높아지는 풍조를 만들었다. 비록 그들이 얻기는 어려웠지만, 시험은 교육의 가치에 대한 농민들의 믿음에도 영향을 미쳤다. 대중적인 상상 속에서 중국인들은 선발 과정의 사회·문화적 흐름과 생득적 불평등을 설명하기 위해 '운명[命]'을 이용했다. 많은 이들이 신들이 사전에 석차를 결정했다고 믿었기에 그들의 성공이나 실패를 받아들였다.[72] 엘리트들은 시험 경쟁에서 실패하면 뛰어나지 않은 다른 사람들이 성공한 이유를 설명하기 위해 운명을 들먹였다.[73] 불확실성에 직면하여 많은 지식인, 상인, 장인, 농민들은 인도를 받기 위해 신, 사원, 그리고 지역의 종교적 관습에 의지했다. 고전적 정전正典을 시험하고 도사와 승려의 고사장 출입을 금지하며 그들이 출판한 원전들을 공식 교육 과정에 포함시키지 않았던 교육 제도는 종교 생활과 수험생활 사이에 뚜렷한 경계가 없는 가운데 여전히 수많은 종교적 감성에 물들어 있었다. 당대에는 시험 응시자들이 저녁까지 시험을 치른

후 집으로 돌아갈 수 없으면 광택사光宅寺에 묵도록 칙령으로 규정했다. 송대에는 공자를 기리는 문묘文廟가 시험 전에 기도하는 장소가 되었다.[74]

당송대 이후의 응시자들은 교육 및 시험 압박에 대처하기 위해 지역 신들에게 정신적 지원을 호소했다. 종교적 실천은 응시자의 불안을 시험 시장에서 그를 돕는 것으로 전환되었다. 중세 이래 문예의 수호신이자 도교 신자들이 숭상해온 문창文昌은 시험 성공을 예언하는 능력으로 인해 남송대에는 숭배의 대상이 되었다. 원나라는 이 숭배를 공식적으로 인정했다.[75]

1181년의 계시적인 책『화서化書』중의「계적桂籍」은 문창의 과거 시험에서의 정신적 역할을 명시하였다. 그의 영험함은 1194년『화서化書』의 속편에 포함된 이야기에서 구체적으로 입증되었는데,[76] 그것은 40년이나 지났는데도 진사 학위를 받지 못한 이유를 알아보기 위해 도사와 상담한 재능 있는 응시자에 관한 것이었다. 도사는 문창제군에게 문의하여 다음과 같은 이야기를 알게 되었다.

이등李登은 처음 태어났을 때 옥도장玉印을 부여받았고, 18세에 향시에서 1등을 하고 19세에 전시에서 장원급제할 운명이었다. 그는 33세에는 우상右相의 지위에 오르게 되어 있었다. (향시에) 합격한 후 그는 이웃 여인 장연낭張燕娘을 염탐했다. 그 사건이 해결되지 않았음에도 불구하고, 그는 그녀의 아버지 장등張登을 구속하고 감옥에 가두었다. 이 범죄로 인해 그의 성공은 10년 연기되었고, 그는 급제자 가운데 2등급으로 강등되었다. 28세에 선발된 후 그는 형 이풍李豐의 주거지를 침입하여 압류하였고, 그 결과 송사가 벌어졌다. 이로 인해 그의 성공은 10년 더 미뤄졌다. 그리고 그는 급제자 가운데 3등급으로 강등되었다. 38세에 선발된 그는 장안의 자기 방에서 평민의 아내인 정씨鄭氏를 강간

한 뒤 남편 백원白元을 모함하여 죄를 뒤집어씌웠다. 이로 인해 그의 성공은 10년 더 뒤로 미뤄졌고, 그의 지위는 4등급으로 강등되었다. 48세에 선발된 후, 그는 이웃 왕기王驥의 처녀 딸 경낭慶娘을 교묘히 손에 넣었다. 그는 후안무치한 악한으로서 이미 기록[계적(桂籍)]에서 지워져 절대 합격하지 못하게 되었다.

이러한 도덕적 엄격함은 고전적 시험의 대중적 의미와 윤리적 중요성에 명백히 가치를 부여해주었고, 에세이 내용이나 작문 기법이 아닌 우주적 정의에 비추어 시험관의 석차를 합리화하였다.[77]

수험생들에 대한 15세기의 기록들에는 그들의 지역 사회에서나 향시 또는 회시 응시 길에 문창제군 사원을 방문하는 것이 자주 언급된다. 1454년에 명대의 유명한 사대부 구준邱濬, 제1장 참조은 광동성 향시를 1등으로 마친 지 10년이 지나도록 여전히 회시를 준비하고 있었다. 구준은 꿈에서 문창과 이야기를 했는데, 문창은 구준의 신실함을 칭찬하고 그가 다가오는 시험에 합격하여 최상위 급제자 중 한 명으로 진사 학위를 받을 것이라 약속했다고 한다. 왕양명의 추종자로서 선불교의 교리를 시험 에세이에 삽입한 것으로 알려진 양기원楊起元, 1547~1599 같은 명대 응시자들에게는 문창제군에게 문의한 후에야 합격했다고 주장하는 것이 관례가 되었다.[78]

전쟁의 신이자 때로는 재신財神이었던 관제關帝는 명청대 수험생들에 의해 자주 소환된 신격화된 역사 인물이었다. 관제는 중세시대에 소설 『삼국지연의』에서 낭만적으로 묘사된 충성스런 무관인 관우關羽로부터 인간을 불쌍히 여기고 상인들에게는 부를, 지식인들에게는 과거 시험의 성공을 가져다주는 신인 관공關公으로 신격화되었다.[79] 제국 전체에 걸친 그에 대한 숭배는 인간의 행위를 '공덕과 악의 기준'에 따라 평가함으로써 "충성스러운 자를 영광스럽게 하고 선한 자를 보상"해주었다. 청대에 옹정제는 관제關帝 숭배를 제국 전체 차원의 사원 체계로 조직했고, 조정은 이를 위한 공식적인 후견자 역할을 했다.[80]

예를 들어 1547년에 관제는 수험생 장춘張春의 꿈에서 자신의 귓병을 치료해 달라고 부탁한 후, 향시와 회시 급제로 장춘에게 보답한 것으로 전해진다. 장춘은 관제의 초상이 있는 사원에 머물고 있었는데 깨어나 보니 그 초상의 귀가 벌꿀로 막혀 있는 것을 발견하고는 그것을 제거해주었다. 이튿날 밤 장춘은 관제가 그의 치료에 감사하며 장춘의 착한 행동을 잊지 않을 것이라는 꿈을 꾸었다. 명대 말기에 만성 질환을 가진 한 응시자는 관제가 회복하여 다음 시험에 합격할 것이라고 말한 꿈을 꾸었으나, 나중에 회복한 후의 탐욕 때문에 실패했는데, 관제에 의하면 그렇게 해서 하늘의 도리가 훼손되지 않게 되었다고 한다. 그 응시자가 사원에 와서 대나무 산가지를 사용해 자신이 시험에 실패한 원인을 점치려 하자 관제가 직접 설명해주었다는 것이다. 이후 1619년에는 8명의 회시 급제자가 관제가 꿈에서 제시한 합격자 명단에 올라 있었다.[81]

또 다른 유명한 시험 관련 숭배는 명대 초기의 관료인 우겸于謙, 1398~1457에게 바쳐졌다. 1449년 (몽골) 오이라트에 대한 원정과 명 황제가 사로잡히는 대실패[토목보의 변]를 거치는 동안, 조정의 우겸 등은 정통제正統帝, 1436~1449 재위가 인질에서 풀려나기 전에 황제를 교체했다. 이후 새로 황위에 오른 경태제景泰帝, 1450~1456 재위는 북경의 방어를 성공적으로 이끌었다. 귀국하여 몇 년을 태자로 지낸 후, 정통제는 1457년 쿠데타로 다시 황위에 올랐고, 그 후 1499년에 자신들의 황제를 희생시킨 우겸 등의 관료들은 반역죄로 기소되어 처형되었다. 1466년 우겸의 명예는 복권되었고, 그의 아들은 1489년 고향인 항주의 묘소 인근에 부친을 위한 추모 사당을 세워 달라고 탄원했다. 그를 기리는 또 다른 사당이 북경에 건립되었다.[82]

항주의 지방색을 띤 우겸의 묘지와 사당은 절강성 시험 응시자들이 향시와 회시 응시 길에 들르는 인기 있는 장소가 되었다. 그들은 미래의 시험 성공에 대한 인도와 징조를 우겸의 신령에게 간구하곤 했다. 관제와 마찬가지로 우겸의 충성스런 행동은 시대를 초월했고, 그의 순수한 신령은 다른 사람들의 운명에 영향을 미칠 수 있었다. 많은 응시자들은 항주 사당에 머무는 동안 꾸었던 꿈들을 그들의 이후의 성공과 연관시켰다. 예를 들어 1652년 장원급제자 추충의鄒忠倚는 강소성 출신이었지만, 그의 성공을 어린 시절 우겸이 그에게 미래의 석차를 말해주는 꿈을 꾸었던 우겸 사당 방문과 연관 지었다.[83]

대중적인 전설과 종교

청대에는 문창, 관제, 우겸의 개입을 요청하는 수험생들의 방문과 더불어 종교적 숭배가 성행했다. 출판된 선집들은 시험 시장의 초현실적인 측면을 강조했다. 이러한 대중적 인식은 시험장 안팎에 반향을 일으켰다. 정기적인 시험이 부·주·현까지 확대되고 제국 전역에 걸쳐 응시자 수가 증가함에 따라 명대에 관련 설화들이 급격히 증가하면서 시험관들은 그러한 종교적 이변들을 시험 자체에서 빈번히 질문의 대상으로 삼았다.[84]

불교와 도교 사원은 지식인들이 과거 시험의 정서적 부담에 대응하는 것을 돕는 영적 장소의 역할도 했다. 일반적으로 사원들은 제국 전체에 걸쳐 있는 문창, 관제의 사당과 겹쳤다. 예를 들어 관제는 이미 당대唐代에 불교의 신으로 모셔졌고, 후기 제국시기에 그의 험상궂은 조각상이 대부분의 사찰을 지키고 있었다.[85] 1550년에는 한 승려가 관상相을 이용하여 서중행徐中行, 1517~1578이 다가오는 회시에서 합격할 것을 예측했다. 그 승려는 서중행에게 그가 여생 동안 거인 학위 소지자로 머물러 현승縣丞 이상의 관직을 맡지 못할 운명이었다고 말했다. 서중행이 불쾌감을 나타내자 승려는 그에게 관상의 '정해진 운수定數'에서 벗어나기 위해서는 '음덕'이 필요하다고 말했다. 서중행은 이에 동의했고 비록 가난했지만 글재주로 30냥의 금을 모아서 물고기를 위해 몰래 태호太湖에 떨어뜨렸다. 승려는 서중행을 다시 만나자마자 그의 얼굴에서 '음덕'을 보고 이듬해에 진사가 될 것이라 단언했다.

서중행은 조정의 고관이 되었다. 그의 운명 역전 이야기는 은銀의 시대였던 명대 후기 시험 시장의 한 우화이다.[86] 시험관을 매수하여 시험 성공을 사기 위해 금은을 부정하게 사용하는 이러한 도덕적 전도는 또 사원과 사당에서 죽은 자를 기리고 도덕적 빚을 갚기 위해 사용되는 '영적 금전'의 형태를 취할 수 있었다. 서중행의 '선행'의 경우, 그 금은 영적 금전과 같이 세속적인 성공을 낳는 영적인 대가로 해석되었다. 고전 교육에 투자된 문화자원이 응시자의 시험 성공을 위한 언어적 열쇠였듯이, 사당이나 사찰에 대한 투자와 영적인 일에 대한 믿음 역시 시험 실패에 직면했을 때 마음의 평안과 희망, 위안을 가져다주었다.[87]

마찬가지로 1594년에는 한 도사가 나붙은 방문을 보고 자신을 향시에서 떨어뜨렸다며 시험관들을 헐뜯은 장외암張畏巖을 꾸짖었다. 도사는 장외암을 비웃으면서 관상을 보면 장외암의 글이 뛰어나지 않다는 것을 알수 있다고 주장했다. 장외암이 화가 나서 도사에게 어떻게 아느냐고 묻자, 도사는 글쓰기는 정신적인 평안과 평정이 필요하다고 대답했다. 이에 장외암이 가르침을 청하자 도사는 그에게 하늘이 선행을 바탕으로 운명을 정했다고 말했다. 장외암이 자신은 가난한 서생이라 선행을 실천할 여유가 없었다고 반박하자, 도사는 마음에서 우러나오는 '음공陰功'이라는 개념에 호소했다. 도사는 이러한 무한한 공덕은 부가 아니라 정서적 성숙과

정신적 평안에 바탕을 두는 것인데 장외암이 시험관들을 공격함으로써 그의 정력을 낭비했다고 주장했다. 장외암은 깨달음을 얻었다. 이후 1597년에 장외암은 그해 향시 명부에 아직 덕을 쌓을 수 있는 사람의 이름이 하나 빠져 있다는 꿈을 꾸었다. 장외암은 그 요건을 충족하고 합격했다.[88]

이 일화는 영적 깨달음에 대한 도교의 이상이 향시 준비에 수년을 보내고 자신의 실패를 받아들일 수 없었던 한 예민한 수험생에게 어필했음을 보여준다. 종교와 도덕이 실패에 대처하는 적절한 방법이었음은 물론, 성공 역시 궁극적으로 정신적 깨달음과 정서적 성숙과 관련이 있었다. 종교는 지식인들에게 시험장의 잔인한 현실로부터 건강한 심리적 안식처를 제공했다.

도덕성은 시험 성공의 또 다른 전형적인 척도였다. 1481년 회시가 열리기 전, 왕양명의 부친 왕화王華는 주인에게 첩이 많음에도 아들이 없는 부유한 가정에 머물고 있었다. 어느 날 저녁 주인은 자신의 생각이라고 주장하는 쪽지 하나와 함께 첩들 중 한 명을 왕화의 방으로 보냈다. 왕화는 접촉을 거절하며 이는 "하늘을 놀라게 할 것[恐驚天下]"이라는 답신을 보냈다. 다음날 한 도사가 조상들을 위해 기도하기 위해 집으로 초대되었지만, 그는 깊은 잠에 빠졌다. 잠에서 깨자 도사는 그가 천국에서 시험에 참가했고 거기서 장원급제자가 발표되었다고 말해주었다. 도사는 꿈속에서 그 남자 앞의 행렬이 "하늘을 놀라게 하다"라고 적힌 기치를 들고 있었던 것을 기억했다.[89]

업보와 응보 또한 시험 시장을 설명하기 위해 사용된 문화적 개념이었다. 명대 후기에 유불도 삼교의 합일을 시도했던 지도자 원황袁黃, 1533~1606은 개인의 사회적 지위와 가치를 측정하기 위해 도덕서[선서(善書)]를 사용하도록 장려했다. 원황은 "시험의 성공은 전적으로 음덕에 달려 있다"고 주장했다. 그는 또 그러한 성공은 응시자의 능력이 아니라 조상들이 쌓은 공덕에 달려 있다고 주장했다. 원황과 그의 도덕적인 기록 추종자들이 "공덕과 죄과의 장부[공과격(功過格)]"라 부른 것은 선행과 도덕적 거듭남, 세속적 성공에 대한 통념에 상응하는 지식인의 등가물이 되었다.[90]

최고 학위를 위한 응시자들이 자신들의 고전 문해력 수준이 거의 대등하다고 간주하는 시험 시장에서, 대부분은 누구는 낙방하고 누구는 합격하는 이유를 종교적인 측면에서 설명했다.[91] 명대 후기에는 중국 종교, 특히 선불교의 교리가 이따금 시험 에세이의 실제 내용에 들어가기까지 했지만, 응시자들은 그들의 정신적 삶이 훨씬 더 넓은 영감의 원천을 무심코 드러내는 가운데서도 고전 에세이에 요구되는 '도학' 교육 과정을 여전히 지킬 수 있었다.

많은 지식인들이 환생을 믿었다. 1642년 향시에서 한 응시자는 그가 태어난 날 사망한 것으로 밝혀진 한 상서로운 여성으로부터 문제에 대한 사전 정보를 받는 꿈을 꾸었다.[92] 어떤 이들은 1659년 회시 장원 주금朱錦의 생애에서 어떤 우연의 일치가 그가 한 세기 전부터 환생했음을 입증한다고 주장했다.[93] 서너 살배기 소년이었던 진원룡陳元龍, 1652~1736은 불교 독경을 꿈꿨지만, 그의 어머니는 불교의 가르침은 따를 가치가 없다고 주장하며 대신 유학儒學 공부를 하라고 독촉했다. 그녀가 세상을 떠났을 때, 진원룡은 여전히 어떤 시험도 치르기를 거부했다. 1679년 강희제의 특별시험 수석 감독관은 진원룡에게 응시 제안을 받아들이도록 권유했으나 허사였다. 하지만 나중에 그는 마음을 바꿔 1685년 전시에서 뜻밖에 3등을 차지하여 고위직에 올랐다. 진원룡이 불교와 관료로서 삶 사이의 길항을 해결하는 데는 수년이 걸렸다.[94]

이승에서의 성공과 초자연적인 깨달음 사이의 경쟁은 종종 가족의 가치에 도전했다. 불교와 도교 성직자들은 금욕을 위해 남성과 여성의 복잡한 사회적 관계를 피하도록 장려했다.[95] 이러한 종교적 이상이 절충되었을 때에도, 18세기에 처음 출판된 『유향보권劉香寶卷』에 나오는 '향녀香女' 같은 허구적 여주인공은 다음과 같이 말함으로써 남편의 시험 열망을 일축할 수 있었다.

책을 읽는 게 무슨 소용이에요? (…중략…) 도道를 공부하는 것이 더 나아요. 이로움은 그 안에 있어요. 일생에 관원이 되는 것은 만세의 원수를 얻는 것과 같아요.

화가 난 향녀의 시어머니는 아들이 아내를 만나지 못하게 하고 시험 준비를 하라고 명령했다. 결국 그는 장원급제하지만, 그와 그의 가족의 운명은 옥황상제가 명한 요절이었다.[96] 이와는 대조적으로 향녀는 모든 세속적인 장애를 극복한 성스러운 종교 지도자가 되었다.

이러한 고무적인 이야기들의 어두운 면은 시험 실패의 범죄적인 이유라고 간주되는 것들이었다. 한 아들은 죽은 어머니의 꿈을 꾸었는데, 어머니는 그의 지난 세 차례의 생에서 지은 죄가 드러났다고 말했다. 그는 과거의 범죄를 속죄할 때까지 학교에 들어가 글을 배울 수 없었다. 시험장 안에서는 과거의 귀신과 유령이 수험생들 앞에 나타나 지난 잘못을 상기시켜주었다. 이러한 이야기들 속에서 그런 많은 젊은이들은 미치거나 즉사했다.[97] 실제로 많은 응시자들은 시험장 내에서 출석 확인 후 검고 붉은 기치가 내걸리며 "은혜와 원수는 갚아지리라"고 외치는, 시험 감독관들 사이에서 생겨났을 관습에 대한 소문을 믿었다.[98]

영혼과 유령은 후보자의 정서적 근성을 시험하면서 후보자의 마음을 가지고 농간을 부릴 수도 있었다. 문창은 1640년 회시에서 한 응시자의 답안지가 호사號舍 안의 작은 난로에서 불이 붙어 소실될 것이라고 예언할 수 있었고, 이에 응시자는 답안 두 벌을 준비하고 한 벌은 예비로 남겨두어야 했다. 그는 시키는 대로 따랐는데 실제로 불이 나서 답안지가 타버렸고 예비해둔 사본 덕에 합격하게 되었다.[99] 영혼은 응시자가 준비되어 있지 않아서 다른 누군가가 1등이 되도록 잘못된 시험 문제를 줄 수도 있었다.[100] 마찬가지로 영혼은 시험관들에게도 영향을 미칠 수 있었다. 가령 1726년에 장뢰張耒는 남경 향시에서 '음덕'이 있는 최고의 답안을 찾아내기 위해 혼령에게 의존했다고 전해진다.[101] 1783년 강서성 향시에서는 시험관 중 한 명이 꾸었던 꿈 때문에 시험관들이 최고의 답안을 선택했다고 보고되었다. 1804년에는 한 향시 시험관의 꿈에 어떤 영혼이 나타나 특정 에세이의 고전적 가치를 설명해주었다. 그 영혼은 해당 응시자가 그의 팔고문에 권위 있는 어원사전을 성공적으로 사용했다고 지적했다.[102]

1657년에 한 향시 응시자가 답안을 완성하고 자신의 호사에서 답안지가 수거되기를 기다리고 있을 때, 문학의 신[괴성(魁星)]이 눈앞에서 춤을 추며 그가 이번 과거 시험의 장원이 될 것이라고 말했다. 괴성은 응시자에게 종이쪽지에 '장원壯元' 두 글자를 쓰라고 했다. 이 상서로운 소식에 응시자는 들떠서 첫 글자를 쓰기 시작했는데, 그때 갑자기 괴성이 벼루를 뒤집어엎고 떠나버렸다. 그 응시자는 공식 답안지에 먹물 자국이 있었다는 이유로 평가에서 실격되었다.[103]

이에 앞서 1618년 향시에서는 결말이 달랐다. 한 응시자가 시험장 안에서 병을 앓아 답안을 하나도 쓰지 못한 채 깊은 잠에 빠져 있었다. 이 응시자는 수합원에게 백지를 제출한 뒤 당연히 낙방했을 것이라 여겼지만, 나중에 최종 합격자 명단에 자신의 이름이 올라 있다는 사실을 알게 됐다.

그가 자신의 답안지를 보니 에세이가 제대로 된 정식 답안으로 쓰여져 있음을 발견하고 그의 호사에 있던 도움을 주는 영혼 덕이라 여겼다.[104]

방탕한 생활은 대개 실패로 이어졌다. 1664년 회시 결과를 기다리던 한 응시자가 술에 취해 의식을 잃었다. 기절해 있는 동안 그는 부모님에 대한 과거의 불효한 행동을 떠올렸고, 깨어났을 때 그는 낙방했다는 것을 알게 되었다.[105] 1849년 남경 향시 때, 일찍이 청대 초기에 여러 명의 진사를 배출한 곤산현昆山縣의 저명한 서徐씨 가문 출신의 한 응시자는 사서오경에 대한 자신의 답안들에 대해 높은 석차가 이미 확정되었다고 생각하고 2차 시험이 끝난 후 술을 마시러 갔다. 그는 정신을 잃을 정도로 술을 마신 바람에 3차 시험의 필수 대책문 작성을 위한 출석 시간에 맞춰 시험장에 당도하지 못했다. 시험관들은 처음에 그의 팔고문들을 최종 장원급제자보다 높은 석차로 평가했지만, 그의 최종 답안지가 제출되지 않았던 까닭에 그는 실격되었다.[106]

그러나 개과천선한 삶은 성공으로 이어졌다. 장지동張之洞은 자기 가문의 연장자 중 하나인 장지만張之萬, 1811~1897이 1847년에 장원급제를 한 후 젊은 시절의 과음을 끊었다. 장지동은 장지만에게 지지 않기로 결심하고 1852년 순천부 향시에서 1등을 했지만, 1863년 전시에서는 3등에 머물렀다. 그의 성공에도 불구하고 장지동이 갈망하던 장원급제를 하는 데 실패한 것은 그가 일찍이 음주에 중독되었던 탓으로 돌려졌다. 그는 청말 변법자강운동시기 중요한 정치 개혁가가 되었다.[107]

시험 불합격에 대한 대중적 관점에서는 성적 문란함도 중대하게 비춰졌다. 1612년 남경 향시 전날 밤 잠자리를 삼간 응시자는 최고의 시험 영예로 보상받은 데 반해 탐닉한 수험생은 탈락했다.[108] 실연당한 여성은 종종 자신의 호사 안에 있는 응시자를 괴롭히기 위해 되돌아와 결국 낙방하게 만들었다. 혹은 여성이 자살했다면 요부로 돌아와 그녀를 괴롭힌 자를 유혹하여 죽게 만들 수도 있었다.[109] 또 다른 흔한 주제는 귀신들림으로, 가령 여우 귀신이 응시자의 몸에 침입해 그 마음을 장악하는 식이었다. 1879년에는 한 귀신이 항주 출신 응시자의 입을 통해 강서성 사투리로 말하기 시작했고, 그녀가 떠나기 전에는 수박으로 달래줘야 했으며 떠날 때는 젊은 아내의 모습을 띠었다.[110]

비공식적 문화에서는 앞 장에서 논한 과거 시험의 복잡한 제도적 장치와 엄격한 교육 내용은 생략되고 정부와 사회의 공정성과 정의의 주제에 맞는 도덕적 이야기들로 대체되었다. 그러나 "시험장에서 들은 특이한 일을 기록한" 흥미로운 모음집들은 엘리트와 평민이 과거 시험을 삶의 자연스러운 일부로 받아들이고 시험 제도를 완전히 수용하며 그 사회적 지위를 정당화하는 종교적, 우주론적 서사를 주입했다는 것을 보여준다.[111] 명대 도덕서에서 종종 "도덕적 자본의 관리"로 묘사되는 종교의 치료적 활용은 수험생활에까지 이어졌다. 응시자로서 정서적 경험의 재구성은 두려움과 실패에 대처하기 위한 인격적 이상의 변화를 수반했다. 시험의 성패에 대한 도교와 불교의 우화 역시 남성들이 그들 자신을 더 잘 이해하고 극복하는 데 도움이 되는 설득력 있는 공동의 목적을 제공하였다.[112]

3. 시험 예측 기술

과거 시험에 대처하기 위해 응시자와 그 가족들은 다른 세계와 소통하여 성패를 예측하거나 시험관이 사서四書에서 출제할 만한 예상 문제에 대한 단서를 수집한다든지, 점술가 또는 꿈이 신이나 영혼, 조상들로부터 이끌어낸 수수께끼를 맞히는 기술을 사용하기도 하였다. '운명 읽기[看命]'는 명청시대 수험생들이 자신의 앞길에 대한 길조를 구하면서 하나의 집착이 되었다.[113]

과거 시험을 분석하는 예언 기술은 여러 가지 문화적 형태를 취했는데, 그중 주된 것은 『역경』을 이용한 운명 예측, 관상,[114] 부계扶乩,[115] 문자 해독, 해몽, 징조 관찰, 풍수 등이다. 이것들은 각기 다양한 방식으로 행해졌다.[116] 일상생활, 불교와 도교, 엘리트 활동이 이러한 예언 기술들 안에서 상호작용하는 놀라운 정도는 유교적 불가지론에 대해 우리가 평소 강조했던 것의 한계를 드러낸다.[117] 후기 제국의 시험관들은 그러한 대중적 기술들에 지적 한계를 설정하려고 노력했지만 허사였다. 그러나 이승의 사건과 초자연적 사건들 사이 상관관계를 맹목적으로 받아들이는 것의 어리석음을 보여주고자 그들이 과거 시험을 위해 설계한 책문들에서도 그들은 대체로 통제 불가능한 담론의 세계에 영향을 미치려 했다.

응시자들은 명대 수험생활의 일부가 된 불교와 도교의 업보 및 응보의 교리를 받아들임에 따라 운수 추산, 택일 또는 사주팔자의 방법을 이용하여 자신의 '개인적 운명[연분(緣分), 곧 숙명적인 몫]'을 어떻게 예측할 수 있는지 알아보려고 노력했다. 점술가, 승려, 도사들은 중국식 별자리표를 쓰는 점성술을 널리 활용했다. 이것들은 그 숫자 패턴이 『주역』의 괘卦 체계와 상관되도록 설계된 시초蓍草를 이용한 점술을 바탕으로 하였다.[118]

운명 예측은 명대에 매우 보편적이어서 1640년까지의 모든 명대 장원에 대한 17세기 삽화본 기록에는 전통적인 점술에 따라 각 장원의 사주팔자가 포함되어 있었다. 황력皇曆과 모든 역서曆書에 사용되었던 천간天干과 지지地支로 이루어진 사주는 개인의 운명에 관한 '네 개의 기둥'으로서 미래의 관직과 부, 그리고 사회적 지위와 연관되어 있었다.[119]

명대의 모음집은 장원급제자들 각각의 생년월일과 그들의 운명 사이의 상관관계를 보여주기 위해 적절한 곳에 관료체제에서의 지위, 받은 형벌, 조기 사망 같은 정보를 추가했다. 편찬자는 많은 장원들에 대한 운수 계산을 설명하기 위해 주석도 덧붙였다.[120]

점술가들은 또 점성술을 사용하여 개인의 운명을 우주 및 시험에서의 성공 가능성과 연결지었다. 이러한 기술들은 일반적으로 12종의 동물[쥐, 소, 호랑이, 토끼, 용, 뱀, 말, 양, 원숭이, 닭, 개, 돼지] 중 하나와 동일시되는 점성술 기호를 포함했으며, 이는 12지지地支와 상관관계가 있었다. 예를 들어,『명장원도고明壯元圖考』라는 제목의 명대 모음집에 포함된 삽화 중 하나[사진 5.4) 참조는 한 예언자가 1502년 장원 강해康海, 1475~1541에게 하늘의 남두南斗 별자리를 가리키며 그것이 그의 시험 성공을 보장해주었음을 보여주고 있다.[121]

예언자에 따르면 당시 문학의 신[문곡성(文曲星)]은 서북방 출신 응시자에게 유리한 곳에 자리하고 있고 강해는 섬서성陝西省 출신이므로 그의 운이 남방 출신들보다 길했다. 문학의 신은 남쪽 하늘의 남두와 연관되어 있었고, 강해의 운세는 남두가 높은 벼슬과 진사 학위 소지자로서의 보상, 높은 봉록을 보장해준다는 전통적인 점술 관념에 따라 풀이되었다.[122]

점술가들은『주역』점을 널리 행했고, 응시자들은 그들의 미래의 성공에 대한 암시를 얻기 위해 종종『주역』을 참고했다. 이런 점술은 관제묘關帝廟에서 자주 행해졌고, 응시자들의 여덟 글자 출생 정보와 연관된 길한 해를 정하기 위해 대나무 산가지가 사용되었다.(사진 5.5) 참조[123]

점술가들은 점괘 하나를 무작위로 뽑은 다음 64괘, 384효의 패턴에 포함된 다의적 상징성을 알아내는데, 그 패턴의 관계들은 정확한 점을 치는 열쇠들로 여겨졌다.『주역』을 이용한 점술도 운수 계산을 위해 시초 줄기나 대나무 산가지를 통에 넣고 흔들어 하나를 선택하는 방식을 바탕

〈사진 5.4〉 1502년에 남두성을 가리키다

고정신(顧鼎臣)·고조훈(顧祖訓) 편, 『명장원도고(明壯元圖考)』, 1607년본.

〈사진 5.5〉 시험 성공을 점치기 위해 대나무 산가지를 사용하는 장면(청대)
『점석재화보(點石齋畵報)』, 제2책 vol.11 (1897), 57b~58a, 양주(揚州) 영인본 : 강소성 희귀본, 1983.

으로 했다.[124]

영매靈媒가 점술 도구를 사용하여 수동적으로 메시지를 전하는 부계는 당송대부터 과거 시험에 적용되어왔다. 송대의 부계에는 시와 기타 문학 형식의 작문이 추가되었고, 이는 영매들이 시험 중 순문학 부문에 사용된 시부 형식의 숙련가가 될 것을 요구했다.[125] 명대 후기에 이르러 과거 시험은 더 이상 시를 요구하지 않았지만, 다른 세계와 소통하는 이 방법은 신령들이 직접 쓴 도덕적 가르침의 책을 만드는 데 이용되었다. 지역 시험이나 향시, 회시를 보러 가는 수험생들이 길하다고 알려진 사찰을 방문하고 그곳의 영매에게 시험 문제를 미리 알려주기를 부탁하는 것은 자연스럽고 문화적으로 용인되는 일이었다. 질문자와 신령은 종종 그들의 고전적인 학식과 시적 재능을 입증하기 위해 2행 연구聯句를 주고받았다. 관중들은 영응靈應 도구를 통해 글을 쓴 신령이 유명한 작가라고 추정하는 것도 흔한 일이었다.[126]

예를 들어 1688년 북경에서 열리는 회시에 가던 한 수험생이 '글 신령[筆神]'과 소통하기 위해 한 영매에게 들러 다가오는 시험 초장에 나올 사서四書의 제시문을 예측해 달라고 부탁했다. 신령은 영매를 통해 "모름[不知]"이라는 두 글자를 영응판에 적어 대답했다. 그러자 수험생은 신령에게 "신령님과 명인들이 어째서 알 수 없다는 겁니까?" 하고 물었다. 이에 영매는 신령의 다음과 같은 두 번째 대답을 적었다. "모름, 모름, 거듭 모름[不知, 不知, 又不知]."

그러는 동안 다른 수험생들을 포함한 군중이 그 절에 모였다. 그들은 신령이 모른다고 말한 것을 재미있어 하면서 그 진의는 깨닫지 못했다. 그러나 응시자가 시험장 호사 안에 있을 때, 그는 신령이 사서의 첫 번째 제시문이 무엇일지 정확하게 예언했다는 것을 문득 깨달았다. 그것은 『논어』의 마지막 장「요왈(堯曰)」에서 출제한 것으로, 제시문에는 다음과 같이 모른다는 표현이 세 차례 포함되어 있었다.

공자가 말했다. '천명을 알지 못하면 군자가 될 수 없고, 예를 알지 못하면 바르게 설 수 없으며, 말을 알지 못하면 사람을 알 수 없다孔子曰, 不知命, 無以爲君子也. 不知禮, 無以立也. 不知言, 無以知人.'

첫 번째 팔고문의 제시문에 "부지"라는 문구가 세 번 포함되어 있었던 것이다. 응시자가 신령이 말한 것을 바로 깨닫지 못한 것은 자신의 운명을 몰라 군자로서의 부족함을 보여주는 것이기도 했다.[127]

부계의 고전적·문학적 맥락을 결정한 흥미로운 흐름 중 하나는 수 세기에 걸친 실제 시험 교육 과정의 변화였다. 당송대의 순문학에서 명청시대의 고전 에세이로 전환되는 과정에서 수험생들이 고전에 대한 공부를 조정해야 했을 뿐 아니라, 신령들특히 그 영매들 역시 다가오는 시험 문제에 대한 요청이 있을 때 적절한 지침을 제공하고자 한다면 고전 교육 과정에 보조를 맞춰야 했다. 따라서 1370년부터 1756년까지는 시 문제가 출제되지 않았기에 영매가 시험에 관한 질문에 대해 특정 시구를 전달하는 것은 언어적으로 거의 의미가 없었다. 그러나 대부분의 문제에 대한 그들의 의견은 여전히 시적인 형식을 사용하여 표현되었다.[128]

예를 들어, 지방의 한 절에서 어떤 응시자가 영매에게 다가오는 1843년 절강성 향시 문제를 예측해 달라고 요청한 적이 있다. 관제가 갑자기 영매를 움직여 예상 문제를 암시하는 답신을 영웅판에 적었지만, 관제는 이렇게 덧붙였다. "나는 『춘추』를 읽지 않는다." 응시자는 1787년 이후 수험생들이 오경을 모두 익히도록 한 향시의 2차 시험을 치르면서 관제가 『역경』, 『서경』, 『시경』, 『예기』의 제시문을 성공적으로 예측했다는 것을 알아차리기 전까지는 이것이 무엇을 의미하는지 알지 못했다. 관제의 예언에는 『춘추』의 제시문만 빠져 있었는데, 이는 교육 과정 상 수험생이 오경 중 하나를 전공하도록 허용했을 때 관제가 그것을 선호했음을 시사한다. 수험생들처럼 관제도 이제 오경을 모두 숙달해야 했다. 관제와 마찬가지로 그 편폭 때문에 1756년 이전에는 『춘추』를 마스터한 후보자가 거의 없었다.[129]

1740년 이후로는 1756년에 율시가 필수 요건으로 추가된 것을 포함하여 과거 시험 교육 과정에 변화가 일어났다. 18세기 후기에 한학자 기윤紀昀, 1724~1805은 항주 서호西湖 부근에서 한 무리의 학자들과 부계 영매 주변에 모여 있을 적에 어리둥절한 경험을 했다. 영매를 통해 나타난 시는 근처에 무덤이 있는 유명한 중세 기녀 시인을 암시했고, 그들은 시를 쓴 혼령이 바로 그녀인 것 같다고 생각했다.[130]

기윤을 곤혹스럽게 한 것은 그 시가 당나라 때의 율시 형식으로 지어진 것으로, 혼령이 살았던 남제南齊, 479~502 시기에는 만들어지지 않았던 형식이라는 점이었다. 기윤은 "어떻게 율시를 지을 수 있습니까?" 하고 물었다. 혼령 시인은 혼령들 역시 저승에 살면서도 시대에 뒤떨어지지 않는다고 답했다. 그러자 기윤은 혼령 시인에게 남제 양식으로 시를 지어달라고 부탁했고, 그녀는 영매를 통해 이를 성공적으로 해냈다. 기윤은 그들이 소통하고 있는 혼령이 실제 육조시대 기녀 소소소蘇小小라고 여전히 확신하지 못하면서, 당대 율시를 잘 알고 18세기 후반의 시험 응시자들에게 새로운 시 문제에 요구된 당대식 율시 구절을 예측해줄 수 있는 후대의 이름 모를 귀신이 사칭했을 가능성이 더 높다고 결론지었다.[131]

부계와 유사하게, 영매를 통해 제시되거나 꿈에 나타나는 '문자 해독[탁자(拆字) 또는 측자(測字)]'으로 알려진 기술은 한대에 허신이 거의 10,000개의 서로 다른 문자를 530개의 부수에 따라 소리 및 구조로 분류한 이래 사용된 문자 구성의 여섯 가지 규칙을 모방했다. 문헌학적으로 기술적인 이러한 단어 분석은 점술가들과 예언가들이 부계를 통해 받은 수수께끼 같은 메시지를 해독하면서 대중문화로 전용되었다.[132]

고전학자들이 문자의 고대 의미를 밝히기 위해 사용했던 의미론적 부수 요소와 그것의 상호보완적인 음성학적 요소는 영리한 운명 예측가들

〈사진 5.6〉 1406년에 개고기를 받는 꿈을 꾸다

고정신(顧鼎臣)·고조훈(顧祖訓) 편, 『명장원도고(明壯元圖考)』, 1607년본.

에 의해 뒤집힐 수 있었고, 그들은 문자를 구조적 구성 요소로 분해한 다음 그것들을 통해 전달되는 비밀 메시지나 언어 유희를 헤아리기 위한 노력으로 문자들을 재조합하였다. 예를 들어 1406년에 복건성 문헌학자 임환林環은 봄에 있을 회시와 전시 응시를 앞두고 있을 때, 친구가 개고기를 보내준 꿈을 꾸었다.(사진 5.6) 참고 후에 임환은 이것이 상서로운 징조이며 1406년 장원이 될 운명이었다는 것을 깨달았다.

임환과 그의 한림원 동료들이 개를 뜻하는 견犬 자를 분석하면서, 그들은 우선 그것이 '장원狀元'의 '장' 자의 우부右部라는 것을 알아냈다. 다음으로, '견' 자 자체가 부수이자 '장' 자의 부수에 속한 첫 번째 글자이기도 했다. 이 두 가지 단서는 임환이 장원이 될 것을 확신한 점을 입증해주었다. 본질적으로, 이런 접근 방식은 해독자가 자신의 즉각적인 필요에 맞게 그럴듯한 파자破字를 구성할 수 있는 자유를 주었다.[133]

운명의 계산은 상당 부분 자신의 생년월일과 신원에 달려 있었기에, 응시자들이 사용한 또 다른 일반적인 기술은 그들의 이름을 수정함으로써 운명을 바꾸거나 불길한 부계 경험에서 벗어나는 것이었다.제1장 참고 개명은 수험생들의 운수를 바꿔줄 신분 변화의 역할을 하였다. 혹은 그 변화는 그들이 특정한 성이나 이름의 기준을 충족시키는 누군가를 기다리며 길한 운명을 이용할 수 있도록 해주었다. 많은 응시자들이 그랬듯이 '하늘의 석차[천방(天榜)]'를 꿈꾸는 것은 지상의 최종 석차를 미리 보는 것이었다.[134] 개명은 단순히 예언적 꿈에 근거한 전략적 결정이거나 이름에 이중적 의미가 담겨 있을 경우 발생할 수 있는 오해를 피하기 위한 정치적 결정인 경우가 많았다.[135]

실종과 교체는 사람의 운명을 바꾸는 주제의 또 다른 변형이었다. 포송령이 쓴 주극창周克昌에 관한 흥미로운 이야기[『요재지이』 「주극창」]에서 한 어린 소년이 사라졌고 유령에 의해 비밀리에 대체되었다. 그 유령은 부지런하게 자라서 시험에 합격했다. 그는 결혼은 했지만 유령 주극창은 정상적인 부부생활을 하지 못했고, 가족에게 후손을 보게 해주지 않았다는 이유로 어머니로부터 질책을 받았다. 진짜 주극창이 다시 나타나자 그를 입양했던 상인과 두 번째 교환이 이루어졌다. 이후 진짜 주극창은 유령을 대신하여 후손을 낳았고, 주씨 가족은 "시험의 성공과 침실에서의 행복[科第閨幃福]"이라는 이중의 성공을 얻었다. 그 유령은 학구적이기는 했지만 자신의 유용성 이상의 몫을 해낸 것이다. 이러한 이야기들은 시험에서의 성공을 위해 저승이 이승에 조력자로 끌어들여지는 형태로 신분 변경의 실제적 유용성을 반영했다.[136]

이와 유사하게 묘지, 집, 사원을 위한 길한 장소를 찾는 데 지형을 이용하는 것은 시험 시장까지 확장되었다. 유명한 풍수가들은 상서로운 조상의 땅들을 고르는 데 성공했던 까닭에 찾는 사람들이 많았다. 조상숭배의 관습 속에서 가정된 세대 사이 연계가 감안되면서, 그러한 묘지들은 시험에서의 성공도 낳는다고 생각되었다. 우리는 원황이 시험의 성공은 응시자의 능력이 아니라 조상들이 쌓은 공덕에 달려 있다고 가르친 것을 보았다. 후기 제국의 지식인들은 이러한 기술들에 의지하는 많은 실용적이고 치료적인 근거들을 보았고, 이는 한족과 비한족 엘리트들에게 호소하는 종교의 레퍼토리에 추가되었다.[137]

4. 명대 장원의 꿈과 열망

고대부터 다른 세계와 소통하는 가장 대표적인 형태는 꿈이었다.[138] 중세 중국에서 흔히 볼 수 있었던 시험 응시자의 꿈 해석 및 꿈에서의 전조 목격은[139] 명대에 세련된 문화 형태가 되었다.[140] 명대 초대 황제인 주원장도 자신의 꿈 중 하나를 직접 글로 기록했다. 꿈에서 주원장은 황제가 되기 1년 전의 자신의 삶으로 되돌아갔는데, 당시 그가 중국을 통일하게 될 것이라는 몇 가지 조짐이 있었다. 그 조짐들은 대중 종교와 지식인 생활 속에서의 그것과 마찬가지로 배치되었다. 먼저 불사신이 보낸 선학仙鶴이 꿈에 나타나(사진 5.7)과 비교 주원장을 불교 수호신들과 도사들의 환영으로 이끌었다. 후자는 그에게 진홍색 예복과 검을 선사했다. 그러고 나서 그들은 그에게 앞으로 나아가라고 말했다. 그 꿈은 명계冥界에 의해 지명된 한 농민 소년이 현세에서 새로운 '밝은[明]' 왕조의 창시자가 되는 벼락출세 이야기를 정당화했다.[141]

과거 시험의 엄청난 정신적 압박 속에서 만들어진 후기 제국 지식인들의 꿈에 투영된 환상들은 언어와 시각적 이미지를 통해 그들의 개념 세계를 가늠할 수 있는 독특한 창을 제공해준다. '수면 명상'을 종교적 형태로 포함한 꿈 시장은 시험 시장의 사회적·정치적 역학에 바로 영향을 미쳤다. 개인의 득과 실을 초래하는 이러한 꿈들은 유머러스한 모습으로 표현되기도 하였다.[142]

예를 들어 시인이자 서예가인 하소기何紹基, 1799~1873는 1820년 회시가 있기 얼마 전에 찐빵[만두(饅頭)]이 많이 있는 시장에 간 꿈을 꾸었다. 그가 찐빵 하나를 골라서 다 먹은 다음 하나를 더 집었는데 갑자기 낯선 사람이 다가와서는 그것을 훔쳤다.(사진 5.8) 참조 후에 하소기는 그 도둑이 향시에

〈사진 5.7〉 1505년에 황학이 나타나다
고정신(顧鼎臣)·고조훈(顧祖訓) 편, 『명장원도고(明狀元圖考)』, 1607년본.

〈사진 5.8〉 1583년의 쌍두 기수(騎手)
고정신(顧鼎臣)·고조훈(顧祖訓) 편, 『명장원도고(明壯元圖考)』, 1607년본.

서 1등을 한 후 회시와 전시에서 모두 확실한 1등을 하기 위해 이름을 바꾼 1820년의 최종 장원이라는 것을 깨달았다. 하소기는 그 꿈이 암시했던 것처럼 그의 호적수를 만났다고 인정했다. 하소기는 1835년 향시에서 꿈에서 먹었던 찐빵으로 상징되는 1등을 했지만, 1836년 회시와 전시에서는 그 장원급제자의 '삼원三元'의 위업을 재현할 수 없었다. 그 두 번째 찐빵을 1820년 장원이 차지한 까닭이었다.[143]

한족들은 꿈을 영적 세계로부터의 메시지로 여겼고, 이는 영적 세계와의 소통에 있어서 운명예측, 부계, 풍수, 관상, 그리고 문자 해독을 보완해주었다.[144] 철야로 사찰을 찾은 사람들은 꿈을 위해 기도하며 수면 명상을 하였다. 그들은 기도로 이루어진 절에서의 꿈이 문창, 관제, 또는 특정 사원과 관련된 다른 신들 및 명인들과 소통하는 가장 좋은 수단이라고 생각했다. 때때로 꿈과 사람들이 환영에서 보았다는 것의 의미를 정확히 짚어내기 위해 최면술이 추가되었다. 예를 들어, 순국한 명대 대신 우겸을 모신 항주의 사당은 20세기까지 이어진 시험 전통인 수면 명상과 꿈 간구의 중심지가 되었다.[145]

지식인들은 또 치유와 건강 회복을 위한 시험 시장 밖의 치료 방법으로 꿈을 인용했다.[146] 장봉익張鳳翼, 1527~1613은 1565년 회시 도전을 위한 북경 여행에서 회복한 후『몽점류고夢占類考』라는 제목의 책을 편찬했다. 실패 후 낙담하고 걸핏하면 술을 마셨던 그는 1567년 후반까지 몹시 아팠는데, 이때 그는 도교 전진全真 교파의 팔선八仙을 방문하는 꿈을 꾸었다. 꿈에서 순양조사純陽祖師 여동빈呂洞賓은 장봉익의 맥을 짚고 그에게 흰 알약을 주었고, 그것은 결국 장봉익이 회복하는 데 도움을 주었다. 장봉익은 은퇴하여 고향 소주蘇州에서 한가한 여생을 보내며 희곡 집필을 하기 전까지 회시에 네 차례 낙방했다. 그의 꿈 해석 모음집은 1565~1567년

의 시련에서 영감을 받은 것이었다.[147]

1562년에 진사원陳士元이 엮은 『몽점일지夢占逸旨』는 중국 꿈 해석의 두 가지 주요 전통인 예언으로서의 꿈과 환상으로서의 꿈을 풍부한 역사적 디테일로 풀어냈다. 문학세계에서와는 달리 시험 시장에서 꿈은 주로 다른 세계와의 소통의 형태로 기능했다. 비록 다르지만, 꿈과 자각적 인식 [覺]은 운명과 예언에 대한 인간의 지식[知]에 더해지는 깨달음의 형태였다. 진사원이 보기에 "모든 시험 석차와 관직 품급에는 전조가 있었다[科甲爵品莫不有前兆]". 그리하여 그는 당대에서 명대까지 시험 성공의 전조로서 꿈에 대한 서면 증거를 찾아냈다.[148]

전하는 바에 따르면 적어도 다섯 명의 명대 황제는 전시殿試 때 장원을 뽑기 위해 꿈에 의지했다고 한다. 자신의 유명한 꿈이 집권에 대한 자전적 이야기로 기록된 홍무제는 1385년에 못[釘]과 비단 실[絲]에 대한 꿈을 꿨다고 해서 정현丁顯을 장원으로 선택했다. 그 이유는 정현의 성이 못을 뜻하는 글자[丁]와 소리가 같고, 비단 실을 뜻하는 글자가 '현'이라는 이름의 일부를 구성했기 때문이다.[149] 1421년에 영락제는 전시 전에 도교 신의 상징인 학鶴을 꿈꿨다고 한다. 이 징조를 바탕으로 그는 증학령曾鶴齡을 장원으로 선발했는데, 이는 증학령의 이름에 학을 뜻하는 글자가 포함되어 있기 때문이었다.

이후 1448년에 정통제는 전시 전에 유학자, 도사, 승려를 만나는 것을 꿈꿨다. 그리고 나서 그는 최상위 세 명의 진사 급제자를 그들의 지적 배경을 근거로 해서 뽑았다. 장원 팽시彭時, 1416~1475는 지식인 가문 출신[유적(儒籍)]으로 등록되어 있었고, 방안 진감陳鑒, 1415~1471은 한때 도교 사원에서 음악을 배웠으며, 탐화 악정岳正, 1418~1472은 불교 사찰에서 봉사한 바 있었다. 1544년에 가정제는 천둥소리를 듣는 꿈으로 인해 이름에 천둥[雷]이라는 글자가 있는 응시자를 선택했다. 절강성 출신의 진명뢰秦鳴雷, 1518~1593 가 그 꿈의 수혜자였다.[150]

제국의 꿈들에 대한 설명을 입증하는 것은 불가능하다. 상당수가 제국의 허구였고 나머지는 통치자에게 귀속되었다. 그러나 그 꿈들은 꾸며낸 것일지라도 역사적 사건을 바탕으로 하면서 구전되는 도덕적 이야기의 틀에 맞춘 문화적인 설명을 대변하였다. 예를 들어, 우겸은 유배된 아내 앞에 유령으로 나타나서 황제 앞에서 정상적인 모습을 보이고 자신의 사건을 변호할 수 있도록 그녀의 눈을 빌려달라고 부탁했다고 전해진다. 아침이 되자 우겸의 아내는 눈이 멀게 되었고, 우겸 자신은 황궁에서 발생한 화재 속에서 형상을 띠고 황제 앞에 나타났다. 황제는 1457년에 우겸에게 부당함이 가해진 것을 깨닫고 그의 아내를 용서했다. 그러나 성화成化 황제는 그녀를 용서해줄 수 없었기 때문에 그것은 잘못된 꿈이었다. 그녀는 수년 전에 유배 중에 세상을 떠났던 것이다. 황제는 우겸의 명예를 복권시켰고, 역시 1457년에 순국한 왕문王文, 1392~1457 의 아들이 1465년에 과거 시험에 응시하는 것을 허락했다. 그 꿈은 부당한 일을 당한 우겸을 상징적으로 바로잡았고, 어떤 문제가 어떻게 이상적으로 비춰졌어야 하는지를 우리에게 보여주는 하나의 거짓이란 점에서 유용하다.[151]

꿈 해석은 모든 명대 장원의 절반 이상의 삶에 중요한 역할을 했다.[152] 꿈은 한 사람의 성격과 행동을 이해하고 그의 운명을 예측하기 위해 형상적으로 나타나고 분석될 수 있는 다른 세계에 대한 인간적 '대응물[象]'로 해석되었다. 『명장원도고』는 1371년부터 1571년까지 장원의 꿈들을 그림으로 나타내고 논하였다. 처음에 이 책은 명대 장원 전체의 미리 정해진 성취를 이야기하기 위해 편찬되었다. 후대의 1607년본이 남아 있는 이 반半공식 저작은 이 책을 당시 유행하던 위인들의 꿈에 대한 용인되는 전기체 기록으로 인정받게 해준 명말 한림 학자이자 대학사 심일관沈─貫, 1531~1615의 새로운 서문으로 영예를 얻었다.[153]

성공의 전조로서 그러한 꿈들은 몸이 잠든 동안 정신으로부터 흘러나오는 의식의 '거품'을 생생하게 그림으로 묘사하는 명대 특유의 목판 형태로 쓰여지고 삽화로 만들어졌다.[154] 남두南斗 같은 점성술적 징후, 개고기와 같은 상서로운 징조, 그리고 특이한 우연의 일치들은 휴식상태 정신의 표면적 양상들이 거기에 암시된 분명한 내용으로 해독될 수 있는 시각적 이미지와 상징의 문화적 매트릭스를 짜는 경향이 있다는 명대의 믿음에 영향을 미쳤다. 나는 이러한 꿈 이야기를 수수께끼 해독이 필요한 실제 꿈이 아닌 역사적 구성물로 해석하고자 한다. 모든 것이 그것들이 보여진 것과 같은 분명한 꿈이 아니라 임시변통으로 만들어진 구성물이었을 가능성이 높다. 나는 꿈의 수수께끼에 대한 명대의 풀이를 분석의 대상으로 삼아 그러한 꿈과 그 문화적 해석이 시험 시장에서 어떻게 기능했는지 살펴보고자 한다.[155]

우리의 목적에 있어서, 꿈의 '명백한 내용'은 부분적으로 수험생활이 수반하는 남성의 불안에 의해 연결되었다. 장원급제자의 '잠재적 몽상'이 명대 특유의 문화적 담론에서 항상 암호화되고, 전치되고, 수정되고, 왜곡되었기에 우리에게 결코 명료하지 않을지라도, 우리는 그런 꿈을 꾸었다고 주장한 남성과 가족의 정신 구조와 그들의 사회역사적 경험 및 압박 사이의 상호관계의 일부 외부적 측면에 대한 해독을 시작할 수 있다. 문화적 표현방식은 우리 시대가 아니라 그들 시대에 의해 규정되었던 까닭에, 그들의 억압과 승화는 오늘날 우리가 직감할 수 있는 것과는 매우 달랐다. 시간이 흐르고 문화가 달라짐에 따라 인간 행위의 의식적 무의식적 내면화에서 일어난 역사적 변화를 감안할 때, 그들의 의식의 흐름을 '거품'이나 '억압', '승화'라 부르는 것은 사실 명대 지식인보다는 우리 자신에 대해 더 많이 말해준다.[156] 그럼에도 불구하고 사실적으로 기록된 그들의 '꿈 이야기'를 통해 우리는 그들이 시험장 안에서 고된 수험생활을 하면서 무엇이 그들의 뇌리를 떠나지 않았는지 생생하게 느낄 수 있다.[157] 아래에서 삽화 두 개를 예로 제시한다.

세 개의 '머리'

〈사진 5.9〉는 1445년의 한 '거품'에 머리 세 개가 나타나는 『명장원도고』를 위해 마련된 명말 목판 삽화이다. 이 판화는 상로商輅, 1414~1486; 제2장 참조가 1435년 이전 언제쯤이었을 젊은 시절 집안 서재에서 고전을 읽다가 꾸었다는 '낮 꿈'을 보여준다. 이에 대한 인쇄된 설명에 따르면 '홍 선비[洪土]'라는 교사가 그의 방에서 함께 살면서 시험 준비를 도왔다고 한다. 우아한 환경의 서재, 모든 서예가에게 필요한 필기구들이 완비된 깔끔한 책상, 그리고 입주 가정교사가 있다는 사실은 모두 상로의 절강성 가족이 그의 고전 학습에 필요한 시간과 문화적 자원을 제공할 수 있는 상당한 재력을 가지고 있었다는 것을 시사한다. 이것은 개천에서 용 난 이야기가 아니다.[158]

그러나 이 그림에서 상로는 열심히 노력하지 않는다. 대신 그는 선생님이 없는 동안 잠을 자고 있다. 상로의 머리에서 나오는 거품 속에는 서로의 머리카락으로 묶인 머리 세 개를 든 한 남자가 등장한다. 남자는 상로에게 그 머리들을 선사한다. '세 개의 머리Three heads'와 '세 번의 일등Three first'은 중국어와 영어 모두에서 일치하는 문화적 공통분모이다. 양자 모두 '일등이 되다'라든지 '정상에 오르다', 또는 지도자를 나타내는 관념을 서술하는 데 쓰였지만, 꿈에서 '머리'를 나타내는 중국어 표현은 몸에 붙은 머리의 좀 더 물리적인 이미지인 '두頭'가 아니라 '수首'이다. 따라서 그것

〈사진 5.9〉 1445년의 한 꿈 이야기 속에 나타난 세 개의 머리
고정신(顧鼎臣)·고조훈(顧祖訓) 편, 『명장원도고(明壯元圖考)』, 1607년본.

은 잔인한 장면이나 목전의 공포는 아님에도 불구하고, 몸통 없는 머리 셋은 상로에게 다른 많은 사람들에 대한 승리를 축하하기 위한 전리품으로 수여된 것이다. 상로는 평화롭게 쉬고 있기 때문에 이것은 희망적인 꿈이지, 명백한 불안이나 처벌로 인해 만들어진 것이 아니다.

신비한 남자가 한 손에 들고 있는 세 개의 머리의 강한 이미지에서 육체의 희생에 대한 약간의 감각이 환기된다. 학생들이 아닌 전통시기 중국의 무사들은 일반적으로 전투에서 승리를 입증하기 위한 전리품으로 적들의 머리를 잘라 지휘관에게 바쳤다. 참수는 목을 조르거나 살을 베어 죽게 하는 '가벼운' 범죄와 상대되는 '무거운' 범죄로 판명된 경우 명대 법률이 사형에 처하는 법적 조치였다. 아마도 상로의 꿈에 대한 군사적, 법적 해석은 엄청난 경쟁에서 이기기 위해서는 다른 사람들이 실패해야 한다는 것을 의미하는 시험 시장을 떠올리게 하는 데 있어서 관련성이 매우 제한적일 것이다. 그 꿈의 잠재된 특징에 대해 우리에게 더 많은 것을 알려줄 상세한 정보가 부족한 가운데, 우리에게 주어진 것은 명말 편찬자들이 묘사한 것처럼 차분하고 분명한 내용이다.[159]

잠에서 깬 상로는 즉시 그 꿈을 스승에게 말했는데, 스승은 잠을 잤다고 꾸짖는 대신 그것이 '길몽'이라고 말한다. '세 개의 머리'는 과거 시험 응시자로서 상로 인생의 미래에 대한 환영이다. 나중에야 깨닫게 되지만, 상로는 1435년 21살에 절강성 향시에 1등으로 합격하고, 여기에 더해 10년 후 회시에 수석으로 합격했으며, 1445년 전시에서는 장원으로 뽑혀 결국 그 '세 개의 머리'를 받음으로써 예정된 성공이 입증되었다. 당시 상로는 명대 과거 시험에서 삼원을 달성한 유일한 지식인이었다. 시험관으로서 상로는 또 다른 야심 찬 도전자 왕오王鏊가 그 위업을 재현하지 않도록 하게 된다.^{제2장 참조}

상로의 꿈은 그의 성공을 운명의 자연스러운 결과로 제시한다. 그러한 성공을 거두기 위해 요구된 고된 노력과 엄청난 암기는 명성과 부, 그리고 높은 정치적 지위로 가는 순조로운 길을 위해 생략되어 있다.[160] 그러나 역사적으로 더 들여다보면, 1435년에 향시에 합격한 후 1436, 1439, 1442년 회시에는 낙방했을 당시 상로가 지녔던 상당한 근심들이 무엇이었을지 그 차분한 꿈은 숨기고 있다. 1435년에 스무 살이 넘었던 것을 고려하면, 상로는 아마도 세 번의 회시뿐 아니라 경쟁이 매우 심한 절강성 향시에도 두어 번 낙방했을 것이다. 당시의 대다수가 그랬듯이, 상로는 30대가 되어서야 그가 갈망하던 진사 학위를 받고 벼슬길에 들어설 수 있었다.

예정된 성공에 대한 이 이야기는 실패가 기록에 추가될 때 더 문제가 된다. 우리는 암기하는예를 들어 상로는 『서경』을 전공하였다 어린 시절과 널리 읽고 시험용 에세이를 연습하면서 보낸 젊은 시절을 잊어버린다. 사실 1445년 회시 기록은 상로의 팔고문이 특별히 뛰어나지 않았음을 보여준다. 그가 쓴 사서에 대한 세 편의 답안 중 단 한 편도 최우수작으로 뽑히지 않았다. 『서경』에서 출제된 네 편의 에세이 중에서는 오직 한 편만이 선택되었다. 상로는 이장二場에서 최고의 논論과 조·고·표를 쓰면서 두각을 나타냈고, 삼장에서 그의 대책문 중 한 편 역시 해당 문제에 대한 최고의 답안으로 뽑혔다. 명말 독자들을 위해 그 하나의 거품은 다년간의 고된 노력을 대체했고 상로가 운 좋게 차지한 영예를 위한 경쟁은 무시했다.[161]

연꽃 위에 앉다

황영청黃英淸이 『명장원도고』를 위해 그린 거품 꿈의 두 번째 예(사진 5.10) 참조는 1553년 장원 진근陳謹, 1525~1566의 사례에 있어서 불교의 영향을 분

〈사진 5.10〉 1553년 연화좌에 오르다
고정신(顧鼎臣)·고조훈(顧祖訓) 편, 『명장원도고(明壯元圖考)』, 1607년본.

명하게 보여준다. 진근은 경내에 있는 세 개의 우아한 건물 지붕 위로 떠 있는 꿈속에서 세 사람에게 둘러싸여 명상 가부좌 자세로 연꽃 위에 앉아 있다. 모두 하늘의 구름 위에 떠 있고, 거품은 위에서 바라본 속세보다 우위에 있다. 하늘에서 내려온 구름 위에 떠 있는 세 인물은 신선과 동남 동녀이다. 세 사람은 진근을 연꽃 위에 오르도록 청했고, 그는 그들에게 감사했다. 그들이 구름 속으로 들어가자 진근은 두려워졌지만, 신선은 그에게 금관과 진홍색 관복을 선물했고 그것들은 그가 장원이 되어 정식으로 황제 앞에 등장할 것을 상징했다.

명상에 잠긴 부처처럼 앉아 있지만 문인의 복장을 한 진근은 처음 느꼈던 공포를 딛고 안심하고 평온한 모습으로 등장한다. 삽화는 질서와 필연성을 투사하고 있는데, 이는 치열한 경쟁, 만연한 부패, 그리고 남성 불안의 장소로서 시험 시장에 대한 우리의 역사적 묘사와는 상충된다.

진근은 불교식 명상 자세로 연꽃 위에 앉아 이계異界로 흘러가 이승에서의 성공에 대한 축복을 받았다. 여유 있는 집안 출신의 어린 소년이라면 누구나 견뎌냈을 장기간의 힘든 공부와 암기, 작문에 대한 언급은 역시 없다. 진근은 시험 시장에서의 시련과 고난을 이겨내고 치유적 승리를 거둔 것이다.[162]

5. 실패에 대한 대응

우리는 이제 극소수 장원들의 예정된 성공으로부터 시험 시장에서 경쟁한 대다수 젊은이들의 운명이었던 실패로 눈을 돌린다. 실패는 대개 수험생과 그 가족에게 제공된 치유 요법을 내면화함으로써 합리화되었다.

그러한 치유법은 받아들여지는 경우 종교와 대중적 점술을 사용하여 남성들의 불안감을 허용 가능한 사회적 테두리 안에 있게 했고, 꿈과 환각이 명청시대에 허용 가능한 문화적 건전성의 수준을 넘어서는 것을 막았다. 그러나 이것은 본질적으로 외부의 대중적 압박과 각 개인과 가족이 대처해야 했던 내부의 정서적 수단의 불안정한 균형이었다.

운명예측에 대한 관념의 변화

점술에 대한 의존이 실패하면 종종 깊은 환멸이 뒤따랐다. 많은 사람들이 시험 시장에서 점술, 풍수, 해몽의 만연한 사용을 잘못된 것이라 비난했다. 시험장 안에서도 비슷한 심리가 반복됐다. 운명에 대한 대중적 관념과 다른 세계와의 소통에 대한 엘리트 신앙의 범위에 '공식적인' 제한을 두기 위해 왕조 '문화 감옥'의 정치적 구역을 이용한 많은 회시 및 향시 시험관들은 우상, 신, 영혼의 권세, 그리고 그들과 소통하기 위한 점술에 도전했다.[163]

한대 이후 '기이한 것들[異]'은 '이상한 사건의 기록[志怪]'에 일상생활에 대한 특이한 영향을 위치시킴으로써 다른 세계를 받아들이려는 다양한 사적, 공식적 글에 등장하였다. 220년 한나라가 멸망한 후, 기이한 것들에 관한 기록은 자부子部 내의 '작은 글'[즉, '소설(小說)'] 항목에서 '역사'[사부(史部)]로 이동했다. 당대 이후 과거 시험이 확대되면서 '기이한 것들에 관한 기록[異聞錄]'은 시험장과 응시자들의 정신생활에 초점을 맞췄고, 이는 사실상 분류학 체계의 하위 장르가 되었다.[164]

송대에 들어 이러한 이야기들이 늘어나면서 977년에 완성된 『태평광기太平廣記』 같은 백과전서나 필기筆記를 가득 채웠다. 북송대의 이문록에서 심괄沈括, 1031~1095 같은 문인들은 귀신이나 신령들에 대한 기록과 거리를 두면서 당나라 때의 자연의 기이한 것들에 대한 분류를 수정하는 경향이 있었다. 『몽계필담夢溪筆談』에서 심괄은 경이로움과 기이함에 매료된 한당대 스타일을 유지하면서도 귀신의 이계적異界的 분위기를 불식시키려 했다.[165]

북송의 사대부들은 또 1006년의 초신성 목격과 1066년의 혜성 발견 사이에 사천감司天監 천문학 전문 관료들의 기이한 우주론적 주장을 불식시키면서 천체 이상 현상에 대해 불가지론을 유지했다. 범중엄范仲淹, 989~1052은 1006년의 초신성이나 1038년의 유성우 같은 천체 이상 현상을 하늘과 인간 및 정치적 사건의 상호 작용의 증거로 보는 데 매우 신중했다. 구양수歐陽脩, 1007~1072는 당시 유행했던 하늘을 읽는 전통을 공격하여 정치를 천체의 이상 현상으로부터 분리시켰다. 명대 시험관들이 재현하려 했던 송대 지식인의 입장은 정치 세계에서 인간의 행위를 강조하였다. 이상 현상을 정치적 실패의 징조로 보는 한대의 해석보다 인간사와 하늘 사이에 거리를 두는 고전주의적 태도가 선호되었다.[166]

명대의 시험관들은 지상의 사건들을 하늘과 연관 짓는 것에 대한 구양수의 신중한 입장을 종종 인용하였고, 이례적 사건들의 기록을 용인하면서도 그러한 추측들을 얼마나 진지하게 받아들여야 할지에 대해 제한을 두려고 노력했던 고전적인 송대의 이상에 호소했다. 명대의 시험관들은 정치적 목적을 위해 징조와 이상 현상들을 조작한 한대 관료들의 역할을 노골적으로 공격하면서, 다른 한편으로 인간의 책임과 도덕적 수양에 대한 '도학' 관념을 대안으로 강조함으로써 점술의 영향을 통제하려고 노력했다. 서로 멀리 떨어진 반영임에도 불구하고 자연계와 정치계가 받아들여질 수 있었던 이상적 우주와, 이계와의 종교적·대중적 소통의 형태로 그러한 이론을 위험하게 지상으로 끌어온 대중적 점술 사이의 긴장은 후기 제국시기에는 결코 성공적으로 해소되지 않았다. 대중 종교와 예언자, 점술가, 도사들의 예언의 세계가 수험생활에 침투한 것에 대한 문인들의 불만이 16세기에 조짐을 드러내면서 청대 초기에 점차 뚜렷해졌다.

청대에 수험생활에서 점술에 대한 저항은 특히 적지만 비판적인 고증 학자들 사이에서 증가했다. 그러나 1700년 이후 과거 시험에 응시하는 수험생들이 쇄도한 것을 감안하면, 그러한 저항은 실제로 거의 효과가 없었다. 외부 관찰자로서 공식 시험 등수를 자주 비판했던 인기 고문 작가 대명세戴名世, 1653~1713는 시험 순위에 있어서 운명의 역할에 대한 일반적인 믿음을 비웃었다. 1702년 그는 그해 향시 최고의 시험 에세이 선집을 위한 서문에서 자신의 성공과 실패를 운명, 귀신, 또는 점술 탓으로 돌리는 사람들을 날카롭게 공격했다. 대명세의 견해로는 제대로 된 팔고문을 쓰는 법을 배우는 데 필요한 노력이 성패의 열쇠였다. 그런 관점에서 "귀신이 맡을 역할이 없기 때문에 개인이 책임을 져야 한다"고 했다. 대명세는 운명에 최종 결정권을 부여하는 쏠림 현상으로 지워졌던 어린 시절 다년간의 암기와 수천 편의 에세이 습작을 탁월하게 복원했다.[167]

18세기에 오경재는 처음에는 시험 학위를 취득하기 위해 풍수에 의존했지만, 실패를 거듭하자 그의 소설『유림외사』에서 이러한 관행을 비웃었다. 그의 가문은 청대 초기 그들의 문학적 명성을 풍수가가 선택한 상서로운 묘지 덕으로 돌렸다. 작품에서 오경재는 등장인물을 빌어 다음과 같이 말했다.

제가 제일 싫어하는 게 요즘 풍수가들이 곽박郭璞, 276~324의 설을 사칭해서 걸핏하면 "이 땅에서는 정갑鼎甲이 나고, 장원급제하는 후손이 난다"고 지껄이는 겁니다. 선생님, 장원이란 명칭은 당나라 때 시작된 것인데, 진晉나라265~419 사람인 곽박이 어떻게 당 왕조에 이런 호칭이 생길 줄 알고 미리 법칙을 세워서 이러저러한 땅에서는 이런 장원이라는 게 나올 것이라고 했겠습니까? 이건 정말 배꼽 잡을 소리가 아닙니까?[168]

운명예측을 위한 그러한 종교적 통로에 대한 청대의 반발이 아무리 크더라도 시험 시장에서 그 대중적인 역할에 대한 우리의 결론을 흐리게 해서는 안 된다.

이론적으로 사서오경에 대한 지식인의 숙달은 대중 종교나 그 예언적 수단들의 침투를 근절하지 못했다. 고전적인 냉담함과 문학적 풍자는 대중 종교에 대한 대중의 지지를 축소하고 그것을 부차적인 위치에 두려고 할 수 있을 뿐이었다. 건륭제도 1768년 주술사들이 마술을 연마하고 한족 남성들의 변발을 잘라 영혼을 훔치고 있다는 소문이 초래한 집단 히스테리로 인해 괴로움을 겪었다. 그들의 변발은 명나라 멸망 이후 만주족 왕조에 대한 복종을 상징하는 것이었다.[169]

꿈 해석은 청대 문인 생활의 중요한 특징으로 남아 있었지만, 명대 후기 엘리트들의 꿈에 대한 열풍과 비교하면 그 역사적 중요성이 감소하여 대중적 설화에 관한 일반적인 저작으로 옮겨갔다.[170] 청대 말기의 인기 정기간행물 『점석재화보點石齋畫譜』도 미리 운명지어진 시험 성공에 대한 기록을 제시했고, 성공적인 청대 지식인들의 꿈에 대한 거품 삽화가 포함되어 있었다. 예를 들어 우리는 우아한 정원에 있는 학구적인 서재에서 한 청년이 낮잠을 자는 것을 볼 수 있다. 1882년 산서성 향시를 앞두고 꾼 백일몽에서 그 젊은이는 지역 문창 사원에서 영접을 받고 거기서 문예의 수호신을 만난다. 이 만남은 후에 그가 향시 1등으로 성공할 징조로 읽힌다.[171]

이러한 대중적인 선집들은 번성했고, 응시자의 시험 에세이가 운명과 기이한 현상 해석에 대한 지식인들의 비판을 재생산한다 하더라도 과거 시험장에서 하늘과의 거리 두기가 저항받았음을 보여준다. 『명장원도고』 는 청대 장원들의 명단을 포함하는 것으로 확대되었지만, 그러한 명단은 각 장원이 거둔 성공 경력에 대한 최소한의 정보만을 제공했다. 어떤 짧 막한 설명도 명대 장원들처럼 임박한 성공에 대한 예감과 꿈을 가진 청 대 장원을 언급하지 않았다. 꿈 이야기에 대한 거품 삽화도 포함되어 있 지 않았다. 게다가 간략한 설명은 1682년에 중단되었는데, 이는 청 제 국 전체에서 가장 유명한 지식인들 사이에서 점술 및 꿈 역할 관련 엘리 트 기록에 대한 지지가 명대 후기만큼 상류층 출판물에 받아들여질 만하 지 않았음을 보여준다. 1644년 이후 장원들에 관한 꿈 이야기에 단절이 발생했다. 이후 어떤 출판물도 명대의 기록만큼 꿈과 점술을 긍정적으로 묘사하려고 시도하지 않았다.[172]

대신 꿈의 서사는 포송령의 작품들과 같은 대중문학 작품이라든지[173] 시험장과 관련된 '이문록異聞錄', 그리고 청말 정기간행물에서 계속되었다. 특히 청대의 『국조과장이문록國朝科場異聞錄』은 태평천국의 난1850~1864까지 과거 시험 관련 설화의 풍부한 보고가 되었고, 이는 송대와 명대의 기이 한 이야기들에 대한 초기 모음집들과 상응하는 것이었다. 이런 대중적 요 소들은 양장거梁章鉅와 이조원李調元이 편찬한 영향력 있는 과거 시험 개요 서에도 흡수되었다. 명대 후기의 꿈 해석에 대한 열정은 청대에 결코 진 정으로 수그러들지 않았지만, 그 공식적인 기록은 좀 더 냉정한 엘리트들 의 영향으로 더욱 학문적이면서 냉담하게 되었고, 일부는 갈수록 고증학 으로 기울었다.[174]

소외에 관한 포송령의 관심

과거 시험에 누차 실패했던 포송령은 그의 많은 패러디를 통해 가차 없는 시험 체제 속에 갇힌 대다수의 사람들을 후세에 길이 남을 수 있게 해주었다. 그는 젊은 시절 수험생에 대한 그의 가장 유명한 묘사를 "응시자의 일곱 가지 닮은꼴"이라고 불렀다.

수재가 과거 시험장에 들어가면 일곱 가지 닮은꼴을 보이게 된다. 처음에 들어갈 때는 맨발에 바구니를 든 꼴이 영락없는 거지꼴이다. 출석을 부를 때는 관리들이 호통치고 차역들이 욕을 해대니 마치 죄수와 같다. 각자 호사號舍로 들어가서는 구멍마다 머리가 밖으로 나와 있고 방마다 발이 삐져나와 있는 것이 마치 추위에 힘을 잃은 늦가을의 꿀벌 꼴이다. 시험장에서 나와서는 정신이 멍하고 세상이 다르게 보이는 것이 마치 조롱에서 막 나온 병든 새 꼴이다. 합격 소식을 기다릴 즈음이면 초목에 바람 스치는 소리에도 놀라고, 꿈속에서도 환영이 보인다. 합격한 꿈을 꾸면 눈 깜짝할 새 고대광실이 나타나지만, 낙방한 꿈을 꾸면 순식간에 자신의 해골이 이미 썩어 흙이 되고 만다. 이때만 되면 앉으나 서나 불안하여 어쩔 줄 모르는 것이 흡사 줄에 매인 원숭이 꼴이다. 그러다 돌연 말 탄 전령이 날듯이 달려와 합격 소식을 전하는데, 합격자 명단에 자기가 없음을 알게 되면 금세 얼굴이 사색이 되면서 마치 죽은 사람처럼 맥이 쭉 빠지고 만다. 그때는 마치 독약 먹은 파리처럼 건드려도 아무 감각이 없다. 막 낙방했을 때는 실망에 의기소침하여 시험관의 눈깔이 삐고 자기 글이 신통력이 없다면서 욕을 해대며 기어이 책상 위의 물건들을 가져다 모조리 불살라 버린다. 불사르는 것으로는 분이 풀리지 않아 가루가 되도록 짓밟고, 짓밟는 것도 모자라 시궁창에 내던진다. 이때부터는 머리카락을 풀어헤치고 산으로 들어가 면벽 수도하며 또 '차부且夫'니 '상위嘗謂' 따위의 판에 박힌 표현들로 가득한 팔고문을 들이미는 자가 있으면 기필코 창을 집어 들고 쫓아낼 태세가 된다. 하지만 얼마 지나 점차 세월이 흐르고 분도 가라앉으면 가진 재주를 발휘하고 싶어 또 다시 근질근질하게 된다. 이때는 알을 깨뜨린 산비둘기가 나뭇가지를 물어다 둥지를 틀고 다시 새로이 알을 품는 형국과 마찬가지이다.[175]

이 이야기는 허구이다. 그러나 그 실제적인 문화적 내용은 응시자들이 시험장 안팎에서 겪었던 심리적 긴장을 보여준다. 청대 말기에 상연류商衍鎏는 "추위에 힘을 잃은 늦가을의 꿀벌 꼴"이라는 포송령의 표현이 북방 산동성에서는 정확했지만, 상연류가 거인 학위를 받은 남방 광주廣州에서는 "뜨거운 솥 안의 개미"에 더 가까웠다고 언급하였다.[176] 1700년경 남성 불안에 대한 포송령의 문학적 설명은 그의 사회와 시대가 시험 경험을 젊음의 희망에서 성인의 실망, 이후 노인의 성숙으로 이어지는 과정으로 인식한 방식을 반영한다. 포송령은 성공에 대한 압박감을 이겨내려고 노력한 자신 및 같은 처지의 실패자들에게 지워진 희생 시험에 대해 묘사한다. 시험 실패에 대한 그들의 서사는 운명에 대한 백일몽을 꾸는 명대 장원들의 안심을 주는 목판화와는 극명히 대비된다.

포송령은 그의 실망을 문학의 길로 성공적으로 전환시켰다. 날카로운 풍자에도 불구하고 그는 시험 체제 전복을 꾀하지 않았다. 오히려 포송령은 자신의 실패와 씨름하며 문학으로 눈을 돌려 그것에 맞섰다. 그 과정에서 포송령은 수많은 시험 실패와 극소수의 백일몽을 꾸는 장원급제자로 채워진 풍경 속에서 정서적으로 흔했을 치유적 거리를 일정 정도 획득했다. 그러나 장원급제자조차도 그들의 예정된 성공이 합리화되기 전에 여러 번 실패해야 했다.[177]

고난에 대한 포송령의 이야기는 성공적인 합격자들에게도 정형화된 것이었다. 그러나 실패자를 정서적 만신창이로 그려내는 그의 냉담한 묘사는 최종적인 것이 아니다. 마음의 평온으로 돌아가고 개인적 자신감을 회복하는 재활이 마지막 교훈이다. 여기서 포송령은 실패한 99%가 어떻게 그리고 왜 자신의 상처를 치유하고 어쩌면 더 현명하지는 않더라도 이윽고 확실히 정서적으로 더 강하고 더 성숙하며 단련되어, 후기 제국의 시험 시장의 길과 명성과 부로 가는 험로에서 계속해서 경쟁하기 위해 시험장으로 되돌아왔는지를 설명해준다.

포송령의 현실주의는 그 취지에 있어서 치유적이다. 반항과 우상파괴는 시험 실패자가 종종 마음에 품었던 반응들에 속하지만, 대부분은 인내하며 삶을 지속하는 동안 반복적으로 시험을 치르는 방대한 잔여 인력 풀의 일부가 되었다. 포송령의 경우 그것은 대안적인 생활로서 이야기를 쓰는 것에 눈을 돌리는 것을 의미했다. 복건성 사보四堡의 마馬씨 가문과 추鄒씨 가문들이 출판업계에서 그랬던 것처럼, 일부는 지역 인쇄업자를 위한 수험서를 편찬함으로써 그들의 좌절감을 해소하거나 그들 스스로 지역 인쇄업자가 될 수 있었다. 북방 문인 안원顔元, 1635~1704이 그의 가족 위기에 대처하지 못하고 지역 시험에 계속 실패했을 때처럼, 다른 이들은 압박감에 무너져갔다. 안원은 자신의 정서적 위기를 맹렬한 공격으로 변환시켜 정주이학은 진부하고 시험은 비굴한 것이라 비판했다.[178] 반란과는 거리가 먼 포송령의 치유적 대응은 특별하지 않았다. 실패는 종종 극도의 감정적 방식을 취하며 왕조와 그 시험 체제에 맞서는 행동으로 발전할 수 있었다.[179]

지방의 말썽꾼들이 종종 헛되이 갈망하던 거인 및 진사 학위를 얻기 위해 애썼던 지역 생원들로부터 나오는 것은 오랫동안 당연시되었다. 당나라는 폭력에 의지한 교정되지 않은 시험 실패자들로 인해 전복되었다.

1644년 북경을 점령하고 중국 북방에서 왕조를 무너뜨린 1640년대 서북 지역 반란의 지도자 중 일부는 고위직에 오르는 데 거듭 실패한 지역 시험 응시자들이었다. 기근, 부패, 전쟁이 명나라가 마지막 10년 동안 약해진 주된 원인이었지만, 왕조가 위기에 처해 있을 때 서북 지역에서 이자성李自成, 1605?~1645 같은 불만을 품은 일부 시험 응시자들은 기꺼이 무기를 들었다. 이는 수많은 실패자들의 심각한 정서적 실망과 분노를 유발할 수 있는 시험 체제 내에서 예측 가능한 것이었다.[180]

홍수전의 역모

포송령 같은 사람들은 명대와 청대에 보통의 존재들이었다. 그러나 다른 사람들은 그들의 사회와 왕조가 받아들일 수 있다고 생각하는 정치적·문화적 경계를 넘어섰다. 청대 후기 조정은 지방의 생원들과 수험생 풀을 정치적, 법적으로 유지하려고 했지만 허사였다. 건륭제는 과거 시험에 불합격한 사람들로부터 만주족의 통치에 반대하는 음모가 생겨날 것을 우려했다.[181]

태평천국의 사상적 토대가 된 홍수전洪秀全, 1813~1864의 환시와 역모가 적절한 사례이다. 미래의 태평천국 지도자처럼 광주廣州에서 반복적으로 지방 시험을 통과하지 못한 후 정신적으로 완전히 쇠약해진 많은 사람들은 공직을 두고 성공적으로 경쟁할 아무런 희망이 없었다. 19세기 중반에 자신의 견해를 강화하기 위해 기독교 주제를 사용한 이례적인 일이었음에도, 홍수전은 청대 시험 제도와 만주족 통치하의 문화적 정당성에 대항하기 위한 오랜 종교적 항의 형태에 호소했다.[182]

홍수전은 1827년 13세의 나이에 화수火秀라 등록된 이름으로 화현花縣에서 생원 자격 시험을 보기 위해 광동성 마을을 떠났다. 7살 때부터 그는 객가客家 소수집단 마을 학교에서 공부했고, 그가 다녔던 5년 동안 모든 면에서 배우는 것을 좋아했다. 홍수전의 스승과 가족들은 그의 문학적 재능이 그가 높은 관직을 얻고 어쩌면 한림원에 들어갈 수도 있게 해줄 것이라 생각했다. 홍수전은 첫 번째 시도에서 현縣 자격 시험에 합격했다. 부府 자격 취득 시험을 치르기 위해 광주로 여행을 갔을 때는 낙방했다. 홍수전은 부시府試를 보러 갔을 때 처음으로 무역, 외국인, 그리고 어쩌면 기독교 문학까지의 새로운 세계를 접하게 되었다. 광동은 청나라에서 합법적으로 대외 무역과 접촉이 가능한 유일한 항구였다.[183]

다음번 지방 자격 시험을 준비하기 위해 홍수전은 현시縣試에서의 성공을 바탕으로 예상대로 마을 훈장이 되었다. 그는 가르치는 일을 함으로써 과거 시험을 계속 준비할 여유를 가질 수 있었다. 1836년 24세의 나이에 많은 젊은 응시자들 사이에서 이미 약간 나이가 든 홍수전은 부시府試를 치르기 위해 광주로 두 번째 길을 떠났다. 그는 낙방했다. 그는 1837년에도 낙제했다. 세 번째 실패 후 홍수전은 심각한 병으로 집으로 돌아왔다. 4일간의 정신착란이 지속되는 와중에나중에 태평천국 기록에 따르면 예수의 40일간의 금식에 맞추기 위해 40일 동안 앓았다고 한다 홍수전은 환상적인 꿈을 꾸었지만 장원급제의 꿈은 아니었다.[184]

자신의 죽음이 임박한 것을 두려워한 홍수전은 시험에 실패한 것에 대해 부모님께 용서를 구했다. 환상은 그를 압도했다. 그는 처음에는 용, 호랑이, 수탉을 보았다. 그때 음악을 연주하는 한 무리의 남자들이 아름다운 가마를 타고 다가와 그를 태우고 갔다. 그들은 홍수전을 맞이하는 뛰어난 외모를 지닌 남녀의 땅에 이르렀다. 한 노파가 그를 강으로 데리고 가서 씻기면서 다시는 하계 사람들 사이에서 자신을 더럽히지 말라고 충고했다. 그리고 나서 홍수전은 큰 전당으로 들어갔는데, 그곳에서 하늘의 존경받는 노인이 자신이 모든 생명을 양육하고 있다며 홍수전에게 그를 섬기기를 요구했다. 그는 홍수전에게 모든 악마를 이겨내고 그의 형제자매들을 보호하기 위한 검, 악령을 이겨내기 위한 인장, 그리고 달콤한 황금 열매를 선사했다. 그것들은 황제의 표상을 상징했고, 홍수전은 즉시 자신에게 미래 권력의 세 가지 증표를 준 덕망 있는 분에게 경의를 표하도록 주위 사람들 모두에게 훈계하기 시작했다. 홍수전의 꿈은 장원급제자보다는 명대 초기 주원장의 꿈처럼 황제에게 적합했다.[185]

1837년 홍수전의 기이한 환시는 홍수전의 '광기' 또는 종교적 개종의 증거로 분석되었다. 전자의 관점에서 홍수전은 "자신의 무질서한 인식을 실제로 믿도록 모든 것이 논리적으로 체계화된, 과대망상, 환각, 그리고 부적절한 자부심과 증오감을 동반한 정신병의 한 형태"인 극심한 편집증의 희생자였다. 후자의 관점에 따라 학자들은 홍수전이 광주 방문에서 결정적으로 기독교의 영향을 받았고, 이러한 경험들은 "구원의 신념과 '신인神人' 개념의 영향을 통해 그의 어지럽고 좌절된 마음을 변화시키는 촉매로 작용했다"고 주장한다. 다른 한편으로 중국의 학자들은 홍수전의 종교적 비전을 이해하기 쉽게 설명하고 그것을 제국체제를 대체할 중국의 새로운 정치 질서의 전조로 합리화했다.[186]

전통시기 중국 전설에 나오는 주술과 꿈에 대한 기존의 논의는 홍수전의 초기 꿈에 대한 그러한 정신사·사회사적 설명이 얼마나 부적절한지를 보여준다. 명청시대 중국 꿈 해석의 맥락 가운데 놓고 볼 때, 홍수전의 환영幻影은 한족 남성 개인의 편집증에 대한 증거라기보다는 정서적으로 안정된 명대 장원급제자와 청대 지식인들이 동등하게 참여하고 상류 엘리트 사이에서 사회적으로 받아들여질 수 있는 것으로 여겨지는 중국 종교 및 문화 생활의 풍부한 상징적 전통을 이용한 이해할 수 있는 서사이다.

후기 제국시기 중국 정신건강의 문화적 경계는 근대 초기의 유럽과는 다르게 그어졌고, 홍수전의 정신착란은 그가 직면한 시험에 대한 압박과 그의 가족과 스승이 그에게 건 높은 기대에 대한 예민한 반응이었다. 대부분의 사람들이 잘 대처한 것과는 달리 홍수전은 무너졌던 것이다.

훗날 뒤늦은 깨달음으로 혜택을 입은 태평천국과 홍수전 자신에게 있어서, 홍수전의 '이상한 꿈'은 그의 특별한 미래의 신호였고, 기름 부음을 받은 선택된 태평천국의 지도자로서 그의 운명을 입증하였다. 불멸의 존재, 신, 악마, 요정 등을 포함한 중국의 전통적인 종교적이고 주술적인 상징의 풍부한 레퍼토리에, 홍수전은 처음으로 '문화 감옥'에 갇힌 젊은이들을 위해 이승에 개입한 이계異界의 도교 및 불교 권세의 다원주의적인 장에 천상의 권좌에 있는 한 노인에 대한 기독교적인 관념을 추가했다. 이 일련의 환시가 치료적이었던 만큼홍은 아무런 성공적인 치료도 받지 못하고 스스로 회복했다, 그것들은 시험관과 과거 제도에 대한 지식인의 비판 및 패러디의 통상적인 한계를 넘어서려 위협하는 불길한 요소들을 억제하였다.

천상의 노인은 시험의 성공에 대한 보장이나 심지어 명대의 꿈들이 상투적으로 묘사한 것처럼 홍수전이 장원급제자가 될 것이라는 징조 대신 홍수전에게 황제의 표상과 하계를 정화하라는 요청을 제시했다. 홍수전의 집안은 이 병을 치료하기 위해 현지 의사들을 불렀고, 또 한 주술 전문가에게 홍수전의 환영을 해석하고 그를 사로잡고 있는 악마를 쫓아내라고 요청했지만, 우리에게는 주술 전문가가 홍수전 꿈의 이러한 혼란스런 측면을 어떻게 다루었는지에 대한 기록이 없다. 우리는 그저 홍수전이 퇴마사를 꾸짖었다는 것만 알고 있다. 만주족 통치자 치하의 청대에 대역죄는 홍수전 꿈의 표면 바로 아래에 있었다.[187]

회복된 후 홍수전의 삶은 몇 년 동안 비교적 평온했다. 홍수전이 자신의 꿈이 무엇을 의미하는지 알아내는 데는 시간이 걸렸다. 그러나 이 꿈을 바탕으로 홍수전은 자신의 이름을 '화수'에서 '수전'으로 바꿨는데, 일부 학자들에 따르면 '전全' 자의 두 구성 부분이 백성[人]의 통치자[王]를 상징한다고 생각했기 때문이다. 홍수전은 전통적인 문자 분석과 파자破字 해석 기법에 따라 이름을 바꾸는 것으로 자신의 꿈에 대응했다. 1843년 봄 홍수전은 다시 한 번 탐나는 지역 생원 자격을 얻기 위해 도전했다. 여기까지 그의 정서적 회복은 자기 둥지를 다시 틀고 새로 알을 품는 산비둘기 같은 수험생에 관해 포송령이 묘사했던 변화의 틀을 따랐다. 홍수전은 이렇게 수험생활로 되돌아왔다.

그러나 네 번째 실패했을 때 수험생 홍수전의 반응은 섬망이 아니라 분노였다. 그는 광주에서 돌아오는 배를 타고 가면서 시험관들을 저주했고 만주족 왕조에 대한 반란을 암시하는 시를 지었다. 집에 도착한 홍수전의 분노는 가라앉지 않았다. 홍수전은 왕조와 관료들을 비난하고 책들을 내던지며 "내가 제국의 지식인들을 선발하기 위한 시험을 실시하겠다"라고 외친 것으로 전해진다. 홍수전이 시험관이 되겠다는 위협은 그가 태평천국 사상과 기독교 교리에 부합하도록 청대 시험 교육 과정을 근본적으로 수정하면서 실현되었다. 1851년 홍수전은 태평천국의 과거 시험을 시작할 것을 명령했다.[188]

홍수전은 관습적인 지식인 항의의 심리학적 틀을 거부했다는 점에서 혁명적이었지만, 그의 시험 시위가 취한 제도적 형태는 예측 가능한 것이었다. 1843년 이후 홍수전과 그의 배상제회拜上帝會는 홍수전이 승천하여 하나님과 예수 그리스도를 만났다는 것을 입증하기 위해 '이상한 꿈'을 이용했다. 그들이 그에게 하계를 정화하라는 지시를 내린 것은 만주족을 제거하고 청나라를 전복시키며 공자와 맹자의 가르침을 없애야 한다는 것을 의미했다. 홍수전은 태평천국의 새로운 황제로서 자신의 소명을 발견하였고, 태평천국은 중국식 기독교인 태평의 진리를 바탕으로 남경의 양자강 삼각주 주변 지역 젊은이들을 위한 시험 체제를 확립하게 된다. 1900년 이후 과거 시험에서 사용돼 온 공식적인 '도학' 정통을 탈신성화한 청말 개혁가들은 그들이 인정하든 안 하든 홍수전의 저항적인 발자취를 따르고 있었다.[189]

이 장에서 서술한 과거 시험의 대중적이고 비공식적인 양상들은 엘리트와 평민의 삶에 현저하게 영향을 미쳤다. 비공식적인 문화가 왕조의 시험장에 스며들었고, 반면 한림 시험관들은 시험장에서 주술을 배제하기 위해 안간힘을 썼지만 허사였다. 이러한 시도들은 비록 실패했지만, 그들의 노력은 1850년대 태평천국 신앙이 분출되기 전까지 과거 시험의 정통 교육 과정에서 종교의 범위를 제한하는 데 성공했다.

제3부에서는 제6장을 시작으로 청 왕조가 만주족 정부 주변에서 부상하는 집단을 통제하는 데 갈수록 무력했다는 관점에서 18세기의 변화하는 시대에 적응하기 위해 과거 제도가 어떻게 개편되었는지 살펴볼 것이다. 특히 건륭 연간의 절정기는 과거 시험과 그 문화적 범위, 그리고 생산된 고전 에세이의 내용에 대한 새로운 관심을 불러일으켰다. 제7장과 제8장에서는 태평천국의 난 전후 시험의 합격과 불합격을 판단하는 데 사용된 새로운 기준들을 다룰 것이다.

시대변화에 맞춘
과거 시험의 개편

제6장 ——————————— 왕조 권력의 한계

　이 책의 제2부에서는 명청 왕조에서 제국의 권위가 예부와 한림원, 과거 시험이라는 공인된 문화적 기구 및 제도에 의한 고전 문해력과 문화 자원을 통해 계승되었으며, 이는 결국 '도학'의 도덕적 가르침을 전파했음을 보여주었다. 통치자는 종종 자신의 엘리트를 복무 계층으로 전환하려고 시도했지만 결국은 협력관계가 일반적인 결과였다. 당대唐代 통치자들은 시험 석차가 공표된 후 줄지어 선 새로운 진사 합격자들의 웅장한 광경을 자랑스럽게 시찰했다. 당태종627~650 재위은 "세상에서 가장 뛰어난 사람들이 내 손아귀에 들어왔다!"고 외쳤다. 왕좌를 빼앗은 강력한 황제 태종은 중세 관료체제에 대한 자신의 탁월함을 과장했다. [그러나] 왕조의 학교 교육 과정은 여전히 지식인의 가치를 반영했다.[1]

　더욱이 수많은 남성들이 시험을 치르기 위해 모였을 때 제국 전역의 시험장은 군사 및 치안 기구를 담당하는 지식인 관료들이 감독했다. 과거 시험을 유지하는 데 드는 비용이 매우 높아 조정은 배정 인원을 늘리는 데 어려움을 겪었다. 예를 들어 1756년 회시를 담당한 시험관들은 총 35일 동안 진행되는 회시에 소요되는 관원 수와 예산을 기술했다. 회시를 소집하기 위해 그들은 27일 동안 근무한 86명의 독권관讀卷官과 대부분 26일 동안 일하는 706명의 등록관謄錄官 명단을 나열했다. 총 운영 비용은 은 4,089냥이었다. 그해 말, 당시 조정의 대학사였던 진홍모陳弘謀, 1696~1771는 회시 응시자가 2,000명 이상으로 늘어남에 따라 재정지원 확대의 필요성을 설명했다. 진홍모의 지적에 따르면 1763년 회시에서는

1,738냥이면 충분했지만, 1766년에는 27%가 증가한 은 2,204냥이 필요하였고 건륭제乾隆帝는 이를 승인하였다.[2]

과거 제도를 통해 왕조 권력의 한계도 드러났다. 시험관들 사이에서 황실의 특권에 대한 저항이 나타났고, 응시자들 사이에 만연한 불만과 부패가 때때로 시험관의 고상한 목표를 능가했다. 시험장은 왕조의 정치적 이익, 엘리트의 사회적 이익, '도학'의 문화적 이상이 이론보다 실제로 작동되는 경쟁의 장소가 되었다. 더욱이 18세기 중반에 건륭제는 교육 과정의 개편이 필요함을 인식하였다.

1. '문화 감옥'으로서의 시험장

각 시험장은 후기 제국문화체제의 사회·정치적 축소판이었다. 관료들과 수험생들은 명조와 청조의 문화적 정당성을 뒷받침하는 정전正典을 익혔지만, 그러한 재생산이 항상 균일한 것은 아니었다. 내부에서 공적으로 평가된 것에 대해 많은 사람들이 외부에서 사적으로 저항했지만, 기계적인 시험 제도는 상관없이 계속되었다. 지식인들은 지방의 과거 시험에서 제국의 체제에 대한 공적 충성을 처음으로 표명했다. 고대 성현들과 그들의 송대 해석자들의 가르침에 대한 이러한 전념은 고전적인 교육 과정이 지식인들이 옹호하는 것이었음을 시사했다. 과거 시험은 지식인들이 고안한 기준을 이용하여 관직에 적합한 개개의 지식인을 평가하였다.

많은 한족들이 시험장에서 응시자들의 인파 속에 들어가면서 느낀 불안감은 경쟁의 결과로 해소되지 않았다. 거의 모든 사람이 공직에 적합한 지식인으로서 그들의 기개를 펼쳐 보이기도 전에 여러 차례 실패했던 까

〈사진 6.1〉 시험장 호사(號舍)에서 술에 취한 1604년 장원

고정신(顧鼎臣)·고조훈(顧祖訓) 편, 『명장원도고(明壯元圖考)』, 1607년본.

닭이다. 대부분은 현縣과 부府의 생원 자격 취득 시험 단계를 넘어서지 못
했다. 대부분의 수험생에게 지역 학위는 1720년대에 잠시 중단되었던 세
금 우대와 법적 특권을 만족할 만큼 충분히 가져다주는 것이었다. 성공보
다는 잔류주의, 즉 거듭된 실패가 선발 과정의 특징이었다. 유명한 실패
는 시험 전설의 일부가 되었다. 소설가 오경재[1701~1754]가 1729년 생원 자
격 취득 시험을 치를 때, 그는 술에 취한 것처럼 보여 현지 시험관의 눈에
거슬렸다.[사진 6.1] 참조 그의 문학적 재능은 인정받았지만, 그의 도덕성은 의

심받았다. 몇 번의 실패 후, 오경재는 자신의 경험을 널리 읽힌 그의 소설 『유림외사』에 담은 시험에 대한 문학적 패러디로 전환했다. 그것은 명청시대에 용인된 대중적 저항과 오락의 문학적 형태를 대변했다.[3]

대중적 구경거리와 개인적 경험

지부知府와 지현知縣은 고을 중심부의 지역 관아에서 자격 취득 시험 및 자격 검정 시험을 소집했다. 명대 말기의 전형적인 시험에는 4,000명에서 5,000명의 응시자가 몰렸다. 18세기 중반 소주부蘇州府 관아에는 두 개의 지방 시험용 공간이 있었다. 서문西門 밖의 상점들에서는 시험용품들을 판매했다. 시험이 진행되는 동안 경비가 삼엄한 출입문들 바깥에서는 군중들이 떼를 지어 서성였다. 아전들은 시험이 시작되거나 끝날 때 울리기 위해 나팔과 징을 들고 바깥쪽 시험장에 서 있었다. 두 개의 통로가 평소에는 (조정의 6부에 상응하는) 6방房의 집무 공간으로 쓰이는 안쪽 시험장과 경계를 이루었다. 응시자들은 시험을 치르기 위해 예방禮房, 호방戶房, 이방吏房 건물들 안의 긴 탁자들을 사용했다. 안쪽 시험장 뒤편에는 높은 기단 위로 전당이 하나 서 있었다. 주시험관은 명부상의 출석 및 보증인 명단 확인, 답안지 교부, 시제試題 발표 후 그곳에 좌정하였다. 그의 양옆으로는 관리들이 두 줄로 늘어서 있었고, 그들은 모두 관아의 탁자들에 앉아 있는 후보자들을 내려다보았다. 각 수험생은 부정행위를 막기 위해 보통 4명으로 이루어진 상호 보증 소조의 일원이었고, 그들은 경내의 변소에 갈 때도 모두 감시를 받았다.[4]

당대 이래로 문화적 위신의 의례는 전시殿試에서 거행되었지만,[5] 모든 단계의 시험, 특히 명청시대 회시 시험장에서의 화려함과 의식이 눈에 띄었다. 특별 고사장들과 그 안의 수천 개의 호사號舍들에 쌓인 쓰레기와 오

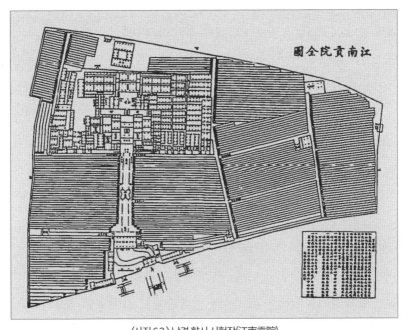

〈사진 6.2〉 남경 향시 시험장(江南貢院)
에티엔 지(Etienne Zi), 『중국의 문학 시험 관습(Pratique des Examens Litteraires en Chine)』
상해 : 가톨릭 선교 인쇄소(Imprimerie de la Mission Catholique), 1894, 접이형.

물들이 치워지고 나면, 시험장 밖에서는 명절의 시장 같은 분위기가 가득
했다. 성도의 시험장들은 3년에 한 번씩 변신하면서 문화적 의식, 치안의
유지, 그리고 '도학'의 시험을 위한 역할을 동시에 했다. 내부 건물들 안에
는 5,000명에서 10,000명의 수험생과 더불어 시험관, 사무원, 인쇄공, 요
리사, 경비원 및 물품 공급자 등 대규모의 실무자가 있었다.

〈사진 6.2〉와 같이 명대 향시 및 회시에는 시험관들 외에도, 현지인들이
수험생과 함께 시험장 호사 안에 앉도록 배치되었다. 또 답안지를 전사하
기 위한 서기, 인쇄공을 위해 용지를 준비하는 목판 각공, 시험관과 실무자
들에게 음식을 공급하는 조리사, 수험생들에게 물을 제공하는 공급자들
도 있었다. 명청시대에 가장 큰 시험장 중 하나였던 남경 시험장은 1630
년에는 7,500명의 수험생을 수용할 수 있었고[1850년에는 17,000명], 명대의 3단

계에 걸친 시험기간 동안 총 12,000명에서 15,000명 정도의 인원이 그 안에 수용되었다.〈사진 6.2〉참조 수험생의 확대에 보조를 맞추기 위해 명대에 감독자 수를 늘렸지만, 전체 수험생의 규모는 관청의 인원을 계속 앞질렀다.[6]

3년마다 거행되는 향시 응시자들은 각 단계의 시험이 시작되기 전날 밤에 시험장에 들어갈 수 있었다. 응시 자격을 보장받기 위해서 생원들은 보통 하인들과 함께 8월에서 9월 사이음력 8월 시험 날짜 일주일 전에 자신들의 신분을 보증하고 직계 혈통 및 그 사회적 신분, 그리고 상중喪中이 아님을 문서로 입증하는 자격증을 제시하기 위해 지역 성도省都에 모여들었다. 접수 승인이 나면 수험생들은 성의 행정장관과 시험관들이 먼저 경내에 들어가기를 기다리는 동안 필기 용품을 직접 준비하고 공인이 찍힌 공백 필기 용지를 구입한 뒤 음식물 공급과 용변 기구 등에 필요한 조치를 취해야 했다.[7] '장원을 위한 시험용품'이라든지 '3단계 시험을 위한 명품 붓' 같은 상호를 내건 응시자를 위한 상점들은 시험장의 정문 밖에 많이 있었다.〈사진 6.2〉참조[8]

쌀과 죽은 구내에서 응시자들을 위해 제공되었지만, 대부분은 휴대용 석탄 화로에서 조리한 자신들의 음식을 선호했다. 응시자들이 입구에 들어설 때 친지들은 간단한 음식을 선물했다. 직계 친족들은 시험장에 최대한 가까이 머물며 상업과 활동의 박람회 같은 분위기를 고조시켰다.[9] 응시자들은 또 밤에 글씨를 쓸 수 있도록 자신의 양초를 조달했지만, 그 결과 화재가 빈번히 발생했다. 예를 들어 1438년에는 수도 지역인 순천부順天府의 회시 시험장에서 화재가 발생했다. 어떤 기록에서는 1463년 가을, 천 명이 넘는 사람들이 순천부 시험장 화재로 사망했다고 주장했지만, 다른 기록들에서는 화재로 인한 사망자가 훨씬 적었으며, 이듬해 봄 시험 일정이 변경되었을 때 또 다른 화재가 있었다고 주장한다.[10]

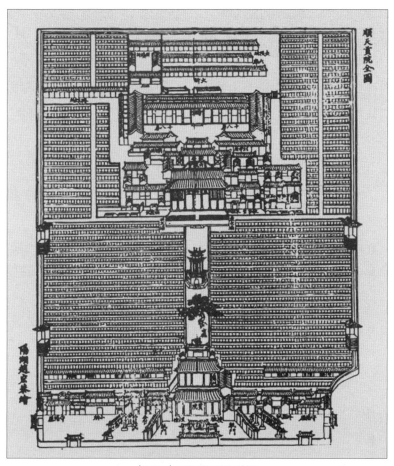

〈사진 6.3〉 순천부 향·회시 시험장
『순천부지(順天府志)』, 1885년본 참조.

공식 감독자들은 남쪽의 정문으로 진입한 후 북쪽에 있는 그들의 관아로 이어진 중앙 통로를 따라 들어갔고, 그들과 실무진은 3단계의 시험을 완료하고 답안의 등급 및 석차를 매기는 데 필요한 3주 동안 그곳에서 기거하며 머물러 있었다. 내부 감독관들은 시제또는 주제가 황제에 의해 정해지면 세부 문구를 결정하고 등급 및 석차 판정 감독을 담당했다. 외부 감독관들은 물자 공급과 감시를 포함한 모든 관리상의 문제들을 처리했다. 취침, 취사,

채점 및 인쇄 등을 위한 특별한 방들이 중앙 본부를 구성했고, 그 동·서·남쪽에 수험생들을 위한 수많은 작은 방이나 호사들이 배치되었다. 응시자의 수가 증가함에 따라 시험장의 형태는 때때로 (순천부처럼)(사진 6.3) 참조 직사각형에서 남경의 비스듬한 삼각형 모양(사진 6.2) 참조으로 변경되었다. 그러나 18세기와 19세기에 약 15,000명에서 17,000명의 응시자가 시험을 치렀을 때 일부 호사들이 북동쪽과 북서쪽에 등장하기 시작했음에도 불구하고 북쪽은 시험관들의 점유물로 남아 있었고 호사는 배치될 수 없었다.[11]

고사장 밖의 상업적 활기는 시험장을 둘러싼 이중벽 안의 삭막한 분위기와 대조를 이루었다. 응시자들을 위한 개별적으로 분할된 호사들은 4피트 이하 폭의 골목들로 분리된 일련의 나란한 줄을 이루며 남쪽에서 북쪽으로 나 있는 중앙 진입로를 중심으로 동서로 뻗어 있었다.(사진 6.4·5) 참조[12] 나란한 호사들의 열 입구에는 물 끓이기와 화재 대비용 대형 항아리들이 배치되어 있었다.(사진 6.5) 참조 끝쪽의 호사들은 대개 공용 화장실에 가까웠고, 악취를 참기 어려운 경우가 많았다. 응시자들은 그런 장소를 시험장 내의 '여섯 가지 괴로움' 가운데 하나로 꼽았다.[13]

각 호사의 입구는 지상 위로 높이 솟은 하나의 망루에서 감시가 용이하도록 위에서 아래까지 개방되어 있었는데, 이는 비와 햇빛이 호사로 쉽게 들어올 수 있다는 것을 의미했다. 응시자들의 답안지가 불에 타거나 바람에 날아갔다는 이야기가 매우 많다. 예를 들어 1640년의 한 응시자는 화재로 자신의 시험지가 타버려서 다시 작성해야 하는 꿈을 꾸었다.[14] 이런 까닭에 응시자들은 노출된 호사에서 잠을 자기 위한 푹신한 이불이 있어야 했을 뿐 아니라, 그들 자신과 용변 기구, 벼루, 붓, 종이를 비, 바람, 그리고 화재로부터 보호하기 위해 기름을 먹인 가벼운 가림막을 지참해야 했다.

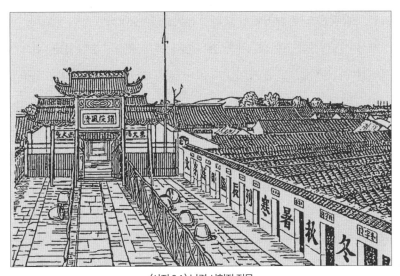

〈사진 6.4〉 남경 시험장 정문

에티엔 지(Etienne Zi), 『중국의 문학 시험 관습(Pratique des Examens Litteraires en Chine)』
상해 : 가톨릭 선교 인쇄소(Imprimerie de la Mission Catholique), 1894, 접이형, 104면.

〈사진 6.5〉 호사의 통로

에티엔 지(Etienne Zi), 『중국의 문학 시험 관습(Pratique des Examens Litteraires en Chine)』
상해 : 가톨릭 선교 인쇄소(Imprimerie de la Mission Catholique), 1894, 접이형, 106면.

그런 가림막은 남방 지역에서 모기의 공격을 막는 데도 도움이 되었다.[15]

향시 시험관들은 부정행위를 방지하기 위해 응시자들이 정문 밖에서 정해진 시간에 부府별로 모이도록 요구했고, 그곳에서 조사원과 사무원들이 그들을 수색했다. 악명 높은 거친 몸수색은 시험장 내부의 지긋지긋한 위생과 감시 환경을 대강 일깨워주는 것이었고, 이는 당대 이래로 분노한 문인들에 의해 기록되었다. 각 왕조의 일부 응시자들은 비인간적인 상황에 경악하여 즉시 고향으로 떠났다.[16]

이를 통과한 사람들은 내부에서도 엄격한 감시를 받았다. 모든 식량과 의복은 수시로 수색되었고, 시험장 내에서 인쇄물이나 필사된 자료는 허용되지 않았다. 예를 들어 깨알 같은 글씨로 경서가 쓰여진 속옷을 입은 사람들은 추방되고 처벌되었으며, 보통 몇 차례의 지방 시험 응시가 금지되거나 생원 자격을 박탈당했다.[17] 첫 검문소를 통과하면 응시자들은 고사장에 들어가 『천자문』의 글자 순서에 따라 분류된 자신이 배정된 골목을 찾은 다음 해당 골목에서 호사 번호를 찾았다.(사진 6.5) 참조 같은 부府또는 회시의 경우 省 출신 학생들은 미리 지정된 골목에 배치되었다. 호사 찾기는 수험생의 어린 시절 고전에 대한 훈련을 단적으로 보여주는 것이었다. 모두가 어린 시절 『천자문』이나 『삼자경』 같은 입문서를 암기하여 읽고 쓰기를 배우기 시작했던 까닭이다.[18]

각 단계별 시험을 위해 일단 시험장 안으로 들어가면 모든 응시자와 감독관은 외부와 격리됐다. 그 후 2박 3일 동안은 누구도 출입이 금지되었다. 만약 응시자가 경내에서 죽거나 중병에 걸렸을 경우, 그의 시신은 경비원들에 의해 벽의 구멍을 통해 내보냈다.[19] 각 호사에는 두 개의 이동식 판자가 있었고, 그것들은 적절한 위치에 놓으면 좌석과 책상 및 침상으로 쓸 수 있었다.(사진 6.6) 참조 글을 쓸 때 응시자들은 벽을 등지고 앉아 경

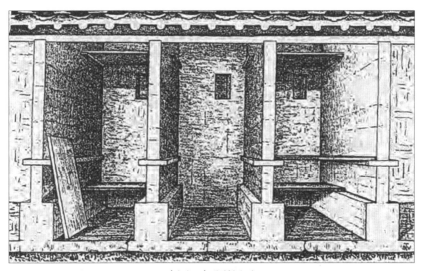

〈사진 6.6〉 개방형 호사

에티엔 지(Etienne Zi), 『중국의 문학 시험 관습(*Pratique des Examens Litteraires en Chine*)』
상해 : 가톨릭 선교 인쇄소(Imprimerie de la Mission Catholique), 1894, 접이형, 141면.

비원들이 감시할 수 있도록 입구 방향의 북쪽을 향했다.〈사진 6.1〉참조 문들이
닫히면 그들은 모든 응시자가 배정된 호사에 있는지 확인된 이튿날 아침
까지 명단의 호명을 기다렸다. 그런 다음 각 단계별 문제가 인쇄된 종이
쪽지로 배부되고 게시되었다.

3단계 각각의 시험마다 응시자들에게는 답안을 완성하는 데 만 이틀
의 시간이 주어졌다. 일반적으로 그들은 답안을 해서楷書로 정서하기 전
에 행서行書나 초서草書로 초고를 준비했다. 많은 수험생이 일찍 마쳤지만
어떤 이들은 마지막 순간까지 끌었고, 초를 챙겨오지 않은 경우 답안 작
성을 할 수 있도록 촛불을 켜달라고 요청하는 경우가 많았다.[20] 사흘째 되
는 날 해질녘이 되면 답안지들이 수합되었다. 그리고 나서 응시자들은 출
신 부府별로 또는 회시에서는 성省별로 경내에서 퇴장하였다. 이장二場 및 삼장三場
시험 사이에 응시자들은 다음 단계 시험을 치르기 위해 시험장에 다시
들어가기 전 하루 밤낮의 휴식을 취할 수 있었다.[21]

먹물을 사용하여 작성된 답안지는 채점이 이루어지는 배정된 시험구역에 따라 날인이 되었고, 형식, 서체, 위반 사항일록, 과도한 수정, 금지 문자 사용 등에 대한 검사가 진행되었다. 그 답안들은 200~300명의 등록관謄錄官에게 넘겨져 주묵朱墨으로 모두 전사傳寫되었고, 각각의 전사본에는 익명성 유지를 위한 비밀번호가 부여되었다.[22] 또 다른 100명 정도의 교정자는 정확성을 위해 원본과 사본을 대조 검토한 뒤 익명 답안의 평가 과정이 시작될 수 있도록 주묵으로 된 사본을 해당 부시험관에게 전달하였다. 명대의 시험관들은 답안의 균형과 형식을 평가하기 위해 주묵 사본에 녹색 먹물을 사용하기도 했다.[23]

향시와 회시의 채점 과정에서 답안지들은 응시자가 자신의 전문화를 위해 오경 중 어느 경서를 선택했는지에 따라 우선 분류되었다. 각각의 경서마다 적어도 하나의 시험구역[방(房)]이 있었다. 『역경』, 『서경』, 『시경』에는 여러 개의 시험구역이 있었고, 각각의 답안지는 해당 구역에 배정된 부시험관에 의해 따로 채점되었다. 각각의 전문화 그룹은 향시 및 회시의 상위 5등 안에 포함되기 마련이었다.[24] 향시에서는 각각의 경서별로 최소 5개 구역이 있었고, 회시는 응시자의 전문화 비율에 따라 최대 20개 구역이 있었다.[25]

스승[구역 대표 시험관]과 제자[급제자] 사이의 신의는 그것이 정치적 관심사가 되었던 명대에 특히 강했다. 가정제嘉靖帝, 1522~1566 재위는 응시자들이 그들 시험구역의 대표 시험관에게 어떠한 특별한 의례도 행해서는 안 된다고 명했다. 만력 연간1573~1626에는 소속 시험구역에 대한 충성심을 바탕으로 한 사제師弟 집단이 두드러졌다. 이후 1658년에서 1679년 사이에 청 조정에서는 사제 파벌을 막기 위해 시험 운영 단위로서의 구역을 폐지하였다. 1679년에 시험구역이 다시 도입되었음에도 불구하고, 강희제는 여전히 응시자들이 그들의 대표 시험관에 대한 특별한 의례를 행해서는 안 된 다고 명했다.[26] 학자 겸 관료 전대흔[1728~1804]은 후에 자신들의 시험관을 후 원자로 여기는 응시자들을 비판했다. 비슷한 예로 진영秦瀛, 1743~1821은 소위 시험 스승들을 19세기 응시자들 사이의 점증하는 비리와 연결시켰다.[27]

작성 및 전사된 답안지의 양으로 인해 부시험관과 주시험관이 합격자 의 최종 석차 명단을 완성하는 데는 약 20일이 걸렸다.[28] 예를 들어, 1466 년 전시의 최종 장원은 완성하는 데 30개의 두루마리가 필요할 만큼 긴 대책문을 작성했다. 그는 답안을 완성하기 위해 시험관에게 용지를 추가 로 요청했다. 나이든 시험관이 모든 답안을 읽은 후 무릎을 꿇은 상태에 서 일어날 수가 없어 일어서기 위해 도움이 필요했다고 전해진다. 이후 전시 책문 답안은 두루마리 13개로 제한됐다.[29]

명대 향시 및 회시에서도 답안 길이에 대한 제한이 설정되었다. 사서四 書에 기초한 명대 초기 시험 문제는 최소 200자 이상 길이의 짧은 에세이 답안을 요구했다. 오경 중 하나의 '의미[經義]'를 설명하는 최소 300자 이 상의 간략한 에세이는 고전학의 표준이었다. 그러나 독권관 수의 증가에 도 불구하고, 주어진 기한 내에 모든 답안을 읽고 채점해야 한다는 압박 감은 불가피하게 첫 번째 시험에서 제시되는 문제들이 시험관들의 더 많 은 관심을 받게 만들고 그에 따라 학생들도 그렇게 되었다는 것을 의미 했다. 우리는 제2장에서 사서오경에 관해 쓴 악명 높은 팔고문이 어떻게 1475년 이후 과거 시험에서 전반적인 기준이 되었는지 살펴보았다. 게다 가 답안의 길이는 18세기에 전형적인 팔고문이 700자 길이가 될 때까지 점진적으로 증가했다.[30] 청대에 향시에서 복사한 모든 주권硃卷은 예부에 서 부정행위를 검토할 수 있도록 수도로 보내졌다.[31]

응시자들과 그들의 친구, 친척들은 시험장 바깥에서 석차가 공표되기를 기다렸다. 구영(仇英, 약 1490~1552)의 〈관방도(觀榜圖)〉라는 명대 말기의 유명한 그림은[32] 시험 결과를 살펴보는 초조한 학위 후보자에 초점을 맞췄다. 행상들은 합격한 수험생의 이름을 적어 길거리에서 판매했다. 향시에 합격한 소수의 사람은 총독 관아에 초대되어 축하를 받았고 수 놓은 옷깃으로 장식되었다. 공식·비공식 축하 행사가 이어졌고, 소식이 성에서부터 고향의 부·주·현으로 퍼져나가게 되면서 급제자는 많은 축하를 받으며 집으로 돌아왔다.(사진 6.7) 참조[33] 거인에 대한 이러한 축하는 진사가 수도와 가정에서 받은 환대에 비하면 덜한 것이었다.

1388년부터 장원급제자는 고향에 기념 패방(牌坊)을 세우는 것이 허용되었다. 1404년에는 남경의 국자감 뜰에 진사 급제자 전원의 이름을 석차순으로 새긴 비석이 세워졌는데, 이 전통은 1416년부터 1904년까지 북경에서 계속되었다. 후에 명대의 거인과 진사들은 통상적으로 그들의 성취를 기념하기 위해 자신의 집이나 가묘 앞에 기념 깃대나 명판을 세웠다.[34] 그러나 대다수의 수험생은 더 높은 학위를 추구하는 데 실패했고, 대부분은 여러 차례 낙방했다. 하지만 그들은 자신의 답안을 보고 시험관들의 논평을 통해 배울 수 있도록 허용되었다.[35]

감시와 통제의 정치적 구조

과거 시험은 받아들여지기는 했지만 때로는 의문시되었던 인재선발 방식으로서, 대체로 한족과 만주족 통치자들을 분리하는 교육적 차이점을 나타냈다. 과거 시험은 또 한족 엘리트들과 혜택을 덜 받은 평민들을 나누었다. 그러나 시험은 일반적으로 자발적인 순응을 이끌어냈다. 합격한 지식인들은 '도학'적 가치관에 정통함을 입증하였다. 시험장은 글자 그대로의 의미로서 감옥은 아니었고, 혐의자들이 사건이 판정되거나 형이 선고

〈사진 6.7〉 1484년 장원이 친구들 앞에서 행진하다
고정신(顧鼎臣)·고조훈(顧祖訓) 편, 『명장원도고(明壯元圖考)』, 1607년본.

될 때까지 본의 아니게 구금되어 있던 장소 같은 곳이었다. 정식 감옥은 형률刑律 조항에 따르도록 규정되어 있었다. 그러나 명청시대 감옥이나 구치소는 시험장 규모로 지어지지 않았으며, 이는 후기 제국이 그 공화주의 및 공산주의 후계자들과 달리 유형지나 수용소 없이 합리적인 수준의 사회 안정을 이룰 수 있었음을 보여준다. 후기 제국 엘리트들은 공적으로는 시험과 재시험을 위한 반복적인 등록 요구를 준수했고, 사적으로는 시험 시장에서 승자와 패자를 결정하는 끊임없는 평가와 분류를 묵인했다.

시험장을 '문화 감옥'이라고 했을 때, 이는 비자발적으로 범죄자들을 가두는 형옥刑獄과는 대조적으로 중국 문과 및 무과 수험생들이 자발적으로 승인되지 않은 사람들을 배제하는 감시받는 시설에 갇혔다는 것을 의미한다. 아이러니한 것은 엘리트의 아들들이 시험장에 들어가기 위해 서로 경쟁했던 반면, 농민과 장인의 아들들은 때때로 감시 요원으로 들어갈 수도 있었지만 수험생으로서 호사에 들어가는 것은 꿈만 꿀 수밖에 없었다는 것이다. 이러한 정치적 통제에 대한 사회적 수용은 '문화 감옥'이 실제 감옥과 얼마나 달랐는지, 그리고 왜 '문명화된' 기구로 미화될 수 있었는지를 말해준다.

더 깊이 생각해 보면, 우리는 시험장 내 호사에서의 생활이 실제 감옥보다 불교 수도승의 그것과 더 많은 공통점을 지녔다고 결론 내릴 수 있다. 시험장의 호사들은 승려들이 종종 좌선을 위해 칩거했던 동굴 수행처나 산막과 비교하기 좋다. 그러나 수험생들은 일단 시험장에 갇히면 승려들과 달리 나갈 수 없었고, 그들의 행동은 경비원들과 사무원들에 의해 감시되었다. 독신 승려들과 보시하는 일반인들이 많이 모이고 일상생활의 상징적 질서를 대표하는 것이기도 했던 사찰의 큰 행사들은 과거 시험의 대중적 구경거리와 매우 유사했다. 예를 들어, 당나라 때 '감사 의식'

으로 알려진 과거 급제 의례는 불교 사찰의 수계 의식을 반영하고 불교의 어휘와 몸짓, 기물들을 원용했다.[36]

성도省都와 수도의 풍경 속에 산재되어 있던 특별히 건립된 시험장들은 사용하지 않을 때는 금방이라도 무너질 듯한 수감자 없는 감옥과도 같았다. 2, 3년에 한 번씩 거행되는 제국 전역의 반복되는 시험 주기에 따라 다시 칠하고 복원되었던 이 시설들은 성도와 수도에 있는 수천수만의 호사들에 공직 후보자들이 수용되면 사실상 '문화 감옥'이 되었다.[37] 공직 후보자의 복잡한 등록 요건, 엄격한 감시 절차, 그리고 전국적으로 조직된 끊임없는 재평가는 수백만의 응시자들과 수천의 감독관들을 시험장에 모이게 했다. 외부에서 들여다보면 그 과정은 일견 고분고분한 사람들이 기꺼이 익명으로 서로 경쟁하는 원자화된 수험생들로 대상화되게 만드는 강제적인 기술을 암시했다. 수험생 각각의 정체성은 익명으로 작성된 자신의 답안지로 축소되었다. 시험장 내부의 절차는 일시적으로 응시자들의 이름과 가문, 사회적 지위를 제거했다. 각각은 무명의 존재로 간주되었고 따라서 시험관들의 눈에는 동등했다.

명청시대 시험장 내부의 보안 감시는 응시자들을 제외하고는 일반적으로 간과되어왔다. 선발 과정에 대한 미화된 기록들은 사회적 유동성과 인재선발을 강조하거나 당송시대부터 제국의 감시체제가 획일적이었다고 가정했을 따름이다. 그러나 청대 학자 겸 관료 조익趙翼, 1727~1814은 그의 역사 저작에서 명청시대 시험장의 엄격한 보안에 비해 당송시대 고사장의 감시 절차는 느슨했다고 지적했다. 이상화된 역사와 달리 시험 제도의 운영은 왕조가 인위적으로 만들어진 시험장에서 덕행과 교육을 부지런히 감시했음을 보여준다.[38]

과거 시험은 문화적·교육적 영향력에 있어서 그 어떤 교육 기관에도 견줄 수 없는 강제력을 지닌 제도였다. 민간 및 군사 감시 위계의 공간적 내포화, 시험 수준에 근거해 미리 정해진 효율적인 시간표에 따라 응시자들이 갇히고 분류되며 호사들로 분리되는 통제 시스템, 그리고 의례 및 행동 양식의 철저한 준수 등을 종합적으로 고려하면 '감옥'의 비유가 논점을 벗어난 것은 아님을 알 수 있다.[39] 오직 죽음과 세금, 그리고 아마도 법률적 사건만이 후기 제국시기에 더 많은 사람에게 영향을 미쳤다.

2. 명말 시험 개혁의 요구

당·송·명대의 지식인들은 공직을 위한 재능 있는 지식인을 선발한다는 정해진 목표를 달성하지 못하는 과거 제도의 실패를 종종 비난했다. 당대 문인 조광趙匡, 주요 활동시기 : 766~779이 처음 언급한 가장 자주 언급되는 상투적 표현은 공직 후보자들이 "배운 것은 쓸모가 없고 소용되는 것은 배운 것이 아니다[所習非所用, 所用非所習]"라는 것이었다.[40] 그러나 개혁가들이 개혁이 어떻게 더 나은 공직자들을 양산할 수 있을지 고려하지 않는 한 개혁은 일반적으로 상상할 수 없었다. 개혁가들은 처음부터 끝까지 공직자를 선발하기 위한 과거 시험의 실행 가능한 대안으로 학교를 제시했다.[41]

선발 제도를 칭송한 이들도 개선의 여지가 많다고 봤다. 구준과 왕오는 각각 시험과 '도학' 교육 과정을 긍정했지만,제2장 참조 경서 전문화 정책이 경학에 악영향을 미치고 있다고도 생각했다. 또 두 사람 모두 책문이 더 주목받아야 한다고 생각했다. 왕오는 아이러니하게도 자신의 시험 에세이가 팔고문의 본보기가 되었던 까닭에 시험관의 요구는 만족시켰으나 배움의 부족이 입증된 고전 에세이에 지나치게 중점이 두어졌다고 느꼈다.[42] 과거 시험에 관한 정책 논쟁은 왕조가 무너지기 직전인 명대 말기에 많은 지식인이 제도 전체의 폐지를 요구하면서 놀라울 정도로 심각한 수준에 이르렀다.

폐지에 대한 요구

1636년 회안淮安 출신의 무과 시험관 진계신陳啓新이 관리 선발을 위한 간단한 추천 절차를 요구한 상소문을 두고 양자강 삼각주의 복사復社 관련자들은 활발한 토론을 벌였다. 같은 시기에 하남성 순무巡撫는 과거 시험을 점진적으로 축소하고 송대와 유사한 보증 추천[보거(保擧)] 절차로 대체할 것을 제안하는 상소문을 올렸다.[43] 진계신과 하남 순무는 1373년에 과거 시험을 일시적으로 중단한 명나라 건국자의 선례에 호소했다.제1장 참조 추천 절차를 통해 인재를 더 많이 배출하지 못하면 시험은 재도입될 수 있었다.[44]

진계신은 점진적인 해결책을 고려할 의사가 없었다. 그는 3대 '병폐'의 개요를 다음과 같이 설명했다.

① 문학 시험을 이용하여 남성을 관리로 선발하는 것은 근본적으로 결함이 있다. 그러한 시험은 도덕성과 배움이 '종이 위의 공허한 말'에 불과한 사람들을 양산했다.

② 관료를 임용할 때 너무 엄격하게 진사 학위 자격에 의존해 많은 인재를 배제했다. 명대 초기에는 수많은 낮은 학위 소지자들이 봉직했지만, 가정 연간1522~1566 이후 중요한 직책은 높은 학위 소지자들에게 주어졌다.제3장 참조

③ 진사들이 거의 모든 고위직을 장악하고 있는 것에 비하면 지방의 중첩되는 지현知縣과 사법관[추관(推官)] 직책은 필요 이상으로 많다.

진계신은 과거 시험의 즉각적인 폐지, 학위 신분과 관계없이 모든 도덕적 후보자[효렴(孝廉)]의 발탁, 지방 사법 관직의 폐지를 요구했다.[45]

숭정제[1628~1644 재위]는 이 제안들을 고려했지만, 그것들은 모두 진사 출신인 고위 관리들로부터 격렬한 반발을 불러일으켰다. 그들은 진계신을 문관을 질투하는 미숙한 무관이라고 공격했다. 어사 첨이선詹爾選, 1631년 진사은 문학 시험을 통해 선발된 모든 사람이 훌륭하지는 않다는 것을 인정하면서도 선발 과정을 통해 재능을 보여준 송대 이후의 걸출한 지식인들을 재빨리 열거했다. 그들 반론의 결정적인 일격으로 조정의 관료들은 또 법가적 진나라[기원전 221~207] 때 '분서갱유'의 악명 높은 정책에 비교하며 진계신이 반 지식인 정서를 품고 있다는 혐의를 제기했다. 그들은 만약 황제가 그러한 제안을 수용한다면 "공자와 맹자가 본받을 가치가 없다는 것을 인정하는 것"이라 결론지었다. 이는 논쟁의 이해관계를 과열된 수준으로 끌어올렸다.[46]

자신의 제안이 유발한 독선적인 수사의 수준을 고려할 때 진계신은 할 수 있는 것이 거의 없었다. 그는 운 좋게도 기소 대상으로 지목되지 않았다. 그러나 이 소동은 과거 시험 개혁가들이 직면해야 할 이념적 장애물을 보여주었는데, 이는 제8장에서 보게 될 것처럼 1660년대에 만주족이 과거 시험 개혁이 필요하다는 것을 고려했을 때도 되풀이되었다. 명대 말기의 과거 시험에 대한 방어에 숨어 있는 것은 진계신 같은 비 진사 출신 하급 관리들이 다른 이들을 위해 부와 지위로 가는 길을 넓히는 것을 막으려는 무언의 노력이었다.[47] 이후 1644년에 명나라를 무릎 꿇게 만든 서북부의 대규모 농민 반란 지도자들은 명말 과거 시험에서 거듭 실패했던 지방 수험생들이었다. 한 무관의 제안에 대한 논쟁은 이후 지방 시험에서 문·무과 후보자 사이에 유동적인 이동을 허용한 18세기 후반의 정책 변

화가 명말에 이미 뚜렷했던 문-무 갈등에 대한 대응이었음을 시사해주는 것이기도 하다.[48]

개혁의 외침

명대 말기에 황순요黃淳耀, 1605~1645는 오랫동안 많은 실패 끝에 마침내 1643년 마지막 전시殿試에 합격했다. 그는 기대했지만 관직은 제수받지 못했다. 그의 경험으로 인해 황순요는 과거 시험을 자신과 같은 인재의 낭비라 여겼다.[49] 황제에게 상소를 하는 대신 황순요는「과거론科擧論」이라는 제목의 일련의 글들로 지식인 사회에 호소하는 것을 선택하였다. 1645년 만주족이 이끄는 군대에 가정嘉定이 함락될 당시 그의 영웅적인 자결에도 불구하고, 황순요의 평가는 공직 후보자들을 시험하는 데 있어 필기 시험 활용의 결함을 해소하기 위한 청대 초기 노력의 출발점이 되었다.[50]

황순요는 자신의 서문에서 당대의 문예에 기반한 무가치한 필기 시험에 비해 한대에 시행되었던 추천 제도가 최선의 대안이라고 결론지었다. 황순요는 송대 지식인들이 당대 과거 시험에서의 문학 편중 문제를 바로 잡기 위해 노력했다고 언급했다. 명대 초기의 황제들도 마찬가지로 시험 교육 과정에서 송대 '도학'의 '의리義理'를 강조했다. 또 시험 과정 외에 승진을 위한 여러 가지 방안이 있었다. 그러나 1465년 이후로는 과거 시험만이 사서오경의 '도학'적 관점을 옹호하는 팔고문을 통해 '부와 지위'로 가는 확실한 길을 제공했다.[51]

시험을 폐지하는 것과 보존하는 것 사이에서 절충안을 찾던 황순요는 시험이 개혁된다면 여전히 그 목적에 부합할 수 있다고 생각했다. 이를 위해 황순요는 다음과 같은 세 가지 주요 변화를 제안했다.

① 시험 에세이의 문학적 중점을 보다 실질적인 학습에 대한 관심으로 대체하는 것

② 추천 제도를 재도입하는 것

③ 지역 학교들이 단순한 시험장 이상이 될 수 있도록 제국의 학교 교육을 개혁하는 것[52]

황순요는 또 마땅히 더 높은 우선순위가 부여되어야 하는 삼장三場에서 주어지는 역사·법률·정책 문제들을 위해 팔고문의 수를 줄이는 것을 제 안하였다.[53]

결론적인 언급에서 황순요는 만약 과거 시험이 개혁되지 않는다면 "조 정이 받게 될 대가는 정서적으로 균형 잡히지 못한 '이상한 지식인들'"이 라고 강조했다. 이는 시험 제도가 젊은이들에게 부과한 높은 정신적 비용 을 시사했다.제5장 참조 황순요는 다음과 같이 지적했다.

고전 에세이가 균형 잡힌 사람을 괴롭힐 수 있다면, 비정상적인 이들에게는 얼마나 더 그러할 것인가.

"배운 것은 쓸모가 없고 소용되는 것은 배운 것이 아닌"당대 조광의 말을 인용 남성들이 그에게는 과거 시험의 유일한 결과물로 보였다.[54] 1645년 [팔기 군의] 가정삼도嘉定三屠 대학살에서 사망한 황순요도 명나라도 그러한 제 안이 실행될 만큼 오래 살아남지 못했다. 그 사이의 반란군 지도자 이자 성1605?~1645은 1644년에 북경을 함락시켰을 때 여전히 명대의 선례에 근 거한 향시를 열었다. 드러난 바와 같이 낙방 거자擧子 출신의 반동분자는 시험을 바꾸기 위해서가 아니라 시험에 통과하기를 원했을 뿐이었다.[55]

애남영과 고염무 같은 명대 후기 지식인들 또한 지식인 독자를 위해 과거 시험의 가혹한 감시 방식을 묘사했다. 애남영은 생원들이 지방 시험에서 겪었던 공포를 생생하게 묘사했다.[56] 고염무는 명대 시험 에세이에 대해 통렬하게 비판한 것 외로도, 시험장의 삼엄한 감시 분위기의 기원을 당대까지 거슬러 올라갔다. 고염무가 보기에 그 결과는 부정행위 처벌 관련 세부사항들로 가득하지만 인재를 발굴한다는 목표는 상실한 시험 과정에 대한 감시와 통제체계였다.[57]

황종희 같은 다른 이들도 시험장에서의 과도한 감시에 항의하였으나, 황종희는 선발 과정에 대한 제국의 통제에 공공연히 도전하지는 않았다.[58] 중앙집권식 감시는 관료제와 한림원 시험관들을 통해 황제의 권력을 중국 사회의 가장 낮은 층위까지 연결지었다. 엘리트의 아들들은 이 메커니즘의 익명의 참여자로서 사실상 후기 제국을 뒷받침하는 권력관계의 담지자가 되었고, 이는 그들 중 일부가 관리로서 정치적 영역에 진입할 수 있도록 허용하였다. 비록 단기적이기는 하지만 동림당과 복사가 그들의 이익을 증진하기 위해 시험을 이용하는 데 성공한 것은 주목할 만한 일이었다.제2장 참조 지식인 그룹들이 분명한 집단으로서 자신들의 정치적 자산을 늘리기 위해 선발 과정을 성공적으로 겨냥했기 때문이다. 그러나 전반적으로, 군주와 지식인의 협력관계는 통치체제 내 사대부 당파의 불법성을 전제로 했다. 동림당의 붕괴는 이 점을 입증시켜주었다.[59]

그럼에도 불구하고 명대 말기에 표출된 시험 개혁론의 대부분은 청대 초기에 입안되었다. 청의 군대가 북경을 정복한 후 1645년과 1646에 과거 시험이 실시되었고, 그 뒤로는 정기적으로 시험이 치러졌다. 특히 1663년에서 1787년 사이에 만주족 조정은 명대 후기 비평가들이 윤곽을 제시한 방향에 따라 과거 시험을 개정하려는 노력에 힘을 실어주었다.

3. 지방 수험생들을 통제하기 위한 청조의 노력[1650~1850]

만주족 군주는 지방의 부·주·현에서 입학 시험을 치르는 하급 수험생들의 모집을 어떻게 통제할 것인지에 대해 늘 확신이 없었다. 지방 시험은 조정의 직접적인 통제에서 가장 멀리 떨어져 있었다. 명대 말기에 교육 관료들의 지위가 결정적으로 하락함에 따라,[제2장 참조] 성의 교육감과 지부知府, 지현知縣들만이 믿을 만한 감독자들이었다. 지방 수험생들에 대한 만주족 정책의 전체적인 연대기는 청의 지배에 대한 저항이 얼마나 컸는지를 잘 보여준다. 조정 또한 그들의 정책이 지속적으로 공격받고 있다는 것을 깨달았다.[60]

문맹 및 지방 무과 시험 응시자

1652년부터 청대 황제들은 지방 수험생들이 5인 1조로 등록하고 각 조별로 시험에 응시하도록 명했다. 정부는 수험생과 그 가족 및 추천인들에게 응시자의 시험장 내 행동에 대한 책임을 물을 뿐 아니라, 수험생 소조들 또한 서로의 행동을 감시하는 상호 책임의 구성단위 역할을 하도록 만들었다. 이것은 명대에 세금 징수와 지방 부역 노동을 감독하기 위해 만들어진 지역 책임 구성단위[이갑제, 제3장 참조]에서 아이디어를 빌린 것이었다.[61] 게다가 고전 문해력을 갖추지 못한 사람들은 관학에 들어갈 수 없었다. 허위 등록 서류를 제출하거나 교육관에게 뇌물을 준 사람들은 기소당하게 되어 있었다.[62]

강희 연간인 1700년에 조정은 모든 문맹 응시자 사건의 경우 교육감에게 보내 재검토하도록 명하였다. 고전 문해력을 갖추지 못한 평민들은 관아 시험장에 들어갈 수 있도록 지역 교육관들을 매수하기도 했던 것이다. 18세기 초에 청 조정은 자격 있는 응시자가 생원이 되는 과정에 있어서 지현의 선발을 더 이상 신뢰하지 않았다. 이 문제는 1723년에 옹정제가 지부와 성 교육감에게 지방 시험 답안들을 재평가하라고 명했을 때도 해결되지 않았다. 1725년에 조정은 응시자들이 자격 취득 및 검정 시험을 위해 재시를 치를 때, 강희 연간 이래 관례였던 『성유광훈』일부의 외워 쓰기도 명했다.[63]

1731년 이후 새로운 문제가 조정을 괴롭혔다. 지역의 지부와 지현은 문관이었지만, 지방의 무과 생원 자격 취득 시험과 자격 검정 시험에 대한 감독도 책임져야 했다. 따라서 성 교육감과 지부, 지현들은 무과 시험에 요구된 중국 고전 병서에 숙달해야 했다.[64] 흥미롭게도 지방 수험생들의 고전 문해력 수준은 대체로 비슷해지고 있었고, 1713년에서 1714년 이후로는 응시자들이 생원 신분을 위해 문·무과 시험을 교차 응시할 수 있도록 법적으로 허용되었다.[65] 이 특전은 1741년에 폐지되었다. 1744년에 건륭제는 지역 교육관들에게 매달 문무 생원들을 소집하여 『성유광훈』을 암송시키도록 요구했다. 때로는 문과 응시자들이 거인 및 진사 학위를 위해 무과 향시와 회시에 응시하는 것이 허용되었다.[66]

생원들에게 지방 문·무과 시험 중 하나를 교차 응시할 수 있도록 허용하는 것은 응시자의 사회적 정체성과 고전 문해력을 확인하는 과정을 배로 어렵게 만들었다. 이미 1723년에 조정은 일부 "문·무 생원들은 계획적인 살인범들"이라고 한탄했고 그들의 범죄를 처벌하도록 명했다. 옹정제는 또 이전에 지방 생원들에게 부여했던 모든 법적 특권을 철회했다. 1727년 옹정제는 무과 학생들이 문과에 응시하는 것을 금지했다.[67] 조정의 언사는 지방 학위 후보자들이 이상理想과 얼마나 동떨어져 있는지를 보여주었다. 지방의 '불량 신사豪紳'들은 자격 시험 응시 금지 부류로 걸러졌다. 1735년에 조정은 모든 교육관에게 지역의 문·무 응시자들을 더 철저하게 감독하라고 명했다. 건륭제는 이 정책을 확대하여 각 응시자의 행동을 성 교육감에게 보고하도록 하였다. 규정 위반을 한 사람들은 퇴출 당하게 되었다. 탐탁지 않은 사람들이 문·무과 선발 과정에 접근하고 있었던 것이다.[68] 1820년부터는 관아 아전의 자손은 더 이상 문관 임용이 허용되지 않았다. 대신 그들은 지방 무과 시험을 볼 수 있었다. 각 집단이 어느 정도까지 고전 문해력을 갖췄을 때 지식인 엘리트와 평민 아전, 군인 가족들 사이의 지위 격차가 좁혀지는 것은 막기 어려웠다.[69]

오래된 문민의 이상은 한족들에 의해 일반적으로 받아들여졌지만, 이 목표는 팔기군이 명 왕조를 무너뜨리고 한족 군대를 자신들의 직접적인 지휘하에 둔 만주족이 엘리트들을 굴복시킴으로써 복잡해졌다. 일찍이 1629년에 한군漢軍 팔기 시험이 시행되었음에도 불구하고, 만주족 기인旗人들은 처음에는 자신들의 상무 전통을 유지하기 위해 과거 시험 응시가 불허되었다.[70] 1652년 이후 기인들은 정규 과거 시험에 참가할 수 있었지만, 1665년 이후에는 특별 번역 시험 응시도 선택할 수 있었다.[71] 그럼에도 불구하고 대부분의 기인들은 군인으로 남아 있었고, 만주·몽골·한군 팔기들이 석권한 수도의 기인 번역 시험의 부패 정도는 상당했다.[72] 아울러 1904년의 마지막 시험까지 만주 및 몽골 팔기는 누구도 회시나 전시에서 한족 시험관들에 의해 최상위 3등 안에 들지 못했다.[73]

건륭제의 개혁과 부패의 확산

지방관들의 압박감을 덜어주기 위해 1743년부터 1744년까지 건륭제는 부시府試에서 지역 정원 할당제를 폐지하는 것을 고려했다. 선발은 오로지 응시자들 답안의 우수성에 근거해야 했다. 이 변경의 근거로는 인원 할당제를 없애기 위한 1700년의 선례가 참고되었다. 대신에 관리들은 각 부학府學의 정원 중 문과에서 50명, 무과 시험에서 20명의 후보자를 선발하도록 권고되었다. 조정은 할당제를 없애는 현실적인 영향을 우려하면서 단순히 고전 문맹의 답안을 선발해서는 안 된다고 강조했다.[74] 그럼에도 불구하고 시험 부정행위는 분명히 남아 있었고, 위반행위에 대한 조정의 지적은 계속되었다. 응시자들은 가명을 사용해 답안을 제출하고 있었고, 아전들은 때로는 응시자 수보다 3배에서 5배나 많은 중복된 답안을 수합하고 있었다. 교육감들은 명백한 사건들을 조치될 수 있도록 순무에게 보고하지 않았다. 1764년과 1766년의 지방 자격 시험들에서 종종 등록 원서에는 응시자가 젊은이로 명시돼 있음에도 실제로 시험을 치르는 사람은 때때로 40세나 50세였다. 조정은 교육관들에게 시험장에 입장하는 이들의 원서를 대조하고 응시자들의 외모를 좀 더 면밀히 살필 것을 촉구했다.[75]

절차를 간소화하기 위해 1758년에 조정은 정기적인 생원 자격 취득 및 자격 갱신, 자격 검정 시험을 결합하는 관행을 허용하는 것 외로도 일부 지방 시험들을 통합하는 것을 허락했다. 두 개의 현이 같은 도시에 속해 있는 경우 생원 자격 취득 시험과 자격 검정 시험을 함께 시행할 수 있었다. 이 새로운 방식은 교육감과 그의 사무진 및 참모들이 두 개의 현에서 동시에 시험을 감독할 수 있다는 것을 의미했다.[76] 그러나 그러한 간소화는 폐해를 초래했다. 1767년부터 건륭제에게 조언하는 관료들은 시험관들이 응시자들과 결탁하여 답안지를 조작하는 것을 우려했다. 이를 개선하기 위해 황제는 옹정제가 재도입한 절차였던 지방 교육관의 답안지 평가를 금지했다. 또 민간 서당 훈장들을 관아로 초빙해 답안지를 평가하는 것도 금지했다. 1792년까지 지방의 현 및 부의 시험 답안 평가에 문제가 있다는 보고는 전혀 올라오지 않았다. 어느 곳에서나 관리의 보좌진은 사실상의 시험관이 되어 부 및 현의 답안지를 평가하고 있었다. 문맹의 답안지들은 관례대로 받아들여졌다.[77]

1800년까지 인구가 3억 5천만 명으로 증가함에 따라 지방 응시자들이 과도하게 증가했고, 이는 훨씬 더 많은 부정행위로 이어졌다.[78] 명대부터 존재했던 합법적인 허점 하나가 1807년에 부분적으로 막히게 되었다. 명대에는 관리들의 아들이 자신들의 아버지가 출신 성쑖을 떠나 봉직하면 수도 지역에서 지방 자격 시험 및 향시를 볼 수 있는 특권을 부여받았다. 명대 말기에 이르러 양자강 삼각주와 동남 해안 지역에서 시험에 통과하기 더 어려운 상황에 직면한 남방 가문의 아들들이 종종 이 길을 따랐다. 1807년 이후 수도 지역 순천부에서 지방 자격 시험을 위해 등록한 이들은 등록 전에 적절한 기간보통 20년 동안 그곳에 거주해야 했다.[79]

사소한 세부사항들은 자율에 맡겨진 상황이었다. 1819년 한 남성이 자신의 사촌 형들이 이중 등록을 하고 출신지가 아닌 다른 지역에서 학위를 구매했다고 고발한 사례처럼, 학위 후보자들의 응시 등록에 대한 점검 절차는 무고로 이어지기도 했다.[80] 1820년 이후, 도광道光 연간1821~1850의 조정은 어떠한 새로운 주요 제안도 채택하지 않고 규정을 강화하고자 했다. 공식 석차 명단을 조작하거나 재조정한 사람들은 처벌을 받을 것이라는 경고는 답안 평가가 완료된 이후 때때로 순위가 무시되었음을 시사했다. 1824년에 조정은 생원 자격 취득 재시험 응시자들이 촛불을 사용하여 시간을 연장하는 것을 허용하지 않도록 규정했다.[81]

1827년에 조정은 지방관들에게 간통과 같은 부도덕한 행위를 하지 않도록 호소했다. 같은 해에 관아 아전의 자손들이 무과에 응시할 수 있도록 하는 칙령이 내려졌고, 이는 1820년에도 승인된 요청사항이었다. 게다가 처음으로 남성 아전들이 낮은 학위를 구매하는 것이 허용되었다. 지방 학위의 문호가 아전들을 포용할 만큼 넓어지고 있었지만, 1829년에 조정은 법적으로 기소된 사람은 누구도 문·무과 생원 자격 취득 시험에 응시할 수 없다는 것을 분명히 했다. 아울러 아편 거래에서 얻은 불법적 이익으로 인한 광동성 시험에서의 상인의 영향력은 1830년대에 새로운 걱정거리가 되었다.[82]

4. 지방 생원들에 대한 통제[1650~1850]

1850년까지 격년제 생원 자격 취득 시험을 위해 전국적으로 약 2·3백만의 지역 응시자들을 점검하는 것이 갈수록 헛된 노력이었다면, 이미 자격을 취득한 50만의 학위 소지자들을 감독하고 통제하려는 청 조정의 시도는 배로 어려운 것이었다. 1651년에 조정은 의식적으로 승급과 강등의 수단을 이용하여 낮은 학위 소지자들을 묶어두려 했다. 지방관들은 범죄를 저지른 사람들의 생원 지위를 박탈하고 자격 갱신 시험에서 그들의 답안지가 즉시 실격처리 되도록 명을 받았다.[83] 더욱이 순치제는 1651년에 명대 학위 소지자들 사이의 정치적 반항이 재현될 것을 우려하여 당파가 재발하는 것을 막기 위해 서원 설립을 금지했다. 이러한 우려는 강희 연간 초기까지 계속되었다. 황제는 1662년에 지역 생원들이 지식인이 되기 위한 훈련에 관심을 두어야 하며 파벌 집단을 형성하는 데 절대 관여해서는 안 된다고 지적했다.[84]

옹정제의 개혁과 1733년 시험거부운동

옹정제 치하에서 1723년부터 조정은 생원들에 대한 정책을 바꾸었다. 황제는 생원들의 답안지를 평가하는 교육감들에게 그들의 문학적, 도덕적 자질을 모두 주목하라고 명했다. 1726년에 옹정제는 생원들에게 성현의 가르침을 저버리기보다 자신들이 사민四民의 으뜸임을 깨닫고 모범을 보여야 한다고 호소했다. 그러면서 만약 지식인들이 부도덕하다면 "어떻게 백성들의 풍속이 바로잡히기를 기대할 수 있겠는가"[85]라고 일갈했다. 이러한 도덕적 설득에 병행하여 조정은 시험의 성공은 정치적 지위로 보상될 것이지만 올바르게 행동하지 않는 자들은 공식 지위와 더불어 법적 특권을 박탈함으로써 처벌될 것이라고 밝혔다.

1726년 옹정제가 생원들에게 전한 비판의 언사는 그의 고상한 도덕적 호소와는 뚜렷한 대조를 이루었다. 그는 지식인들이 현재 나쁜 영향을 주고 백성들을 괴롭히고 있으며, 그리하여 사회의 풍기를 파괴하고 있다고 주장했다. 황제가 하급 교육관들의 공식적 지위를 거인 및 하위 석차 진사 학위 소지자들을 그 자리들에 임명함으로써 부활시키려는 노력제3장참조은 '성공의 사다리'를 오르는 데 실패한 수십만 생원들의 다스리기 어려운 동향을 통제하기 위해 새로운 방법을 찾으려는 조정의 노력이라는 관점에서 접근되어야 한다.[86]

조정을 어렵게 만든 것은 시험관들이 사회 풍기에 충분히 주의를 기울이지 않는다는 점이었다. 사회 풍기를 개선하기 위해 옹정제가 주장한 한 방법은 순무와 교육감에게 서로의 교육 활동을 감시하도록 책임을 지우는 것이었다. 또 조정은 지방 교육감을 한림원 구성원 가운데서 임명하는 명대의 방식으로 회귀하였다. 청대 초기에는 대부분의 교육감이 내각이나 도찰원都察院에 의해 선발되었다. 일찍이 1684년에 조정 내 일부 한림

학사들이 교육감으로 임명된 바 있었다. 옹정제는 이 선례를 이용하여 자신의 영향력을 지방 층위까지 미치게 하였다. 옹정제는 지방의 생원들을 통제하는 데 필요한 개혁을 수행하기 위해 한림원 인사들을 임명하여 그들을 성의 교육감으로 활용했다.[87]

황제는 또 덕행으로 교육감에 의해 추천된 생원들을 위한 새로운 특별 시험을 시작했다. 각 교육감은 성에서 3년의 임기를 마친 후 몇 명의 후보자를 추천할 수 있었다. 그런 다음 황제가 수도에서 그 후보자들을 평가하는 것이었다. 이 정책은 우수한 지방 인재를 천거하는 한대의 선례로 회귀했음을 보여주었고, 지방 후보자들의 시험 및 재시험에 대한 보완을 의미했다.[88]

1727년에 황제는 문관 선발 과정의 핵심이었던 사회적 이동 신화를 강조하는 칙령을 준비했다. 그는 『서경』을 인용하여 왕조의 인재 발굴이 성공적으로 사회의 가장 낮은 층위까지 미쳤고 모든 지역에 질서를 가져다주었다고 언급했다. 그러나 도덕적 자질로 추천된 후보자의 수는 여전히 낮은 수준에 머물렀다. 황제는 크게 의아해하며 이렇게 말했다. "수백 명의 생원과 지역 관학의 공생貢生들 가운데 어찌 높은 도덕적 자질을 가진 후보자가 추천되지 않을 수 있다는 말인가?" 황제는 문학적 재능만 있는 사람들보다는 실용적인 사람을 더 선호한다고 강조했다. 그는 관직에 추천된 만주·몽골·한군 팔기에 대해서도 동일한 도덕적 기준이 적용되어야 한다고 거듭 강조했다.[89]

1728년부터 1730년까지, 옹정 연간의 조정은 학위 소지자들의 도덕성을 향상시키기 위한 압박을 지속했다. 1729년에 조정은 교육관들이 계속 도덕적 자질보다 문학적 재능을 중시한다고 불평했다. 덕성이 열등한 사람이 처벌받지 않고 뛰어난 이들은 보상받지 못한다는 것이었다. 옹정 연간의 조정은 핵심을 파고들며 지역 후보자들이 그들의 도덕적 자질과 행동을 평가하고 위법 행위에 대한 책임을 지워 상호 감시되도록 5인 1조로 등록하게 한 1652년의 선례를 활용했다. 지역의 기록들은 이 소조들 내의 모든 부도덕한 행동에 주목해야 했다. 결함이 있는 자들은 그들의 지위와 특권을 잃게 되었다. 1730년에 황제는 각 성이 마침내 도덕적인 인물들을 국자감 입학을 위해 천거하기 시작했음에도 추천서들은 여전히 그런 추천을 받을 만한 어떤 실제적 행동도 기록하지 않았다고 한탄했다. 도덕성 평가는 쉬운 해결책이 아니었다.[90]

개혁주의의 옹정 연간은 지방 생원들과 조정 개혁가들 사이의 긴장을 부각시키는 지방 시험거부운동으로 막을 내렸다. 1733년 하남성 개봉부 전역의 생원들은 새로운 교육감이 부府 내의 결사나 시험 회피 여부를 점검하는 데 지나치게 엄격했던 까닭에 자신들의 현에서 자격 갱신 및 자격 검정 시험을 거부했다. 1700년까지 대부분의 지방 시험관은 2년마다 열리는 자격 갱신 시험이나 3년마다 열리는 자격 검정 시험에 참가하게 되어 있는 모든 생원에 대한 확인을 포기했다. 거부운동은 끊임없는 시험 체제와 옹정제의 개혁에 대해 생원들이 항의할 수 있는 유일한 공적 수단이었다. 그들은 시험장에 들어가기를 거부했다.[91]

1734년에 조정은 이 사건에 대해 논평하면서 생원들이 자신들의 행동을 통제하기 위한 정부의 노력에 항의하기 위해 감히 시험을 거부할 만큼 지방의 문제가 매우 유감스러운 지경에 이르렀다고 지적했다. 황제는 한 칙령에서 이러한 공개적 행동은 지식인에 대한 왕조의 후의를 저버린 것이라고 기술했다. 응시자들은 해당 관료에게 항의를 표했어야지 시험을 거부해서는 안 되었다는 것이다. 과거 시험을 거부한 사람들은 이후 시험 응시가 불허되었다. 이에 더해 만약 향후 시험을 집단적으로 거부하면 해당 지역의 시험은 완전히 중단되게 되었다. 응시자들의 그러한 행동을 조장한 교육관들은 그 직위에서 해임되게 되었다.[92]

건륭 연간의 하향식 개혁주의

건륭 연간 생원들과 응시자들을 통제하고 소요사태를 막기 위한 개혁주의적 열정은 지속되었다. 1736년에 교육감들은 문·무 생원들의 자격 갱신 시험에서 각 응시자의 행동을 보고하도록 요구받았다. 1739년, 수도권과 지방에서 생원들의 불법 행동 사건들이 다시금 조정의 이목을 집중시켰다. 황제는 많은 지식인이 더 이상 백성들이 본받을 만한 모범이 아니라고 기술했다. 지방관들은 그러한 사건들을 다룸에 있어 더욱 경각심을 가질 것을 재차 촉구받았다. 또 1741년에 '도학'자이자 떠오르는 지방관이었던 진홍모[1696~1771]가 제안한 새로운 정책은 수도와 지방의 모든 응시자에게 그들이 집이나 임시 빈소에 안장되지 않은 친척의 시신이 없다는 서면 증빙 제출을 요구하도록 했다. 건륭제가 종종 의례상의 부적절한 행동을 풍속 퇴락의 징후로 내세웠음에도 불구하고, 진홍모가 추천한 규정은 도를 넘었다는 이유로 거부되었다. 조정의 관료들은 그것이 강요할 수 없는 것이고 정당한 응시자들에 대한 근거 없는 고발의 구실이 될 가능성이 있으며 더 많은 시험 폭동을 초래할 수도 있다고 여겼다. 이러한 도를 넘는 잔인함의 이면에는 개인적 야망을 위해 효의 가치는 뒷전에 둔다는 우려가 깔려 있었다.[93]

건륭 연간 조정은 1740년대에 과거 시험에 대한 중대한 재평가에 착수했다. 향시 시험장과 지방 관아의 비리와 범죄는 선발 과정의 실효성을 위협하는 수준에 이르러 있었다. 일례로 1741년에 산서성山西省에서는 만주족 교육감이 뇌물을 받고 문·무 생원 학위를 판매해 온 것으로 알려진 시험 추문이 불거졌다. 만주족 총독의 조사 후에 교육감은 파면되었다. 두 명의 지부知府가 연루되어 면직되었지만, 조정은 관대함을 보여주기 위해 그들에 대한 선고 유예를 허가했다.[94]

1750년에 또 다른 뇌물수수 추문이 조정을 뒤흔들었다. 이 사건은 사천성 교육감이 연루되어 있었다. 1741년의 경우와 마찬가지로 이 사건은 교육감으로 파견된 한림학사와 관련이 있었다. 건륭 연간 조정이 생원 및 국자감 감생 지위가 은 4,000~5,000냥에 팔렸다는 사실을 알게 되었을 때 지방 학위의 판매 규모는 충격적인 것이었다. 황제는 1752년의 칙령에서 그러한 비리가 심지어 전시殿試에까지 미쳤다고 언급했다. 사천성 사건은 조정과도 연루되어 있었는데, 이는 고발된 교육감이 1750년에 은퇴한 옹정 및 건륭 연간 조정의 주요 대신 장정옥張廷玉, 1672~1755의 사위였기 때문이다. 건륭제는 조정이 그 행위들에 관해 알고 있었다는 연관성을 못마땅해하면서 해당 교육감이 공적인 업무를 통해 자신의 과오를 속죄하도록 허용하기로 결정했다.[95] 아이러니하게도 만주족 조정 역시 학위의 공식적인 '판매'를 군사 작전 비용을 위한 수익성 좋은 수단으로 보기 시작하게 되었다. 학위에 대한 수요가 비리를 만들어내고 있었다면, 그것을 합법화하는 것도 안 될 것은 없다는 식이었다.

이러한 고충은 쟁점을 도덕적 권고에서 갈수록 정부의 통제를 벗어나는 방대한 생원층에 대한 장악력을 얻는 문제로 옮겨가게 했다.[96] 1750년 대와 1760년대에는 많은 요구 사항들로 지방 교육관들을 괴롭히는 조정의 명령이 빗발쳤다. ① 그들은 생원들의 행동 평가에 대해 보고해야 했다. ② 지방관들은 문과 학위 자격 판매를 통제해야 했고, ③ 생원들의 도덕적 특성을 검토해야 했다. ④ 100리 이상 떨어진 곳에 거주하는 생원들은 현지 교육관들에게 정기적으로 보고해야 했다. 그리고 1769년에 예부는 교육감의 추천을 받은 도덕성이 높은 응시자들을 위해 특별 시험을 재설치했다. 이번에는 건륭제가 그들을 위해 정식 할당 정원을 설정했다.[97]

비리로 인해 성 교육감과 지방 교육관들에 대한 정밀조사가 강화됐다. 예를 들어, 1752년 이래 한림원의 일원이었던 옹방강翁方綱, 1733~1818은 1759년부터 조정으로부터 자주 향시 시험관으로 임명되었다. 1764년에는 광동성 교육감으로 파견되었다. 그러나 두 차례의 임기 후에, 그는 관학에 등록된 일부 생원의 나이가 잘못 기록된 보고서를 제출한 혐의로 기소되었다. 부정행위의 가능성을 고려할 때, 명목상으로는 여전히 한림원 검토였음에도 불구하고 옹방강은 이 조사 결과로 인해 공직에서 해임되기에 충분했다. 옹방강은 1년간 은퇴 생활을 하다가 한림원으로 복귀했다.[98]

추천 제도는 1770년대와 1780년대에 교육감들이 도덕적 우등생을 위한 자신들의 3년마다의 배정 정원을 채우면서 자리를 잡았다. 그러나 1789년에 복권되어 강서성에서 교육감을 맡고 있던 옹방강은 자격 검정 시험에서 여전히 도덕성이 평가되지 않기 때문에 높은 도덕적 자질의 생원 추천이 자격 검정 시험의 가치를 떨어뜨린다고 지적했다. 옹방강은 모든 지방 시험에서 도덕성 평가를 실시할 것을 촉구했다.[99] 상황이 매우 어려워지자 1795년부터 1798년까지 절강성의 교육감이었던 완원阮元, 1764~1849은 부정행위를 예방하는 방법을 실제로 생원들에게 묻는 책문을 출제했다.[100]

1850년까지의 생원 수와 지방 학위 구매

옹정 및 건륭 연간 개혁의 결과 중 하나는 많은 생원이 지역 관학 명부에서 제적되고 법적 특권을 상실했다는 것이다. 가경嘉慶 연간1796~1820부터 조정은 경계를 늦추지는 않았지만 더 이상 생원들에 대한 행동주의적 자세를 취하지 않았다. 1811년에 조정은 교육감이 지명할 수 있는 인원을 최대 3명으로 제한함으로써 도덕성이 높은 응시자에 대한 정규 정원 설정의 예상치 못한 결과를 바로잡으려 했다. 이제 너무 많은 사람이 후보로 오른 것이 문제였다. 1819년에 조정은 지위가 박탈되었다가 되찾기를 바라는 생원들에 대해 지방관들이 해당 사안을 재검토할 수 있도록 규정했다.[101] 너무 많은 사람이 즉결로 제적되었던 것이다. 도광 연간1821~1850 조정은 생원들에 대한 지역의 재심사 규정을 유지했고, 필요한 경우 그들의 복권을 억제했다. 1824년에 조정은 공정하고 공개적인 기준에 호소함으로써 생원 지위를 박탈하거나 복권시키는 절차를 합법화했다. 많은 것들이 실질적으로 개선되지는 않았다. 가경제와 도광제는 단순히 다 알고 있는 것을 설교하기보다는 법적 처벌을 완화하고 생원들이 순응하도록 유도하려고 노력했다.[102]

도덕성이 높은 응시자의 선발은 19세기 초에 정규화되었다. 1829년의 한 훈령에서 조정은 도덕성이 높은 응시자들의 도덕적 우수성을 1등급과 2등급으로 나누어 보고한 교육감들을 힐책했다. 조정은 이러한 도덕성의 등급화가 의뭉스럽다고 생각했다. 1835년에 황제는 사회적 관습이 도덕적 심성과 결합될 수 있도록 명하고, 생원들의 자격을 평가하는 데 시험의 문학적 측면에만 전적으로 의존하지 말고 실제적인 규준을 사용할 것을 지방관들에게 권고했다.[103]

그러나 1851년에 광동성 남해현南海縣에서 또 다른 지방 시험거부운동이 발생했다. 학생들은 지방 자격 시험에서 자신들에게 호의를 보이도록 압박하면서 지부知府에게 항의했다. 이것이 실패하자 그들은 해당 지부가 전면거부운동의 대상으로 겨냥되기를 기대하며 아무도 응시를 위해 관아에 들어가는 것을 허용하지 않았다. 조정은 격노하여 이 지역 학생들 누구도 다시는 지방 시험에 응시할 수 없도록 했다. 이 결정은 대체로 1733년 개봉부에서의 거부운동에 관한 1734년의 선례를 따랐지만, 그 비난 수위는 덜했다. 1850년 태평천국의 난이 일어나기 직전 과거 시험의 정치화는 일반적인 것이었는데, 이는 1856년 함풍제咸豐帝, 1851~1861 재위의 한 칙령에서 명확히 지적된 유산이었다.[104]

1850년까지 지방 응시자와 생원의 규모는 교육관과 시험관들을 통해 과거 시험 선발 과정의 공정성을 유지하기 위한 왕조의 관리 능력을 압도했다. 점점 더 많은 응시자들이 시험에 합격하고 최소한 생원 지위를 얻으려고 노력하면서 시험장과 관아는 가득 찼다. 〈표 6.1〉에서 보듯이 1850년 이전에 지방 교육관과 성 교육감이 점검하던 50만 명 이상의 문생원文生員과 20만 이상의 무생원武生員이 있었다. 여기에 더해 낮은 학위를 구매하는 등 비정규적인 방법으로 생원 신분을 취득한 35만 명 이상의 감생들이 있었다.

〈표 6.1〉 1850년 이전 성별 생원 정원 및 지리적 분포

성 또는 사회적 범주	문과 정원	문생원	무과 정원	무생원	전체 생원	비율
직예	2,845	59,745	2,418	24,180	83,925	11.4
섬서	1,865	39,165	1,585	15,850	55,015	7.4
산동	1,830	38,430	1,556	15,560	53,990	7.3
절강	1,800	37,800	1,530	15,300	53,100	7.2
하남	1,631	34,251	1,386	13,860	48,111	6.5
산서	1,536	32,256	1,306	13,060	45,316	6.1
강소	1,402	29,442	1,192	11,920	41,362	5.6
사천	1,366	28,686	1,161	11,610	40,296	5.4
강서	1,350	28,350	1,148	11,480	39,830	5.4
광동	1,326	27,846	1,127	11,270	39,116	5.3
운남	1,323	27,783	1,130	11,300	39,083	5.3
안휘	1,289	27,069	1,096	10,960	38,029	5.1
호남	1,219	25,599	1,006	10,060	35,659	4.8

성 또는 사회적 범주	문과 정원	문생원	무과 정원	무생원	전체 생원	비율
복건	1,187	24,927	1,009	10,090	35,017	4.8
호북	1,087	22,827	924	9,240	32,0167	4.3
광서	1,019	21,399	866	8,660	30,059	4.0
귀주	753	15,813	640	6,400	22,213	3.0
팔기	109	2,289	93	930	3,219	0.4
봉천	71	1,491	60	600	2,091	0.3
상인	81	1,701	−	−	1,701	0.3
계	25,089	526,869	21,233	212,330	739,199	100
생원					739,199	68
감생					355,535	32
학위 소지 신사 총계					1,094,734	100

출처 : 장중리(Chung-li Chang, 張仲禮), *The Chinese Gentry : Studies on The Role in Nineteenth-Century Chinese Society*(중국의 신사 - 19세기 중국 사회에서의 역할에 관한 연구), Seattle : University of Washington Press, 1955, 〈표 8 · 20〉. 장중리의 표를 재배열하고 오류를 수정함.
황광량(黄光亮), 『청대 과거 제도 연구(淸代科擧制度之硏究)』, 臺北 : 嘉新水泥公司文化基金會, 1976, 377~425면도 참고함.

단 2.2%의 상급 문·무 거인 및 진사 학위 소지자들을 포함해 전국적으로 약 110만 명의 학위 소지자층이 있었기에, 청조는 현·주·부·성 및 수도에서의 문·무 시험 제도를 공정하고 효율적으로 운영하기 위해 몹시 분주했다.[105] 중국의 인구가 1700년에 아마도 2억 5천만 명에서 1800년에 3억 5천만으로 증가함에 따라, 왕조의 문화 감옥에 들어가기 위한 경쟁의 수준은 감내하기 어려운 것이 되었다. 300만 명 이상의 수험생이 지방 시험의 열린 문으로 들어가기 위해 안간힘을 썼다.

그러나 1850년 이후 청나라의 총인구가 약 4억 5천만에 달했을 때, 태평천국의 난 동안 양자강 삼각주 지역에서 이 시험의 문은 폐쇄되었다. 〈표 6.2〉는 전체 인구가 약 50% 증가한 시기인 1850년 이후 학위 소지 지식인의 총계가 태평천국 이전의 추산치보다 36% 증가한 약 150만 명에 도달했음을 보여준다.

거의 65만 명이 문생원이었고 나머지 26만은 무생원이었다. 가장 많

성 또는 사회적 범주	문과 정원	확대된 정원	문생원	무과 정원	무생원	전체 생원	비율
직예	2,888	2,892	60,732	2,545	25,450	86,182	9.4
절강	2,177	2,214	46,494	1,948	19,480	65,974	7.2
강서	2,020	2,087	43,827	1,837	18,370	62,370	6.8
사천	1,918	1,972	41,412	1,735	17,350	58,762	6.5
산동	1,953	1,965	41,265	1,730	17,300	58,565	6.5
하남	1,868	1,892	39,732	1,665	16,650	56,382	6.2
강소	1,768	1,804	37,884	1,587	15,870	53,754	6.0
광동	1,748	1,789	37,569	1,574	15,740	53,309	5.9
호남	1,647	1,689	35,469	1,486	14,860	50,329	5.5
산서	1,626	1,634	34,314	1,438	14,380	48,694	5.3
안휘	1,604	1,636	34,356	1,440	14,400	48,756	5.3
복건	1,555	1,590	33,390	1,399	13,990	47,380	5.2
호북	1,534	1,577	33,117	1,388	13,880	46,997	5.2
운남	1,372	1,372	28,812	1,207	12,970	40,882	4.5
섬서	1,236	1,246	26,166	1,096	10,960	37,126	4.1
광서	1,132	1,143	24,003	1,006	10,060	34,063	3.7
감숙	889	890	18,690	783	7,830	26,520	2.9
귀주	767	767	16,107	671	6,710	22,817	2.5
봉천	159	162	3,402	143	1,430	4,832	0.5
팔기	142	145	3,045	128	1,280	4,325	0.5
상인	110	131	2,751	−	−	2,571	0.3
계	30,113	30,597	642,537	26,806	268,060	910,597	100
생원						910,597	63
감생						533,303	37
학위 소지 신사 총계						1,443,900	100

출처 : 장중리, 위의 책, 〈표 8 · 20〉. 장중리의 표를 재배열하고 오류를 수정함.
황광량, 위의 책, 377~425면도 참고함.

은 시험 응시자 집단은 생원들과 비정규 학생들이었으며, 그들은 1850
년까지 고전 문해력에서 모두 거의 비슷한 수준이었다. 2백만 이상의 학
위 미취득 지방 시험 응시자들을 합하면, 청나라에는 1850년 이전에 아
마도 고전 문해력을 갖춘 약 3백만 명의 남성들이 있었고, 이는 태평천국
의 난 이후 약 4백만에서 5백만으로 증가했다. 그들은 더 이상 중국의 문

화 감옥에 수용될 수 없었고, 서양 학문과 신식 군사학교, 공장 등과 관련된 중국의 근대화 부문 같은 다른 진로를 찾아야 했다.[106]

이에 대응하여 학위 판매의 합리화와 합법화가 지지를 얻었다. 1837년과 1848년 사이에 조정은 자금이 필요했던 까닭에 생원 자격 취득을 위한 규정을 명확히 했다. 19세기 중반에 청나라는 지방 학위 판매를 군사 작전에 이용하는 두 번째 긴 기간첫 번째는 1670년대 이후에 진입했다. 1815년에 평민들은 왕조의 자금 조성을 위해 출생지에서 지방 학위를 구매하는 것이 허용되었다. 이후 1824년에 양자강 중류 지역의 군사 작전을 위해 물자를 기증한 안휘인 자손의 학위 구매가 허용되었다. 1829년에 이 정책은 부모를 돌보는 (그로 인해 시험에 응시할 수 없는) 사람들에게 학위를 살 권리를 주기 위해 확대되었다.[107]

〈표 6.3〉은 정규 학위 경로가 1764년 73%에서 1871년 44%로 25% 이상 감소함에 따라 최초 학위를 구매한 관원의 비율이 1764년 22%에서 1871년 51%로 27% 급증했음을 보여준다. 〈표 6.4〉는 1850년 이전에 구매된 각 성별 감생 학위 수의 합계를 제시한다. 감생 지위의 평균 비용은 은 100냥 이상이었고, 도광 연간 전반기에 9개 성에서 1만 자리 이상의 학위를 팔았다.

〈표 6.3〉과거 시험, 음서 및 구매를 통해 지방관이 된 청대 관원의 비율

년도	관원 수	과거 시험(%)	음서(%)	구매(%)	기타(%)
1764	2,071	72.5	1.1	22.4	4
1840	1,949	65.7	1.0	29.3	4
1871	1,790	43.8	0.8	51.2	4.2
1895	1,975	47.9	1.2	49.4	1.5
증감		-24.6%		+27.0%	

출처 : 허빙디(Ping-ti Ho, 何炳棣), *The Ladder of Success in Imperial China*(전통시기 중국의 성공의 사다리), New York : Wiley and Sons, 1962, 49면 〈표 2〉.
리톄(李鐵), 『중국문관제도(中國文官制度)』, 中國政法大學出版社, 1989, 171면 참조.

성	1821~1835		1836~1850		계		
	금액(냥)	판매 학위 수	금액(냥)	판매 학위 수	금액(냥)	판매 학위 수	비율
강서	2,383,790	22,368	1,757,290	16,184	4,141,080	38,552	12.3
광동	2,667,061	24,950	1,436,082	13,314	4,103,143	38,264	12.2
강소	2,548,746	23,956	1,174,364	10,513	3,723,110	34,469	11.0
절강	2,080,258	19,474	1,464,856	14,395	3,545,114	33,869	10.5
호남	1,865,732	17,117	1,158,266	10,596	3,023,998	27,713	9.0
하남	1,332,410	12,629	1,083,558	10,134	2,415,968	22,763	7.2
복건	1,250,582	11,450	939,932	8,685	2,140,514	20,135	6.4
호북	1,401,990	13,220	727,290	6,740	2,129,280	19,960	6.3
안휘	874,682	8,241	722,268	7,443	1,596,950	15,684	4.7
사천	1,093,950	10,314	502,440	4,653	1,596,390	14,967	4.7
섬서	940,976	8,850	316,062	2,927	1,257,038	11,777	3.7
산동	680,716	6,409	491,131	4,550	1,171,847	10,959	3.5
광서	591,198	5,535	436,716	4,044	1,027,914	9,579	3.0
산서	475,794	4,545	162,846	1,505	638,640	6,050	1.9
운남	199,332	1,868	238,798	2,214	438,130	4,082	1.3
귀주	129,540	1,687	166,266	1,548	345,860	3,235	1.0
계	20,803,953	195,133	12,901,693	120,402	33,705,646	315,535	100

출처 : 장중리(Chung-li Chang, 張仲禮), 앞의 책, 153면, 〈표 23〉. 장중리의 표를 재배열하고 오류를 수정함.

관아 시험장에서의 응시자와 시험관 사이 뇌물수수는 중개인으로서 시험관들을 차단하는 합법적인 학위 구매로 간편하게 대체되었다. 도광 연간에 자금을 마련하기 위한 학위 판매의 광풍 속에서 기존에는 부패로 여겨졌던 것이 합법화되었다. 이러한 흐름을 제어하기 위한 노력은 학위 판매 폐지를 우선시했던 동치중흥同治中興, 1862~1874 동안 부분적으로 성공했을 뿐이었다.[108] 당시 선도적인 개혁가이자 1840년 이래 한림학사였던 풍계분馮桂芬, 1809~1874은 연쇄적 주장을 통해 다음과 같이 지적했다.

지난 10년1850년대 동안 신분 판매는 빈번했고, 그에 따라 민정은 약화되었다. 민정이 약화되면 사회적 동요가 위급해지고, 사회적 동요가 위급해지면 공공 수입이 압박을 받게 되며, 공공 수입이 압박을 받으면 신분 판매가 증가한다. 이것이 하나의 반란이 또 다른 반란으로 이어지는 방식이다. 오늘날의 통치에 대한 논의에서, 나는 신분 판매 폐지가 가장 우선순위라고 생각한다.[109]

청 정부는 자금조달의 압박에 굴복했다. 시험장 내부의 부패, 즉 부당한 이익을 얻기 위해 금전을 사용하는 것에 대항하기 위한 세부적인 규칙과 규제가 시행되었다. 1820년에서 1850년 사이에 31만 5천 개의 학위가 팔리면서 고전에 대한 기준이 낮아지는 결과를 빚었는데, 당시 호북성 교육감이었던 장지동張之洞은 1868년에 황제에게 올린 한 상소문에서 이를 언급했다. 지역 답안지의 오류는 너무 흔해서 장지동이 한 차례의 시험에서 확인한 고전 문맹 답안만 50건이 넘었다. 장지동은 이것이 부분적으로는 전쟁 피해의 결과라고 지적했다. 조정에 이전 시기의 엄격한 기준으로 돌아갈 필요성을 강조한 장지동에 따르면 부정행위는 여전히 만연했다. 아이러니는 빗나가지 않았다. 일개 교육감이 이제 국가의 생원 및 감생 학위 판매로 손상된 공중도덕과 시험 규율에 관해 조정을 훈계하고 있었던 것이다.[110]

다음 제7장에서는 공식적인 '도학' 정통과 청대 경학 및 사학의 문헌학적 연구 결과 사이의 거리가 어떻게 벌어지기 시작했는지에 대해 살펴볼 것이다. 17세기 후반 및 18세기에 고전학에 대한 논쟁과 더불어 점차 경쟁적인 고전적 정통으로서 송학에 대해 한학이 등장하면서 향시와 회시에 영향을 미치기 시작했다. '도학'에 비추어 볼 때 성스러움은 팔고문에서 정통적인 이상으로 남아 있을 수 있었지만, 실증적 성격의 고증학자들 사이에서 자기 수양을 위한 송대와 명대의 교육 과정은 점점 더 고지식하고 비현실적인 것으로 간주되었다.[111]

제7장 ──────── **명대부터 청대까지의 책문**

1. 책문의 유형 변화

시험관들은 오랫동안 책문고전, 역사 및 시무, 곧 경사시무책(經史時務策)에 관한 문제을 사서오경에 관한 팔고문에 종속시켜 왔다.제2장 참조 그 결과 역사학자들은 책문을 간과했고, 서한西漢시대부터 1905년 과거 시험이 막을 내릴 때까지의 장기적인 발전을 깨닫지 못했다. 이 2천 년간의 책문들은 송대에 시작된 시험용 경의經義와 400년 동안 지속된 팔고문에 비추어 평가되어야 한다. 책문은 초기 및 중기 제국에서 후기 제국까지의 지적 변화를 반영했다. 그러나 후기 제국의 '대책'문은 종종 현재의 정부 정책만 포함하지는 않았다. 대신 시험관들은 그러한 문제들을 고전적 격식, 문학적 표현, 치국책, 그리고 실무들에 대해 시사점을 던져주는 경서와 정사正史에 비추어 규정지었다.[1]

예를 들어 서한시대 박학자들의 대책문 또한 문체 면에서 칭송되고 모방되었다. 명대의 탁월한 문장가 당순지1507~1560는 그의 문학 선집에 '고문'의 모범으로 한대의 대책문을 포함시켰다.[2] 명대에 대책문은 팔고문과 마찬가지로 심미적 기준과 문학적 기준으로 평가되었다. 당순지가 자신의 문학 선집을 위해 뽑은 모범 문장은 당대當代식 시험용 에세이[時文]가 아닌 한대의 대책문이었다. 특히 3년에 한 번 열리는 전시殿試에서 최상위 3명이

작성한 대책문은 널리 전파되면서 명청시대의 많은 선집에 수록되었다.[3]

전시에서 책문이 여러 분야의 문제로 나뉘었던 것에 더해서, 응시자들은 향시 및 회시의 삼장三場에서 5개의 책문에 답해야 했다. 아마도 중국 역사상 가장 유명한 대책문은 유명한 남송의 충신 문천상文天祥이 1256년 전시에서 쓴 약 1만 자 길이의 답안일 것이다. 문천상의 대책문은 남송의 수도 항주가 몽골의 침략자들에 위협받을 때 쓰여졌으며, 황제의 질문이 현재가 아닌 영원한 진리에 대한 '도학'적 관점에 관한 것이었던 이유를 설명했다.[4]

원대 이래로 책문은 현재의 문제들에 적용되는 고전 및 역사 지식을 평가하기 위해 유지되었다.[5] 사서오경보다 하위에 있기는 했지만, 명대의 시험관들과 학자들은 책문을 필수적인 것으로 여겼으며, 이를 고전 이론과 실제 문제의 융합을 보여주는 표지로 높이 평가하였다. 책문의 권위는 가정1522~1566 및 만력1573~1620 연간에 정점을 이뤘고, 당시 각각의 답변은 종종 3,500자 이상에 달했는데 이는 더 중요한 논論에 상응하는 것이었다.[6] 뛰어난 책문과 대책문을 모은 방대한 선집 2종이 이 시기에 출판되었다. 1604년에 완성된 첫 번째 선집은 시대 및 주제별로 배열되었고, 1504년에서 1604년까지의 회시 및 향시 책문 예문들을 수록하였다.[7] 이 선집은 이후 1693년에 제2집으로 증보되었는데, 여기에는 1504년부터 1631년까지 과거 시험 이장二場 및 삼장三場의 문제가 포함되었다.[8]

청대에 통상적으로 한림원 시험관들이 문제 목록을 보내 통치자가 향시 및 회시에서 원하는 문제를 낙점하도록 요청하기는 했지만, 일반적으로 황제는 회시 책문을 선정했다.[9] 전시 책문은 네 가지 서로 다른 주제로 세분되었다. 명청시대 황제들은 전시 책문을 선정하는 것 외에도 보통 전시 상위 10편의 답안을 읽고 최종 순위를 결정하고 나머지는 궁중의 독권관들에게 맡겼다.[10] 그러나 청대 황제들은 종종 상위 3편의 답안만 읽었다.[11] 만주족 황제들은 초기 통치 기간 동안 책문의 비중을 상대적으로 가볍게 다루는 것에 대해 시험관과 응시자 모두를 거듭 비판했다. 옹정제와 건륭제는 시험 에세이가 문학적인 면에 초점을 두는 것에 대해 자주 한탄했고, 더 실용적인 문제에 관심을 기울이도록 장려하고자 했다.[12] 1760년 향시에 대한 한림원의 한 보고서에서는 산서성의 시험관들이 책문에 대한 점수조차 매기지 않은 것으로 드러났다. 한림학사들은 다른 성들에서도 비슷한 과실을 범했을 것으로 추측했다.[13]

건륭 연간에 한림 학자 오성흠吳省欽, 1729~1803은 여러 성의 향시 실무진을 이끌었다. 1771년에 그는 호북성 향시의 책문을 출제하여 응시자들에게 책문의 역사를 검토하고 장황한 문제를 평가하도록 요구했다. 시험관들은 자신의 관점을 전파하기 위해 책문을 활용하고 있었고, 더 이상답안의 질에 중점을 두지 않았다.[14] 책문의 길이는 종종 300자가 넘었던데 비해, 대책문은 최종 석차에서 별로 중요하지 않았던 탓에 그만큼 길지 않았다. 일부는 시험관들이 응시자들에게 단지 시험관들의 견해를 앵무새처럼 흉내 내도록 유도하는 것이라고 주장했다. 이것이 소위 '익숙한 질문을 반복하는 것[熟習題]'과 '자문자답' 즉 시험관들이 질문을 하면서 질문의 어구 가운데 답변까지 하는 것이었다.[15]

답안이 문제보다 짧아지는 것을 방지하기 위해 1786년에 대책문이 최소 300자는 되어야 한다는 요구 사항이 추가되었다. 18세기에 책문들은 조정과 한림원 시험관들 사이의 논쟁거리가 되었다. 조정은 명대 말기에 시험관들이 응시자들에게 자신의 학식으로 감명을 주고 고전적·문학적 기호에 영향을 미치려 하는 가운데 생겨난 것과 같은 공인되지 않은 책문을 두려워했다. 역사적으로 시험관들의 질문은 종종 답안보다 더 흥미로웠다. 답안이 짧아질수록 문제의 길이는 길어졌지만, 책문들은 시험관들의 지적 관심과 변화하는 역사적 맥락을 말해준다.

우리는 명대 응천부應天府, 남경의 시험관들과 청대 절강성항주부의 시험관들이 출제한 책문들의 범위를 재구성한 귀중한 지방 기록을 가지고 있다. 명대 응천부의 기록은 1474년부터 1600년까지 126년간 47차례의 향시 문제가 망라되어 있다. 청대 절강성 향시에 관해서는 1646년부터 1859년까지 213년에 걸친 92차례의 시험에 대한 책문 목록을 가지고 있다. 명청시대 이 두 남방 지역 책문의 확률과 범위는 〈표 7.1〉과 〈표 7.2〉에 요약되어 있다.

〈표 7.1〉 명대 책문의 주제별 분류(1474~1600년 응천부 향시 230문제 대상, 15위까지)

순위	주제	백분율	출제 확률
1	인재 양성 / 선발	9.6	43.4
2	도학	8.3	37.5
3	명대 통치자	7.4	33.5
4	치국	7.0	31.6
5	경제[理財]	5.7	25.8
6	군신관계	5.2	23.5
7	국방	4.3	19.4
7	경학	4.3	19.4
9	법률	3.5	15.8
9	군사	3.5	15.8
11	시문(詩文)	3.0	13.6
11	자연	3.0	13.6
13	역사	2.6	11.8
13	농정(農政)	2.6	11.8
13	풍속	2.6	11.8

출처 : 장조서(張朝瑞) 편, 『남국현서(南國賢書)』, 1600년본.
참고 : 각 책문의 출제 확률은 다섯 가지 선택 항목이 서로 독립적이라는 가정에 기초하여 계산되었다. 다섯 개의 질문을 선택하는 것이 상호 의존적이었다면, 각 유형의 확률은 약간 더 높을 것이다. 대부분의 '주제'들은 실제 중국식 범주에 기반을 두었다. 저자는 '점성학', '역학(曆學)' 및 '수학적 조화'를 포함한 범주를 결합한 '자연'과 같은 몇 가지를 추가했다. '경학'과 '소학'의 경우 물론 중복되는 분야이지만, 나는 후기 제국시기에 후자의 중요성이 갈수록 증가했음을 보여주기 위해 이를 분리했다('소학'은 〈표 7.2〉 참조).

〈표 7.2〉 청대 책문의 주제별 분류(1646~1859년 절강성 향시 460문제 대상, 15위까지)

순위	주제	백분율	출제 확률
1	경학	14.1	63.7
2	인재 양성 / 선발	10.7	48.4
3	경제[理財]	9.6	43.4
4	치국	7.8	35.3
5	역사	7.4	33.4
6	도학	6.1	27.6
7	시문(詩文)	5.1	23.1
7	지방 통치[吏治]	5.1	23.1
9	소학	4.2	18.9
10	국방	3.8	17.2
11	법률	3.1	14.0
11	지식인 기풍[士習]	3.1	14.0
13	농업	2.7	12.2
13	군사	2.7	12.2
15	민생	2.2	9.9

출처 : 『본조절위삼장전제비고(本朝浙闈三場全題備考)』, 1860년경 편찬.

일단 남경과 항주 사이의 중요한 지역적 차이와 명대와 청대 사이의 역사적 차이를 제외하면, 이 결과는 세 가지 주요 추세를 보여준다. 첫째, 명대에서 청대로 넘어가면서 책문에서 경학 주제는 빈도4.3%에서 14.1%로와 확률19.4%에서 63.7%로이 증가하여 명대 응천부에서 전체 7위, 청대 절강성에서는 1위를 차지하였다. 명대에서 청대로 넘어가면서 출제 빈도가 눈에 띄게 하락한 것은 '도학' 관련 문제들로서 2위에서 6위로 하락했다. 18세기까지 책문의 주제로서 경학과 역사학은 모두 '도학'을 앞섰는데, 이는 건륭1736~1795 및 가경1796~1820 연간 동안 고전학과 고증학의 인기를 고려할 때 놀랍지 않은 결과이다.[16]

둘째, 역사 관련 책문은 명대 남경에서 13위의 빈도2.6%와 출제 확률11.8%에서 청대 항주에서 5위의 빈도7.4%와 확률33.4%로 상승했다. 더욱이 1777년부터 항주 시험에서 시험관들은 79%의 비율로 역사 문제를 출제하면서 18세기 후반 역사학의 인기 상승을 입증하였다. 청대 절강성 향시에서는 33개라는 많은 역사 문제가 출제되었는데, 그중 1646년부터 1777년까지는 단 9개의 문제가 출제된 데 비해 1777년부터 태평천국의 난으로 인해 기록이 중단된 1859년까지는 24문제가 출제되었다. 역사 문제의 빈도는 1777년에서 1859년 사이에 경학에 이어 거의 막상막하인 2위를 차지했다.

셋째, 과거 시험의 자연 관련 책문은 명대 남경에서의 빈도 11위3%에서 청대 항주에서는 훨씬 낮은 순위상위 15위 이하, 전체 책문의 0.9%로 떨어졌다. 이러한 현저한 감소는 17세기가 예수회의 영향력이 팽배했던 시기라는 우리의 일반적인 이미지가 침소봉대되었거나 청조가 특히 초기에 정치적 이유로 역법과 천문학 관련 문제를 제한했다는 것을 시사한다.[17]

이러한 초보적인 결과들에는 단서가 달려야 한다. 강소성과 절강성이 후기 제국시기 중국을 대표하지 않는다 하더라도, 이 지역들은 학생들의 시험 준비에 필요한 재정적·문화적 자원을 보유한 엘리트 가족의 비율이 북방 및 다른 지역을 능가하는 중국 남방과 남동부에서 가장 부유한 해안 지역 성들을 대표한다. 여기에 더해 청대에 책문이 명대보다 훨씬 덜 중요했다는 점을 거듭 지적할 필요가 있다. 대책문의 길이는 꾸준히 감소했다. 그에 따라 삼장三場 책문의 중요성이 변화한 반면, '도학'은 초장初場의 핵심 교육 과정으로 남아 있었다. 시험관과 학생들은 초장의 문제가 최종 석차의 관건이라는 것을 알고 있었다.

이러한 중요한 단서를 염두에 둘 때, 우리는 왜 건륭제가 그럼에도 불구하고 1750년대와 1760년대에 삼장 책문의 지위를 부활시키려고 했는지 이해할 수 있다. 전체적으로 ① 정치경제, ② 경학, ③ 시문, ④ 지리, ⑤ 역사에 관한 문제가 건륭 연간 중기의 최상위권 질문이 되었고, 이러한 경향은 1900년까지 지속되었다. 고전주의자 손성연孫星衍, 1753~1818은 19세기 초에 '고증학'의 약호인 '실학實學'이 학위 후보자들 사이에 널리 퍼지도록 향시 및 회시 책문에 다섯 가지 주제를 설정할 것을 권고했다. 손성연은 통치, 경학, 고전학, 지역 지리, 재원財源에 대한 지식인의 기술 역량을 강조하는 책문들을 옹호했다.[18]

19세기에 이르러 책문의 진화는 형식과 내용 면에서 더욱 안정화되었다. 1900년 개혁 전까지 향시에서 가장 빈도 높은 책문은 일반적으로 다음과 같은 명확한 순서를 따랐다. ① 경학, ② 역사, ③ 문학, ④ 제도 및 경제, ⑤ 지역 지리. 이 순서와 내용은 의무적이거나 항상 포함되는 것은 아니었다. 그러나 전반적으로 학문, 경제 및 치국에 대한 문제들은 가장 일반적인 책문으로 남아 있었다. 더욱이 제도 관련 문제들은 시험관들 사이에서 지배적인 관심사로 남아 있었다. 돌이켜보면 우리는 18세기의 주류 첨단 학문적 담론으로서 한학 고전주의가 19세기에 '도학'에 대한 송학의 중점을 뛰어넘게 됨으로써 청대 후기 시험 교육 과정의 변화로 이어졌다는 것을 알고 있다.

2. 명대 책문에서의 고거학

학문의 범주로서 청대 '고증학'의 개념적 뿌리는 명대 중기에 시작되었다. 고증학의 17세기 기원에 대한 기존의 주장은 과소평가되고 목적론적인 것으로 남아 있다.[19] 당초 경학에서 '근거 탐구고증 또는 고거(考據)'는 16세기에 왕양명이 사서四書의 '사물에 대한 탐구格物'에 대한 주희의 실재론적 견해를 반박하기 위해 『예기』에서 복원한 『대학』 고본古本을 둘러싼 논쟁

으로 거슬러 올라간다. 왕양명에게 있어서 마음의 원리는 사물의 원리보다 더 중요했다.[20]

그러나 명대 중기 이후로 향시 및 회시 시험관들은 이미 경험적 증거의 역할을 설명하기 위해 이른바 '신뢰할 수 있는 학문고거학'에 초점을 맞추고 있었다. 일찍이 1445년 회시에서 시험관들은 인재를 관료로 선발하는 것에 관해 다룬 5위 대책문에 대해 기술하기 위해 이 표현을 다음과 같이 효과적으로 사용한 바 있다.

> 이 대책문은 고거학을 포함하고 있으며, 요구된 것에 대한 답변이 매우 뛰어나다. 사고가 깊은 선비이다.[21]

1471년의 광서성 향시에서 '고거학'은 조詔·고誥·표表와 책문 모두를 평가하는 지침이었다.[22] 최우수 답안으로 선정된 5편의 대책문 중 4편이 이러한 기준에 비추어 평가되었다. 각각의 경우에 대해 광서성 시험관들은 최고의 답안들이 정보에 대한 연구와 면밀한 조사를 바탕으로 하고 있다고 강조했다. 세 번째 책문과 관련하여 시험관 동각董표은 2등으로 합격한 왕시王時의 지역 지리에 관한 답안에 대해 이렇게 기록했다. "이 대책문은 신뢰할 수 있는 근거를 사용함에 있어서 명료하다. 그 어구와 형식에 전혀 꾸밈이 없어 마치 작성자가 사원에서 정통파의 기존 본보기 앞에 절이라도 한 듯하다. 우리가 어떻게 그것을 존중하지 않을 수 있겠는가?"[23] 1471년 향시의 책문 가운데 국정 현안으로서 통화 정책 또한 '고거학'의 중요한 사례였다. 곽홍郭弘이 쓴 최고의 대책문을 평가한 세 명의 시험관은 그들이 선호한 곽홍 답안의 실제적이고 제도적인 측면을 아래와 같이 명확하게 개괄했다.[24]

오상鄔祥, 호광(湖廣) 교육감   이 책문에 답한 대다수는 피상적으로만 접근해 아무것도 드러내지 못하는 견해를 지니고 있었다. 오직 이 답안만이 고거학을 제시함에 있어 핵심을 제대로 짚었고 상세하다. 제도를 검토하는 데 능하고 신실한 학인이다.

장선張瑄 고대 통화 제도를 연구하고 개혁 노력의 성패를 기술함에 있어 논증의 모든 요점이 명확하고 구성이 적절하다. 선발할 답안이다.

선고單鼛 통화 정책을 다루는 이 질문에 대해 해당 응시자들은 대부분 당혹스러워했다. 오직 이 대책문만이 고대를 현재의 기준으로 고찰하고 (고대 통화 정책이) 부활되지 않은 이유를 추적할 수 있었다. 특히 정확한 답안이다.

1475년 회시에서 한림학사인 주시험관 2인은 의사록 작성을 위해 선정한 상위 5개의 책문을 분류하는 데 '고거학'을 이용했다. 선택된 주제는 ① 군신관계, ② 인성, ③ 자원, ④ 풍속, ⑤ 지리였다. 주시험관 서포徐浦, 1428~1499는 회시 1등, 전시 2등을 차지한 왕오제2장 참조가 2번째 책문에 대해 쓴 최고의 답안에 대한 논평에서 "5개의 책문은 '고거학'과 제도사에 대한 평가로 나뉜다"고 언급했다.[25]

마찬가지로 왕오보다 앞서 전시 장원급제자였던 사천謝遷, 1450~1531이 쓴 최고의 대책문에 대한 또 다른 주시험관 구준丘濬의 논평은 물적·인적 자원에 대한 사천의 답안이 "고대 학문을 이해"했다고 강조하면서 그를 "고거와 그 쓰임을 제시해 보여주는 인재"라고 밝혔다.[26] 구준의 공식적 활동 경력 및 '사물의 탐구격물'를 통한 국정 운영에 관한 영향력 있는 저술은 15세기 초 지식인의 학습에 영향을 미쳤고, 이는 영락 연간 이후 선양된 '도학'에 대한 재평가의 시작이었다.제2장 참조[27]

16세기의 향시는 제국 전역의 이러한 경향을 입증했다. "고거가 구체적이고 명확함" 또는 "고거가 핵심을 정확히 짚고 상세함"이라는 문구는 명대 시험관이 해당 주제에 대한 최고의 대책문의 장점을 조정과 응시자들에게 설명하는 공식이 되었다. 마지막 예로 우리는 1535년의 회시를 들 수 있는데, 이 시험에서 뛰어난 상주常州 지식인 설응기薛應旂, 1500~1573?는 2등을 했음에도 불구하고 전시에서는 3등급으로 진사 학위를 받았다. 회시에서 설응기의 팔고문 중 하나는 『맹자』에서 출제된 문제에 대한 최고의 답안으로 뽑혔고, 다른 하나는 『시경』에서 출제된 문제에 대한 모범 답안으로 뽑히기도 했지만,[28] 설응기는 세 번째 책문에 대한 그의 문자학 관련 답안까지 최고의 대책문으로 선정될 만큼 다재다능했다. 문자학은 훈고학, 고음학古音學과 더불어 청대 고증학의 3대 분야가 되었기 때문에, 명대 과거 시험에서 '고거학'의 특징을 평가하고 보다 성숙한 청대 고증학과의 차이점에 주목하는 데 있어 이 문제를 살펴볼 필요가 있다.[29]

5개의 책문 가운데서 추출할 수 있는 주요 차이점은 일부는 제도의 역사를 강조하고 나머지는 '고거학'과 국정에 기반한 실천적 지식[時務]을 강조했다는 것이다. 문자학에 대한 책문에서 시험관들은 경서들을 고대 황제와 왕들의 국정 이상에 관한 보고寶庫라고 형용했다. 그들은 응시자들에게 경서들이 상고시대로부터 중고시대로 전승되는 데 사용된 기록 형태를 구별할 것을 요구했다. 그 책문은 "처음으로 돌아가는 것"은 지식인들이 "복고復古"를 가능하게 해줄 것이라고 가정했다.[30]

비록 청대 문자학과 비교했을 때 답변에 정보가 부족한 면모가 있었지만과두(蝌蚪) 문자가 대전체(大篆體)보다 먼저 나왔다고 주장함, 설응기는 자신의 모범 대책문에서 서로 다른 서체를 고대의 서로 다른 시기들과 연관시켰다. 설응기에 따르면 상고시대에는 글자들이 올챙이처럼 보였다. 중고시기에 문자

의 형태는 대전체로 발전했고, 한대에 경서들이 형태를 갖추게 되었을 때
는 '고문' 또는 예서隸書로 기록되었다. 설응기는 고대의 형태를 복원하기
위해서는 한대 허신許愼의 선구적인 자전『설문해자』이 필수적이라고 주장했
다. 허신이 개략적으로 설명한 문자 형성의 여섯 가지 규칙이 경서의 문
자 역사의 핵심이라는 것이었다.[31]

설응기는 16세기의 지식인들이 서체의 역사가 경서의 역사, 더 나아가
그 원내용과 그것을 저술한 성왕들의 의도를 풀어내는 데 어떻게 도움이
되는지 헤아리기를 바란다면 명대 백과전서들에 수록된 문자학의 기존
논고에 기반한 이런 기술적인 논의가 필요하다고 주장했다. 설응기는 이
렇게 결론을 내렸다. "사람들은 길을 찾기 위해 경서에 의존한다. 글은 현
재를 위한 증거를 제공하기 위해 고대와 연결되어야 하고, 문자학은 그것
을 뒷받침할 수 있다."[32]

7명의 시험관은 설응기의 답안이 '복고의 의지'를 입증했다는 평가에
있어 만장일치였다. 절강성 출신 한림학사였던 부시험관 주문촉周文燭은
문자학 관련 문제와 16세기 명대의 고거 관념 사이의 연관성을 다음과
같이 명확히 밝혔다.[33]

이 응시자는 자신의 마음을 고문자학에 초점을 맞출 수 있다. 그는 고거학을
자신의 답안 각 항목에 집중시킬 수 있다.

설응기는 다른 많은 사람들과 마찬가지로 가문 학교의 연습 시험에서
그러한 질문에 답하는 훈련을 해왔었다.[34]

1537년에 절강성 영파부寧波府 부근의 자계현慈谿縣 지현으로 봉직하던
설응기가 복건성 향시 감독 지원을 위해 배치되었을 때도 유사한 어학적

관심이 일어났다. 설웅기가 출제한 책문 중 하나는 진대기원전 221~207 '분서 焚書' 이후 경서의 전승을 파악하는 데 필요한 문헌학적 쟁점에 초점을 맞췄다. 설웅기는 그런 상황에서 어떻게 경서의 진위를 해명할 수 있을 것인지 물었다. 기록 형태가 다시금 '복고'의 수단으로 간주되었다. 여기서 우리는 시험관 임명이 과거 시험 내용에 어떤 영향을 미칠 수 있는지를 볼 수 있으며, 이는 18세기에 반복된 경향이었다.[35]

1500년경에는 과거 시험에서 '고거학'의 명확한 기준이 생겨났다. 이 기준은 명대 말기까지 시험관들이 향시 및 회시에서 책문을 평가하는 데 으레 적용되었다.[36] 이러한 고전적 기준은 팔고문의 순위를 매기는 데 사용되는 문학적 기준과 유사했다. 비록 삼장三場이 최종 석차에서 덜 중요했지만, 명대의 책문은 여전히 최종 순위에서 필수적인 부분이었다. 책문은 명대 중기 시험에서 송대 과거 시험의 경의經義와 관련된 '고문'과 동일시될 만큼 중요했다.[37]

책문에 대한 명대식 '고거학'은 1770년대와 1780년대에 궁정 서고 수장을 위해 제출된 저작들을 평가하기 위해 『사고전서四庫全書』 편집자들이 사용한 '고증학'적 기준의 학문적 자각과 비교될 수 있다. 그들의 고전적 학문의 평가 기준은 자료와 근거의 적절한 사용, 정확한 학문에 대한 강조, 언어학적 방법의 적용에 기초하였다. "고증학 저작으로서 고려할 가치가 있다[考證之資]"고 표시되는 것은 필사되어 황실 서고에 들어간 저작들에 대한 최고의 찬사였다.[38]

'도학' 도덕철학에 부차적인 것으로 남아 있던 명대의 '고거학'과 고전학의 모델로 '도학'에 도전한 청대의 '고증학' 사이에는 중요한 차이가 있었다. 명대에는 국정과 '고거학'의 연관성이 가장 뚜렷했다. 명대의 '고거학'은 청대 '고증학'의 초점이 될 언어학이나 문헌학小學과 특별히 관련되지 않았다. 예를 들어, 명대 책문에서 문자학에 대한 문헌적 초점은 설응기의 고전적인 언어학을 경세학의 맥락 속에 위치시켰다.[39] 기록된 문자에 대한 명대의 강조는 오랜 세월에 걸친 문자의 의미들을 추적하기 위해 훈고학을 통해 보완되었다. 그러나 청대 고증학의 새로운 점은 특히 시운詩韻에 있어서 변화하는 소리의 분류가 문자의 고대 의미를 재구성하기 위한 더 신뢰할 수 있는 언어학적 기법이라는 발견이었다.

고음학은 명대 말기에 별개의 문헌학 분야로 등장했지만, 18세기에 이 분야가 성숙하고 번성하여 고증학의 여왕이 되었고, 문자학과 훈고학은 보조적인 학문으로 격하되었다.[40] 명대의 책문은 고전적 학문으로서 고음학을 제창하지 않았고, 소리 문제가 부상했을 때 그것은 글쓰기에 초점을 맞추기 위해 금방 스치듯 지나갔다. 19세기 후반 (경학의) 고문古文 대 금문今文 논쟁이 최고조에 달했을 때 문자학이 다시 두각을 나타냈지만, 청대의 책문에서는 고음학이 더 일반적인 주제였다.[41] 그럼에도 불구하고 명대 책문에서 평가 기준으로서 '고거학'의 역할은 훗날 '고증학'이라고 불리게 된 전문지식이 과거 시험에 침투하는 첫 번째 단계를 대변하였다.

마찬가지로 역사학, 자연학 및 고증학 분야는 18세기와 19세기에 고증학으로의 전환이 얼마나 만연했는지 알 수 있을 만큼 발달했다. 이전과 마찬가지로, 조정과 관료체제는 간신히 시류에 뒤떨어지지 않으면서 왕조의 유력한 엘리트들의 견해와 이해관계를 흡수했다.

3. 명대 책문 중의 자연학

시험 풍조는 북송시대에 의학, 법률, 재정 정책, 군사 분야 등에까지 미치게 되었다. 예를 들어 심괄沈括, 1031~1095은 황우皇祐 연간1049~1053에 문과 시험 응시자들에게 천문 기구에 대한 답안을 작성하도록 요구했다고 기록했다. 답안 작성자들은 모두 천체의 특성에 대해 혼란스러워했다. 시험관들이 그 주제에 대해 무지했기 때문에, 모든 응시자는 우수한 성적으로 합격했다.[42] 남송 이후에는 문과 시험과 병행하는 제도적 장치로 무과만 남게 되었다.[43] 그러나 당송대 시험에서 흔히 볼 수 있는 법, 의학, 수학과 같은 기술 분야는 명대 시험에서 되풀이되었다.[44]

이민족처음에는 몽골족, 나중에는 만주족의 지배를 받게 되었을 때, 2·3년에 한 번 열리는 시험에서 늘 탈락해 오던 사람들에 더해서 수많은 지식인이 의학과 같은 문관 이외의 직업으로 눈을 돌렸다. 18세기와 19세기에 인구학적 압박이 거인과 진사들조차 공직 임명을 받지 못할 수 있음을 의미했을 때, 많은 지식인이 대안 진로로서 교육과 학문으로 전향했다. 아래에서는 명대 시험관들이 천문학을 논하고 책력 개혁을 촉진하기 위해 어떻게 자연 현상에 관한 책문을 이용했는지 살펴보기로 한다.[45]

자연학에 대한 명대의 관심

명대의 과거 시험은 천문학, 책력, 자연계[自然之學]에 대한 응시자들의 지식을 평가했다. 원대부터 '자연학'은 종종 축약된 한자 표현인 '격치格致'를 사용하여 분류되었는데, 이는 20세기 초에 근대 과학에 대한 일본식 표현인 '카가쿠かがく(kakagu), 한자로 과학(科學)'로 대체될 때까지 유지되었다.[46] 예를 들어 초기 예수회가 아리스토텔레스의 4원소설『공제격치(空際格致)』,

1633과 아그리콜라Georgius Agricola의 『곤여격치坤輿格致, De Re Metallica』1640를 고대 중국어로 번역할 때, 그 제목에서 라틴어 어휘 과학scientia, '전문적인 학문'의 의미에 대해 "사물을 연구하고 지식을 확장한다[格物致知]"는 중국어 본래 표현의 축약어를 사용했다.[47] 송대에 수학과 점성술에 관한 초기 저작들은 보안상의 이유로 출판이 금지되었다. 실제로는 일반적으로 인쇄된 달력과 연감을 널리 이용할 수 있었지만, 그러한 지식은 사천감司天監에서 책력을 다루는 왕실의 전문가들에게만 허용되었다.[48]

이러한 제약은 몽골족 지배하에서 완화되었지만, 명대 초기에 영락제는 공식적인 지식인의 학문으로서 역법 및 실용적인 학문을 강조했다. 영락제는 (1,000명 이상의 응시자 중 472명의 합격자를 선발하여 고위직에 임명한) 1404년 회시의 주시험관 해진解縉에게 응시자의 '박학博學'을 평가하는 문제를 포함하도록 명했다. 더 중요한 것은 황제가 '자연학'을 합법화했다는 점이다. 이후 명대 과거 시험에서는 이런 문제가 정기적으로 출제되었다.[49]

명대 향시 응시자들은 천문학에 관한 책문을 예상할 수 있었고, 전국적으로 5만에서 7만 5천 명 이상이라는 방대한 규모의 향시 응시자가 그러한 질문에 답변하기 위해 준비되어 있었다. 청대에는 그러한 책문의 출제 가능성은 무시해도 될 정도였다. 그럼에도 불구하고 천문학, 의학, 수학 및 기타 기술적 문제를 다루는 능력은 명말청초에 등장한 새로운 고전학의 필수적인 수단이었다. 다만 관련 문제는 1860년까지 청대 과거 시험에 출제되지 않았다.[50]

명대 역학曆學 관련 책문

1517년부터 1518년까지 식蝕에 대한 일련의 부정확한 예측 이후, 관료들은 명조의 책력과 흠천감欽天監이 실패하고 있다는 것을 인식했지만, 처방된 해결책은 이전과 마찬가지로 새로운 인원과 흠천감 관리 개선에 대한 요구였다. 흠천감은 일식에 대한 과도한 예측을 덜 자주 했지만 예측하지 못하는 경우가 더 많았는데, 이는 왕조에 불길한 징조였다. 역법 체계 자체의 개혁은 아직 필요하다고 여겨지지 않았다. 게다가 흠천감欽天監은 중인 수준의 낮은 위신으로 인해 조정의 책력 논쟁에 영향을 미칠 전략적 지위에 있지 않았다.

책력 개혁, 즉 계산 체계의 전환은 통상 흠천감 외부의 비판과 권고에 대응하는 제국의 특권으로 남아 있었다. 1630년대에 예수회와 연관된 관료들이 황제와 조정에 대해 대통大統 천문학 체계의 실질적인 개혁을 호소할 때까지, 정부는 특별 감독관들에 의존하거나 흠천감에 새로운 인재들을 충원하는 것에 만족했다. 하지만 이 정책은 당대와 원대 통치자들이 인도인과 무슬림 전문가들을 받아들인 것처럼 명대와 청대 조정이 예수회를 역법 전문가로 받아들일 수 있는 문을 열었다. 그러나 이 문제는 당시 시험 책문에서 다뤄질 만큼 충분히 심각했다.[51]

1525년 강서성 향시를 위해 시험관들은 '역법曆法'을 논하는 책문을 출제했다. 첫 번째 대목에서 그들은 응시자들에게 책력을 정리하기 위해 고대인들이 사용한 방법에 대해 자세히 설명할 것을 요구했고, 그 방법이 "제국에 질서를 가져오기 위한 모든 고대 왕과 황제들의 당면한 우선사항이었다"고 언급했다.[52] 다음으로 시험관들은 한·당·송의 천문 체계는 모두 기원전 104년의 『삼통력三統曆』의 선례를 따른 것이라고 설명했다. 『삼통력』은 기원 시점으로부터 계산된 일법日法과 적년積年을 기반으로 했다. 그들은 ① 왜 책력을 자주 수정해야 했는지, ② 왜 현재의 체계가 주기적으로 윤달을 추가하는 오래된 방법 외에 세차歲差 상수를 도입했는지, 그리고 ③ 기원 시점을 적용하지 않은 현재의 체계가 2세기 동안 수정 없이 사용되었을 만큼 정확한지를 물었다.

응시자들은 이러한 질문들에 답변하기 위해 수학적 천문학과 그 역사에 대한 충분한 지식이 필요했는데, 이는 특히 중대한 개혁이 발표되었던 시기인 금대와 원대의 정사正史와 경세 지향적 백과전서들에서 얻을 수 있었다.[53] 『삼통력』 체계가 한 달의 길이를 29와 43 / 81일로 정한 것에 해당하는 81일법을 적용하고 과거 기원시기로부터 143,727년의 누적일을 계산했을 때, 명대 상수 29.53086에서 현대 값 29.53059일을 뺀 작은 차이는 피할 수 없었다. 그리고 그것은 310년마다 하루의 오차에 해당하여 오랜 세월 축적되면 감지되는 것이었다.[54]

이후의 계산 체계들은 그것들이 불가피하게 오차로 이어진다는 점을 깨닫지 못한 채 단순히 일법과 누적 일수만 조정하였다. 명대의 『대통력大統曆』이 거의 그대로 따랐던 원대의 『수시력授時曆』은 이러한 접근법을 전적으로 거부했다. 『삼통법』 체계와 이를 계승한 것들은 원나라 때인 1280년에 개발된 『수시력』에서 태양년의 길이를 더 정확하게 측정하기 위해 개선되었다. 원대의 체계는 정확한 십진법 상수를 채택했고, 고대의 기원시기 대신 1279년 12월 동지冬至부터 계산했다. 이전의 오류 원인이 없어진 이상 체계의 개정은 덜 필요하게 되었다.

세차는 회귀년 또는 '태양'년태양이 천구의 황도를 따라 이동하여 같은 지점을 두 번 통과하는 데 걸리는 시간, 예를 들어 두 동지 사이의 기간과 항성년천구의 적도와 관련하여 태양이 같은 별과 두 번 정렬하는 데 걸리는 기간 사이의 미세한 차이를 보정하는 상수였다. 기능적으로 세차는 서양 천문학의 춘분점 세차에 해당한다. 이것이 원대의 체계에서 처음 등장한 이유는 후자가 대략 구면 삼각법을 사용했기에 적도를 따라 움직이는 것과 천구의 황도를 따라 움직이는 것 사이의 불일치를 새로운 방식으로 처리해야 했기 때문이다.

응시자들에게는 ④ 천구의 궤도는 보이지 않으며 태양과 달의 합을 통해서만 알 수 있다는 점이 상기되었다. 시험관들은 왜 『서경』, 『시경』, 『춘추』의 일식은 월의 첫 날의미상 합일(合日)에만 일어난 반면 한대 이후의 일식은 때때로 월의 말일에 일어났는지를 물었다. 그 이유는 첫째 경서의 기록과 관련된 시간들이 정확하지 않았기 때문이며, 둘째 한대까지는 관측이나 계산으로 합정확한 삭(朔)이나 식蝕의 정확한 시점을 산출할 수 없었던 까닭이다.

질문의 다섯 번째 부분은 이전 체계와 마찬가지로 고착된 오류들을 드러낼 수밖에 없었기 때문에 원·명대 체계를 수정하기 위한 다양한 제언들을 다루었다.

고대부터 지금까지 책력에 대해 논한 사람들 중 어떤 이들은 확실한 방법즉 이론이 있을 수 있다고 말한다. 어떤 이들은 할 수 있는 것이라고는 계산 체계를 현상에 부합되도록 유지하기 위해 주기적으로 관측 결과를 제시하는 것뿐이라는 점을 근거로 이를 부인한다. 그러나 만약 실제로 확실한 방법이 있다면, 그것은 상수에 기초하여 예측하는 것을 가능하게 할 것이다. 궤도를 추적하는 관측 기술은 (마찬가지로) 신뢰할 수 없다. 이 주장들은 모두 역사 문서에 기록되어 있으며 면밀히 검토해볼 수 있다.[55]

이 질문에는 정답이 없었지만, 중국 천문학의 영원한 문제, 즉 지속적인 관찰, 보간법補間法, 외삽법外揷法에 기초한 예견과 다른 한편으로 새로운 데이터의 지속적인 주입이 필요하지 않은 엄격한 수학적 기법에서 얻은 예측 사이의 긴장을 불러일으켰다.[56]

(알려지지 않은 응시자가 쓴) 답변들 중 하나는 주요 이론적 질문에 초점을

맞췄다. 문학적 관점에서 본 그의 답변은 형식적으로 정형화되었고 천문학적으로는 박식했다. 얼마나 많은 다른 답안들이 그만큼 식견이 있었는지는 불분명하다. 이 응시자는 다음과 같은 정돈된 대구로 시작했다. 우리가 알고 있듯 하늘은 예로부터 변화가 없었기에, "확실한 방법이 없다는 선언은 믿지 않는다". 태양, 달, 행성의 궤도 운동의 명백한 불규칙성 때문에, "확실한 방법이 있다는 선언을 믿지 않는다". 그는 고대 천문학에 관해 알려진 것을 요약하기 위한 어휘들과 더불어 질문에 열거된 초기 고전들을 말 그대로 인용했고, 일법과 적년에 대한 정확한 한대 값을 제시했다. 그는 또 천문학자 겸 지리학자이자 고전주의자인 두예杜預, 222~284 의 격언을 포함한 역사적 전거를 다음과 같이 인용했다.

> 천문학 체계를 만드는 것은 (기술이) 그것들에 일치하는 것을 찾기 위해 천체현상곧 '하늘'에 순응하는 문제이지, (현상에 의해) 예측이 검증되도록 억지로 일치시키는 것이 아니다.

이는 자연스럽게 그의 다음과 같은 답변으로 이어졌다.

> 하늘의 궤도는 일정하지 않지만, (한대와 송대 사이의) 천문학은 '그것과 일치하는 것을 찾기 위해 하늘에 순응하는 것'을 알지 못했기 때문에 방법을 설정하는 데 제한이 있었다.[57]

두 번째 질문에 대한 답변은 기술들과 그 상호관계에 대한 기억력에 있어 비범한 것이었다. 답안은 고대에는 책력의 차이가 기록하기에는 너무 작았다고 지적했다. 『수시력』 체계가 세차 오차에 정통한 최초의 것이었지만, 우희虞喜, 약 4세기 초를 위시한 일련의 천문학자들이 그 오차에 대한 실증적 수정을 수행한 바 있다. 응시자는 그 기술들을 나열하고 정확하게 요약했다. 그는 이러한 수정이 세차를 미리 고려했다는 점을 이해했으며, 이는 그가 『수시력』 체계의 전신에 대한 『원사』의 기록을 완전히 이해했음을 보여준다.[58]

세 번째와 네 번째 질문을 연결한 답변도 비슷했다. 작성자는 합 및 식 시점 측정의 잇따른 개선 사항을 요약했다. 태양 및 달의 평균적인 움직임 대신 실제적이고 다양한 움직임의 대입을 결합시킨 이러한 개선 사항은 150년 이상 된 오류를 방지하는 수준의 정확도를 산출했다는 것이다. 여기서 응시자는 명대의 변화를 인용하면서 『원사』의 설명만 전적으로 의존하지 않았다.[59]

마지막 질문에서 응시자는 당시의 논쟁에 대해 다음과 같이 간략히 처리했다.

나의 천견으로는 (천문학적 계산을 관리할) 적임자가 있다면 (누적되는 오류에 대한) 논의를 허용할 수 있다. 그렇지 않다면 피상적인 논의는 허용되지 않는 것이 가장 좋을 것이다.

여기서 그는 『수시력』 체계가 2,000년 이상의 현상을 포괄하고 중국 국경을 넘어 확장된 기록들에 맞서 시험되었음을 분명히 한 『원사元史』의 보고를 명시적으로 인용했다. 저자는 정확도의 한계에 대한 논평은 잘못된 인식일 것이라는 전적으로 옳지는 않은 결론을 내렸다. 오류가 더 이상 무시될 수 없을 경우 관측을 통해 수정되는 한, 세차의 주기적인 불일치는 계산 체계를 위태롭게 하지 않았다는 것이다. 그는 심지어 원대 책력 개혁에 사용된 개선된 도구들이 온전히 기록되어 있으며, 이러한 목적을 위해 복원될 수 있다고 언급했다그는 실제로 그 도구들이 1421년에 복원되어 현존한다는 사실을 알지 못했다.[60] 응시자는 예수회가 도래하기 한 세대 전에 1280년 개혁 이래 천문 전담 관서에서 물려받은 기구들을 복원할 것을 제안한 것이다.[61]

책력 개혁과 기구 복원에 대한 이 요청에는 재빨리 정통 '도학' 수사법의 틀이 씌워졌다. 답변은 비록 수학적 천문학과는 무관하지만 주희의 말을 인용하는 것으로 마무리하면서 초점을 다시 황제의 권좌로 옮겼다. "위엄 있는 통치자가 음陰에 대한 승리를 보장하도록 양陽이 우세하게 할 수 있다면, 달곧 음(陰)이 태양곧 양(陽)을 피할 것이므로 식은 일어날 수 없다." 응시자는 관례적으로 다음과 같이 밝혔다.

> (자격 있는) 스승으로부터 사사 받지 못한 가장 낮은 부류의 촌학구로서, 나는 감히 옳다고 주장하지는 못하고 단지 경서와 정사에 기록된 것을 제시했을 따름이다.[62]

고대 자료에서 기술적 데이터를 불러와 기억을 통해 정확하게 인용하는 응시자의 능력은 인상적이었다. 또 16세기의 시정 방법으로서 원대의 장치들에 대한 그의 호소는 왕조가 점점 제 기능을 하지 못하던 명대의 『대통력』을 어떻게 할 것인지에 대한 응답을 얻기 위한 방법으로 책문이 공식화되었음을 시사한다. 응시자는 왕조가 책력을 개혁하기 위해 전문적인 계측에 의존해야 한다고 주장했다. 그러나 응시자는 기술 편람이 아닌 정사正史를 자료로 인용했는데, 이는 시험관이 기대했던 것 역시 정치적 삶에서 책력의 역할에 대한 이해와 공식 책력을 정확하고 최신의 상태로 유지하는 것의 어려움에 대한 인식이었음을 보여준다.

시험관들은 단지 답안의 세부사항 때문에 이 대책문을 그리 높게 평가하지 않았다. 이 답안의 답변들은 천문학적으로 정통하고 고상하며, 의심의 여지 없이 정통적이며그런 까닭에 주희의 말을 인용하고, 폭넓은 독서에서 비롯된 전통적인 정서가 복합되어 있었으며, 수사학적 구조와 균형에 경의를 표할 만했다. 다시 말해, 답변들은 도덕이나 통치에 관한 훌륭한 답안에 대한 천문학적 대응물을 대변했다. 제국 정통의 인문주의적 편향이라는 그간 쌓여온 증거에 더해진 천문학적 대응물들이 있었다는 사실은 공직 야심가들의 교육에 영향을 미치면서 과학, 의학, 기술, 통계, 재무 등에 관한 지식을 사실상 막지 못했다. 이 1525년의 시험에 통과하기 위해서는 철저한 연구와 고도의 기술적 자료에 대한 보편적인 기억이 요구되었다.

가랑비에 옷 젖듯 1592년에는 한계에 다다랐다. 당시 예부는 흠천감이 월식을 예측할 때 하루라는 시차의 오류를 범했다고 비난했고, 이는 구식례救蝕禮 일정을 다시 잡아야 한다는 것을 의미했다. 하루라는 오류는 월, 계절, 그리고 새해 첫날과 관련된 의례들에도 영향을 미쳤다. 1595년에는 특출한 수학적 재능을 가진 명나라 왕자 주재육朱載堉, 1536~1611이 새로운 책력을 제안했는데, 그는 이를 '성수만년력聖壽萬年曆'이라고 불렀다. 주재육은 원대 책력과 명대 책력을 결합하려고 노력했지만, 그의 통합 안은 새로운 관측에 기초하지 않았던 까닭에 1각刻, 14분에 해당 이내의 정확도를 기대하던 시대에 일식을 더 정확하게 예측하는 데 실패했다.[63]

예부는 주재육의 제안을 결코 실험하지 않았다. 1596년에 왕홍회王弘誨, 1542~1620는 마테오 리치와 개혁 논의에 기여할 가능성에 관해 의견을 나누었다. 1597년에 고대 책력과 최신 책력을 비교한 저작을 쓴 학자 겸 관료 형운로邢雲路, 1573~1620는 명『대통력大統曆』에서 동지를 결정하기 위해 사용한 방법이 하루의 오차로 인해 그 오류가 계절 전체에 영향을 미칠 만큼 확대된다고 주장했다. 그러나 흠천감 관원은 비판들을 일축하고 안정적인 제도인 책력을 함부로 변경해서는 안 된다며 옹호했다. 이런 비타협적인 태도는 예수회가 로마에서의 그레고리력 개혁의 혜택을 입고 1600년 이후 명대 책력을 개선하기 위한 새로운 방법을 도입할 수 있는 문을 열어 주었다.[64]

고전학과 자연학의 상보성

전술한 사례는 고전학과 자연학이 상반되었다고 가정하는 것이 얼마나 위험한지를 보여준다. 천문학과 책력에 대한 전문적인 지식은 흠천감에 기용된 전문가들과 비교하여 사대부들의 문화적 위신과 사회적 지위에 있어서 약간의 차별성을 낳았다. 자신들에게 최고의 사회·정치·문화적 위신을 부여하는 고전적 정통성에 밝은 박학다식한 이들로서 명대 관료들은 천문학, 수학, 책력 연구가 제국 의례 장치의 일부라는 것을 알았다. 그들은 통치에 있어 자연 현상의 역할을 이해하는 것에 적대적이지 않았다.

지식인은 시험을 통해 얻은 고전적 신분을 자신의 관료적 지위와 관련되게 만드는 도덕적 본보기가 될 것으로 기대되었다. 고전적인 국정 운영은 고전학과 정치적 능력 사이의 연관성을 전제로 했다. 그 능력은 '자연학' 전문가로서 지식인의 지위로 측정되지 않았다. 그러나 그 일부는 통치에 있어서 천문학과 책력의 역할을 이해하기 위해 경서에 대한 자신의 지식을 이용하는 것과 관련이 있었다. 전술한 책문에서 기술학은 질문의 궁극적인 관심 대상이 아니었다. 시험관들은 응시자들이 기술학을 성왕들로부터 물려받은 고전적 세계 질서 안에 위치시킬 것을 기대했다.

이에 따라 자연학에 관한 책문은 관료제 통치 관련 분야와 기본 경서들에서 논의된 것으로 제한되거나 적어도 초기 논평들에 의해 해석되었다. 의학, 연금술 같은 다른 분야들은 공직을 위한 교육 과정에 적합하지 않았다. 천문학과 수학은 초기 경서들에서 논의된 것인지가 중요했고, 반면 의학과 연금술은 훨씬 나중에 자체 '고전'을 발전시켰다. 그러한 책문에 대한 '잘못된' 답변은 응시자가 집권 왕조에 도전하는 방식으로 하늘이나 지상의 현상을 관찰하려는 노력의 비정통적 함의를 파악하는 데 실패했음을 시사했다.

시험장 내에서 산출된 책문과 대책문은 자연학을 정통 체계의 일부로 만들었다. 시험관들은 천문학과 책력을 교육 과정에 넣고 기술적 지식을 촉진함으로써 그것들을 성공적으로 길들였다. 지식인들이 이런 식으로 관료로 선발된 것은 그들의 정치적 성공의 도덕적 조건이 과거 시험을 통해 관료적 권력으로 전환되는 '도학'에 전문지식이 종속됨을 전제로 한다는 것을 알았기 때문이다.

사회·정치적 위계에 적절히 상응하는 문화적 위계의 각도에서 보면, 명나라는 자연학을 정통적 체계 안으로 편입시킬 수 있다는 바로 그 이유 때문에 그것을 고전적 보편주의자의 정당한 관심사로 용인했다. 전문가들은 그들이 왕조의 정통성과 그 법적 대리인들에 종속되어 있는 한, 문화적, 정치적, 그리고 사회적 위계의 필수적인 부분이었다. 사대부는 관료조직 내에서 책력 전문가와 공존했지만, 더 높은 수준의 정치적 지위와 문화적 명성, 사회적 위신을 지니고 있었다. 따라서 명대의 과거 시험은 자연학에 대한 책문을 포함했다는 이유로 놀라울 것은 없다. 명대 과거 시험은 자연학을 왕조와 지식인 및 '도학' 정통의 장기적인 지배를 보장하는 정치·사회·문화적 재생산 시스템 내에 성공적으로 가둬두었기 때문에 주목할 만했다.

청대 초기 시험에서 자연학의 배제

청대에는 자연학에 대한 책문이 명대에 비해 드물었다. 예를 들어, 1660년대에 산동성 향시 시험관들은 점성학적 징조에 대한 책문을 출제했다. 그 주제에 대해 전혀 알지 못하는 응시자 중 한 명은 대신 지리에 대해 논하는 것으로 자신의 답안을 위장했다. 낙제한 줄 알았던 그 응시자는 합격자 명단에 자신의 이름이 올라 있는 것을 보고 놀랐다. 그는 시험관의 다음과 같은 논평을 확인했다. "문제는 점성학적 징조에 관한 것인데 답안은 이를 지리학에 대한 논의와 결합시켰다. 이 응시자는 학식과 교양을 갖춘 지식인으로 칭송받을 만하다."[65] 지리학과 점성학은 초기 왕조들에서는 중첩된 분야였지만, 청대 초기에는 조정이 책력 및 천체 연구에 대한 책문을 금지하면서 이러한 관계가 깨졌다. 그 후 지리학, 특히 지역 지리는 향시와 회시 문제의 자료로 흥성했다.[66]

만주족 황제는 정치적인 이유로 책력 연구를 독점하려 했다. 책력 연구가 한족, 무슬림, 예수회 모두 딴 속셈이 있는 잠재적으로 불안한 전문 분야였기 때문이다. 초기 만주족의 과거 시험 조종(예를 들어, 시험은 1664년에 대폭 개혁되었다가 1667년에는 개혁되지 않았다. 제8장 참조)과 명청 교체기에 정통 문화 체계에 도전한 예수회와 사대부들 사이의 동시대 책력 논쟁이 결합되면서 만주족 조정은 분열을 일으키는 과거 시험의 책력 관련 문제들에 대해 고심하게 되었다.[67]

명나라의 붕괴와 비한족이 지배하는 청나라의 발흥은 1685년까지 천문학 전문가들이 자신들의 종속적 지위에서 벗어나서 정치 권력에 대한 권위를 잃은 명 엘리트들에게 도전할 기회를 만들어주었다. 새로운 왕조가 그 책력적 정당성을 가능한 한 빨리 재정립하려고 노력했기 때문에 천문학적 전문지식의 문화적 중요성은 손상되지 않았다. 이러한 기술적 관심은 한동안 지식인들이 고전학을 통해 축적한 문화적 차별성을 능가했다.

만주족 왕조가 정치적·군사적 적들을 제압한 1680년대가 되어서야 청대 초기 수십 년간의 사회적 유동성이 사라졌고, 한족 지식인과 만주족 엘리트들은 정치적·사회적 위계질서의 가장 높은 위치에서 불안정한 균형을 유지했으며 무슬림과 예수회의 책력 전문가들은 다시금 중간 혹은 최하위 언저리에 있게 되었다, 그리고 이는 18세기까지 지속되었다. 이 과정에서 자연학에 대한 향시 및 회시 책문은 사실상 중단되었다. 1680년대까지 만주족 조정에 의해 조종된, 조정에서의 서학西學의 치열한 승리는 명대 과거 시험을 특징지었던 것과 같은 자연학과의 어떠한 조화도 배제시켰다. 비록 예수회의 지도 제작은 황제에 의해 접근이 제한되었지만, 금지된 자연 연구 대신 역사 지리학이 특히 청대 과거 시험에서 받아들여질 수 있는 분야로 번영했다.

1715년까지 강희제는 천문학적 전조와 책력이 왕조의 정통성과 관련이 있다는 이유로 공개적인 연구를 금지했다. 1713년에 황제는 향시 및 회시에 배정된 모든 시험관에게 천문학적 징조와 음악적 조화, 또는 계산 방법에 대한 책문 출제 금지를 명했다. 강희제가 예수회 전문가들을 고용한 조정의 기획사업인 청대 천문학과 수학의 최신 저작들은 시험관과 응시자들에게는 접근이 금지되었다. 자연학에 대한 이러한 금지는 천문학 및 길흉 관련 점성학적 논의를 공적 논의에서 배제하기 위한 조정의 전반적인 노력의 일환이었다.[68] 옹정제는 후에 점성학 전문 학생들을 관학에 입학시킴으로써 강희제의 정책을 바꾸었다. 건륭 연간에는 지식인들이 점점 더 천문학과 수학을 사적으로나 공적으로 공부하였다.[69]

역사 지식의 변화하는 역할

16세기에 시험관들이 역사에 관한 책문을 출제할 때, 그들의 중점은 역사를 '도학'의 도덕적 명확성과 일치시키기 위한 송대의 노력에 있었다. 그들은 특히 한대 역사가 사마천기원전 145 / 135~90, 『사기』 저자이 도교에 호의적이었던 까닭에 도덕적 근거에서 사마천과 그의 주제적 접근[기전(紀傳)]을 따르는 사학자들을 공격했다. 역사편찬의 한·당대 양식은 체제와 언어를 우선시했지만, '도학'에 공감하는 명대 시험관들에 따르면 그 저자들은 나무만 보고 숲은 보지 못했다. 시험관들은 연대기[편년(編年)]와 주제사의 차이를 거론하면서 응시자들에게 두 양식의 장단점을 지적하도록 자주 요구했다. 이러한 맥락에서 사마천은 고대 역사편찬에서 '칭송과 비난[포폄(褒貶)]'의 연대기에서 주제사로 변화를 이끈 역사가로 비춰졌다.[70]

명대의 대책문들은 공자 이후 주희만이 왕조의 흥망에 있어서 정통의 중요성을 되살렸다고 주장했다. 명대의 책문에서 '정치적 정당성정통'은 명대 지식인들이 공자와 맹자로 거슬러 올라간 '도의 합법적 전승'과 역사적으로 관련된 것이었다. 한대 이후의 지식인들은 철학과 역사 모두에서 길을 잃었고, 고대의 도덕적 비전은 송대까지는 고전학과 역사학에서 복원되지 않았다는 것이었다.[71]

그러나 청대의 역사 관련 책문에서 '도학'적 역사편찬에 대한 중점이 뒤로 물러나면서 역사편찬을 도덕화하는 것은 덜 중요해지게 되었다. 그 과정에서 사마천과 반고班固, 32~92, 『한서』 저자는 한대 최고의 주제사의 역사적 본보기로 재등장했다. 청대의 고전주의자들이 이제 송·명 '도학'에 의구심을 가지고 한대 경학을 강조한 것처럼, 18·19세기 한학 역사가들도 주희가 아닌 사마천과 반고를 그들이 사실을 중시했다는 이유로 모범적인 역사가로서 강조했다.[72]

청대 초기 시험관들은 자신들의 경학 및 사학 관련 책문들에서 '도학'

의 범위를 줄였다. 역사가로서 주희는 확연히 감소되었다. 역사는 더 이상 으레 경서로 축소되지 않았다. 역사편찬은 더 이상 단순히 올바른 도덕적 문제가 아니었다. 그러나 경서도 완전히 역사로 전락하지는 않았다. 역사적인 경서들도 그 우선권이 부정되지 않았다. 변화가 일어나고 있었지만, 고증학을 지향하는 지식인들이 경서의 우선권을 부정하고 고전주의를 역사학에 녹이기 시작하기까지는 한 세기가 더 지나야 했다. 17세기 말 청대의 역사 책문은 더 역사 지향적이고 덜 도덕적인 시험관의 견해를 반영했다. 그 과정에서 시험관들은 "『춘추』는 역사의 경전이고, 사마천과 반고는 역사의 창시자"라는 역사의 기원에 관한 당시 청대 지식인들의 공통된 입장을 드러냈다. 명대 말기에 정통 역사편찬의 계보에서 한대 역사가를 배제하던 것은 사실상 막을 내렸다.[73]

청대 중기에 절강성 지식인 장학성張學誠, 1738~1801은 후기 제국 및 근대 중국 지식인 사회에서 가장 유명한 구호 중 하나가 된 "육경이 모두 역사이다"라는 견해를 밝혔다. 장학성의 시대에 경서의 우월한 지위는 도전을 받았다. 전대흔錢大昕, 1728~1804, 왕명성王鳴盛, 1722~1798, 조익趙翼, 1727~1814 같은 양자강 삼각주 출신의 저명한 지식인 학자들은 대신 특히 역사학을 지식인 학문의 정점에 두었다. 청대 초기에 이미 고염무는 송대와 명대에 과거 시험에서의 문학적 재능에 대한 지나친 관심과 '도학'의 도덕화 경향으로 인해 역사 연구가 쇠퇴했다고 한탄했다. 그는 역사에만 전념한 당대식 시험용 에세이의 복원을 촉구했다.[74]

18세기에 경서와 역사 사이의 영원한 관계는 정통 지식인들 사이에서 중요한 것으로 남아 있었는지만, 역사학의 지위가 경학과 동등하게 상승하면서 경서의 보편성과 정사正史의 특수성 사이의 경계가 의문시되었다. 이러한 의문은 제국의 과거 시험에 스며들었다. 유명한 고증학자 노문초

盧文弨, 1717~1796는 1767년에 호남성 향시의 선임 관료로 근무하면서 다섯 개의 책문 중 하나를 출제하였다. 그는 응시자들에게 경서와 역사의 관계를 재검토할 것을 다음과 같이 요구했다.

역사는 경서와 다른 쓸모가 있지만, 그것들은 같은 자료들에서 파생되었다. 『서경』과 『춘추』는 경서가 된 성현들의 역사적 기록이다. 후대에는 후자를 존숭하고 (역사와 경서를) 두 갈래로 나누었다. 이것을 파악하고 설명할 수 있겠는가?[75]

다른 이들은 더 나아가 경서와 정사 사이에 차이가 없다고 주장했다. 전대흔은 고전시대에는 이러한 인위적인 갈래 구분이 존재하지 않았다고 주장했다. 오히려 갈래의 구분은 경서가 사서史書, 제자서諸子書 및 문학과 구별된 후한後漢 멸망 이후의 사부四部 분류 체계에서 처음으로 사용되었다고 보았다. 이러한 바탕 위에서 전대흔은 정사보다 경서가 우선시되는 것을 거부하고 양자 모두 복고를 위한 필수적인 자료라고 결론지었다. 그 자체의 적절한 역사적 맥락에 놓고 보면, "육경이 모두 역사"라는 자주 인용되는 장학성의 주장은 고증학을 통한 18세기 지식인 학문의 점진적인 역사화를 반영한 것이다.[76]

또한, 오경 중 두 종『서경』과 『춘추』은 형식과 내용 면에서 역사적인 것이었다. 1787년 이전에 상대적으로 많은 수의 응시자가[25~27%] 『서경』이나 『춘추』 중 하나를 전공으로 선택했으므로, 명대에서 청대까지 역사에 초점을 둔 책문의 빈도가 증가하고 있었음에도 과거 시험 초장初場에서도 역사가 중요한 부분을 차지했다고 결론지을 수 있다. 약 20%가 전문 분야로 『서경』을 선택했고 보통 나머지 6~7%가 『춘추』를 선택했다. 결과적으로, 향시 합격자의 약 1 / 4이 전문화를 위해 역사 관련 경서를 선택한 것이다. 이 수치는 아주 적은 것은 아니지만, 『역경』의 형이상학과 우주론30~35%이나 『시경』의 문학30~35%을 선택한 사람들의 수에 비해서는 뒤처진 것이었다.

명대에서 청대까지 과거 시험에서 책문의 성격 변화는 1750년 이후 경학에 대해 역사 지식이 보여준 새로운 역할에 의해 입증된다. 책문을 출제한 후기 제국 시험관들은 역사학에 상당한 비율을 할애했고, 이는 19세기에 증가한 경향이었다. 또 역사를 학문적 초점의 대상으로 삼지 않는 대부분의 책문은 응시자가 제도나 경서, 치수, 지방 통치 및 기타 주제에 대한 역사적 답변을 준비할 것을 상정했다. 전반적으로 역사학에 미친 고증학의 영향은 18세기 경학과 역사학 사이의 지적 궤적의 변화를 반영했다. 청대 말기에 역사학은 학문 연구의 주요 틀로서 점차 경학을 대체했다. 20세기 초에 경학은 완전히 쇠락했다. 1920년대 중국 고대사 논쟁에 참여했던 구제강顧頡剛, 1893~1980 등은 사료에 대한 청대 고증학의 영향에서 벗어나 경서를 역사학의 전제가 아닌 역사학의 대상으로 삼았다.[77]

5. 청대 책문의 고대학

청대 중기에는 양자강 삼각주의 문헌학자들과 필사본, 골동품 및 희귀본들을 도시 상업에 이용했던 출판업자들이 경서와 정사들을 면밀히 검토했다. 삼각주 지역 학문적 담론의 자의식적 영역으로서 고증학의 지속적인 출현은 ① 고전 및 역사 문헌의 진위를 결정하고, ② 고대 고전 용어의 어원을 밝혀내며, ③ 고대 중국어의 음운체계를 재구성하고, ④ 한자의 고서체를 명확히 하기 위한 문헌학의 구심성에 입각한 것이었다. 이 장에서 살펴본 바와 같이, 이러한 경향은 명대 말기에 시작되었으나 청대에 절정에 달했다.

지식 축적을 위한 명대의 '고거학'과 청대의 '고증학' 어젠다는 중국 남방 도처의 고전학자들 사이에서 사상과 인식론의 주요한 방향 전환을 대변했다. 고증학자들은 고전적 전통을 복원하기 위해 대개 한대와 당대에 이루어진 입수 가능한 가장 고대의 자료로 되돌아가는 것을 선호했다. 시기적으로 한대가 경서의 실제 편찬시기에 더 가까웠기에, 청대 학자들은 경서를 재평가하기 위해 한대의 저작들을 활용했다^{이런 이유로 1820년부터 '한학'} ^{이라 불렸다}. 이러한 변화는 종종 경서 연구에 있어서 송대 자료^{'송학'이라 불림}에 대한 배제를 수반했다. 송대가 고전시대로부터 1500년 이상 떨어져 있고, 많은 청대 학자들이 주희와 왕양명의 '도학' 추종자들이 부지불식간에 이단적 교리를 경전에 추가했다고 확신했기 때문이었다.[78]

경학에 관한 책문 내용의 변화는 고대학과 연관된 문헌학적 발견이 과거 제도에 스며든 정도를 보여준다. 비록 시험관들이 청 왕조의 경학 육성을 칭송하는 문화적·정치적 충성을 보여주는 평가이기는 했지만, 가령 『서경』의 오랜 논란거리인 '고문' 장절을 둘러싼 텍스트 변천의 탐구는 응시자가 경서를 둘러싼 진위 논쟁에 대해 알고 있음을 시험관에게 입증할 정확한 정보를 필요로 했다. 이런 질문은 문화적 정통성에 대한 평가라기보다는 정통적 '진실'에 도전할 수 있는 잠재적으로 부정적인 문제를 제기했다. 많은 지식인이 중세의 위작으로 여긴 핵심적인 고문 장절들 중 하나는 「대우모^{大禹謨}」로, 거기에는 '정통적 국정 운영' 및 '도의 합법적 전승' 이론 구성의 바탕이 된 '인심^{人心}'과 '도심^{道心}'에 대한 고전적 교

훈이 담겨 있었다.제1장 참조[79]

　이러한 문헌적 관심은 양자강 삼각주 지역 특유의 것으로 간주될 수 있다. 이 지역 학문 공동체가 고대 학문에 대한 관심을 되살리고 경학과 역사학에 고증학 기법을 적용하는 데 있어 선구자들이었던 까닭이다. 그러나 주로 경학가들의 최신 연구 결과에 정통한 양자강 삼각주 출신들이 청대 향시 시험관으로 자주 임명되는 것을 통해 과거 시험 문제의 변화가 제국 전역에서 일어나고 있었다. 양자강 삼각주 지역의 학자들은 오랫동안 북경의 회시 및 전시에서 가장 성공적이었기에, 한림원과 예부에 임명될 가능성이 가장 높았다.제3장 참고 향시 시험관으로 근무한 사람들은 대부분 수도의 관료체제에서 중첩된 이 두 기관에서 선발되었다. 북방 및 서남부, 서북부의 외지 성에서 시행된 시험들은 모두 1750년 이후 양자강 삼각주 출신 시험관들이 촉진한 학문적 변화의 규모와 범위를 보여준다.

　결과적으로 18세기 후반과 19세기 초반의 책문들은 제국의 과거 시험이 시행되는 범위 내에서 점차 변화하는 지적 맥락을 반영했다. 회시 초장初場과 이장二場에서 제시된 사서오경의 지문은 대부분 내용이 변하지 않고 정통적인 '도학' 해석에 지배되고 있었지만, 고대 학문의 경향은 삼장三場의 책문을 통해 향시 및 회시 모두에 침투했다.

　1793년에 회시 시험관들은 전시殿試 후보자들에게 공자의 『춘추』에 대한 4종의 정통 주해, 특히 많은 사람이 저자 좌구명左丘明을 공자의 직계 제자 중 한 명으로 간주한 『좌전』의 신뢰성을 둘러싼 논쟁을 다루도록 요구했다.[80] 이보다 앞서 1792년에 조정 각료 기윤紀昀은 다른 방침을 취하여 4종의 필수 주해 중 하나인 호안국胡安國, 1074~1138의 송대 주해에 관해 황제에게 상주하였다. 기윤은 송대 주해서가 경서 자체로부터 1500년 이상 떨어져 있기 때문에 관학 교육 과정에서 제외되어야 한다고 주장했다.

호안국의 주해는 기윤 같은 고증학자들이 시대착오적이라고 생각한 '도학'적 주제를 밝힌 것이었다.[81]

기윤은 또 호안국이 송의 멸망과 송 조정의 남하에 대한 자신의 의견을 피력하기 위해 『춘추』를 장식으로 이용했다고 주장했다.제1장 참조 호안국은 자신의 주해에서 이민족 특히 현재 만주족의 전신인 여진족을 맹렬히 공격했다. 건륭제는 만주족과 한족의 관계에 해로운 영향을 미칠 수 있다는 이유로 『춘추』에 대한 이러한 모든 해석을 강력히 배격했다. 기윤으로서는 많은 점에서 호안국본을 논박한 『흠정춘추전설회찬欽定春秋傳說彙纂』이라는 강희 연간 판본에 영향을 미친 3종의 한대 주석을 선호했다. 건륭제는 1793년부터 호안국 주해를 과거 시험에서 배제할 것을 명함으로써 기윤의 의견에 즉각 반응했다. 이는 조정에서의 고증학의 승리를 상징했다. 그 후로는 3종의 한대 주해만 정통으로 간주되었고, 호안국의 주해는 잊혀졌다.제8장 참조[82]

아편전쟁1839~1842과 태평천국의 난1850~1864 이전에 많은 지식인은 그들의 문화적 전통과 고유의 가치가 전승되는 교육의 방식을 재평가했다. 이러한 새로운 움직임의 누적 효과는 결국 사립학교들과 향시 및 회시 단계의 과거 시험에서 감지되었다. 개혁이 시작된 이후에도 과거 시험의 사고방식 형성 기능은 중심적으로 유지되었지만, 18세기 동안 내용 표현 기능이 점점 더 중요해지고 강조되었다. 통치자들은 여전히 응시자들에게 현 왕조에 대한 정치적 충성심과 더불어 도덕적 정통성 및 정치적 현상 유지에 대한 충절을 보여줄 것을 요구했다. 그러나 지식인들이 18세기의 고증학에 관여함으로써 야기된 도덕적 정통성의 가시적인 균열이 나타났다. 이같이 흔들리는 고전주의의 정치적 영향은 19세기 후반까지 온전히 감지되지 않았다.[83]

18세기 말과 19세기 초의 시험관들은 한대가 청대 경학과 사학에 기여했다는 것을 자각했다. 그들은 더 큰 사대부 공동체를 반영하면서 19세기 초에 한학과 송학을 결합하여 도덕적 훈련과 고전적 학식 사이의 균형을 이루려고 노력했다. 우리의 마지막 주제인 청대의 '위로부터의' 교육 과정 개혁은 변함없던 명대와 청대 과거 시험 사이의 주요 차이점 중 하나가 되었다. 명대 과거 시험이 최종적인 형태를 갖췄던 1384년과 청대의 '위로부터' 개혁된 교육 과정이 최종 형태를 갖추기 시작한 1756~1793년 시기 사이에 초장 및 이장의 고전 지식은 변하지 않았다. 만주족 통치자들은 교육 과정 논쟁을 그들에게 유리하게 이끌었다.

우리는 1800년 이전에 과거 제도가 신사-관료들의 정치적·사회적 재생산을 위한 정부의 핵심 제도로 남아 있었음에도 불구하고 내용과 방향에서 중요한 내부 변화를 겪고 있었다는 증거를 가지고 있다. 1850년 이전에 비판받을 때도 문해력을 갖춘 대부분의 한족들은 여전히 과거 시험이 공직을 위한 대안 추천 제도보다 우수하다고 여겼다. 우리는 청조가 18세기 후반에 일련의 중요한 교육 과정 변경을 수행함으로써 시대와 보조를 맞출 수 있었다는 것을 보게 될 것이다. 이러한 개혁은 건륭 연간부터 태평천국의 난에 이르기까지 과거 제도를 다시 활성화시켰다. 북송대 개혁 이래로 과거 시험의 고전적 교육 과정을 개혁하는 데 그토록 많은 노력을 기울인 적은 없었다.[84]

  18세기 후반에 고증학은 양자강 삼각주와 기타 남방 지역 지식인들과 관련된 시험관들의 주도를 통해 제국 전역의 과거 시험에 침투했다. 건륭 연간에 그들은 고대 고전학을 복원하기 위한 합법적인 문헌적 수단으로 고증학적 기법을 수용했다. 기윤 등 황실 도서관과 관련된 조정 대신들도 시험 교육 과정 전반에 대해 한대의 자료를 강조했다. 1740년대부터 한림원과 예부의 관료들은 명대 초기 이래 기존 고전 교육 과정에 도전하는 일련의 새로운 계획들에 대해 논의했다. 그 결과 과거 시험에서의 당송대 순문학에 대한 '도학'적 공박이 번복되었다. 청대 관료들은 원대와 명대에 폐지되었던 과거 시험의 송대 이전 면모들을 복원했다.

  그러나 18세기 청조의 개혁은 1850년대와 1860년대에 왕조를 거의 전복시킨 태평천국의 난 동안 절정에 달한 인구학적·사회적 도전의 흐름에 봉착하였다. 태평천국은 그 집권시기에 양자강 삼각주에서 기독교 정신의 특징을 띤 새로운 과거 시험을 시행하였다. 그 10년은 19세기 말 청조 내부 개혁가들이 결코 완전히 해결할 수 없었던 일련의 사회·경제·정치적 도전을 촉발했다. 1895년 이후 서구화와 반만反滿 정서는 갈수록 외면되는 고전적 규범에 얽매인 과거 시험을 인정할 여지를 거의 남기지 않았다. 결코 반박되지는 않았지만 갈수록 무의미해진 '도학'적 신념은 그것을 재생산해온 시험 제도와 그것을 믿어왔던 지식인 엘리트들과 함께 몰락했다.

1. 명청시대의 연속성

명청시대 과거 시험의 구성 방식은 1384년부터 1756년까지 고전 교육 과정에 존재했던 놀라운 연속성을 반복한다.〈표 8.1〉 참조 명대 초기부터 관학 및 과거 시험의 고전 교육 과정은 지속적으로 사서오경과 정사에 중점을 두었다. 강희제는 또 영락제 이후 사용된 사서오경에 대한 '도학'적 주해들과 성리性理에 관한 저작들에 더해서 정통 도덕적 가르침의 간편한 개요서로 『성리정의性理精義』를 장려했다.[1]

〈표 8.1〉 향시 및 회시의 구성 형식(1384~1756)

초장(初場)	이장(二場)	삼장(三場)
1. 사서(3문항)	1. 논(論)	1. 경사시무책(經史時務策) 5문항
2. 오경(각 4문항)	2. 조(詔)·고(誥)·표(表)	
	3. 판어(判語)	

비고 : 1787년까지 모든 응시자는 오경 중 하나를 전공했다.

에세이는 여전히 팔고문 형식으로 요구되었고, 응시자들은 변함없이 정주이학程朱理學의 정통 해석에 숙달하는 것이 당연시되었다. 한림원에 들어간 사람들은 1655년에 부활된 황제를 위한 고전 강의에 제국 정통성에 대한 그들의 견해를 포함시켰다. 강희 연간까지 청조는 명대의 과거 제도를 모방했다. 그러나 에세이의 최대 길이가 늘어난 결과 독권관과 시험관의 답안 채점 업무도 비례해서 증가했다. 명대 중엽에서 청대까지 인원이 대폭 늘었음에도 불구하고, 그들의 방대한 답안 검토 부담으로 인해 이장과 삼장에서 작성된 답안에 충분히 주의를 기울일 수 없었다. 우리가 제7장에서 보았듯이, 일반적으로 간과된 것은 책문이었다.[2]

또 다른 변화는 청대의 회시, 향시 및 지방 자격 시험의 빈도 증가였다.

1659년부터 만주족 조정은 황제의 즉위나 황제와 황후의 특별한 생일을 기념하는 '은과恩科'를 주기적으로 추가했다. 대부분은 1736년 이후에 추가된 것으로, 건륭제는 60년의 재위 기간 동안 지식인들에게 7차례의 '은과'를 베풀었다. 이러한 특혜는 적절한 때에 향시와 지방 시험으로도 확대되었다. 112차례의 청대 회시 중 24%가 은과로, 이는 명대보다 약 2,153명8.7%이 많은 총 26,747명의 진사 합격자를 배출하는 데 일조하였다.[3]

2. 과거 시험 개혁에 관한 지식인과 관료의 논쟁1645~1750

일찍이 1645년에 한족 지식인들은 만주족 황제에게 회시와 향시에서 팔고문에 대한 중시 정도를 낮출 것을 호소하였다. 또 일부는 이장二場에 시詩 문제를 추가하고, 이장의 다른 문서 문제들을 보완할 상소문 문제를 위해 책문을 제외할 것을 요청했다. 어린 순치제를 대변하는 섭정들은 대신 '도학'적 주해에 중점을 둔 명대 교육 과정을 철저히 준수하는 것을 선택했다.[4]

청대 초기 조정의 보수주의에도 불구하고, 과거 시험에 불만을 품은 비판적인 명나라 지식인들은 점차 목소리를 높였다. 예를 들어, 1657년의 순천부 향시에서 시험관들은 고전 교육 과정이 시간이 지남에 따라 변화했지만, 원대와 명대 이후로는 교육 과정이 정체되어 당대當代의 주제와 무관하게 되었다고 지적했다. 시험관들은 한 책문에서 교육 과정의 개혁에 대해 논했다. 이후 건륭 연간에 조정은 전례 없는 교육 과정 개혁을 시작했다.[5]

시험 에세이에 대한 개인적 견해들

1645년에 양자강 삼각주 지역 지식인 육세의陸世儀, 1611~1672는 팔고문에 대한 변화를 제기했다. 제6장에서 다뤘던 육세의와 명말 과거 시험 비평가 황순요黃淳耀는 과거 시험에 대해 우려했다. 많은 명대 충신들이 만주족을 반대했지만, 그들은 청 조정이 새로운 왕조에 충성하는 한족 관리들을 선발하기 위해 과거 시험을 끌어들이는 것을 막을 힘이 없었다. '도학'을 지지했던 육세의는 개인적인 글들에서 대대적인 혁신보다는 시험 문제와 형식의 변화를 호소했다.[6] 육세의의 기본 입장은 명대 과거 시험이 지나치게 팔고문에 치중하고 논論과 책문에는 충분히 관심을 두지 못했다는 것이었다. 독서를 통한 지식이 시험관들의 관심을 끌 수 있는 형식주의적 에세이를 생산하는 문학적 재능보다 부차적인 것이 되었다는 것이다.[7]

육세의는 모든 단계의 과거 시험을 개편할 것을 제안했다. 향시와 회시의 경우, 공문서 및 판어 문제는 쓸모가 없으므로 3단계 시험 대신 2단계 시험이면 충분하다고 보았다. 초장은 여전히 '도의 원리를 밝히기 위한' 사서오경 에세이를 강조해야 하지만, 이장은 최종 순위를 위해 '시무時務'에 대한 책문을 강조해야 한다고 했다. 육세의는 치수나 천문학 같은 전문 분야도 교육 과정의 일부가 되어야 한다고 역설했다. 그러면 그 결과로 더 박식한 급제자들을 낳을 수 있을 것이라 기대했다.[8]

조포크包, 1603~1669는 1627년에 거인 학위를 받았지만, 만주족의 정복 이후 고립된 생활을 했다. 그는 개인적인 글들에서 지식인 사회에 대해 다루면서 '진정학 학문[眞學]'이 쇠퇴한 원인으로 시험 에세이의 만연한 영향을 꼽았다. 조포에 따르면 '진정한 학문'이란 '진정한 글쓰기'를 기반으로 하는 것이었다. 후자가 없었기에 성현들의 '진정한 치국책'은 그것과 거의 상관없는 화려한 문장을 위해 버려졌다고 보았다. 조포는 팔고문을 완

전히 없애야 한다고 주장했다.[9]

명대의 충신들은 또 과거 시험의 교육적 결함에 대한 그들의 우려를 청대로 이어갔다. 수학자 매문정梅文鼎, 1633~1721 같은 청대 초기 다수의 지식인은 명대의 문학 시험을 왕조 실패의 원인으로 돌렸다.[10] 고염무는 1670년에 처음 간행되어 칭송받은 『일지록日知錄』에서 명대 과거 시험의 기술적 측면들에 관해 두 챕터를 할애했는데, 그는 과거 시험의 운영에 대해 전반적으로 비판적이었다.[11] 고염무는 불공정과 부정행위 및 편파성으로 가득한 인재선발 제도에 대해서도 서술하였다. 그리고 그 주된 특징으로 배움보다는 위협을 조성하는 응시자들에 대한 과도한 감시를 꼽으며 이렇게 지적했다. "오늘날 시험의 문제는 부정행위를 막는 방법들은 지나친 데 반해 인재를 발굴하는 방식은 미흡하다는 것이다."[12] 황종희黃宗羲는 은밀히 유통되던 『명이대방록明夷待訪錄』1633에서 "과거 시험의 문제점이 지금만큼 심각한 적은 없었다"고 주장했다. 그는 시험 에세이에 대한 주희의 비평을 인용하면서 응시자의 최종 석차에 있어서 책문이 동등하게 참작되어야 한다고 덧붙였다. 또 조정은 이전의 추천 방안을 활용해야 한다고 했다. 그가 보기에 재능 있는 사람은 과거 제도를 빛낼 수 있지만, 시험 자체는 가치가 의심스러운 것이었다.[13]

청대 초기 지식인들은 과거 시험에 관한 이러한 정서들에 화답하였다. 대다수가 팔고문이 명대 후기에 형식주의적인 것으로 변질되었다고 느꼈다.[14] 위희魏禧, 624~1681는 1645년에 시작하여 1663년에 완성한 글들에서 책문이 다른 문제들보다 우위에 있다고 주장하였다. 그는 책문을 삼장에서 초장으로 옮기고 팔고문을 시험에서 제거함으로써 이 목표를 이룰 것을 제기했다. 공직 후보자들에게 정치적 사안들과 그 역사적 변천에 대해 숙달하도록 요구해야 한다고 보았고, 그러면 실제적 학문이 공허한 문학적 훈련을 대체할 것이라 여겼다. 위희는 명말 과거 시험을 통해 선발된 관료들이 자신들의 책무를 다하는 데 실패했다고 생각했다.[15]

오보이의 개혁

지식인들의 이러한 논의들은 단순한 수사 이상의 것으로 판가름 났다. 1645년 이후 명대의 본보기를 계승한 매 3년마다의 향시 및 회시가 6차례 시행된 이후, 어린 강희제의 명의로 다스린 오보이Oboi, 鰲拜, 1610~1669 섭정 치하의 만주족 조정은 1663년에 과거 시험 개혁을 요구했다. 위희는 같은 해에 자신의 글 「제과책制科策」을 완성하였다. 청 조정은 갑작스럽게 팔고문을 폐지했다. 지방의 생원 자격 취득·갱신·검정 시험에서 책문과 논論 문제가 서서오경에서 출제되었던 (팔고문) 문제들을 대체했다.

1657년 순천부 향시의 추문과 남방 지역의 기타 비리 및 탈세 사건들이 과거 시험에 관한 섭정들의 태도를 틀어지게 만들었다. 1661년 조세 사건에 연루된 양자강 삼각주 지식인들을 통제하려는 조정의 노력은 명대 초대 황제가 북방과 남방 학위 소지자들에 대한 정원을 통해 자신의 소주蘇州 지역 적들을 통제하려던 노력과 유사했다.제1장 참고 군인으로서 오보이 섭정들은 또 공직을 위한 순수한 문학적 자격 요건에 대해 회의적이었다. 역설적이게도 그들의 개혁은 명청 교체기에 살아남은 비판적 지식인들이 제안한 것들을 거의 그대로 따랐다. 〈표 8.2〉는 팔고문 폐지의 주창자였던 위예개魏裔介, 1616~1686 같은 만주족 지배하의 많은 한족 관료들의 영향력을 강하게 시사한다. 위예개는 1659년에 '논'의 개혁을 옹호했다. 그는 '논'을 위해서 시험관들이 송대 '도학' 대가들에게서 얻은 성군들에 대한 명대의 해묵은 주제들을 되풀이하기보다는 황제의 명으로 편찬된 『효경연의孝經衍義』에서 뽑은 주제들을 이용하기를 바랐다.[16]

〈표 8.2〉 청대 초기 1663년 개혁 기간 향시 및 회시의 구성 형식(1667년에 폐지됨)

시험 단계	문항 수
초장	
경사시무책	대책문 5편
이장	
1. 사서	논 1편
2. 오경	논 1편
삼장	
1. 표(表)	1편
2. 판어(判語)	5조

비고 : ① 에세이 답안은 더 이상 팔고문 형식을 따라야 하지 않았다.
② 실제 시험 과정에서 이장과 삼장은 통합되었다.
③ 오경 중 하나를 전공하도록 하는 요구 사항은 중단되었다.

　　1663년 개혁에서는 팔고문 형식을 따라야 한다는 요건을 폐지한 것 외에도 사서오경에 기반한 문제를 각각 1개씩으로 줄이고 이장二場으로 강등시켜 중요성을 떨어뜨렸다. 학생들은 두 편의 논을 작성하게 되었는데, 하나는 사서를 바탕으로 하고 하나는 오경에 관한 것이었다. 향시와 회시의 초장은 완전히 바뀌었다. 정부 정책과 정치 제도에 관한 실질적인 문제를 강조하기 위해, 오보이 섭정은 5개의 책문을 초장으로 옮기자는 예부의 요청을 승인했다. 공문서 문제와 법전에서 출제된 5조의 판어가 이장에 추가되었다. 『효경』의 인용문을 바탕으로 한 논 문제는 제외되었으나 나중에 부활하게 된다.[17] 격년 주기의 지방 자격 시험 외에도, 1664년과 1667년의 회시 및 1666년의 향시에 대해서도 개혁이 시행되었다.[18]

　　이러한 혁신 제도는 더 보수적인 한족들 사이에서 엄청난 논란을 초래해 1667~1668년 사이 당시 스스로 권력을 장악해나가는 가운데 있었던 어린 강희제에 의해 신속히 폐지되었다. 당연하게도 엄격한 명대식 시험을 준비해온 많은 한족은 그들의 재정적 희생과 암기 노력이 손해를 입었다고 느꼈다. 또 다른 이들은 '행위와 실제'가 아닌 '말과 명분'에 기반한 시험 제도는 불완전하다고 주장했다. 필요한 것은 에세이 형식이 아니라 응시자의 '행위'를 평가하는 선발 과정이라는 것이었다.[19]

많은 사람이 이러한 시험 개혁을 오랜 '도학' 정통성에 대한 배신이라고 지적했다. 오보이 섭정들이 예부의 관료들을 움직일 수 있었던 위예개 같은 한족 지식인들의 제안을 따르고 있었던 것은 문제가 되지 않았다. 그러나 그들의 개혁 구상은 어린 황제가 달래려 했던 지식인 주류를 대표하지 않았다. 1665년에 당시 예부시랑禮部侍郎이었던 황기黃機, 1686년 졸는 선발 과정을 위해 명대의 3단계 형식으로 되돌아갈 것을 건의했다. 그는 다음과 같이 주장했다.

오늘날 책문과 논만을 사용하고 기존의 초장을 완전히 제거한 것은 시험을 너무 쉽게 만든 것으로 보입니다. 더욱이 답안에 경서가 필요하지 않다면, 사람들은 성현의 가르침에 대해 논하지 않을 것입니다. 기존의 3단계 시험 형태를 복원해 주시기 바랍니다.[20]

강희제는 한족과 만주족 간에 악영향을 주는 문화적 충돌을 피하기 위해 팔고문을 부활시켰다. 개혁된 방식은 1669년에 명대의 3단계 형식이 복원되면서 막을 내렸다. 한족 개혁가들은 만주족 섭정들에게 충분히 설득력이 있었지만, 그들 자신의 공동체에는 충분한 설득력이 없었다. 강희제가 후원했던 지식인들은 여전히 문화적 성취의 적절한 척도로서 팔고문의 열렬한 지지자였다.[21] 시험은 그 모든 결점에도 불구하고 17세기 비평가들이 과소평가하고 강희제가 영리하게 활용했던 정치·사회·문화적 기능을 성공적으로 수행했다. 정치적 선발은 시험이라는 퍼즐의 한 조각에 불과했다. 다른 두 가지는 지역의 사회적 지위의 보장과 '도학'적 정통의 유지였는데, 대부분의 지역 신사·상인·군인 가문 모두 이에 대한 도전을 원치 않았다. 청 조정은 명대 문화 체계의 장기적인 강점을 재빨리 파악했고, 이는 만주족과 한족의 관계를 개선하는 데 도움이 되었다.[22]

목소리를 높이는 한족들이 선발 과정에서 문학적 에세이보다 책문을 우선시하기를 원하고 청 조정이 이를 들어주려 했을 때 극복할 수 없는 어려움이 드러났다는 것은 모순적이었다. 1664~1667년 개혁의 실패는 만주족이 한족을 통제하기 위해 과거 시험과 팔고문을 이용했다는 20세기 한족 민족주의자들이 자주 제기한 비판적 주장에 반하는 것이다. 그들은 명대 통치자들보다 더 개혁적이었다. 만주족은 비록 그 지적인 성과가 엉망이라 해도 지식인 경쟁이 정치·사회적 통제에 얼마나 유용한지 이해할 수 있을 만큼 충분히 요령 있었던 이전의 한족, 여진족, 그리고 몽골 통치자들과 닮았다.[23]

다른 이들은 문학 시험의 한계에 주목했지만, 여전히 시험용 에세이를 '도학'적 정통을 드러내는 가치 있는 형식이라고 옹호했다. 그들은 명대 말기에 일어난 것은 고전 에세이가 출세주의에 의해 변질되고 이단적 사상에 의해 전복된 것이지 에세이 형식 자체의 잘못이 아니라고 주장했다. 주희의 추종자들은 팔고문을 폐지하면 '도학'의 영향이 약화될 것이라 생각했다. 1685년 이후 만주족의 지배가 공고해지자, 많은 정주이학 추종자들은 정통성을 확고히 하는 데 핵심 역할을 한다는 이유로 더 이상 시험용 에세이를 비판하지 않았다.[24]

강희제는 1670년대에 전권을 장악한 후 현행 선발 과정이 부적절하다는 생각을 분명히 했지만, 그는 "자신의 통제를 벗어난 상황"이 "과거 시험을 완전히 없애는 것"을 불가능하게 만들었다는 점도 이해했다.[25] 예를 들어 1687년에 예부는 조詔나 고誥 형식의 국가 공문서를 작성하도록 하는 요구 사항을 제거했다. 이 변화는 오경 연구를 장려했지만, 지식인들의 항의로 인해 오래가지 못했다. 이러한 변경사항은 1756년이 되어서야 다시 도입되었다.

논論 역시 변화를 위해 재검토되었다. 1690년에 예부는 이런 문항을 위해 송대 선집들 가운데서도 '성리性理'와 '태극론'에 대한 '도학' 저작에 다시 초점을 맞추면서 명대 방식으로 회귀했다. 그러나 1723년에 『효경』을 제외하는 것에 대한 논란이 일어나면서 예부는 논 문제를 위해 다시 『효경』을 부활시켰다. 1736년에 어사 이휘李徽는 한 상소문에서 『효경』을 사서四書에 추가하여 오경과 균형을 맞추도록 권고했다. 이 상소문은 특히 고대 주해서의 18세기 일본 판본들이 나가사키에서 영파寧波로 전해졌을 때 『효경』의 고문과 금문에 대한 진위 논쟁으로 인해 뒷전으로 밀렸다. 논 문제에 대한 논쟁은 1757년에 다시금 불거진다.[26]

옹정 및 초기 건륭 연간의 개혁 노력

옹정제와 그의 후계자는 모두 과거 시험이 문학적인 것에 초점이 맞춰져 있는 데 대해 불만이었다. 1728년에 옹정제는 이장 및 삼장의 답안들을 바탕으로 후보자를 선발하자는 예부의 제안을 승인했고, 시험관들이 삼장의 책문을 희생시키면서 초장의 팔고문을 강조하는 것을 중단해야 한다고 덧붙였다. 초기 오보이시대의 팔고문 폐지론이 다시 대두되었다.[27] 1732년에 황제는 시험관들이 초장의 답안들을 강조한 까닭에 지식인들이 국정 운영 및 실제적인 사안들에 관한 중요한 문제들에 신경을 쓰지 않는다고 불평했다. 그러나 교육 관료들을 개혁하려는 그의 노력처럼,제6장 참고 옹정제는 문학적인 면에 편중된 시험의 문제를 바로잡지 못했다.[28]

옹정제는 한림원의 지원을 받아 진사 급제자들을 위한 또 다른 시험 단계를 만드는 데 성공했다. 1723년에 한림원은 회시와 전시에 더해서 최상위 진사 합격자들을 평가하고 한림원 등용을 위해 석차를 정하는 조고朝考를 추가했다. 기존에 한림원 서길사庶吉士를 위한 시험은 진사 급제 자 중 선발된 그룹이 한림원에 들어온 후 치러졌다.[29] 옹정제는 문학 시험 에 대한 의구심에도 불구하고 조고에서 오언팔운五言八韻의 시를 포함한 문학 장르들을 다루도록 요구했다. 이는 원대에 공적인 시험에 시 문제가 포함되었던 이래 처음 있는 일이었고, 1757년에 향시 및 회시에 시 문제 가 다시 등장할 전조가 되었다. 이후 가경제嘉慶帝, 1796~1820 재위는 조고에서 요구하는 에세이의 수를 줄였다. 아이러니하게도, 옹정제는 한림원을 문 학기관으로 정의하는 데 성공했다. 시에 다시금 중점을 둔 것은 많은 사 람에게 당대唐代의 한림원을 떠올리게 했다.[30]

시험용 에세이에 대한 사적·공적 비판이 증가했음에도 불구하고, '최 신식 에세이[시문(時文)]'가 비혁신적이고 비실용적이라는 비난에 대응하 기 위해 실제로 이루어진 것은 거의 없었다. 책문을 강조하고 시무時務에 대한 관심을 높여야 한다는 목소리가 잦았다. 그러나 건륭 연간 초기인 1738년에 그러한 수사학에는 새로운 국면이 전개되었다.[31] 한족 지식인 들이 과거 제도의 이용과 남용을 놓고 개인적으로 논하는 것 대신, 지위 높은 만주족 조정 관료 두 사람, 곧 당시 대학사였던 오르타이Ortai, 鄂爾泰, 1680~1745와 병부시랑兵部侍郎이었던 수허더suhede, 舒赫德, 1711~1777가 과거 시험 이 폐지되어야 하는지에 대해 서로 다른 입장을 취했다.[32]

경서에 정통한 수허더가 1744년에 황제에게 올린 상소문은 시험 과정 전체가 폐지되어야 하는 네 가지 이유를 제시했다. 그는 "오늘날 시문時文 은 빈말일 뿐 적용될 수가 없다"고 설명했다. 다음으로 수허더는 응시자 들의 답안이 익명으로 채점되도록 전사하는 과정에 대한 불만을 토로했다. 이는 답안들이 얼마든지 시험장의 각 시험구역[방(房)]을 통해서 우회적 경로를 따라 시험관들에 의해 기발하지만 공허한 평가를 받을 수 있음을 의미한다는 것이었다. 세 번째로, 수허더는 응시자들이 하나의 경서만을 전공하기 때문에 몇 달 내로 가장 짧은 경서에서 출제 가능한 모든 제시 문을 쉽게 익히고 그것을 위한 고전 에세이를 사전에 준비할 수 있다고 설명했다.[33] 마지막으로, 그는 많은 문항, 특히 이장二場의 공문서 문항들이 형식적으로 답변될 수 있다고 한탄했다. "진정한 재능과 실제적인 학식을 갖춘 사람들을 뽑는 방식"에 변화가 필요하다는 것이었다.[34]

오르타이는 군기처軍機處의 일원으로서 1742년 회시를 감독했다. 공식 보고서에서 그는 시험용 에세이에 대한 강조를 옹호했다.[35] 1744년에 그는 군기대신軍機大臣으로서 건륭제에게 모든 사람이 무엇이 문제인지 알고 있으며 선발 제도의 개혁이 필요하다는 점을 인정했지만, 누구도 적절한 대안을 가지고 있지 못하다고 덧붙였다. 그러고 나서 그는 시험용 에세이의 무의미함에 대한 당대唐代의 유명한 비판 이래의 수많은 비난을 재검토했다. 오르타이는 모든 왕조가 이 문제를 인식했지만 누구도 해결책을 제시하지 못했다고 시인했다.[36]

개혁 문제는 1744년 남경에서 열린 13,000명이 응시한 강남성 향시문과 시험관들에 의해 제기되었다. 시험관들은 다섯 번째 책문에서 수험생들이 응시하고 있는 바로 그 시험의 형식에 대해 질문했다.[37] 안휘성 출신의 2등급 공생 호승복胡承福이 합격자 126명합격률 1% 미만 가운데 최고의 답안을 작성했고, 그것은 북경으로 보낸 최종 기록에 포함되었다. 호승복은 명대 과거 시험에서 팔고문의 역할에 초점을 맞추고 그 에세이를 지지한 사람들의 입장을 제시했다. 그러나 그는 그들의 수사에 또 다른 더 어두운 것이 있다며 다음과 같이 덧붙였다.

사람들은 시험용 에세이에 있어서 '글은 도를 담는 수단[文以載道]'[38]이라는 것을 알고 있지만, '글이 도를 가릴[文以晦道]' 수도 있다는 것을 알지 못한다. 마찬가지로 사람들은 에세이가 진정성을 확립하는 글쓰기 형식이라는 것을 알지만, 에세이는 거짓말을 쓰기 위한 형식이기도 하다는 것을 깨닫지 못한다. 원칙과 본보기는 옳을 수 있지만, 시험장에서 지식인을 선발하기 위한 그런 의도가 배신당할 수 있다는 것은 분명하지 않은가?

그러나 호승복은 팔고문이 과거 시험의 모든 결함에 대해 지탄받아서는 안 된다고 결론지었다. 그는 이장과 삼장의 문제들도 '실제적인 학문[實學]'을 강조해야 했다고 덧붙였다.[39]

1744년 수허더와 오르트타이 사이의 의견충돌은 군기처에서 전시殿試로 옮아갔다. 건륭제 혹은 건륭제 지지자들이 출제한 1745년 전시 책문들 또한 응시자들에게 과거 시험의 역사적 발전에 관해 질문했다. 황제는 313명이 응시한 전시를 토론의 장으로 삼아, 최종 후보자들에게 가장 뛰어난 에세이를 쓴 사람들이 정치적 임명에 적합하다고 기대하는 것이 현실적인지 말해달라고 요구했다. 황제는 "정무와 학문은 별개의 길이 아니다"라는 확신을 원했다.[40]

1745년의 장원급제자 전유성錢維城, 1720~1772은 답안에서 다음과 같이 자신의 지위에 정통 '도학'의 옷을 입혔다.

저는 제국은 도에 의해 운명이 정해지고, 도는 경서에 가장 완비되어 있다고 들었습니다.

진유성은 배움과 마음의 수양은 함께 가야 한다고 주장했다. 공직을 맡을 지식인들의 선발은 그들의 경술經術에 대한 숙달을 기반으로 해야 한다고 보았던 것이다.[41] 1745년 방안榜眼이었던 장존여莊存與는 전시에서 이에서 장기적인 평화는 "항상 지식인들을 배양하고 그들 가운데 최고를 (왕조의) 공복으로 선택하는 것에 기초한다"고 강조했다. 장존여는 시험 답안에서 문학의 역할에 대한 소식蘇軾과 주희의 입장을 인용하고 주희조차도 제도를 없애는 것이 아니라 개혁하기를 원했다고 결론을 내렸다. 장존여는 조정의 논쟁에서 오르타이를 두둔하였다.[42]

건륭제는 이 공개적 토론에서 양측의 의견을 다 살피고 다음과 같이 결론을 내렸다.[43]

우리는 몇 년이 지난 후에도 지식인들이 여전히 (자신의 전공으로 숙달하기 위해) 『시경』에 전념하는지 두고 볼 것이다. 만약 그들이 내용과 쓸모가 있는 학문을 열심히 공부한다면, 문학 풍조는 더 찬란해지고 진정한 인재들이 더 많이 배출될 것이다. 그러나 결국 이러한 노력은 단순한 문학에 불과하다. 쓰여진 글자들이 한 사람이 뛰어난지 어리석은지를 보여줄 수 있는지는 의심스럽다. 따라서 우리는 지식인을 선발하는 제도를 수립함에 있어서 이 이상을 할 수 없다. 더욱이 이것은 제국의 질서와 혼란, 왕조의 흥망 여부와는 아무런 관계가 없다. 기존 제도를 바꾸는 것에 대해 우리가 할 수 있는 일은 아무것도 없다. 상소문들은 우리에게 어떤 유용한 제안도 제공하지 않았다.

장정옥張廷玉, 1672~1755은 옹정 연간에 군기대신軍機大臣으로서 팔고문을 폐기하는 것에 반대했다. 그는 1743년에 오르타이와 손잡고 과거 시험을 폐기하려는 수허더의 노력에 반대했다. 건륭제로부터 수허더의 요구에서 취할 점을 검토해달라는 요청을 받았을 때, 장정옥은 시험 제도의 누적된 결점에 관해서는 수허더가 옳았지만 개혁안이 너무 급진적이었다고 인정했다.[44] 오르타이는 1664년에 팔고문을 폐지한 오보이 전 섭정의 아들이었기에, 오르타이가 건륭 연간 초기에 자신의 아버지가 개혁에 실패한 문학 에세이에 근거한 시험 과정을 옹호했다는 것은 아이러니하다. 결국에는 오르타이가 승리를 거둔 것이다.

1740년대 논쟁의 여파

그러나 건륭제는 이 문제를 그냥 내버려 두지 않았다. 그의 신하들은 예부를 통해 과거 시험 선발 과정을 개선할 것을 지속적으로 권고하였고, 그는 그중 다수를 법규화하였다. 건륭 연간은 명대 초기부터 청대 말기까지 과거제 개혁의 가장 활발한 시기였다.[45] 1736~1755년 사이에 황제는 과거 시험이 낳은 문학적·고전적·사회적 문제들을 다루기 위한 여러 칙령을 공포하였다. 그는 여러 면에 걸쳐서 '도학'적 정통의 요구 사항을 부상하는 고증학의 흐름과 교묘하게 균형을 맞췄다. 건륭제는 또 그가 한족 지식인과 만주 팔기 모두에게 악영향을 주었다고 느낀 시험용 에세이의 '공허한 수사학'에 관심을 집중했다.[46]

1740~1750년대에 황제는 '송학' 추종자들과 '고대 학문' 옹호자들 간에 점점 더 양극화된 시험 논쟁에서 양측을 모두 만족시키려 하고 있었다. 예를 들어, 1730년대 후반에 황제는 고문 형식의 본보기로 활용하기 위해서 명대 및 청대 초기 사서四書 관련 팔고문 선집을 편찬하자는 방포方苞의 요청을 승인하면서,제2장 참고 문학적 형식보다 도덕적 실천을 강조하던 것을 완화했다.[47] 그러나 1742년에 건륭제는 도덕적 품성의 실제적인 측면에 더 집중할 필요성을 강조했다.[48] 이후 1751년에 그는 보증 추천 경로를 통해 50명의 우수한 공직 후보자를 선발했고, 문학적 자격 요건

보다 치국책의 중요성을 재차 강조했다.[49] 더욱이 건륭제는 1769년에 예부가 성 교육감들이 3년 임기를 마치고 추천한 덕성이 뛰어난 후보자들에 대한 특별 시험을 추가하자 이를 신속히 승인했다.[50] 건륭제는 1750년대 내내 좀 더 실제적인 문제에 관심을 기울이도록 장려하고자 했다.[51]

개혁 관련 사안들은 또 과거 시험을 다루는 책문들에서 더 폭넓게 제기되었다. 건륭제는 1754년 전시殿試를 위해 회시 합격자들을 대상으로 한 황제의 질문에서 다섯 가지 주요 논점 중 끝에서 두 번째로 이 문제를 제기했다. 그해의 장원급제자는 장존여의 동생 장배인莊培因, 1723~1759이었다. 황제의 해당 질문에 대한 그의 대책문은 고전 에세이가 육경에 기초해야 한다는 황제의 주장에 근거했다. 질문이나 답변에 교육 과정의 중요한 변화가 계획되고 있다는 암시는 없었지만, 장배인의 답변은 명대식 고전 에세이와 송대식 문학 문제가 이 고전적 전제조건을 만족시키기 위해 모두 이용될 수 있다는 것을 시사했다.[52]

1754년 방안榜眼인 왕명성王鳴盛, 1722~1797도 대책문에서 이 문제에 대해 언급했다. 그는 송대와 원대 이래 고전 에세이가 보였던 문학적 변화를 개괄했다. 유명한 고증학자이자 역사학자인 왕명성은 우려를 지닌 지식인들이 항상 부패한 문학적 흐름을 보다 현실적인 문제로 방향을 바로잡아왔다고 강조했다. 그 함의는 현행 팔고문 또한 '정통 문학 형식[正文體]'을 통해 '정통 학문[正學]'을 밝히는 고전 에세이로서 그 뿌리로 되돌아갈 필요가 있다는 것이었다. 1754년에 이미 전시 답안들에는 1740년대 논쟁에서 다시 대두된 시험 교육 과정의 중요한 변화가 임박했음을 시사하는 흐름이 있었던 것이다.[53]

먼저 1756년에는 1659~1723년 사이에 몇 차례 내용이 변경되었다가 복원된 논論이 이장二場의 핵심이었던 공문서 양식 및 판어와 함께 교육 과정에서 제외되었다. 그러나 1년 뒤 반대 상소가 올라오면서 논 요구 조건이 부활되었다. 이러한 변화에 대한 1757~1758년의 정례적인 상소문들은 1758년에 산서성 감찰어사監察御史 오용견吳龍見, 1694~1773이 '도학' 및 제국 정통성에 대한 중요성으로 인해 논의 복원을 요구했음을 보여준다.

오용견이 논 문제를 '도학'과 명시적으로 연결한 것은 논을 제외하는 것이 건륭 연간 고증학자들 사이에서 인기 있었던 더 고대의 오경을 위한 일반적인 양상의 일부였음을 시사해준다. 명대와 청대 초기에 향시나 회시에서 최고의 논을 쓴 응시자는 대개 사서문四書文 순위도 높은 사람이었다. 논의 높은 순위와 최종 석차의 상관관계는 청대에 와서 1654년 이후 줄어들기 시작했다.[54] 오용견은 논에서 『효경』을 강조하지 않는 한 논은 무용지물이라는 주장에 반대하면서 왕조의 도덕적 기반이 위태롭다고 논박했다. 강희제의 후원 하에 찬술되어 1715년에 발행된 『성리정의』를 학습하도록 요구했던 논 문항이 폐지되면 송대 지식인들의 정통 학문이 상실되고 청조의 문화적 정당성이 위태로워지게 된다는 것이었다. 오용견은 황제에게 논을 이전보다 더 많은 관심을 받을 축소된 초장의 일부로 만들어 '도학'에 대한 지지를 보여줄 것을 촉구했다. 건륭제는 이 절충안에 동의하고 논 문제를 초장으로 옮겼다.[55]

3. 개혁주의에서 체제의 유지로[1750~1850]

1756~1757년을 기점으로 372년 동안 변하지 않았던 향시 및 회시의 구성 형식이 극적으로 변경되었다. 초기의 변경사항들은 1759년에 항구적으로 굳어졌다.[56] 사서 문항은 초장에 남아 있었지만, 고대 학문의 인기

와 경서 전문화에 따른 정원 문제로 인해 오경이 초장에서 이장의 핵심으로 옮겨졌다. 초장에서 경서들은 이장으로부터 격상된 송대 대가들에 대한 논에 의해 대체되었다.[57] 경서 문제들과 더불어 학생들은 또 이장에서 8운 율시를 지어야 했다. 이전과 마찬가지로 책문은 삼장으로 밀려났다.[58]

1760년대에 책문의 지위를 팔고문과 동등하게 하려는 노력은 성공적이지 못했지만, 건륭제는 시험관들에게 1756년부터 1762년까지 향시에서 작성된 최고의 대책문 모음집을 출판하도록 했다. 18세기 중반의 이 대책문 모음집은 방포의 『흠정사서문』을 본보기로 삼아 그러한 글들의 가치를 부각시켰다. 그러나 결국 청대의 책문은 사서오경의 역할에 비해서 여전히 겉치레로 남아 있었다.[59]

18세기 시의 부흥과 고전주의

오경과 당시唐詩의 부흥은 사서와 팔고문을 강조하는 '도학'적 고전체제를 뒤엎었다. 고대 학문, 특히 송대 이전 지식인의 글쓰기 양식과 훈고의 부활은 당송대 과거 시험과 지식인의 삶에서 시와 문학의 역할에 대한 인식 제고라는 일깨움을 유발했다. 송대에 시작된 시험용 에세이로의 획기적인 변화는 18세기 중반까지 자연스럽게 진행돼왔었다. (그러나) 약간의 우려에도 불구하고 건륭제는 1750년대에 시험에서 시의 사용을 늘리도록 요구했고, 1760년에는 율시를 관학 교육 과정의 일부가 되도록 명했다.[60]

청 조정은 서서히 원명대 시험 교육 과정의 핵심 요소들을 그 이전으로 되돌려놓았다.[61] 먼저 논, 공문서, 판어 문항이 개혁 성향의 관료들에게 도전을 받았다. 그런 다음 시는 문학적 재능의 적절한 척도로 재검토되었다. '도학'적 정통을 지지한 청대의 많은 전통주의자는 시를 선호한 1756~1757년의 개혁을 40년에 걸친 과정의 시작으로 회고했고, 이 과정은 과거 시험을 고전 산문과 시의 최신 유행이 지배하는 문학적 취향의 경연대회로 바꾸었다. 예를 들어, 장학성에 따르면, 과거 시험에서 '실학'에 대한 초기의 중점은 밀려났다.[62]

시는 진사 급제자들을 위한 당대 선발 과정의 핵심이었고, 이는 지식인 사이에서 시에 장르로서의 특권을 부여했다. 당대 이후 고시古詩와 율시는 모두 과거 시험과 지식인의 삶에서 특권적 지위를 잃었다. 그러나 청대 지식인들에게 있어서 당시唐詩의 부흥은 곧 원명대 '도학'의 특권 상실이었다. 당시는 시대적으로 고대에 더 가깝고 송대에 불교의 침투에 영향 받지 않았던 까닭에 그 '미학적 결백'이 보장된 것이었다.[63]

1756년에 오언팔운의 율시가 공식적으로 필수 문학 형식으로 재도입되었고, 이는 1757년에 실시된 회시에서 시행되었으며, 그 후 1759년 향시까지 하향 확장되었다.[64] 처음에 시 문제는 이장에 추가되어 4세기 전 '도학'의 절정기에 시를 대체했던 공문서 및 판어 문항을 적절히 대체했다. 〈표 8.3〉에서 알 수 있듯이, 지식인들이 율시로 평가받는 요건은 1758년에 지역 생원 자격 검정 시험으로 확대되었고, 그 후 1760년에는 생원 자격 갱신 및 자격 취득 시험으로까지 확대되었다.

〈표 8.3〉 청대 중기에 개혁된 향시 및 회시의 구성 형식(1757~1787)

시험 단계	문항 수
초장	
1. 사서	3문항
2. 논어	1문항
이장	
1. 『역경』	4문항
2. 『시경』	4문항
3. 『시경』	4문항
4. 『춘추』	4문항
5. 『예기』	4문항

시험 단계	문항 수
이장	
6. 시제(詩題)	1수
삼장	
1. 경사시무책	5편

새로운 형식과 운율 규칙으로의 전환을 용이하게 하기 위해, 인쇄업자들은 갈수록 많은 운서韻書를 유통시켰다. 어린 소년들(과 소녀들)은 다양한 길이의 글자들과 구절을 맞추는 교습 내용으로 구성된 시 입문서를 참조함으로써 율시에서 5~7글자로 이루어진 행의 균형을 잡는 방법을 배웠다. 이러한 양상은 문화적 성취의 검증 가능한 척도로서 당송대 시에 대한 관심이 되살아났음을 보여주는 명백한 표지였다. 10년 안에 당송대 시 선집의 출판과 재발행이 증가했다. 다른 명대 '시화詩話' 선집들이 다시 출판되었고, 청대 학자들은 몇 종의 새로운 선집을 편찬하였다.[65] 1756년 이후 시험 개혁가들은 공세를 취하기 시작했다. 새로운 시 문제의 승격을 찬성하는 사람들은 이장의 공문서와 판어 문항을 제압했다. 논 문항이 유지되는 것을 선호하는 사람들은 성공적으로 그것을 초장으로 옮겼다. 이 싸움에서 논 문항은 '도학'의 명분이 되었다. 고대학 학자들은 당시가 송대 이전의 고전학과 관련이 있는 까닭에 당시를 강조하는 것을 선호했다. 그들은 논 문항을 약화시키고 궁극적으로는 없애려 하였다.

시의 인기를 부추긴 또 하나는 율시의 운율 규칙과 18세기에 고증학에서 문헌학의 여왕이 된 성장하는 음운학 분야 사이의 밀접한 연관성이었다. 청대의 고증학자들은 한자의 의미를 재구성하기 위해 어원학, 문자학, 음운학을 기반으로 한 연구 의제의 틀을 만들었다. 이러한 문헌학적 경향의 부산물 중 하나는 시, 특히 율시가 복고에 얼마나 중요한지에 대한 완전한 자각이었다.[66]

시험에서 경서 전문화의 폐지

1756년 이후에 시 문제가 추가되었음에도 불구하고, 청대 경학가들은 시험 응시자들이 다른 경서들, 특히 『춘추』와 『예기』를 제쳐두고 여전히 짧은 경서들을 숙달하는 것이 불만이었다. 예를 들어, 1765년에 사천성의 만주족 총독은 사천성 향시 응시자 60명에 대한 경서별 전공 분포에 관해 다음과 같은 내용의 상소를 올렸다. 『역경』전공 14명23%, 『서경』전공 13명22%, 『시경』전공 21명35%, 『예기』및 『춘추』전공 9명15%; 오경 전체 전공자 단 3명5%. 1756년 개혁으로 오경이 이장으로 옮겨졌음에도 불구하고 상소문은 학생들이 덜 인기 있는 경서를 전공하도록 지속적으로 장려할 필요가 있다고 강조했다.[67]

경서에 대한 전문화 요구 사항을 변경하는 마지막 단계는 1787년과 1792년 사이에 순환 방식에 따라 오경 중 마지막으로 『춘추』를 평가한 이후인 1792년부터 시작되었다. 경서에 대한 요구 사항의 극적인 증가는 청대 시험의 경쟁 심화와 병행되었다.〈표 8.4〉에 요약된 1793년부터 1898년까지의 청대 후기 교육 과정 참고 시험 요구 사항의 개혁에서 부분적으로 고민됐던 중국의 인구 통계학적 현실은 과거 시험이 더 어려워짐에 따라 시험에 불합격할 확률이 경쟁 후보자 수의 증가로 인해 엄청나게 높아졌음을 의미했다. 조정은 태평천국의 난 이후에야 과거 시험 합격자 정원 확대를 고려했다.[68]

〈표 8.4〉 청대의 개정된 향시 및 회시의 구성 형식(1793~1898)

시험 단계	문항 수
초장	
1. 사서	3문항
2. 시제	1수
이장	
1. 『역경』	1문항
2. 『서경』	1문항

시험 단계	문항 수
이장	
3.『시경』	1문항
4.『춘추』	1문항
5.『예기』	1문항
삼장	
1. 경사시무책	5편

1793년부터 시험관들은 향시와 회시를 위해 오경에서 각각 하나의 제시문을 뽑았고, 이에 대해 모든 응시자는 이장에서 답안을 작성했다. 그들은 오경을 새롭게 강조한 고대학 경향을 받아들였고, 초기 학자들이 어떻게 경서 하나만 전공하지 않고 모든 경서를 숙달했는지를 증명해 보였다. 1787년까지 과거 시험에서 '도학'의 지위는 종종 논란이 되었다.[69]

고대학 옹호자들은 여전히 완전히 만족하지 못했다. 전대흔은 개인적인 글에서 오경이 아닌 사서를 다시 이장으로 옮기고 초장에서 오경에 우선권을 부여할 것을 제기했다. 그는 사서문四書文이 지난 4세기 동안 적용되면서 시험관이 사서에서 선택할 수 있는 모든 제시문에 대한 에세이가 있게 되었다고 주장했다.[70] 그에 따라 응시자들이 널리 인쇄된 그러한 에세이를 읽고 사서 자체를 읽는 것은 피할 수 있다는 것이었다. 전대흔은 "그들에게 같은 일이 일어나기에 오경은 너무 길고 어렵다"고 주장했다. 마찬가지로 상주常州의 고증학자 손성연孫星衍, 1753~1818은 황제에게 올린 상소문에서 명대 초기의 정통 주석 3부작에 포함된 송대 주해제1장 참고를 보완하기 위해 한대 주석과 당대의 소疏를 청대 시험 교육 과정에 추가할 것을 촉구했다. 두 요청 모두 실행되지는 않았다.[71]

그러나 한 분야에서는 북경의 고대학파가 놀랄 만큼 쉽게 시험 교육 과정을 바꿀 수 있었다. 1792년에 당시 예부상서였던 기윤은 시험 교육 과정에서 호안국의『춘추』에 대한 주해를 폐기할 것을 요청했다.^{제7장 참조} 하지만 기윤의 승리는 불완전했다. 사서에 대한 고대학의 도전은 모든 응시자에 대해 오경에 권한을 부여하는 데는 성공했지만, 지역 시험 및 향시, 회시에서의 최상위 석차에 대한 사서의 독점은 유지됐다. 실제로 경서에 대한 수험생들의 5편의 답안을 획일적으로 채점하는 시험관의 경향은 석차에 있어서 그 개별적 중요성을 약화시켰다. 이들 답안은 청대 사서문四書文의 경우와 마찬가지로 뭉뚱그려서 평가되었다. 그럼에도 불구하고 조정의 고전적인 타협 경향은 건륭 연간의 개혁이 관료체제 안에서 성공적으로 자리 잡고 한학에 대한 송학 지지자들을 달랠 수 있게 해주었다.

이에 비해 가경제[1796~1820 재위] 및 도광제[1820~1850 재위] 시기 조정은 과거 시험 교육 과정에 대한 관심이 적었다. 대신에 가경제는 특히 절차적인 문제에 초점을 맞추었다.[72] 옹정과 건륭이 그랬던 것처럼 통치자가 주도권을 잡기보다는[제6장 참조] 국정 운영 운동과 연관된 점점 더 공격적인 지식인들이 시험 제도 관련 논쟁을 이어가는 데 앞장섰다. 건륭제는 과거제에 대한 지식인들의 의견보다 앞서가는 데 성공했지만, 그의 후임자들은 강경한 지식인들의 의견에 직면했을 때 현행 제도의 실행계획을 유지하는 데 만족했다. 가경 및 도광 연간 조정은 모두 제시문 선정, 채점, 불합격 답안지 처리 등 전형 과정의 구체적인 비리에 대한 원칙적인 대응을 강조했다. 비록 그들은 과거 시험의 중요한 측면이 외부로부터 신뢰를 얻는 제도에 대한 내부로부터의 주기적인 문제 제기라는 것을 인식했지만, 그러한 문제 제기에 대해서는 지식인들이 주도하도록 용인했다.[73]

19세기 초의 시험 개혁 요구

제6장에서 설명한 실행상의 어려움을 감안하면, 가경 및 도광 연간 조정이 과거 시험을 일정대로 진행하는 데 초점을 맞춘 것은 그 자체로 상당한 공적이었다. 건륭제는 하향식 개혁 정책을 물려주었지만, 19세기 초 그의 후임자들은 증가하는 시험장의 부패를 현실로 직시하고 그것을 미덕으로 합리화함으로써 개선하고자 했다. 제국 조정은 과거 시험 학위에 대한 채워질 수 없는 열망을 전쟁과 다른 비상사태에 대한 비용 지불을 위한 자금조달의 특별한 기회로 보았다.[74] 가경제와 도광제는 경학을 개선하는 것보다는 생원들과 수험생들에 대한 정치적, 법적 압박을 완화하는 데 더 관심이 있었다. 많은 지식인이 한학 대 송학의 더 큰 논쟁에 휘말렸고, 어떤 이들은 경학의 두 극단을 포괄적으로 통합해야 한다고 주장했다. 많은 사람이 한대식 고전주의와 송대의 이론을 과거 시험 책문의 상호보완적 기준으로 전환할 것을 제안했다. 그러나 태평천국의 난1850~1864이 일어나기 전까지 교육 과정의 변화는 받아들여지지 않았다.[75]

양장거梁章鉅, 1775~1849의 유명한 『제의총화制義叢話』는 명청시대 인재선발 과정과 관련된 중요 1차 자료를 다량 제시했던 까닭에 19세기 초 지식인들의 여론에 영향을 미쳤다.[76] 양장거의 기록들은 이후 민국 초기에 서가徐珂, 1869~1928의 『청패유초淸稗類鈔』를 통해 더 널리 전파되었다. 실제 시험 경험에 대한 이러한 공들인 기록들은 청대 및 민국시기 지식인들에게 시험장의 가혹한 현실화재, 폭동 등과 많은 시험관들의 전횡을 보여주었다.[77] 복건성의 한학 옹호자인 진수기陳壽祺, 1771~1834는 영향력 있는 글인 「과거론科擧論」을 지어 교육 과정의 비실제적인 초점을 맹비난했다. 진수기는 주희와 명대 말기 작가 귀유광歸有光, 1506~1571을 선례로 인용하여, 지식인들이 어떻게 대대로 출세주의적 목표를 위해 문학적 추구에 스스로 매몰돼 왔는지를 상세히 기술했다. 천 년간 이어온 그 오류는 공직자 선발을 문학적 재능과 연결시킨 것이었다. 그러나 진수기는 자신이 감독한 1804년 광동성 향시나 1807년 하남성 향시에 대한 '후기[後序]'에서 그러한 우려에 대해 언급하지 않았고, 공개적으로 중요한 개혁안을 제기하지도 않았다.[78]

포세신包世臣, 1775~1855, 공자진龔自珍, 1792~1841, 위원魏源, 1794~1856 같은 19세기 초의 다른 운동가들은 청 조정이 행정적 쇠퇴에 대처하기를 원한다면 더 많은 활동적인 국정 계획이 필요하다고 주장했다.[79] 그들은 지식인들이 왕조가 직면한 실제 문제에 거의 관심을 기울이지 않는 무익한 학문적 환경을 조성하는 데 과거 제도가 한 역할에 대한 비판도 포함시켰다. 진사 학위를 위해 13차례나 도전했지만 실패하고 결국 거인 학위에 만족한 빈한한 학자 포세신은 시험 제도가 재능 있는 사람들을 관직에 끌어들여야 한다고 언급했다. 그런데 도리어 그것은 미심쩍은 용도의 문학적·고전적 학식을 강조했다고 보았다. 포세신은 개인적인 글에서 팔고문을 버리고 책문으로 평가되는 실무를 강조하는 변화를 촉구했다.[80]

역시 회시에서 낙방했던 공자진은 자신의 실패에 대해 선발 과정의 편협함을 비난했다. 위원은 공자진과 마찬가지로 처음에는 『춘추공양전』을 통해 연결된 상주常州의 반反허신許慎 전통[곧 비정치적 고증학에 반대하고 경세치용의 학문을 강조하는 공양학], 제7장 참조 의 추종자였다. 그는 쉰 살이라는 늦은 나이에 진사 학위를 받았는데, 선발 제도가 행정적 관심을 강조하지 않아 문관들 가운데 자신 같은 실제적 재능을 가진 사람이 부족하다며 개인적으로 불평했다. 문학과 고전주의는 지식인 삶의 중추였지만, 왕조가 통치 능력에 대한 전례 없는 위협에 직면했을 때 그것들은 도움이 되는 데 한계가 있었다.[81]

이러한 불만에도 불구하고, 1820년대에 도광 조정은 기존의 개혁에서 더 나아가는 움직임을 취하지 않았다. 예를 들어, 형법에 관한 책문이 향시와 회시에 간혹 등장했음에도 불구하고, 1835년에 다섯 개의 책문 중 하나로 법률적 전문성을 정기적으로 평가할 것을 요청한 한 어사의 상소는 입법화되지 않았다.[82] 19세기 초 청조가 문관 선발 교육 과정을 개혁할 주도권을 잃자, 포세신, 위원 등의 경세학자들은 경제, 곡물 거래, 황하 치수 등 다른 제도적 문제들로 눈을 돌렸다.[83] 훗날 태평천국의 지도자가 되는 홍수전[1814~1864] 같이 시험 시장에서 희망을 잃은 다른 이들은 단순한 개혁보다 더 급진적인 입장을 취했고, 소수집단인 객가 한족으로서 만주족의 청조 타도를 촉구했다.

4. 태평천국과 새로운 시험[1850~1865]

태평천국의 난[1850~1864] 동안 많은 지역에서 청조가 주관하는 지역 자격 시험과 향시가 중단되었다. 예를 들어, 1852년에 호남성에서는 만주족에 충성하는 관료들이 태평천국의 군사적 위협으로 인해 향시를 연기할 것을 요청했다.[84] 태평천국의 반란군이 남경을 수도로 삼으면서 특히 큰 타격을 입은 양자강 삼각주 지역 성들은 1859년에 과거 시험을 중단했다. 강소성 출신 응시자들은 청조의 향시를 위해 절강성으로 이동하도록 요구받았고, 안휘성의 학생들은 성 내의 영향받지 않은 지역에서 시험을 치렀다. 절강성 성도 항주에서는 1860년에 3회 동안 지방 시험이 중단되어 1865년까지 재개되지 않았다. 이 지역의 지방 시험은 1869년까지 완전히 정상화되지 못했다. 양자강 삼각주 지역은 명대부터 과거 시험을 지배해 왔었지만, 태평천국의 난으로 초토화된 후 양자강 삼각주 지역 가문의 자제들은 더 이상 제국 전역의 시험 경쟁에서 독주하지 못했다. 양자강 중류 지역의 호남성과 동남부의 광동성 같은 지역의 응시자들이 점점 더 진사 급제를 차지하였다.

그러나 시험의 지역적 중요성에 대한 중요한 단서는 태평천국의 지배를 받은 지역에서 새로운 통치자에 의해 고안된 문·무과 시험이 시행되고 지역을 다스리도록 임명된 무관들이 감독했다는 점이다.[85] 대부분 청조의 관계官界에 진입하는 데 실패했던 홍수전과 그의 최고지도자들은 태평천국의 정치적 정당성을 강화하고 지방 지식인들에게 관계의 문호를 개방하기 위한 시험의 중요성을 인식했다.[86] 1851년부터 1853년까지 태평천국은 청조의 시험을 약간 변형한 지방시·향시·회시를 시작했다. 예를 들어, 태평천국 시험에는 정원이 없었고 합격할 가능성이 상당히 높았다. 응시자들은 지원서에 그들의 가문 배경을 기록하도록 요구받지도 않았다. 태평천국의 1854년 호북성 시험에서는 1,000명의 응시자 중 800명 이상이 합격했는데, 이는 청대 향시의 일반적인 합격률인 1~5%와 확연히 대비되었다. 게다가 태평천국은 매 3년마다 회시를 실시한 청조와는 대조적으로 매년 회시를 치렀는데, 이는 아마도 지역의 청조 관원들을 그들 자체 관원으로 충분히 대체하기 위한 것이었을 터이다.[87]

일부 자료에 따르면 여성들이 처음으로 특별 과거 시험을 치렀는데, 이것이 사실이라면 전례가 없는 것이었다.[88] 그러나 관련 내용은 대부분의 태평천국 자료에서 언급되지 않았고, 여성들이 응시했다는 시험은 더 낮은 단계의 시험을 전제해야 할 높은 수준이었는데, 그에 관해서는 기록이 없다. 그럼에도 불구하고, 태평천국은 여성들을 위한 교육을 강화했다.[89] 당초 홍수전은 교육 과정이 어떤 형식을 따라야 하는지 확신하지 못했다. 홍수전은 자신의 생일을 축하하는 특별 시험을 위한 수석 시험관에게 다음과 같은 칙령을 보내 조언을 구했다.

시험을 통한 관원 선발은 위험을 수반하며, 그것은 나의 마음에 든 적이 없다. 이제 왕조를 세우는 초기에 해야 할 일들이 산적해 있다. 확실히 이 상황에 대처할 수 있는 유일한 방법은 그 일을 할 가능한 한 많은 학식 있는 사람을 선발하는 것이다. 이것이 내 생일을 기회로 삼아 임시방편으로 이 시험을 시행하는 이유이다. 그러나 『논어』와 『맹자』는 그 안에 포함된 교리가 우리의 신성한 가르침에 배치된다는 사실 때문에 절대 사용되어서는 안 된다. 이 상황을 대처할 좋은 방도가 있겠는가?[90]

시험관은 특별 시험을 위해 홍수전의 『천조서天條書』 및 기타 태평천국의 종교적 법령들을 추천했고, 이것은 '천왕'을 기쁘게 했다. 이 방안은 명대 황제들이 과거 시험에서 요구했던 명 태조의 「성유육언聖諭六言」을 모방한 것이었다.[91] 홍수전의 금언金言들은 청대 생원들이 자격 취득 시험을 위해 외웠던 강희제의 「성유聖諭」1670와 옹정제의 「성유광훈聖諭廣訓」1724을 대체했다.[92]

태평천국을 정당화하기 위한 기독교 '경전'은 기존에 명청 통치자들을 지지하기 위해 '도학' 및 '오경'을 활용한 것과 유사했다. 예를 들어, 사서오경은 태평천국의 시험 교육 과정에서 홍수전의 태평천국 문헌들과 더불어 유대교와 기독교의 신구약 성경 중국어판으로 대체되었다. 일례로, 태평천국의 '동왕東王' 양수청楊秀淸, 1856년 졸은 1853년에 논 문제로 "참된 길이 어찌 세속적인 길과 같겠는가?"라는 제시문을 출제했다. 문학 에세이의 제시문은 "하나님은 만국의 큰 부모로서 만인을 낳고 기른다."였다. 그리고 양수청이 출제한 "사해의 어디에나 동왕이 있다"라는 시 문제는 명백히 자신의 정치적 정당성을 주장하기 위한 노력이었다.[93]

비록 성경이 반半 구어체 형태로 번역되었지만, 태평천국 시험의 문학적·제도적 형식은 명청시대의 시험과 일치했다. 태평천국 응시자들은 시험관들이 선정한 성경 제시문에 대해 여전히 팔고문 형식을 이용하여 에세이를 써야 했다. 또 시 문제에 대한 답안은 1756년에 시작된 같은 기준의 청대 압운 요구 사항, 즉 당대식 율시를 따랐다. 일반적으로 최소 300자 길이 답안의 책문 문항 하나도 요구되었다.[94] 형식은 내용만큼 홍수전을 우려하게 만들지 않았다. 청나라에서든 태평천국에서든 에세이, 시, 책문에 대한 오랜 형식적 요구 사항 및 분리된 시험 단계의 구분은 고전적 교육 과정을 변경할 수 없게 고집했던 것이 아니라 그 자체의 문화적 생명이 있었다.[95]

통치자의 '참된 정신[眞神]'에 대한 태평천국의 팔고문 시험 제시문은 명청 통치자들을 정당화하기 위해 순수한 '도심道心'에 대한 '도학' 개념을 이용한 이전의 노력제1장 참고과 다소 유사하게 홍수전을 효과적으로 정당화하였다. 양자강 삼각주 지역의 일부 응시자들은 태평천국과 청나라의 과거 시험에 모두 합격하는 데 거의 어려움을 겪지 않았다. 실제로 몇몇 학자들은 후에 청나라로부터 태평천국을 지지했다는 비난을 받았다. 1860년대에 홍콩과 스코틀랜드에서 제임스 레게James Legge와 함께 중국 고전을 영어로 번역한 번역가이자 협력자였던 왕도王韜, 1828~1897는 비록 그러한 주장이 반박되기는 했지만 태평천국 전시殿試 장원의 명의를 사용했다는 혐의를 받았다. 실제로 왕도는 소주의 태평천국 총독을 지지했고, 후에 청 당국이 그를 반역자로 수배했을 때 상해에서 영국인들의 보호로 체포를 면했다.[96]

1859년에 시작된 홍인간洪仁玕, 1822~1864의 정치 개혁은 병녕법의 변화에도 불구하고 태평천국의 문·무과 시험을 청조의 본보기에 더 가깝게 부합되도록 조정하였다.[97] 지식인 선발에 관한 1861년 태평천국의 규정에서 홍인간 등은 매 3년마다의 향시와 회시를 제정했으나, 명대 이래 회시에 불합격한 기존 향시·합격자들이 향시를 다시 치를 필요 없이 회시에 재응시할 수 있었던 특권은 폐지하였다. 이는 태평천국 치하의 향시 합격자들이 독립적인 신분 집단을 이룰 수 없다는 것을 의미했다.제3장 참조[98]

또한 홍인간의 새로운 규정은 선발 과정에서 도덕성과 재능이 밀접히 연관되도록 강조했다. 이를 위해 태평천국은 『논어』와 『맹자』에서 뽑은 제시문을 응시자들 답안의 근거로 허용했다. 태평천국 관계자들은 초기 기독교 문헌들을 보완하기 위해 사서오경의 개정판을 준비했다. 홍인간은 팔고문에 대해 비판적이었지만, 1864년에 태평천국이 멸망할 때까지 팔고문은 태평천국 시험의 문학적 형식으로 남아 있었다.[99] 이러한 노력들에서 우리가 볼 수 있는 것은 시험 제도가 당송대의 문학, 명청대의 '도학', 1860년대 태평천국의 기독교에 이르기까지 시간이 지남에 따라 서로 다른 왕조와 이데올로기의 교육 목적에 기여가 가능했고 실제로 기여했다는 점이다.

5. 청대 말기 시험과 의화단의 난1865~1905

피비린내 나는 태평천국 진압의 여파 속에서 약화된 청조와 그 지식인 관료들은 점점 더 위협적인 산업화 국가들로 가득 찬 세계에서 살아남기 위해 행정조직이 수행해야 할 새로운 교육적 요구 사항에 직면하게 되었다. 아편전쟁1839~1842이 과거 시험 교육 과정에 '서양 학문'을 도입해야 한다는 중요한 요구를 유발하지 않았던 데 비해, 태평천국 몰락 이후의 상황은 현저히 달랐다. 1865년 이후, 서양식 학교와 일본의 교육정책은 1905년에 권위 있는 과거 시험을 사정없이 대체할 변화를 낳는 데 있어 지식인 개혁가들에게 구체적인 모델로 활용되었다.

그러나 태평천국의 난 이후에 시작된 개혁은 청조의 쇠퇴라는 흐름을 막는 데 실패했다. 1865년 이후 과거제를 뒷받침하는 전반적인 교육 제도가 제대로 다뤄지지 않았던 까닭에, '자강自強'을 통해 '부강'을 이루기 위한 노력이 미흡했다고 생각하는 사람들이 많았다. 미래의 북경대학 총장 채원배蔡元培, 1868~1940가 81등으로 합격한 1890년 회시의 주시험관 4인 중 한 명은 고염무의 팔고문 비판을 언급하면서도 그것의 사용을 옹호했다. 그러나 이 양식은 채원배 같은 응시자들로부터 혹독한 비판을 받았다.[100] 채원배는 1934년에 1870~1880년대 자신의 초기 교육을 회고하면서 그 시절의 팔고문은 이미 '육고六股'로 줄었다고 기술했다. 그는 팔고문을 자신이 17살 때 고증학과 문학 작품을 위해 일찌감치 버렸던 시대에 뒤떨어진 글쓰기 형식이라고 조롱했다.[101]

과거 시험에서 가망이 없자 1866년에 복주福州 조선소의 해양학교[선정학당(船政学堂)]에 입학했던 엄복嚴復, 1853~1921은 정론가가 되어 1895년 이후 부상한 개혁주의 언론을 위한 글들을 작성하면서 과거 시험과 팔고문에 오랫동안 억눌린 쓰라림을 토로하였다. 엄복은 1885년부터 향시에 4차례 낙방했었다.[102] 엄복 같은 많은 사람이 1890년대에 기독교 선교사들의 본보기를 따르고 청나라의 허약함을 현세대의 정신을 소모시킨다는 팔고문과 연결시키기 시작했다. 더욱이 엄복과 여타 개혁주의 주장은 서양의 힘을 학생들이 실제적인 훈련이 필요한 근대 과목을 배우는 산업체, 군수 공장 및 조선소의 근대식 학교와 연관지었다. 초기 개혁가들이 과거제를 없애고 한대식 추천 절차로 대체하자고 제안했던 반면, 청말 개혁가들은 시험 대신 학교를 중국 병폐의 만능 해결책으로 제안하기 시작했다.[103]

엄복과 1890년대 개혁가들에게 서양식 학교와 서구화된 일본 교육은 청조가 모방해야 할 본보기였다. 표준화된 교실 체계와 동질적인 또는 균등한 학생 분류의 대중적 학교 교육의 확대는 1890년대에 교육적 효율성을 의심받던 제국 시험 체제의 수렁에서 벗어날 수 있는 길을 약속하는 것처럼 보였다. 서양식 학교와 일본식 교육에 대한 무비판적인 소개가 성공담으로 널리 받아들여졌다.[104] 서양식 학교에 대한 이러한 요구들은 일반적으로 교육 및 시험 개혁을 위해 고려된 어떤 계획에서도 고전어 대 구어 문제를 다루는 데 실패했다.[105]

비정통화와 탈경전화

1895년 청일전쟁에서 패배한 청나라는 암울한 정치적 미래에 직면했다. 1898년 변법자강운동에 참여한 사람들은 정치 개혁을 위해서는 교육의 근본적인 변화가 필요하고, 교육의 변화는 과거 제도가 바뀌어야만 가능하다고 주장했다.[106] 청나라의 입장에서 볼 때, 과거 시험 교육 과정의 비정통화를 향한 움직임은 청일전쟁 이후 처음인 1895년 봄 회시에서 본격적으로 시작되었다. 당시 진사 학위 후보자였던 강유위康有爲는 그해 봄 북경에 있었다. 그와 그의 광동성 추종자들은 전후 위기에 조정이 더 적극적인 대응을 취하도록 자극하기 위해 회시 응시자들을 선동했다.[107]

강유위는 1895년 회시에서 5등, 전시에서 51등을 한 후 광서제[1875~1908 재위]에게 과거 제도 개량을 최우선으로 하는 개혁의 비전을 제시했다. 그러나 모든 시험 개혁안은 이전에 제시된 아이디어[제6·7장 참조]를 기반으로 하였고, 이는 여러 왕조의 조정이 받아들이지 않은 것이었다.[108] 그 후 1898년의 개혁은 전혀 실행되지 않았고, 서태후의 권력을 회복시킨 정변으로 많은 개혁가들이 망명하였다. 과거 시험은 1898년부터 1900년까지 부·주·현·성 및 수도에서 이전처럼 계속되었다. 사실 1898년 봄의 회시도 개혁파의 영향을 받지 않았다.[109]

그러나 명대 말기부터 요구되었던 개혁이 19세기 말에 마침내 공표되었을 때, 그것은 과거제를 대체할 만한 것이 없었기에 너무 일렀고, 그 변화가 시대의 요구를 따라가지 못했기에 너무 늦은 것이었다. 1905년에 1898년의 개혁을 좌절시킨 바로 그 사람들에 의해 과거 시험이 사정없이 폐지되기까지 6년간의 논쟁과 논란이 소요되었다. 7년이 더 지난 후에는 왕조 자체도 붕괴되었다.

중국에서 과거 시험의 종말과 근대 학교의 부상은 단순한 제국 시험의 종말과 시험을 학교에 종속시키는 근대 교육의 부상보다 더 복잡했다. 고전적 지식인의 가치와 왕조의 황실 권력, 엘리트 신사 지위의 사회·정치·문화적 결속이 풀어지게 된 것이다.[110] 놀랍게도 청나라 관료 집단은 부지불식간에 스스로를 비정통화하는 당사자가 되었다. 19세기 말의 지식인들은 18세기에 정주 '이학'에 대한 고대 학문의 공격으로 시작되어 태평천국 하에서 계속된 과정인 과거 시험 내용에 대한 탈경전화를 처음으로 완수함으로써 선인들의 무익한 '수험생활'의 의무로부터 해방되기를 바랐다. 그러나 왕조의 관점에서 볼 때 과거 시험이 탈경전화된 형태로라도 살아남는다면, 그것은 여전히 수백만의 응시자들이 왕조의 북소리에 맞춰 순순히 시험장으로 행진해 들어가게 할 방도였다. 기독교 성서에서 뽑은 문제를 이용한 태평천국 시험의 성공은 이러한 논리를 입증했다.[111]

그러나 1900년 의화단의 난 와중에 태후 휘하의 청 조정은 이전의 만주족 황제들이 얻었던 교훈을 잊어버렸다. 과거 시험의 비성통화가 완료되자 조정과 많은 지식인이 예상했던 것 이상의 결과가 빚어졌다.[112] 낡은 제도를 해체하고 새로운 제도를 세우기 위한 최후의 경쟁은 1900년에 서구와 일본 군대가 수도를 점령한 결과였다. 의화단의 민중 반란과 그에 대한 서구 열강과 일본의 반응은 외국인들이 지역 및 국가 지도자들에게 상당한 압력을 가할 수 있을 정도로 수도의 권력 구조의 균형을 깨뜨렸다. 그에 따라 개혁에 대한 외국의 지원은 의화단을 반대했던 원세개袁世凱, 1859~1916와 장지동張之洞 같은 지역 개혁가들의 정치적 운을 더해 주었다. 의화단이 와해된 이후 서태후는 원세개가 북경에서 외세를 대하는 전문성을 갖추고 북양군北洋軍을 지배한 까닭에 그에게 의존했다.[113]

의화단의 난 이후 시험의 양상

의화단의 난은 1900년부터 1901년까지 시험을 포함한 중국 북방의 모든 통치 측면에서 전반적인 혼란을 야기했고, 이는 외국의 북경 점령으로 악화되었다.[114] 교육 개혁 문제는 1901년 1월 조정이 서안西安으로 피난 갔을 때 다시 불거졌다. 조정은 모든 고위 관료들에게 개혁안을 제출할 것을 요구하는 긴급 요청서를 보냈다.[115] 당시 호광 총독으로 근무하던 장지동은 이 기회를 포착해 1901년 7월에 강남 총독 유곤일劉坤一, 1830~1902과 공동으로 작성한 상소문을 올렸는데, 이 두 사람은 모두 조정과 의화단의 불운한 동맹에 반대해왔었다. 이들은 시험 내용의 혁신을 강력히 촉구하고, 일본의 초·중·고등 교육을 거울삼아 학교 제도의 윤곽을 제시하였다.[116]

또한 장지동과 유곤일은 학교와 시험 제도를 통합할 것을 조정에 촉구했으며, 이를 10년 안에 시험 제도를 궁극적으로 없애기 위한 첫 단계로 보았다. 학위의 공식 정원은 왕조의 관직에 시험 합격자가 아닌 학교 졸업생에게 유리하게 하고자 했다. 그들은 가능한 한 빨리 모든 사립학교와 관학이 새로운 학교로 바뀌어야 한다고 제안했다. 그들은 또 모든 무과 시험의 폐지를 주장하면서 학생들을 해외로 유학 보낼 것을 강력히 촉구했다. 개혁의 세부사항들 대부분은 수 세기 동안 논의되어 온 것들이었는데, 1898년 개혁가들은 사실상 그 대부분을 일련의 변혁으로 시행되게하려 했으나 실패하고 말았다.[117]

팔고문의 폐지는 1901년 8월에 1664~1667년 이후 처음으로 조정의승인을 받고 예부에 의해 이행되었다. 이제 지방 시험관들은 생원 자격취득 시험과 자격 검정 시험에서 지역 응시자들이 중국 및 서양 학문 모두를 다루는 질문에 답하도록 할 수 있었다. 또한 1901년 이후의 향시 및회시의 형식은 〈표 8.5〉에 제시된 바와 같이 초장과 이장에서 논과 책문을 강조했다.[118]

〈표 8.5〉 1901년 개혁 이후 청말 향시 및 회시의 구성 형식(1905년에 폐지됨)

시험 단계	문항 수
초장	
1. 중국 정치사에 관한 논[中國政治史事論]	5편
이장	
1. 세계정치에 관한 책문[各國政治藝學策]	5편
삼장	
1. 사서[四書義]	2편
2. 오경[五經義]	1편

비고 : 모든 응시자가 오경 중 하나를 전공하도록 하는 요구 사항은 1787년에 폐지되었다.
　　　또 관련 답안은 더 이상 '팔고문' 형식을 따라야 하지 않았다.

초장은 응시자들이 중국의 제도와 정치를 다루는 5개의 논 문항에 답할 것을 요구했다. 이장에는 서구의 제도와 정치에 대한 5개의 책문이 배정되었다. 삼장에서는 고전 에세이 3편이 요구되었는데, 두 편은 사서 관련 문항, 한 편은 오경 관련 문항이었다. 이론적으로는 3단계 시험 모두최종 석차에 동일하게 반영하도록 요구되었지만, 실제로 그렇게 되었는지에 대해서는 알려지지 않았다.[119]

개혁법안 제정 이후 처음으로 실시된 1903년 과거 시험이 하남성 성도 개봉에서 치러진 것은 북경의 회시가 거행되던 순천부 시험장이 외국 공관에 대한 의화단의 포위망을 풀기 위해 투입된 외국 군대에 의해 전소되었기 때문이다. 개봉부의 회시 시험관들은 초장에서 다음과 같은 주제에 대한 5개의 논 문항을 출제했다. ① 주대周代 관자管子의 군사 정책, ② 한문제漢文帝, 기원전 179~156 재위와 남월南越에 대한 그의 정책, ③ 제국에 있어서 법률의 효용, ④ 관원들에 대한 고과 절차, ⑤ 남송 왕조 안정을 위한 유광조劉光祖, 1142~1222의 제안. 이장에서의 다섯 가지 책문은 ① 애덤 스미스Adam Smith가 역설한 공부를 위한 여행[그랜드 투어]에 대한 서구의 강조, ② 교육 기관에 대한 일본의 서구식 모델 적용, ③ 여러 국가의 금융 정책, ④ 치안과 법률, ⑤ 부강의 산업적 기반에 관한 것이었다. 삼장에서는 『논어』, 『대학』 및 『역경』에서 각각 뽑은 3개의 제시문이 에세이 문제로 선정되었다.[120]

비록 1903년 과거 시험 초장의 고전 에세이가 팔고문의 엄격한 형식을 닮았음에도 불구하고, 개혁은 상대적으로 효과적이었던 것으로 보인다.[121] 그런데 특이한 것은 예부와 한림원이 임명한 시험관들이 전통적인 순서로 최종 평가를 발표했다는 점이다. 즉, 그들은 먼저 사서오경에 대한 우수 답안을 그것이 삼장이라는 언급도 하지 않고 발표했던 것이다. 그다음으로 그들은 초장의 시험 내용임에도 불구하고 논 답안을 발표했다. 최상위 대책문은 마치 여전히 삼장의 내용인 것처럼 마지막에 포함시켰다.

1901년 제정된 제국의 개혁안에 따라 1903년의 시험 순서가 개정되었음에도 불구하고, 시험관들은 고전 에세이, 논, 책문의 전통적인 순서로 결과를 보고하는 것을 고집했다. 결과적으로 시험관들은 그들이 이론적으로 받아들인 것, 즉 새로운 과거 시험의 형식을 실제로는 위배했던 것이다. 그러나 우리는 이러한 절차적 문제를 너무 과하게 해석해서는 안 된다. 시험관들의 '국부 저항'이 개혁가들이 원했던 것, 즉 과거 시험의 미래 방향을 근본적으로 바꾸려는 것을 되돌릴 수는 없었기 때문이다.[122] 전반적으로, 이러한 새로운 시험의 합격자들은 '중국 학문[中學]'이 완전해지기 위해서는 서학이 뒷받침될 필요가 있다고 강조했다. 당연하게도 시험관들은 고전 에세이를 강조하는 최종 순위를 더 편안하게 느꼈던 듯하다.[123]

의화단의 난 이후 시험 개혁이 단기적으로 모든 목표를 달성할 수는 없었지만, 시험의 전반적인 범위는 확실히 더 제도적·국제적으로 초점이 맞춰지게 되었다.[124] 시험관들의 '중국 학문'에 대한 편향은 이들 분야에 많은 영향을 미쳤지만, 전체적으로 볼 때 학문과 학습에서 새로운 방향이 여전히 중국학 대 일본학 혹은 서학의 균형 잡힌 평가에 포함되었다. 그에 따라 1903년 과거 시험에 사용된 책문 목록은 다음과 같은 32개의 주요 범주를 나타냈다.[125]

① 통치 방도[治道], ② 학술, ③ 내정, ④ 외교, ⑤ 시사, ⑥ 과거 제도, ⑦ 학교, ⑧ 관제官制, ⑨ 의회[議院], ⑩ 국가조직[政體], ⑪ 공법[公治], ⑫ 형률, ⑬ 교무, ⑭ 천문학, ⑮ 지리학, ⑯ 역학曆學, ⑰ 산학算學, ⑱ 과학[格致] I, ⑲ 과학[格致] II, ⑳ 재정, ㉑ 화폐 제도, ㉒ 군정 I, ㉓ 군정 II, ㉔ 국방[防務], ㉕ 농정 I, ㉖ 농정 II, ㉗ 공공사업[工政], ㉘ 상업체계, ㉙ 도로와 광산[路礦], ㉚ 지형학[輿地], ㉛ 사학, ㉜ 외국사

예를 들어, 6번의 과거 시험 개혁에 관한 문제와 답안들은 고전 에세이보다 책문 및 논 문항이 우선되어야 하며, 시험보다는 학교가 우선되어야 한다는 개혁가들의 견해를 확인시켜 주었다. 더욱이 새로운 대책문에서 '중국학'이 '서학'의 대응물로 부상한 것은 분열을 초래한 19세기의 한학

과 송학 간의 이분법이 '중국학'이라는 기치 아래 두 학문을 통합한 새로운 형태의 토착 학문으로 전환되었음을 시사했다. 이러한 언어적 변화에서 비롯된 새로운 영문 번역은 '시놀로지sinology'였으며, 이는 '중국 전문가sinologist'를 '시놀로지스트'라 지칭하는 표준 용어가 되었다.[126]

그러나 1903년 이후 학교 설립의 어려움과 많은 사람이 학위 수여에 대한 시험 제도의 독점을 깨는 것을 꺼리던 상황에서, 학교와 시험이 서로를 보완할 수 있다는 이상주의적 주장은 재평가되어야 했다. 이제 관료들은 과거 시험이 상위 학위를 독점하는 한 새로운 학교가 크게 발전하거나 대중의 지지를 받지는 못할 것이라 했던 1896~1898년경 초기 개혁가들의 주장이 옳았음을 확신했다.[127]

1903년 당시 군사 및 교육 개혁에 관여했던 조정 관료 장지동과 원세개는 관직 임명의 기초로서 학교 학위를 위해 과거 시험의 학위 정원을 점차 줄이도록 제안했다. 그렇지 않으면 대부분의 학위 후보자들은 지위와 대중의 존경을 얻기 위한 최선의 방법으로 학교 대신 시험 경로를 계속 선택하게 된다는 것이었다. 그들은 1744년 지역 할당제를 폐지하도록 명한 건륭제의 칙령을 관련 선례로 들었다. 비평가들은 황제가 과거제를 폐지하는 것이 아니라 개혁하기를 원했을 뿐이라는 점을 재빨리 지적하면서 장지동과 원세개의 무모함을 이유로 탄핵을 촉구했다. 탄핵 혐의로 인해 잠정 보류되었지만, 두 사람의 상주문은 팔고문 폐지가 모두가 기대했던 만병통치약이 아니었다는 것을 다음과 같이 인정했다.

팔고문이 폐지되고 현재의 정책 및 고전적 원칙에 대한 에세이로 대체되었지만, 결국 한 사람의 답안은 하루의 노력에 기반한 것이고, 그 공허한 말들은 실제적인 공로와는 비교될 수 없다.[128]

대책문조차도 얼마 못 가서 북송시대에 살았던 소식蘇軾, 1037~1101이 이미 주장했던 형식적 미사여구의 공허한 것으로 비춰졌다. 엘리트에 대한 조정의 문화적 통제를 보장했던 과거 시험의 강점과 400만 명이 넘는 '고유의' 시험 지지층은 잊혀졌다. 학교 학위는 왕조에 복무할 정부 관리를 양산하기 위한 새로운 개선책이 되었다.[129] 1903년에 교육위원회가 설립되어 1904년에 관계로 진출하는 길로서 시험을 학교로 대체하는 새로운 정책들을 황제에게 제시하였다. 이 제안은 "실험적으로 과거 시험을 점진적으로 축소하고 학당에 중점을 둘 것을 요청하는 상주문"으로 알려져 있다. 그러나 여전히 보수적인 반대에 직면하여 시험의 전면 폐지는 학교 제도가 시행될 1912년까지 연기되었지만, 1906년 이후 모든 시험에 대한 정원은 3분의 1로 줄게 되었다.[130]

장지동과 원세개의 말에 따르면 다음과 같은 강한 공감대가 생겨났다. "학교가 설립되지 않는 한 이 시대의 위험을 막을 수 있는 유능한 사람들을 배출할 방법은 없을 것이다." 위기의 한복판에서 많은 고위 관료들은 이제 과거 시험을 이전의 통치자들이 인식했던 지식인 엘리트를 통제하기 위한 제도적인 수단이 아니라 더 이상의 교육 개혁을 가로막는 근본적인 문제로 간주했다. 1904년 1월 13일 황제의 칙령은 "현재의 상황은 매우 어렵고, 지식의 향상과 인재의 훈련이 시급한 과제"라는 새로운 견해에 동의했다. 원래의 상주문은 1904년 상해 상무인서관商務印書館의 『동방잡지東方雜誌』 창간호에 실렸고, 이로써 교육 개혁에 관여하는 이들에게 더욱 설득력 있는 사안이 되었다.

당시 상해 상무인서관의 『사해辭海』 편집자이자 후에 민국시기의 저명한 교육자가 된 수신청舒新城, 1892~1960은 급격한 변화에 대한 시대의 압박을 다음과 같이 회상했다.

청대 말기 새로운 교육체제로의 전환은 겉으로는 교육계의 자발적인 움직임으로 보였지만, 실제로 벌어진 일은 외교관계와 국내 압박이 도처에서 궁지에 처해 있다는 것이었다. 개혁이 이루어지지 않으면 중국은 생존할 기반이 없었다. 교육은 그야말로 선택의 여지가 없는 상황에 휘말려들게 되었던 것이다.[131]

예를 들어 광동의 한 일간지로부터 재수록한 1904년 『동방잡지』 8호의 기사는 "시험 제도는 천수백 년 동안 중국인들에게 해독을 끼쳐 왔다"고 주장했다. 비판적 지식인들이 수 세기 동안 팔고문을 겨냥했던 이러한 감정적 수사가 이제는 새로 부상한 한족 지식인들에 의해 개혁된 과거제를 향하게 되었다. 이후 1904년에 조정은 학생들에게 학위를 부여함으로써 학교와 학교 시험을 정식으로 과거 시험의 일부로 만드는 규정을 발표하였다. 후기 제국 과거 시험의 유서 깊은 절차와 제도가 학교 시험 제도로 점차 전환되는 것은 1904년에 이르러 돌이킬 수 없게 되었다.[132]

그러나 1905년 만주 지역의 중국 땅에서 크게 벌어진 러일전쟁1904~1905의 여파로 수문이 활짝 열리게 되었다. 광적인 정치 환경으로 인해, 1905년 무렵 제국의 진부한 시험 제도는 전쟁과 중국의 다른 모든 안 좋은 것들에 대한 적절한 희생양이 되었다. 1905년 8월 31일, 장지동과 원세개는 다수의 조정 관료와 총독, 순무들과 함께 모든 단계의 과거 시험을 즉각 폐지할 것을 촉구하는 공동 상소문을 올렸다. 과거 시험 학위가 수적으로 여전히 그에 상응하는 학교 학위보다 많고 보편적인 교육의 이상을 가로막았던 까닭에, 그들은 과거 시험이 신식 학교에 넘을 수 없는 장애물이라고 주장했다.

서태후는 9월 2일에 1904년에 제정된 학교 관련 규정에 따라 1906년부터 공직 자격이 부여되는 모든 학위는 신식 학교[학당]를 졸업해야만 취득할 수 있다는 칙령을 내림으로써 상주문을 신속히 승인했다. 그리하여 예기치 못하게 향시는 1903년 시험이 마지막 시험이었고, 최후의 회시도 1904년에 이미 치러진 뒤였다. 아무런 경고도 없이, 1905년의 생원 자격 검정 및 자격 취득 시험은 후기 제국 형식으로 500년 이상 지속된 지방 시험 제도의 예고하지 않은 결말이 되었다.[133] 정부 학위를 받을 자격이 있었던 수백만 명의 지방 수험생, 생원, 그리고 국자감생들은 공직 임명으로 이어지는 학위를 위해 새로운 공립 학교에 등록하라는 갑작스런 지시를 받았다. 놀랍게도 그 수많은 생원들 가운데 저항은 거의 없었다. 그들 중 다수가 새로운 교육 시스템에서 학생이나 교사가 될 것이라고 기대했기 때문이었을 터이다.[134]

과거 시험이 폐지된 후, 만주족은 저항성이 있다 해도 그들의 가장 충성스러운 지지층 중 하나인 시험 응시자들을 빠르게 잃었다. 이러한 손실의 정치적 결과는 청나라 관료 집단이 수 세기 동안 지식인들이 제국의 제도를 받아들이도록 성공적으로 유도한 문화 통제의 주요 무기 중 하나를 순순히 포기했을 때 예상된 것이었다. 다른 이들은 의화단의 난 이후 개혁이 너무 급진적이어서 왕조의 몰락을 앞당기는 데 일조했음을 이미 주목하였다.[135] 그러나 덧붙여야 할 것은, 신식 학교를 위한 급진적 개혁도 명대 초기부터 존재했던 시험장에 수백만의 지식인을 동원한 공적 제도를 순조롭게 대체할 수 없었기에 처음에는 실패했다는 점이다.

6. 나가며

명청시대 중국 문명의 움직임

명청시대의 중국인들은 이동하고 있었다. 1400년 전후부터 1900년 무렵까지, 그들은 광대한 제국의 수로와 도로를 따라 정기적으로 이동했고, 제국 전역의 과거 시험을 보기 위해 마을에서부터 현·주·부·성, 그리고 수도로 이동했다. 일단 지방의 검정 시험에서 자격을 취득한 응시자들은 밑바닥에서부터 공복으로서 통치자와 정치 권력을 공유하는 지위로 오를 수 있다는 희망을 품고 향시를 치르기 위해 멀리까지 여행했다. 왕조는 성공적으로 시험에 합격한 사람들이 관직을 맡아 정치적·문화적·법적 권력을 행사하도록 합법적으로 인정했다. 일단 관직에 오르면 그들은 능력주의적으로 임명된 당국자가 되었다.[136]

후기 제국 관료체제에서 복무하면서 백성을 대표한다고 주장한 관리들은 고전적 소양을 갖추도록 요구받았다. 그 소양은 계층과 위신의 내림차순으로 오랫동안 받아들여진 사농공상 사이의 사회적 구별을 전제로 했다. 예를 들어, 명대에는 상인의 자제들이 처음으로 과거 시험에 응시할 수 있도록 법적으로 허용되었다. 1550년부터 1650년까지 전례 없이 상업화한 '은의 시대silver age'에 명대 권위자들이 점차 부를 도덕적으로 해석하면서, 부가 정치를 능가한다는 오랜 두려움은 서서히 약해졌다. 나머지 직업적 제한은 승려, 도사, 천민'불결한' 직업에 종사하는 사람들까지 확대되었다. 명시되지 않은 젠더 편견은 모든 여성과 환관들에게까지 확대되었다.

능력주의적으로 선발되는 관리들을 필립 페팃Philip Pettit의 표현을 사용해 '대표 역할에 임명되는 것'으로 보는 고전적 기반은 주로 사회적인 것이었고, 수사학적으로는 적절히 훈련된 '신사[군재]'로서 지주 지식인과 성공적으로 '유교화된' 졸부로서 부유한 상인에게 유리했다. 다수대중의 대표로서 관심 역시 공자와 그 제자들의 가르침이라 일컬어지는 것에서 끌어낸 경전에 근거하여 대중에게 받아들여질 만한 것을 말하는 수사법으로 유교화되었다. 지식인들은 보통 『맹자』의 다음 구절을 인용했다. "하늘은 우리 백성이 보는 것을 통해 보고, 우리 백성이 듣는 것을 통해 듣는다.[天視自我民視 天聽自我民聽]" 관리들은 국가가 그들을 시험하고 임명한 후에야 국가의 이익을 대표했다. 그들은 자신의 고향 지역에서는 누구도 임명될 수 없었기에, 대체로 부차적으로 그리고 매우 묘연하게 백성을 대표할 수 있을 뿐이었다. 통치자는 위로부터의 권위주의적인 정치적 수단을 통해 국가를 통치하는 데 있어서 아래에서 올라온 관리들을 선출된 것이 아닌, 자기 스스로 선발한 협력자로 인식했고, 이것이 오늘날 많은 사람이 정치적 능력주의가 민주적으로 의문스럽다고 느끼는 까닭이다.[137]

고전적 합의와 정치적 효율성을 위한 제도를 개발하려는 이 노력의 특별한 점은 그것이 의도하지 않은 민주적 목표가 아니라 그 설계된 목표를 달성하는 데 놀라운 성공을 거두었다는 것이다. 교육은 사회적 지위, 정치적 권력, 문화적 명망 사이의 복잡한 관계를 효과적으로 재구성했다. 비기술적 도덕 및 경세 이론에 기반한 고전 교육은 인본주의와 고전 교육이 근세 유럽의 민족국가들에서 엘리트에게 이바지한 것만큼이나 권력의 최상층에서 제국에 복무할 중국의 엘리트 선발에 적합했다. 수험생활은 죽음과 세금처럼 엘리트 교육과 대중문화의 고정적인 것 가운데 하나가 되었다. 시험은 제국의 이익, 가문의 전략, 개인의 희망과 염원이 지향하는 초점을 대표했다. 더욱이 교육 풍조는 의학, 법률, 재정 정책 및 군사 영역까지 영향을 미쳤다.

명나라는 폐쇄적이기는커녕 내부적으로는 근세시기 세계에서 가장 유동적인 제국이었다. 1500년까지 이미 약 2억 5천만 인구의 거대한 사회로서, 그들 중 1%약 250만 명가 과거 시험을 치르는 시험장에 갇힐 특권을 위해 격년 주기로 1,350개 현 중 한 곳에 모였다. 여기서 합격한 약 75,000명은 삼엄히 감시되는 매 3년마다의 향시에 응시하기 위해 17개 성도 중 한 곳에 등록했다. 그 경쟁에서 살아남은 6,000명은 3년에 한 번씩 수도 북경까지 가서 벼슬길에 오르는 진사가 될 권리를 위해 왕조 차원의 회시와 전시를 치렀다.

광대한 청 제국 하에서 이 지역적이고 위계적인 관문들을 통해 이동하는 중국인의 규모는 1850년까지 가장 낮은 지방 시험 단계에서 450~500만 명으로 두 배 증가했다. 이들 중 15만 명이 살아남아 향시를 치렀다. 따라서 과거 시험은 후기 제국시기 중국의 정치, 사회, 경제 및 지식인의 삶을 연결하는 가장 왕래가 많고 감시가 엄한 교차로 중 하나로 특징을 이뤘다. 이 책은 1400년경부터 청조가 과거 시험을 폐지한 1905년까지 위아래로 움직여온 전근대 중국의 사회와 문명에 관한 내용을 담고 있다.

수백만 명에게 집과 가족으로부터 멀리 떨어진 곳에서 봉직하는 관원이 되기 위한 동기를 부여하는 고전 학습과 국정 운영의 힘은 그 이야기의 일부이다. 그러나 그들의 희망이 실현되는 것을 볼 수 있는 사람은 5%에 불과했다. 성공에는 프리미엄이 붙었다. 이 이야기에서 더 중요한 부분은 관원이 되는 데 실패한 95%에 관한 것이다. 고전 언어의 권위는 실패한 수백만 명의 마음속에서도 문화 회전의回轉儀로서 견인력을 얻을 수 있도록 과거 시험에 힘을 실어주었다. 고전 지식 체계는 고전 문해력을 갖춘 수천 명의 관리들뿐 아니라, 천문학자, 수학자, 인쇄업자, 출판업자는 물론 거듭된 실패 후에 의사, 승려, 변호인, 교사, 공증인, 상인, 족보 관리인이 된 수백만의 지식인을 배출했다.

제국의 이익과 지역 엘리트 사이의 정치적·사회적 파트너십을 통해 이미 국가 기관에 지식인 문화가 침투했던 까닭에, 과거 시험은 더 큰 지식인 문화를 반영했다. 그들은 공히 관원 선발과 고전 문해력을 갖춘 후보자 양산을 위해 전례 없는 범위와 규모의 고전 교육 과정을 반포했다. 지역 엘리트와 제국의 조정은 모두 왕조 행정에 지속적으로 영향을 미쳐 고전 교육 과정을 재검토하고 조정했으며, 관원 선발을 위한 제도적 시스템을 개선하기 위한 새로운 방법을 모색했다. 그 결과 교육적 우수성에 대한 시험인 과거 제도는 문화를 통해 왕조와 엘리트를 관료주의적으로 결속시켰다. 그러나 문화의 영역에는 더 넓은 비밀이 숨겨져 있었다.

국가와 통치자, 그리고 대신들은 중국의 엘리트가 명청시기에 최종 시험에 합격하여 고관이 된 총 약 5만 명에만 머물지 않는다는 것을 어렴풋이 알고 있었다. 사회 계층 가운데 고전 교육을 받은 '그러그러한' 수백만 명의 실패자들의 운명은 황제와 조정을 우려케 했다. 그들은 반역자와 무법자가 되어 통치자의 정당성에 도전할 것인가? 아니면 고전 교육이 가능하게 해주고 독려한 그들의 삶에 적합한 사회적 틈새를 찾을 것인가? 황제들은 또 지방 자격 시험을 치르는 80세 이상 노인의 수가 급격히 증가하는 것을 걱정했다. 수십 년간 낙방한 할아버지와 아버지가 어린 손자나 아들을 데리고 지방 시험장에 들어가 같은 시험을 치르는 것이 영광이었다면, 조정은 왜 거듭 낙제하는 사람들을 우려했을까?

후기 제국 과거 제도의 유동적 기능을 위한 조건 중 하나는 과거 시험의 개선과 개혁에 대한 왕조의 관심이었다. 중국의 교육과 근대화에 대한 과거의 설명들은 1860년 이후 서구화가 시작되기 전에 제국의 제도들이 내부의 비판과 개혁을 겪은 정도를 과소평가했다. 관료체제 안팎에서 많은 사람이 성공을 위한 시험의 길을 불충분한 해법으로 보았지만, 그들은 또 현실적으로 젊은 남성들의 관료 사회 진입을 위해 익명으로 시험을 치르는 엄격한 절차 외에는 대안이 없음을 인정했다. 대부분은 과거 시험이 평민들이 엘리트 지위를 얻고 정치적 권력을 행사하기 위한 공정한 수단임을 자명한 것으로 여겼다.

교육, 사회, 그리고 과거 제도

19세기 말에 제정된 엘리트 및 대중 교육을 위한 새로운 제도가 완전히 자리를 잡기 전에 1905년에 과거 시험이 막을 내리고 1911년에는 청나라가 무너졌다. 제국의 이익과 지식인의 가치는 20세기 중국 혁명 속에서 함께 와해되었다. 갈수록 대중 동원의 목표가 관료주의적 인재 충원에 승리를 거뒀다. 예를 들어, 청조는 중국 개혁가들이 만주족 황권을 위태롭게 만든 비정통화의 내적 역량을 촉발한 후 스스로의 해체에 연루되었다. 1860년 이후, 태평천국의 난과 제국주의의 도전에 대응하기 위해 급진적인 개혁이 시작되었다. 만주족에 반대한 태평천국은 기독교 기반의 과거 시험을 도입했지만, 그들은 대중 동원을 더 강조했다.

만주족 통치 말기에 중국의 과거 제도는 그 소중한 영광을 잃고 대신 낡은 조롱의 대상이 되었다. 20세기 동아시아의 과거제 개혁은 고전적 합의와 왕조의 결속력을 대체하는 서구식 정부와 근대 경제의 새로운 국가적 목표와 연결되어 있었다. 중국의 국체는 몸부림치는 공화국이 되었다. 중요한 연속성에도 불구하고, 전통 교육에 기반한 권력, 부, 위신에 대한 장기간 내면화된 기대와 서구 모델에 기반한 정부의 개혁된 정치 제도 사이의 조화는 1905년 이후 중국에서 완전히 단절되었다.

혁명가들의 축적된 수사에도 불구하고, 전근대 중국의 과거 시험은 전반적으로 근대 국가 건설에 장애가 되지 않았다. 더욱이 고전적인 시험은 왕조 관료체제의 요구를 충족시키는 동시에 후기 제국의 사회 구조를 뒷받침하는 효과적인 문화·사회·정치·교육적 구조물이었다. 신사 및 상인 지위 집단은 부분적으로 학위 자격에 의해 정의되었다. 선발 과정에는 사회·정치·문화적 재생산이 수반되었지만, 그럼에도 불구하고 대규모의 시험 실패자층은 대안적 방향과 직업으로 흘러 들어가기 쉬운 문학적 재능을 지닌 풍부한 집단을 형성했다. 기록에 의하면 인구의 90%를 이루는 농민, 상인, 장인들은 연간 진사 급제자 100명 혹은 명청시대 진사 총 50,000명에 포함되지 않았다. 그들은 격년 주기의 낮은 시험 단계에서 장기간 실패한 약 250~450만 명의 중요한 일부도 아니었다.[138]

상인 및 군인 가족, 그리고 신사층 사이의 직업적 유동성은 시험 시장에서 하위 엘리트와 상위 엘리트들을 위한 일정 정도의 사회적 순환으로 전환되었다. 그러나 일반적으로 '평민'은 학위 소지자가 되기 전에 하위 엘리트가 되었다. 이 경쟁에 고전 텍스트를 숙달하는 교육 요건을 추가하면, 우리는 시험을 볼 자격이 있는 사람들과 고전적으로 문맹이기 때문에 볼 수 없었던 사람들 사이의 교육적 장벽을 이해할 수 있다. 다른 이들이 '유동적인 사회' 또는 '사회적 이동성'이라는 뜻으로 말하는 것을 나는 하위 및 상위 엘리트들의 적당한 순환으로 설명했다.

과거 시험 교육 과정의 의도치 않은 부산물로서 부분적으로 문해력을 갖춘 비엘리트와 '그러그러한 사람들'의 순환을 더하면, 우리는 전통시기 중국에서 극소수만이 아닌 많은 사람에게 있어 '시험의 의미'를 더 잘 이해하게 된다.[139] 포송령은 수차례 낙방한 사람으로서 후기 제국 과거 시험의 가차없는 시스템에 갇힌 사람들을 길이 전해지도록 해주었다. 우리는 시험 제도에 대한 그의 청대 초기 패러디가 수험생들과 그 가족들이 느낀 내면의 긴장을 어떻게 드러냈는지 살펴보았다.

1905년에 과거 시험이 근대 개혁가들에 의해 전격 폐지되었을 때, 마지막 왕조는 새로운 교육 제도가 제국 전역에서 시행될 수 있을 때까지 신사-상인 엘리트들과의 오랜 파트너십을 효과적으로 선점했다. 그러나 만주족 왕조는 1911년에 멸망했다. 제국의 이익과 지식인의 가치는 1900년 무렵까지 균등하게 충족되다가 20세기 중국 혁명 속에서 함께 붕괴되었다.

1930년대와 1950년대에 중국에서는 처음에는 국민당 아래서, 이후에는 공산주의체제 아래서 혁명적 변화가 계속되었다. 두 경우 모두 공직은 대중 동원을 선호하는 단일 정당에 종속되었다. 1930년대부터 많은 공화주의 엘리트들은 새롭게 물려받은 서구화된 지위를 중화인민공화국 하에서 자녀들을 위한 새로운 사회적·정치적 자격으로 전환하는 데 실패했다. 대부분은 과거 민국 치하에서의 위신 때문에 처벌을 받았다. 공직에 대한 대중적 성향의 두 번째 혁명적 변화는 중화인민공화국의 공직자 선발 조건의 급격한 변화와 함께 일어났다. 1960년대와 1970년대에 대학 입학 시험은 마오쩌둥毛澤東과 그의 홍위병紅衛兵들이 혁명을 전복시킨다고 두려워한 엘리트주의라는 이유로 비난받았다. 오늘날, 당원들은 그들 이전의 관리들과 마찬가지로 다시 필기 시험을 통해 선발되며, 대학생, 기술자 등은 교육적 우수성을 바탕으로 한 출세주의적 관심을 위해 입당하도록 장려된다.[140]

부록

부록 1 – 중국 역대 연표

상商	기원전 16~11세기
주周	기원전 11세기~서기 221년
진秦	기원전 221~207년
한漢	기원전 206~서기 220년
	– 전(서)한前(西)漢 : 기원전 206~서기 8년
	– 후(동)한後(東)漢 : 서기 25~220년
위魏	서기 220~265년
서진西晉	서기 265~316년
남북조南北朝	서기 386북위(北魏) 건국 • 420동진(東晉) 멸망~581년
	– 유송劉宋, 남조(南朝) : 서기 420~479년
	– 북위北魏 : 서기 386~534년
	– 북주北周 : 서기 557~581년
수隋	서기 581~618년
당唐	서기 618~907년
오대五代	서기 907~960년
요遼	서기 916~1125년
송宋	서기 960~1280년
	– 북송北宋 : 서기 960~1127년
	– 남송南宋 : 서기 1127~1280년
금金	서기 1115~1234년
원元	서기 1206칭기스칸의 몽골 통일 • 1280원(元)의 중국 통일~1368년
명明	서기 1368~1644년
청淸	서기 1644~1911년

재위 기간	성명	연호
1368~1398	주원장(朱元璋)	홍무(洪武)
1399~1402	주윤문(朱允炆)	건문(建文)
1403~1424	주체(朱棣)	영락(永樂)
1425	주고치(朱高熾)	홍희(洪熙)
1426~1435	주첨기(朱瞻基)	선덕(宣德)
1436~1449	주기진(朱祁鎭)	정통(正統)
1457~1464		천순(天順)
1450~1456	주기옥(朱祁鈺)	경태(景泰)
1465~1487	주견심(朱見深)	성화(成化)
1488~1505	주우탱(朱祐樘)	홍치(弘治)
1506~1521	주후조(朱厚照)	정덕(正德)
1522~1566	주후총(朱厚熜)	가정(嘉靖)
1567~1572	주재기(朱載垕)	융경(隆慶)
1573~1620	주익균(朱翊鈞)	만력(萬曆)
1620	주상락(朱常洛)	태창(泰昌)
1621~1627	주유교(朱由校)	천계(天啓)
1628~1644	주유검(朱由檢)	숭정(崇禎)

재위 기간	성명	연호
1636~1643	홍타이지(皇太極)	숭덕(崇德)
1644~1661	푸린(福臨)	순치(順治)
1662~1722	셴예(玄燁)	강희(康熙)
1723~1735	인전(胤禛)	옹정(雍正)
1736~1795	훙리(弘曆)	건륭(乾隆)
1796~1820	융옌(顯琰)	가경(嘉慶)
1821~1850	민닝(旻寧)	도광(道光)
1851~1861	이주(奕詝)	함풍(咸豊)
1862~1874	자이춘(載淳)	동치(同治)
1875~1908	자이톈(載湉)	광서(光緒)
1909~1911	푸이(溥儀)	선통(宣統)

축약어 목록

CHCELIC   벤저민 앨먼(Benjamin Elman), *A Cultural History of Civil Examinations in Late Imperial China*(중국 명청시대 과거문화사), Berkeley : University of California Press, 2000.

CPK   벤저민 엘먼(Benjamin Elman), *Classicism, Politics, and Kinship : The Ch'ang-chou School of New Text Confucianism in Late Imperial China*(고전주의, 정치, 그리고 친족－중국 명청시기 상주학파의 금문경학), Berkeley : University of California Press, 1990.

CT   이조원(李調元)·도복리(陶福履), 『제의과쇄기·상담(制義科瑣記·常談)』, 叢書集成初編, 上海 : 商務印書館, 1936.

DMB   굿리치(L. C. Goodrich) 편, *Dictionary of Ming Biography*(명대인명사전) vols.2, New York : Columbia University Press, 1976.

DM   이조원(李調元), 『담묵록(談墨錄)』(『함해(函海)』 수록본), 1881.

ECCP   아서 험멜(Arthur Hummel) 편, 『청대명인전략(淸代名人傳略, *Eminent Chinese of the Ch'ing Period*)』, 臺北 : 成文出版社, 1972.

EPLCC   이블린 러스키(Evelyn Rawski), *Education and Popular Literacy in Ch'ing China*(중국 청대의 교육과 대중의 식자율), Ann Arbor : Center for Chinese Studies, University of Michigan Press, 1979.

ESLIC   벤저민 앨먼(Benjamin Elman)·알렉산더 우드사이드(Alexander Woodside) 편, *Education and Society in Late Imperial China*(중국 명청시기 교육과 사회), Berkeley : University of California Press, 1994.

ETPLIC   찰스 리들리(Charles Ridley), 「중국 명청시기 교육 이론과 실제－특정 사례로서 글쓰기 교육(Educational Theory and Practice in Late Imperial China : The Teaching of Writing as a Specific Case)」, PhD diss., Stanford University, 1973.

FPP   벤저민 엘먼(Benjamin Elman), *From Philosophy to Philology : Intellectual and Social Aspects of Change in Late Imperial China*(철학에서 문헌학으로－명청시기 중국의 지적 사회적 변화 양상들), Los Angeles : UCLA Asian Monograph Series, 2001. [옮긴이 주] 이 책의 우리말 번역본으로 양휘웅 역, 『성리학에서 고증학으로』, 예문서원, 2004가 있다.

GCGJKL   황숭란(黃崇蘭), 『국조공거고략(國朝貢擧考略)』, 1834.

HCJSWB   하장령(賀長齡)·위원(魏源) 편, 『황조경세문편(皇朝經世文編)』, 1827·1873년본 영인본, (臺北 : 世界書局, 1964)

HCXWXTK   류금조(劉錦藻), 『황조속문헌통고(皇朝續文獻通考)』, 上海 : 商務印書館, 1936.

HJAS   *Harvard Journal of Asiatic Studies*

HMCH   모유(毛維) 편,『황명책형(皇明策衡)』, 오흥(吳興) 1605년본.

HMGJK   장조서(張朝瑞),『황명공거고(皇明貢擧考)』, 명 만력(萬曆)본.

HMSYK   장홍도(張弘道)·장응도(張凝道),『황명삼원고(皇明三元考)』, 명대 후기 판본(1618년 이후).

HMTJJY   진건(陳建) 찬(撰), 강욱기(江旭奇) 보(補),『황명통기집요(皇明通紀輯要)』(명말본의 영인본), 臺北 : 文海出版社.

HMTJSY   진건(陳建) 찬(撰), 복세창(卜世昌)·도형(屠衡) 보(補),『황명통기술유(皇明通紀述遺)』(1605년본의 영인본), 臺北 : 學生書局, 1986.

HMZYQC   장일규(蔣一葵) 편,『황명장원전책(皇明壯元全策)』, 1591.

HQMCZY   『황청명신주의(皇淸名臣奏議)』, 1796~1820.

JAS   *Journal of Asian Studies.*

LBTB   『예부 제본(禮部 題本)』, 臺灣 : 中央硏究院 明淸檔案.

LBYH   『예부이회(禮部移會)』, 臺灣 : 中央硏究院 明淸檔案.

MDDKLHB   『명대등과록회편(明代登科錄匯編)』全22冊, 臺北 : 學生書局, 1969.

MDJYLZX   가오스량(高時良),『명대교육논저선(明代敎育論著選)』, 北京 : 人民敎育出版社, 1990.

MS   『명사(明史)』, 臺北 : 鼎文書局, 1982.

MZYTK   『명장원도고(明壯元圖考)』아래 ZYTK 항목 참고.

NCE   윌리엄 시어도어 드 배리(Wm. Theodore de Bary)·존 채피(John Chaffee) 편, *Neo-Confucian Education : The Formative Period*(신유학 교육－형성기), Berkeley : University of California Press, 1989.

PCLIC   데이빗 존슨(David Johnson)·앤드류 네이슨(Andrew Nathan)·이블린 러스키(Evelyn Rawski) 편, *Popular Culture in Late Imperial China*(중국 명청시기 대중문화), Berkeley : University of California Press, 1985.

PELC   에티엔 지(Etienne Zi) 편,『중국의 문학 시험 관습(*Pratique des Examens Litteraires en Chine*)』, 上海 : 天主敎會印刷所, 1894.

QBLC   서가(徐珂) 편,『청패류초(淸稗類鈔)』, 上海 : 商務印書館, 1920.

QDDQHDSL   『흠정대청회전사례(欽定大淸會典事例)』, 臺北 : 中文書局, 1968.

QDKCTL   『흠정과장조례(欽定科場條例)』1832년본.

QDKJKSSL   상연류(商衍鎏),『청대과거고시술록(淸代科擧考試述錄)』, 北京 : 三聯書店, 1958.

QDMKTL   『흠정마감조례(欽定磨勘條例)』1834년본.

QDQQJYLZX 이국균(李國鈞) 편,『청대전기교육논저선(淸代前期敎育論著選)』3冊, 北京 : 人民敎育出版社, 1990.

QMKCYWL 『전명과장이문록(前明科場異聞錄)』(1873년본의 복각본), 廣州 : 味經堂書坊本, 錢塘.

QSG 조이손(趙爾巽) 외 편,『청사고(淸史稿)』, 北京 : 中華書局, 1977.

RZLJS 고염무(顧炎武),『일지록집석(日知錄集釋)』, 臺北 : 臺灣商務印書館, 1968.

SBBY 『사부비요(四部備要)』, 上海 / 臺北 : 中華書局, 1979.

SBCK 『사부총간(四部叢刊)』영인본, 上海 : 商務印書館, 1920~1922.

SCC 조지프 니덤(Joseph Needham) 외 편, Science and Civilization in China(중국의 과학과 문명), Cambridge : Cambridge University Press, 1954.

SKQS 『사고전서(四庫全書)』영인본, 臺北 : 商務印書館, 1983~1986.

SKQSZM 기윤(紀昀) 외 편,『사고전서총목제요(四庫全書總目提要)』(영인본), 臺北 : 藝文印書館, 1974.

TPTGKJKS 상연류(商衍鎏),『태평천국과거고시기략(太平天國科擧考試紀略)』, 北京 : 中華書局, 1961.

TXTML 이운휘(李芸暉) 편,『통상제명록(通庠題名錄)』1895년본.

WXTK 마단림(馬端臨) 편,『문헌통고(文獻通考)』, 上海 : 商務印書館, 1936.

XWXTK 왕기(王圻) 편,『속문헌통고(續文獻通考)』,『십통(十通)』, 上海 : 商務印書館, 1936.

YS 『원사(元史)』, 臺北 : 鼎文書局, 1982.

ZYC 초횡(焦竑)・오도남(吳道南) 편,『장원책(壯元策)』명말본.
초횡(焦竑)・오도남(吳道南) 편,『장원책(壯元策)』1733년 懷德堂刻本.

ZYCH 양장거(梁章鉅, 1775~1849),『제예총화(制藝叢話)』(1859년본의 영인본), 臺北 : 廣文書局, 1976.

ZYKSJ 이조원(李調元, 1734~1803), 叢書集成初 編,『제의과쇄기(制義科瑣記)』, 上海 : 商務印書館, 1936.

ZYTK 고조훈(顧祖訓)・오승은(吳承恩) 편,『장원도고(壯元圖考)』1607년본.『명장원도고(明壯元圖考)』로도 불림.

감사의 말

이 책은 1990년대에 저자가 풀브라이트재단의 리서치 펠로우로 타이완에서 처음 수행한 연구에 바탕을 둔 것이다. 그 기회 덕에 타이완의 국립고궁박물원, 국가도서관, 중앙연구원 명청당안공작실明淸檔案工作室 및 푸쓰녠傅斯年도서관에서 과거 제도 관련 소장자료들을 연구할 수 있었다. 저자가 명청당안공작실에 머무르는 동안 환대해준 장웨이런張偉仁에게 특별히 거듭 감사드린다. 또 저자를 격려해 준 안젤라 룽梁其姿과 우징지吳靜吉에게 고마움을 전한다. 타이완에서의 저자의 연구는 또 2007~2008년에 장징궈張經國 기금, 태평양문화재단, 그리고 칭화대학교 역사연구소 방문연구교수로 임명해준 미국 국립과학재단의 추가 지원을 받았다. 칭화대학교의 장융탕張永堂과 푸다웨이傅大爲, 황이눙黃一農은 친절한 초청인들이었다. 더 최근에는 무자木柵의 국립정치대학교에 방문학자로 있었는데, 그곳에서 저자는 사학과 대학원생들과 함께 작업하면서 관련 주제에 대한 1차 자료들을 검토하였다. 저자를 국립정치대학교에 초청해준 양루이쑹楊瑞松 교수에게 사의를 표한다.

1991년 일본 국제교류기금의 연구비 지원은 또 교토대학교와 도쿄대학교에서 연구를 수행할 수 있게 해주었다. 교토대의 인문학연구원에서는 오노 카즈코小野和子와 하자마 나오키狹間直樹가 저자의 연구에 도움을 주었다. 히라타 쇼지平田昌司 교수 역시 2000년 이래 수차례의 교토 방문을 환영해주었다. 도쿄대학교에서는 중국문화학과가 저자의 공식 초청기관이었다. 저자는 사토 신이치唐澤信一 교수와 미조구치 유조溝口雄三 교수와 더불어 2011년과 2012년 겨울 도쿄대 방문 시 하네다 마사시羽田正와 오오키 야스시大木康, 코지마 츠요시小島毅의 두터운 호의에 고마움을 전한다. 저자는 또 프랑스 사회과학 고등연구원 동아시아 언어연구센터의 지도교수로 임명받았는데, 이 기회를 통해 프랑스 국립도서관과 콜레주 드 프랑스의 동아시아도서관에서 중국 과거 시험 관련 자료들을 확인할 수 있었다. 저자를 환대해준 알랭 페이라우베Alain Peyraube, 피에르 에티엔 윌Pierre-Etienne Will, 카린 켐라Karine Chemla, 마리안 바스티드Marianne Bastid, 안 청Ann Cheng, 조르주 메틸리에Georges Métailié, 비비안 알레톤Vivian Alleton에게 감사를 표한다. 1999년 이래 독일 괴팅겐대학교와 하이델베르크대학교, 베를린의 막스플랑크 역사과학연구소와 네덜란드의 라이덴대학교에서 저자가 참석했던 몇 차례의 학회 역시 관련 주제들을 탐색하는 데 도움을 주었다. 저자를 초청해준 미카엘 라크너Michael Lackner, 수잔 바이겔린-슈비드르지크Susanne Weigelin-Schwiedrzik, 악셀 슈나이더Axel Schneider, 다그마 쉐퍼Dagmar Schäfer에게 고마움을 전한다.

중미학술교류위원회로부터 수혜받은 연구비는 베이징과 상하이, 난징, 청두, 항저우, 닝보에서의 연구를 가능하게 해주었다. 저자의 공식, 비공식 초청기관들은 중국사회과학원역사연구소, 인민대학교청사연구소, 푸단대학교귀중본 자료실였다. 저자는 난징도서관 귀중본 자료실과 저장성도서관, 베이징도서관, 상하이도서관, 바현당안관巴縣檔案館에서도 연구를 수행하였다. 닝보의 천일각天一閣에도 여러 번 방문하여 그곳에 소장된 명대 과거 시험 관련 일부 자료들을 열람하였다. 중국사회과학원의 왕쥔이王俊義와 천쭈우陳祖武, 푸단대학교의 우거吳格, 상하이사회과학원의 탕즈쥔湯志鈞의 도움에 깊은 감사를 표한다. 인민대학교의 다이이戴逸와 황아이핑黃愛平 역시 저자가 더 최근에 인민대와 연계된 방문학자로 베이징에 수차례가 있는 동안 큰 도움을 주었다.

저자는 2008년부터 장강학자長江學者 특빙교수로 푸단대학교 문사연구원文史硏究院 및 사학과의 활동들에 기꺼이 참석해왔다. 이 책이 나오기까지의 많은 수정과 편집 작업이 지난 4년 이상 푸단대학에 있는 동안 이루어졌다. 너그럽게 저자를 푸단의 동료로 대해준 거자오광葛兆光, 장칭章淸, 진광야오金光耀 교수께 감사를 드린다. 상하이 학자, 학생들과의 정기적 모임을 포함해 푸단대학에서 저자가 참여한 세미나와 학회들은 이 주제에 관한 저자의 기존 연구에 더욱 새로운 관점들을 더해주어 이 책에 반영할 수 있었다. 저자의 작업은 2011년부터 멜론Mellon 재단의 업적공로상 지원도 받아왔다.

마지막으로 이 과제에 관심을 가지고 출판을 지원해준 하버드대학출판사 인문학 편집장 린지 워터스Lindsay Waters와 산산 왕Shanshan Wang에게 고마움을 전한다. 기존 초고에 대한 개선 의견을 제공해준 다트머스대학교의 파멜라 크로슬리Pamela Crossley에게도 감사한다. 이 책은 저자가 2000년에 캘리포니아대학 출판사에서 출판한 『중국 명청시대 과거문화사*A Cultural History of Civil Examinations in Late Imperial China*』를 바탕 삼아 기본적으로 전문 참고서로 기획한 것이다. 이 책에서 저자는 기존 문학에서 극소수의 '성공자'로 떠받들거나 더 많은 다수의 '실패자'로 치부한, 과거 시험을 위해 잘 훈련된 수험생들의 제국이 의도하지 않은 1450년 이후의 긍정적 결과들을 강조하기 위해 저자의 핵심 주장을 재구성하고 수정하였다. 중국 사회에서 과거 제도의 더 큰 장場을 보기 위해서 우리는 성공한 수험생과 그 직계 가족의 공식적 능력주의 너머를 살펴봐야 한다. 만약 큰 사회적 순환, 즉 후기 제국의 사회문화적 위계 속에서 하위 계층 구성원에게 출세할 기회가 있었다면, 그것은 주로 이 '실패자'라 일컬어진, 자신들의 삶을 지속해나간 비범한 사람들의 '성공'담에 기반한 것이었다.

역자 후기

　중국 과거 제도에 대한 역자의 첫 관심은 석사과정 시절 과거 시험의 그늘 속에 일그러진 지식인 사회를 풍자적으로 그린 청대 소설『유림외사』를 읽으면서 자연스럽게 생겨났다. 이 작품에 대한 연구로 석사학위를 마친 후 박사논문의 방향을 고민하면서 과거 제도와 명청시대 소설의 문화적 관계성에 주목하게 되었다. 당시만 해도 본격적으로 사회문화적 시각에서 문학을 연구하는 것이 비서구권에서는 흔치 않았던 탓에 논문을 준비하는 데 있어 나의 입론을 뒷받침해줄 학술적 근거들이 필요했다. 그 과정에서 처음 접하고 나의 연구계획에 확신을 더해준 주요 선행연구 가운데 하나가 바로 이 책의 모태인 엘먼의『명청시기 과거문화사*A Cultural History of Civil Examinations in Late Imperial China*』2000였다.

　당시 역자가 온전히 감당하기 어려울 만큼 큰 주제를 설정해 소화해야 할 자료들이 너무 많았던 까닭에 엘먼의 방대한 편폭의 영문 저서를 찬찬히 통독할 여유를 가질 수는 없었다. 쉽게 엄두가 나지는 않았지만, 언젠가 기회가 된다면 이 책을 공부 삼아 번역해보면 어떨까 하는 막연한 생각만 품은 채 속절없이 세월이 흘러갔다. 그러다가 엘먼이『명청시기 과거문화사』를 축약, 수정한 이 책이 2013년에 새로이 출판된 사실을 뒤늦게 접하고 이 책만큼은 번역을 해야겠다는 결심을 했다. 기존에 역서로 선보인『중국과거문화사』2003와『팔고문이란 무엇인가』2015에 이어 이 책을 번역한다면 국내 독자들을 위해서나 역자의 연구작업의 연속성 측면에서 모두 의미 있는 일이 될 것이라는 생각이었다. 하여 역자는 먼저 번역을 염두에 두고 이 책을 조금씩 정독해나가기 시작했다. 그러나 중간에 전혀 다른 프로젝트를 맡게 되면서 번역 작업은 또 몇 년이 미뤄지게 되었다. 프로젝트를 마친 후 2021년부터 다른 주제의 연구들을 병행하는 가운데 틈틈이 이 책의 리딩을 재개하였고 완독 후 번역에 착수하여 결국 올해 초에야 기본 작업을 마칠 수 있었다. 늘 다른 일들에 쫓기고 무엇보다 게으른 탓도 있었지만, 영문 번역 전문가가 아닌 나로서는 작업이 더딜 수밖에 없었다. 개인적으로 적잖은 인내가 필요한 긴 시간이었지만, 새로운 도전이자 좋은 배움의 시간이기도 했음은 물론이다.

저자 벤저민 엘먼은 중국 전통시기, 특히 명청시대 중국의 사상사 및 문화사, 교육사, 과학사 전문가로, 수많은 탁월한 연구업적을 이룬 서구의 대표적인 중국 역사학자로 손꼽힌다. 특히 과거 제도에 있어서는 당대 서구 최고의 석학이다. 그의 『명청시대 과거문화사』는 미야자키 이치사다宮崎市定의 『과거科擧』1946, 장중리Chung-li Chang, 張仲禮의 『중국의 신사The Chinese Gentry』1955, 허빙디Ping-ti Ho, 何炳棣의 『전통시기 중국의 성공의 사다리 The Ladder of Success in Imperial China』1964에 이은 기념비적인 저작으로 평가된다. 이치사다의 저작이 과거 제도, 특히 청대의 제도사적 측면에 초점을 둔 것이고 허빙디와 장중리의 저작이 사회사적 접근이었다면, 신문화사적 경향의 엘먼의 저작은 과거 제도를 그것을 둘러싼 제반 측면을 아우르는 하나의 장이자 명청시대 문화의 중추적 구조물로 규명하는 문화사로서 차별성을 지닌다. 다학제적인 폭넓은 통찰을 녹여낸 그의 저작은 1천 종 이상의 광범위한 1차 자료들에 대한 면밀한 연구의 산물로, 중국학자들조차 놀라워할 만큼 학술적으로 높은 평가를 받고 있다. 저자의 이러한 열정적인 치학 태도는 그 자체만으로도 우리에게 좋은 본보기가 되기에 부족함이 없다. 이 책은 방대한 전문학술서인 저자의 『명청시대 과거문화사』를 연구자는 물론 중국에 대해 일정한 기본 지식을 갖춘 일반인도 읽을 수 있도록 축약, 개정한 학술적 성격의 전문교양서이다. 또 그 내용상 과거 제도라는 프리즘을 통해 재구성한 명청시대 사회문화사라 해도 크게 무리는 없을 것이며, 그런 면에서 국내에서는 이 방면의 빈자리를 채워줄 수 있는 책이 될 것으로 기대한다.

엘먼은 명청시대 과거 제도에 대한 포괄적이면서도 입체적인 접근을 통해 그것이 상호 복잡하게 얽힌 정치, 사회, 사상, 학술, 교육 나아가 제반 문화에 걸쳐 광범위한 영향력을 발휘하고 권력, 계층, 이데올로기, 지식, 신앙 등을 재생산하는 핵심 기제였음을 분명히 드러낸다. 그의 이러한 통합적 조망은 과거 제도를 중심으로 한 중국 역사의 통시적 맥락과 공시적 특수성을 아우르는 균형 있는 접근, 나아가 서구와의 적절한 비교를 통해 더욱 설득력 있게 제시되고 있다. 명청시대 과거 제도의 장기적 연속성과 안정적 지속성을 강조하면서도 그 이면에 놓인 치열한 내부적 논쟁과 타협, 개혁 및 변화의 움직임과 그 궤적에 대한 저자의 면밀한 고찰은 그 대표적인 측면이라 할 것이다. 예를 들어 과거 시험에서는 공식 교육 과정이자 지배 이데올로기로서 도학^{정주이학, 성리학}의 틀에만 갇혀 있었던 것이 아니라 시대의 변화와 더불어 양명학, 자연(과)학, 고증학^{한학}, 역사학, 나아가 서학西學 등이 학술적, 사상적 영향력을 발휘했음을 실증적으로 밝힌 것도 큰 성과로 꼽을 수 있다. 더욱이 과거 시험장을 지식층이 자발적으로 갇히기를 바라던 '문화 감옥'에 비유하면서 거듭된 실패로 점철된 '수험생활' 속에서 긴장과 불안, 좌절을 겪어온 지식층과 그 가족들의 일상과 관습, 내면세계에 이르기까지 세밀하게 접근한 것은 이 책의 또 하나의 대표적인 공적이라 할 것이다.

다른 한편으로 저자는 이 책에서 능력주의(사회)라는 의미로 이른바 '메리토크라시meritocracy'를 하나의 키워드로 내세우고 있다. 이 용어는 이 책의 모본인 『명청시대 과거문화사』에서는 강조되지 않았던 개념이다.

이는『명청시대 과거문화사』출판 이후 저자가 다년간의 추가적인 연구와 토론을 통해 얻은 산물로서, 당초 입장보다 명청시대 과거 제도에 대해 좀 더 긍적적인 시각으로 기울게 된 견해를 대변하는 용어라 할 수 있다. 물론 저자는 고전 리터러시와 충분한 '문화 자본'을 기본 전제로 요구하면서 애초부터 인구의 절대다수를 배제했던 명청시대 과거 제도의 한계를 분명히 지적하면서 엘리트층 위주의 적당한 사회적 순환이라는 차원에서 이런 개념을 쓰고 있다. 그러나 과거 제도가 '의도치 않게' 갈수록 다양한 직업적, 사회문화적 출로와 대안의 가능성을 열어준 수많은 문해력 소유자를 양산했다는 점과 더불어 세계적으로 가장 조숙하고 능률적인 시험 제도를 안정적으로 운용하여 (제한적이기는 하지만) 사회적 유동성을 만들어 낸 '개방성'에 대해 긍정적 의미를 부여하는 입장을 보인다. 기존에 우리가 흔히 생각해온 것과는 달리 저자는 과거 제도가 전반적으로 중국의 근대 국가 건설에 장애가 되지 않았다고 평가하고 있기도 하다. 다만, 저자는 다른 한 편으로 과거 제도 자체의 한계와 각종 폐단의 심각성에 대해서도 적잖은 지면을 할애하고 있어 논리적으로 모순을 드러내는 듯한 인상을 주는 면도 없지 않다. 이러한 측면은 과거 제도 자체가 지닌 순기능과 역기능의 양면성이란 차원에서 받아들여야 할 부분일 터이다. 여하튼 저자의 '능력주의 사회'란 표현에 대해서는 과도한 의미를 부여하기보다는 제한적, 상대적 시각에서 받아들일 필요가 있다고 판단된다. 또 과거제와 그것의 의도치 않은 결과에 대한 그의 긍정적 평가 입장은 과거 제도에 대한 지나치게 단순한 접근과 편향된 평가를 경계하고 보다 신중하고 철저한 사회문화적 접근이 필요하다는 방향성 제시 측면에서 이해되어야 할 것이다.

또 한편으로, 저자는 시험에 계속 낙방하는 절대다수의 지식층과 그 주변의 낮은 수준의 문해력 소유자들에 대한 관심을 거듭 호소한다. 실제로 이는 상당히 중요하면서도 흥미로운 측면이지만, 이에 대한 구체적인 서술은 그리 많지 않아 다소 아쉬움을 남긴다. 어쩌면 이러한 측면은 이 책에서 충분히 다루기에는 너무 크고 복잡한 문제였을 것이다. 다만, 이와 관련하여 저자가 과거 제도를 엘리트문화와 대중문화의 중요한 연결고리로 인식한다는 점이 주목을 끌며, 이런 지점 역시 우리의 이해와 연구의 지평을 넓혀가는 데 영감과 계발을 가져다줄 수 있을 것이라 생각된다.

저자는 중국 과거 제도는 결국 몰락했지만 아이러니하게도 근대 이후 전세계 대규모 시험 제도의 조숙한 선례가 되었음을 지적한다. 심지어 현대 중국 공산당원 선발 시험을 그 연장선상에서 바라보고 있기도 하다. 교육 과정과 시험 내용은 다르지만, 확실히 과거 시험은 오늘날 공무원 시험이나 입시 등 각종 시험과 비견할 만한 점들이 적지 않다. 또 저자가 언급한 엘리트층 내부의 제한적인 사회적 순환은 갈수록 심화되는 우리 사회의 양극화와 그 대물림 현상을 연상케 하는 면이 있다. 공정성에 그 어느 때보다 민감한 최근 청년층의 정서 역시 이와 맞물려 있는 문제임은 물론이다. 저자가 재구성한 중국 명청시대의 과거문화사는 그 자체로서의 가치와 의미 외에도 오늘의 우리 사회가 안고 있는 사회문화적 현상과 문제들에도 시사하는 바가 적지 않다.

번역 작업이 언제나 마무리될지 스스로도 확신이 없다 보니 판권 상황조차 미리 확인하지 않고 무작정 번역부터 '감행'했다. 완고 후 출판사의 도움을 통해 국내 판권 계약이 가능함을 알고 안도할 수 있었다. 출판시장이 갈수록 어려워지는 상황 속에서도 이 책의 가치를 알아봐 주고 흔쾌히 출판을 허락해준 소명출판에 깊이 감사드리지 않을 수 없다. 아울러 책이 나오기까지 여러 번거로운 작업에 수고를 아끼지 않고 정성을 쏟아

주신 편집 관계자 여러분께 두루 감사의 마음을 전한다. 그동안 이 번역 작업을 격려해준 주위 여러 동료 선생님들께도 고마움을 표한다. 미처 발견하지 못한 오역이나 미흡한 점들은 오롯이 역자의 책임임을 겸허히 밝히며, 독자 여러분의 아낌 없는 질책과 가르침을 구한다.

2024년 3월
옮긴이 삼가 씀

주석

들어가며 ───────────────────────────────

1   윌리엄 시어도어 드 배리(Wm. Theodore de Bary), 『*The Liberal Tradition in China*(중국의 자유주의 전통)』, 香港 : 中文大學出版社, 1983; 피터 볼(Peter Bol), *Neo-Confucianism in History*(역사 속의 신유학), Cambridge, MA : Harvard University Asia Center, 2008 참고.
    [옮긴이 주] 첫 번째 책의 우리말 번역본으로는 표정훈 역, 『중국의 '자유' 전통―신유학사상의 새로운 해석』, 이산, 1998, 두 번째 책의 우리말 번역본으로는 김영민 역, 『역사 속의 성리학』, 예문서원, 2010이 있다.

2   이블린 러스키(Evelyn Rawski), *Education and Popular Literacy in Ch'ing China*(중국 청대의 교육과 대중의 식자율), Ann Arbor : University of Michigan Press, 1979; 러스키(Rawski), *The Last Emperors : A Social History of Qing Imperial Institutions*(마지막 황제들―청 황실의 사회사), Berkeley : University of California Press, 2001.
    [옮긴이 주] 두 번째 책의 우리말 번역본으로는 구범진 역, 『최후의 황제들―청 황실의 사회사』, 까치, 2010가 있다.

3   볼프강 프랑케(Wolfgang Franke), *The Reform and Abolition of the Traditional Chinese Examination System*(중국 전통 시험 제도의 개혁과 폐지), Cambridge, MA : Center for East Asian Studies, Harvard University Press, 1960; 저우처중(Ts'e-tsung Chow, 周策縱), *The May Fourth Movement : Intellectual Revolution in Modern China*(5·4운동―근대 중국의 지식 혁명), Cambridge, MA : Harvard University Press, 1960.

4   에티엔 지(Etienne Zi) 편, 『중국의 문학 시험 관습(*Pratique des Examens Litteraires en Chine*)』, 上海 : 天主敎會印刷所, 1894. 사서는 『논어』, 『대학』, 『맹자』, 『중용』을, 오경은 『역경』, 『시경』, 『서경』, 『춘추』, 『예기』를 가리킨다.

5   16세기에서 19세기까지 고전주의적 학습에 관한 세계적 맥락에 대해서는 피터 밀러(Peter Miller)의 "Comparing Antiquarianisms : A View from Europe"(골동품 애호벽 비교―유럽에서 바라본 시각), 피터밀러·프랑소아 루이스(Francois Louis) 편, *Antiquarianism and Intellectual Life in Europe and China, 1500~1800*(16~19세기 유럽과 중국의 골동품 애호벽과 지적인 삶), Ann Arbor : University of Michigan Press, 2012, pp.103~145.

6   바이신량(白新良), 『중국고대서원발전사(中國古代書院發展史)』, 天津 : 天津大學出版社, 1995; 벤저민 앨먼(Benjamin A. Elman), 「중국 명청시기 제국의 정치와 유교 사회―한림원(翰林院)과 동림당(東林黨)(Imperial Politics and Confucian Societies in Late

Imperial China : The Hanlin and Donglin Academies)」, 『*Modern China*』 15 no.4, 1989, 379~418면.

7 런던대학교는 소속 칼리지 및 여타 인가된 연구소들의 심사 기구 역할을 하기 위해 1838년에 설립되었다. 런던대학교는 단지 이런 기능만 하다가 1858년에 교육을 위한 대학교가 되었다. 네글리 하트(Negley Harte), *The University of London, 1836~1986*(런던대학교, 1836년부터 1986년까지), London : Athlone Press, 1986.

제1장 ───

1 제임스 스콧(James C. Scott), *Seeing Like a State : How Certain Schemes to Improve the Human Condition Have Failed*(국가처럼 보기-인간 조건 개선을 위한 특정 계획은 어떻게 실패했나)』, New Haven, CT : Yale University Press, 1998. 나는 문화적 역할이 가장 중요했던 중국의 지역 상류 엘리트들을 '지식인' 또는 정치체제에서 중요한 지위에 있을 경우 '사대부'라 지칭할 것이다.

2 모트(F. W. Mote), 「중국 전제주의의 성장(The Growth of Chinese Despotism)」, 『*Oriens Extremus*』 8 no.1, 1961, 1~41면; 윌리엄 시어도어 드 배리(Wm. Theodore de Bary), *Neo-Confucian Orthodoxy and the Learning of the Mind-and-Heart*(신유학의 정통과 마음 공부), New York : Columbia University Press, 1981, pp.158~168.

3 위잉스(余英時), 『주희의 역사 세계(朱熹的歷史世界)』, 臺北 : 允辰文化公司, 2003; 피터 볼(Peter Bol), *Neo-Confucianism in History*(역사 속의 신유학), Cambridge, MA : Harvard University Asia Center, 2008 참고; 벤저민 엘먼, 「현대 중국 지성사의 실패(The Failures of Contemporary Chinese Intellectual History)」, 『*Eighteenth Century Studies*』 43 no.3, 2010, 371~391면을 볼 것.
[옮긴이 주] 위잉스 저서의 우리말 번역본으로는 이원석 역, 『주희의 역사세계-송대 사대부의 정치문화 연구』, 글항아리, 2015가 있다.

4 피터 볼(Peter Bol)의 *This Culture of Ours : Intellectual Transitions in T'ang ans Sung China*(사문(斯文)-중국 당송 변혁-영문 병기), Stanford, CA : Stanford University Press, 1992은 송의 부흥을 위한 지식인들의 주요 선택에 관해 훌륭하게 논하였다.
[옮긴이 주] 이 책의 우리말 번역본으로는 심의용 역, 『중국 지식인들과 정체성-사문을 통해 본 당송시대 지성사의 대변화』, 북스토리, 2008이 있다.

5 제시 슬론(Jesse Sloane), 「중국 북방 및 동아시아 맥락에서 경쟁 국가 및 종교 질서, 906 ~1260(Contending States and Religious Orders in North China and in East Asian Context, 906~1260)」, PhD diss., Princeton University, 2010, 제1장.

6 주원장은 원군(元軍)을 격파한 것을 기념하기 위해 무주(婺州)의 지명을 이전의 명칭으로 환원하였는데, 1358년에 먼저 영월(寧越)로 바꾸었다가 1360년에는 금화(金華)로 바꾸었다. 『금화부지(金華府志)』 상로(商輅)의 서문 1a(1480년본의 영인본), 臺

北：學生書局, 1965, 1.3a~b면 참고.

7　콘래드 쉬로카우어(Conrad Schirokauer), "Neo-Confucians under Attack : The Condemnation of Wei-hsueh(공격받는 신유학−위학(僞學)으로 비난받는 과정)", 존 헤거(John Haeger) 편, *Crisis and Prosperity in Sung China*(중국 송대의 위기와 번영), Tucson : University of Arizona Press, 1975, pp.163~196; 피터 볼(Peter Bol), "The Rise of Local History : History, Geography, and Culture in Southern Song and Yuan Wuzhou(지역사의 부상 −남송대와 원대 무주(婺州)의 역사, 지리, 문화)", *HJAS* 61 no.1, 2001, pp.37~76.

8　*CHCELIC*, pp.56~57.

9　아라키 토시카즈(荒木敏一), 『송대과거 제도연구(宋代科擧制度研究)』, 京都 : 同朋舍, 1969, 450~461면; 로버트 하임즈(Robert Hymes), 「신사가 아닌가?−송원시대의 의사들(Not Quite Gentlemen? Doctors in Song and Yuan)」, 『*Chinese Science*』 7, 1986, 11~85면; 스티븐 웨스트(Stephen West), "Mongol Influence on the Development of Northern Drama(북곡(北曲) 발전에 대한 몽골의 영향)", 존 랑글루아 주니어(John Langlois Jr.) 편, *China under Mongol Rule*(몽골 지배하의 중국), Princeton, NJ : Princeton University Press, 1981, pp.435~442.

10　쉬로카우어(Schirokauer), 「공격받는 신유학(Neo-Confucians under Attack)」 163~196면.

11　YS 81, 2015~2022면; Cf. 피터 볼(Peter Bol), 앞의 글, 29~57면; 벤저민 엘먼(Benjamin Elman), 앞의 글, 58~82면; 시오도어 후터스(Theodore Huters) 외편, *Culture&State in Chinese History*(중국 역사 속의 문화와 국가), Stanford, CA : Stanford University Press, 1997.

12　우집(虞集), 『도원학고록(道園學古錄)』 35, 上海 : 商務印書館, 1929~1941, 588~589면.

13　존 다디스(John Dardess), *Confucianism and Autocracy : Professional Elites in the Founding of the Ming Dynasty*(유교와 독재−명대 건국의 직업적 엘리트들), Stanford, CA : Stanford University Press, 1983, p.195; HMGJK, 1.18b면.

14　존 다디스(John Dardess), 「메시아적 반란의 변화와 명(明)의 건국(The Transformation of Messianic Revolt and the Founding of the Ming Dynasty)」, 『*Journal of Asian Studies*』 29 no.3, 1970, 539~558면; 존 랑글루아 주니어(John D. Langlois Jr.), 「몽골 지배하 금화(金華)의 정치 사상(Political Thought in Chin-hua under Mongol Rule)」, 존 랑글루아 주니어 편, *China under Mongol Rule*(몽골 지배하의 중국), Princeton, NJ : Princeton University Press, 1981, pp.184~185; 로메인 테일러(Romeyn Taylor), 「The Social Origins of the Ming Dynasty : 1351~1360(명(明)의 사회적 기원−1351~1360)」, 『*Monumenta Serica*』 22, 1963, 1~78면.

15　HMTJJY, 4.32a면; HMGJK, 1.18a면.

16　HMSYK, 1.1a~2a면; *Tilemann Grimm, Erziehung und Politik in konfuzianischen China der Ming-Zeit*(중국 명대 유교의 교육과 정치), Hamburg : Gesellschaft fur Natur und Volkerkunde Ostasiense. V., 1960, pp.61~64.

17　MS, 3.1724~1725면.

18 라오쭝이(饒宗頤), 『중국 사학의 정통론(中國史學上之正統論)』, 香港 : 龍門書店, 1977; 피터 볼(Peter Bol), 앞의 글, 37~76면.

19 CT, 24~25면; 오경에는 『시경』, 『역경』, 『서경』, 『춘추』, 『예기』가 포함되었다. 송대 이래로 『맹자』는 『대학』, 『중용』, 『논어』와 함께 그 중요성에서 오경을 대체하는 사서를 구성했다.

20 슈람(S. R. Schram) 편, *Foundations and Limits of State Power in China*(중국 국가 권력의 기반과 한계), London : University of London, 1987, 여러 곳.

21 벤저민 엘먼(Benjamin Elman)·마틴 컨(Martin Kern) 편, *Statecraft and Classical Learning : The Rituals of Zhou in East Asian History*(경세와 고전 학습─동아시아 역사상의 『주례(周禮)』), Leiden : E. J. Brill, 2010; *CPK*, pp.125~126.

22 존 다디스(John Dardess), op. cit., 여러 곳.

23 주원장이 고전적으로 읽고 쓰는 능력 갖추려 했던 노력의 예로서는 HMTJSY, 2.14a· 2.17a면 참고.

24 HMTJJY, 9.5b~6a면.

25 도산(涂山), 『명정통종(明政統宗)』(1615년경본의 영인본), 臺北 : 成文出版社, 1971, 5.11a면; 라우(D. C. Lau, 劉殿爵) 역, 『대역본 맹자(孟子)』, 香港 : 中文大學出版社, 2003, 315면; 라우 역, *Confucius. The Analects*(논어), Harmondsworth, UK : Penguin Books, 1979, p.113.
[옮긴이 주] 인용된 『맹자』 원문은 다음과 같다. "君之視臣如土芥, 則臣視君如寇讎."(「離婁 下」) "民爲貴, 社稷次之, 君爲輕."(「盡心 下」)

26 *CPK*, pp.205~213; 마이클 닐런(Michael Nylan), 「한대의 금고문 논쟁(The Chin Wen / Ku Wen Controversy in Han Times)」, 『T'oung Pao』 80, 1994, 83~136면; 베른하르트 칼그렌(Bernhard Karlgren)은 한대 경학에서 위서(僞書)의 지위를 과소평가했다. 칼그렌, 「『주례』와 『좌전(左傳)』 텍스트의 초기 역사(The Early History of the Chou Li and Tso Chuan Texts)」, 『Bulletin of the Museum of Far Eastern Antiquities』 3, 1931, 1~59면 참고.

27 HMGJK, 1.85b면; 도산(涂山), 앞의 책, 5.11a면; 호윈이(Ho Yun-yi, 賀允宜), 『명대 초기 예부 및 교외 제사(The Ministry of Rites and Suburban Sacrifices in Early Ming(明初的禮部及郊祀))』, 臺北 : 雙葉書廊, 1980, 95면 참고.

28 MS, 139·398면; HMTJJY, 9.5b~6a면; 자나이첸(賈乃謙), 「『맹자절문』에서 『잠서』까지(從『孟子節文』到『潛書』)」, 『東北師大學報』, 1987.2, 43~44면 참고.

29 토마스 매시(Thomas P. Massey), 「명대 초기 주원장과 호유용(胡惟庸)-남옥(藍玉) 사건(Chu Yuan-chang and the Hu-lan cases of the early Ming dynasty」, PhD diss., University of Michigan, 1983 참고.

30 틸레만 그림(Tilemann Grimm), 「병치된 국가와 권력─명대 전제주의에 대한 평가(State and Power in Juxtaposition : An Assessment of Ming Despotism)」, 슈람(S. R. Schram) 편, *The Scope of State Power in China*(중국 국가 권력의 범위), London : School of Oriental

and African Studies, University of London, 香港 : 中文大學出版社, 1985, pp.27~50.

31 HMZYQC, 2.19a~20a면; 벤저민 엘먼(Benjamin Elman), 「철학(義理) 대 언어학(考證)—인심(人心) 도심(道心) 논쟁(Philosophy (I-li) versus Philology (K'ao-cheng) : The Jen-hsin Tao-hsin Debate)」, 『T'oung Pao』 59 nos. 4~5, 1983, 175~222면을 볼 것.

32 황진싱(Chin-shing Huang, 黃進興), *Philosophy, Philology, and Politics in Eighteenth-Century China*(18세기 중국의 철학, 언어학, 정치학), Cambridge : Cambridge University Press, 1995, pp.157~168.

33 피터 볼(Peter Bol), op. cit., pp.37~76.

34 『진사등과록(進士登科錄)』, 1547. 전시(殿試) 책문(策問)에 관해서는 3b~8b면; 그에 대한 답안에 대해서는 19b~33b면 참고.

35 존 랑글루아 주니어(John D. Langlois Jr.), 앞의 글, 184~185면.

36 『연중승금천집(練中丞集金川集)』(1762년본), 2.1a~7a면; 존 랑글루아 주니어(John D. Langlois Jr.), 「홍무(洪武) 연간(The Hung-wu Reign)」, 프레드릭 모트(Frederick W. Mote)・데니스 트위체트(Denis Twitchett) 편, *The Cambridge History of China*(케임브리지 중국사—명대, 1368~1644) vol.7, part1, Cambridge : Cambridge University Press, 1988, 150면; 존 다디스(John Dardess), op. cit., p.263.

37 『연중승금천집(練中丞集金川集)』, 2.1b~7a면.

38 올리버 무어(Oliver Moore), "The Ceremony of Gratitude(감사 의례)", 조지프 맥더못(Joseph P. McDermott) 편, *Court and State Ritual in China*(중국의 궁정 및 국가 의례), Cambridge : Cambridge University Press, 1997.

39 허버트(P. A. Herbert), *Examine the Honest, Appraise the Able : Contemporary Assessments of Civil Service Selection in Early T'ang China*(정직과 유능함을 평가하다—중국 당대 초기 관리 선발에 대한 현대적 평가), Canberra : Australian National University, 1988, pp.31~34.

40 브라이언 맥나이트(Brian McKnight), 「법률 전문가로서 만다린—중국 송대의 직업적 학습(Mandarins as Legal Experts : Professional Learning in Song China)」, NCE, 493~516면; 존 채피(John Chaffee), *The Thorny Gates of Learning in Sung China*(송대 중국 배움의 가시밭길) 개정판, Albany, NY : SUNY Press, 1995, 15, p.189.
    [옮긴이 주] 이 책의 우리말 번역본으로는 양종국 역, 『송대 중국인의 과거생활—배움의 가시밭길』, 신서원, 2001이 있다.

41 HMGJK, 1.19a면; 염상혜(閻湘蕙), 『정갑정신록(鼎甲征信錄)』 1864년본, 1.1a면 참고.

42 HMGJK, 1.92a면.

43 와다 마사히로(和田正広), 「명대 과거 시험 과목의 특색—판어의 도입에 관하여(明代科擧制度の科目の特色—判語の導入をめぐって)」, 『法制史研究』 43, 1993, 271~308면.

44 위의 글; 장웨이런(Wejen Chang, 張偉仁), 「중국 청대의 법률 교육(Legal Education in Qing China)」, ESLIC, pp.294~296・323n7・325n26~326n27.

45 『맹자절문(孟子節文)』에 대한 류삼오(劉三吾)의 서문(1395년판) 1a면; 『北京圖書館

古籍珍本叢刊』vol.1, 北京 : 書目文獻出版社, 1988 참고.

46 사일러스 우(Silas Wu), *Passage to Power : K'ang-hsi and His Heir Apparent, 1661~1722*(권력의 통로—강희제와 그 후계자의 면모, 1661~1722), Cambridge, MA : Harvard University Press, 1979, 83~105면; 필립 쿤(Philip Kuhn), *Soulstealers : The Chinese Sorcery Scare of 1768*(영혼을 훔치는 사람들—1768년 중국 주술의 공포), Cambridge, MA : Harvard University Press, 1990, p.187.
   [옮긴이 주] 후자의 우리말 번역본으로는 이영옥 역, 『영혼을 훔치는 사람들—1768년 중국을 뒤흔든 공포와 광기』, 책과함께, 2004가 있다.

47 하시모토 만타로(橋本萬太郎), 「북방어(北方語)」, 世界言語 편, 『언어학대사전(言語學大辭典)』vol.3 part1~2, 東京 : 三星堂, 1992, 1088~1089・1091~1092면.

48 하비 그라프(Harvey Graff), *The Legacies of Literacy*(읽고 쓰는 능력의 유산), Bloomington : Indiana University Press, 1987, pp.2~5・384~386.

49 WXTK, 30.284면.

50 로버트 하트웰(Robert Hartwell), "Demographic, Political, and Social Transformations of China(중국의 인구통계학적, 정치적, 사회적 변화)", *HJAS* 42 no.2, 1982, pp.365~426.

51 WXTK, 30.292면.

52 HMTJJY, 1.6b~7a면.

53 단조 히로시(檀上寬), 「명대 과거 개혁의 정치적 배경—남북 정원의 설정과 관련하여(明代科擧改革の政治的背景—南北卷の創設をめぐって設定)」, 『東方學報』 58, 1986, 499~524면.

54 정커청(鄭克晟), 『명대 정쟁 탐원(明代政爭探源)』, 天津 : 天津古籍出版社, 1988, 16~24면.

55 HMTJJY, 7.11b~12a면.

56 단조 히로시(檀上寬), 「명초 건문 연간의 역사적 지위(明初建文朝の歷史的位置)」, 『中国—社会と文化』 7, 1992, 167~175면.

57 필립 황(Philip Huang), *The Peasant Economy and Social Change in North China*(화북 농민 경제와 사회 변천), Stanford, CA : Stanford University Press, 1985, pp.54~66; 『양자강 삼각주 지역 농민 가정과 농촌의 발전, 1350~1988』, Stanford, CA : Stanford University Press, 1990, pp.40~43.

58 *EPLCC*, pp.28~32・85~88; *CPK*, pp.36~73.

59 HMTJJY, 9.1b~2a면; 곡응태(谷應泰), 『명사기사본말(明史紀事本末)』(1658년본의 영인본), 臺北 : 三民書局, 1969, 153~154면.

60 HMTJJY, 10.6a~6b면.

61 HMGJK, 2.37b~38a면; HMSYK, 1.20a~20b면.

62 MS, 3/1686~1687・3/1697면. 북방에는 북직예(北直隸), 산동(山東), 산서(山西), 하남(河南), 섬서(陝西) 등 5개 성(省)이 포함되었다. 남방에는 남직예 소속 동부 부(府),

절강성(浙江省), 강서성(江西省), 복건(福建省), 호광(湖廣省), 광동성(廣東省)으로 구성되었다. 중부는 사천성(四川省), 광서성(廣西省), 운남성(雲南省), 귀주성(貴州省) 및 남직에 소속 서부 부·현(府縣)이 합산되었다.

63 HMZYQC, 3.46a면.

64 볼프강 프랑케(Wolfgang Franke)는 전시(殿試) 합격자 평균 수가 1388~1448년 사이에는 3년마다 약 150명에서 1451~1505년 사이에는 290명으로, 그리고 1508~1643년 사이에는 330명까지 증가했다고 지적한다. 프랑케, "Historical Writing during the Ming(명대의 역사 저술)", 프레드릭 모트(Frederick W. Mote)·데니스 트위체트(Denis Twitchett) 편, *The Cambridge History of China*(케임브리지 중국사 — 명대, 1368~1644) vol.7, part1, Cambridge : Cambridge University Press, 1988, p.726.

65 『성학심법(聖學心法)』에 대한 주체(朱棣)의 서문(1409년본의 영인본), 臺北 : 中國子學名著集成, 1978.

66 시어도어 드 배리(Wm. Theodore de Bary), *Neo-Confucian Orthodoxy and the Learning of the Mind-and-Heart*(신유학의 정통과 마음 공부); 피터 볼(Peter Bol), *Neo-Confucianism in History*(역사 속의 신유학)에서 정치적 숙청에 관해 개괄하고 있다.

67 엘먼(Elman), 「명의 정치와 유교 고전 — 주공이 성왕을 모시다(Ming Politics and Confucian Classics : The Duke of Chou Serves King Ch'eng)」, 『명대 고전학 국제회의 논문집(*International Conference Volume on Ming Dynasty Classical Studies*)』, 臺灣 : 中央研究院 中國文哲研究所, 1996, 95~121면.

68 『명사기사본말(明史紀事本末)』, 209면. 다른 판본으로는 도숙방(屠叔方), 『건문조야회편(建文朝野匯編)』(만력본), 10.15a~31a면; 『北京圖書館古籍珍本叢刊』 vol.11, 北京 : 書目文獻出版社, 1988을 볼 것.

69 HMTJSY, 3.66a~66b면; 『건문조야회편(建文朝野匯編)』, 7.1a~28b면; 『명사기사본말(明史紀事本末)』, 206~207면; 알버트 만(Albert Mann), 「명 초기 사회에 비추어 본 방효유(方孝孺)(Fang Hsiao-ju in Light of Early Ming Society)」, 『*Monumenta Serica*』 15, 1956, 305~307면.

70 연자녕과 방효유의 저항에 대한 설명은 서로 뒤섞여 있다.

71 해롤드 칸(Harold Kahn), *Monarchy in the Emperor's Eyes : Image and Reality in the Ch'ien-lung Reign*(황제의 눈에 비친 군주제 — 건륭 연간의 이미지와 현실), Cambridge, MA : Harvard University Press, 1971, pp.14~46.

72 『명사기사본말(明史紀事本末)』, 206~219면.

73 『건문조야회편(建文朝野匯編)』, 20.24a면.

74 천쉐린(Chan Hok-lam, 陳學霖), 「명태조의 부상(1368~98) — 명대 초기 역사서의 사실과 허구(The Rise of Ming T'ai-tsu (1368~98) : Facts and Fictions in Early Ming Historiography)」, 『*Journal of the American Oriental Society*』 95, 1975, 679~715면; 로메인 테일러(Romeyn Taylor) 역, *Basic Annals of Ming T'ai-tsu*(명태조에 대한 기본적 기록), San Francisco : Chinese Materials Center, 1975, 10면; 볼프강 프랑케(Wolfgang Franke),

"The Veritable Records of the Ming Dynasty(명대 실록)", 비즐리(W. G. Beasley)·폴리블랭크(E. G. Pulleyblank) 편, *Historians of China and Japan*(중국과 일본의 역사가), Oxford : Oxford University Press, 1961, pp.60~77.

75 카니 피셔(Carney Fisher), *The Chosen One : Succession and Adoption in the Court of Ming Shi-zong*(선택받은 자—명 세종의 왕위 계승과 입양), Sydney : Allen and Unwin, 1990.

76 『성학심법(聖學心法)』 서문, 1a~28a면; 리쥐란(Cheuk-yin Lee, 李焯然), 「치국의 도 —명 성조 및 그의 『성학심법』(治國之道—明成祖及其『聖學心法』)」, 『漢學研究』 17, 1991, 211~225면; 주훙(朱鴻), 『명 성조와 영락 연간의 정치(明成祖與永樂政治)』, 臺 北 : 臺灣師範大學 歷史研究所, 1988, 81~129면 참고.

77 HMTJJY, 11.8a·12.17b면; 『명사기사본말(明史紀事本末)』, 16.193면.

78 HMTJSY, 4.8b~9b면; ZYKSJ, 1.29~30면.

79 『성학심법(聖學心法)』 서문, 10a면.

80 마오페이치(毛佩琦), 「『성학심법』으로 본 명 성조 주체의 치국 이상(從『聖學心法』看明 成祖朱棣的治國理想)」, 『明史研究』 1, 1991, 119~130면.

81 천쉐린(Hok-lam Chan, 陳學霖), "The Chien-wen, Yung-lo, Hung-hsi, and Hsuan-te Reigns, 1399~1435(건문, 영락, 홍희(洪熙), 선덕(宣德) 연간, 1399~1435)", 프레드릭 모트(Frederick W. Mote)·데니스 트위체트(Denis Twitchett) 편, *The Cambridge History of China*(케임브리지 중국사—명대, 1368~1644) vol.7 part1, Cambridge : Cambridge University Press, 1988, pp.214~221.

82 하워드 웩슬러(Howard J. Wechsler), "T'ai-tsung (reign 626~649) the consolidator(통합자 당태종(재위 : 626~649))", 데니스 트위체트(Denis Twitchett) 편, *The Cambridge History of China*(케임브리지 중국사—수·당, 589~906) vol.3 part1, Cambridge : Cambridge University Press, 1979, pp.182~187·214~215; 자나이첸(賈乃謙), op. cit., p.45.

83 로메인 테일러(Romeyn Taylor), "Official and Popular Religion and the Political Organization of Chinese Society in the Ming(명대 중국 사회의 공식·대중 종교와 정치 조직)", 류광징(Kwang-ching Liu, 劉廣京) 편, *Orthodoxy in Late Imperial China*(중국 명청시대의 정통), Berkeley : University of California Press, 1990, pp.126~157; 쑨커콴(K'o-k'uan Sun, 孫克寬), 「원대 우집(虞集)과 남방 도교(Yu Chi and Southern Taoism during the Yuan Period)」, 랑글루아(Langlois) 편, op. cit., pp.212~253; 제임스 왓슨(James Watson), 「신들의 표준화—남중국해안 지역에서 천후(天后)의 승격(Standardizing the Gods : The Promotion of T'ien Hou('Empress of Heaven') along the South China Coast)」, PCLIC, 292~324면도 볼 것.

84 피터 볼(Peter Bol), 앞의 글, 32~75면 참고.

85 피에르 브르디외(Pierre Bourdieu)·모니크 드 생마르탱(Monique de Saint-Martin), "Scholastic Values and the Values of the Educational System(학문적 가치와 교육 제도의 가치)", 에글스턴(J. Eggleston) 편, *Contemporary Research in the Sociology of Educa-*

tion(현대 교육사회학 연구), London : Metheun, 1974, pp.338~371.

86 『전시등과록(殿試登科錄)』, 1371; 『예해주진(藝海珠塵)』(청대본) 1, 1400, 14면.

87 『전시등과록(殿試登科錄)』 1, 1400, 1~68면; 동일 왕조의 통치자들을 다룰 때수사학은 더 자제되었다.

88 『전시등과록(殿試登科錄)』 1, 1400, 3면; 해진(解縉)의 전기(傳記), MS, 147, 4115~4123면; 천쉐린(Chan Hok-lam, 陳學霖), 앞의 글, 688~691면을 볼 것.

89 HMSYK 89, 1.34a~b면.

90 『전시등과록(殿試登科錄)』, 1, 1400, 11·15면.

91 『건문조야회편(建文朝野匯編)』, 10.15a~15b면.

92 ZYTK, 1.13a면.

93 린칭장(林慶彰), 「오경대전의 수찬 및 관련 문제 탐구(五經大全之修纂及其相關問題探求)」, 『中國文哲研究集刊』 1, 1991, 366~367면 참고.

94 MS 147, 4115~4116면; HMGJK, 1.76a~81b면; HMTJJY, 6.10b면; 추한성(邱漢生), 「명초 주학의 헤게모니(明初朱學的統治的地位)」, 『中國哲學』 14, 1988, 142~143면도 볼 것.

95 HMGJK, 1.81b면; 장천스(張忱石), 『『영락대전』 사화(史話)(『永樂大全』史話)』, 『고대요적개술(古代要籍概述)』, 北京 : 中華書局, 1987, 187~192면도 볼 것.

96 해롤드 칸(Harold Kahn), 앞의 책, 44~46면.

97 HMGJK, 1.81b면; HMTJJY, 13.9a면.

98 천쉐린(Chan Hok-lam, 陳學霖), 앞의 글, 689~690면 참고.

99 HMSYK, 2.1a~2b면; HMGJK, 2.47~48a면.

100 HMTJJY, 13.6a면.

101 유헌(俞憲) 편, 『황명진사등과고(皇明進士登科考)』(1548년본), 3.2a, MDDKLHB.

102 HMTJJY, 13.7b면.

103 HMTJSY, 4.12a면.

104 HMGJK, 1.82a면.

105 『성학심법(聖學心法)』, 2b~3a면; 엘먼(Elman), 앞의 글, 177~180면.

106 『성학심법(聖學心法)』 서문, 24b~25a면.

107 HMTJJY, 14.11b, 14.18b면; HMTJSY, 4.17a~17b면.

108 천쉐린(Hok-lam Chan, 陳學霖), 앞의 글, 221면.

109 엘먼(Elman), 「성왕은 어디에 있는가? 명대 초기 과거 시험과 유교 사상, 1368~1415 (Where Is King Ch'eng? Civil Examinations and Confucian Ideology during the Early Ming, 1368~1415)」, 『*T'oung Pao*』 79, 1993, 64~67면; 「중국 명청시기 제국의 정치와 유교 사회(Imperial Politics and Confucian Societies in Late Imperial China)」, 『*Modern China*』 15 no.4, 1989, 393~402면.

110 고염무(顧炎武), 『일지록(日知錄)』, SKQS 858, 801면. '3부작'은 『영락대전』의 조기 완성에 의해 촉진되었다.

111 『사고전서총목제요』 소재 1780년대 『사고전서』 편찬자의 언급 참고; SKQSZM, 36.13b~14b · 93.7b~8b면; MS, 282.7222면도 볼 것.

112 주체(朱棣), 「어제성리대전서(御制性理大全序)」, 『성리대전(性理大全)』(1415년본의 영인본), 京都 : 中文出版社, 1a~3b면.

113 호광(胡廣) 외편, 「진서표(進書表)」, 『성리대전(性理大全)』, 3b면; 『대명태종문황제실록(大明太宗文皇帝實錄)』(명대본의 영인본), 臺北 : 中央硏究院, ND, 158.2a~4a도 참고할 것.

114 HMTJJY, 11.8a, 12.17b면; 『명사기사본말(明史紀事本末)』, 16.193면.

115 추한성(邱漢生), 앞의 글, 144~147면.

116 호광(胡廣) 외편, 「안연(顔淵)」 편의 '인(仁)'에 관한 내용, 『논어집주대전(論語集註大全)』, 12.4b~5a, 『사서대전(四書大全)』(사고전서본); 엘먼(Elman), 「철학으로서의 비판－청대 고증학의 개념 변화(Criticism as Philosophy : Conceptual Change in Ch'ing Dynasty Evidential Research)」, 『Tsing Hua Journal of Chinese Studies』, n.s., 17, 1985, 165~198면도 볼 것.

117 『맹자집주대전(孟子集註大全)』, 2.28a~29b면(호병문(胡炳文)의 인용문), 8.5b~8b · 10.34a~35b면; 『사서대전(四書大全)』, 라우(Lau) 역, 『맹자(Mencius)』, 189면도 볼 것. 호원이(Ho Yun-yi, 賀允宜), 「명대 초기 희생의 이념적 함의(Ideological Implications of Ming Sacrifices in Early Ming)」, 『Ming Studies』 6, 1978, 55~67면 참고.

118 엘먼(Elman), 「성왕은 어디에 있는가? 명대 초기 과거 시험과 유교 사상, 1368~1415 (Where Is King Ch'eng? Civil Examinations and Confucian Ideology during the Early Ming, 1368~1415)」, 『T'oung Pao』 79, 1993, 64~67면; 「중국 명청시기 제국의 정치와 유교 사회(Imperial Politics and Confucian Societies in Late Imperial China)」, 『Modern China』 15 no.4, 1989, 393~402면.

119 찰스 허커(Charles Hucker), "Confucianism and the Chinese Censorial System(유교와 중국의 검열 제도)", 데이비드 니비슨(David S. Nivison) · 아서 라이트(Arthur Wright) 편, Confucianism in Action(실천하는 유교), Stanford, CA : Stanford University Press, 1959, pp.182~208.

120 앤드류 로(Andrew Lo) 역, 「명대 과문(科文) 4편(Four Examination Essays of the Ming Dynasty)」, 『Renditions』 33~34, 1990, 176~178면 참고.

121 애남영(艾南英), 『천용자집(天傭子集)』(1699년본의 영인본), 臺北 : 藝文印書館, 1980, 49면("Biography", A.1a면) 및 10.16a~18a면 참고; MS, 288.7402면도 볼 것.

122 사나이첸(買乃謙), 앞의 글, 43~44면.

123 호거인(胡居仁), 『거업록(居業錄)』(사고전서본), 714.36~44면; 윙칫찬(Wing-tsit Chan, 陳榮捷), "The Ch'eng-Chu School of Early Ming(명대 초기 정주(程朱) 학파)", 드 베리(Wm. T. de Bary) 외편, Self and Society in Ming Thought(명대 사상 속의 자아와 사회), New York : Columbia University Press, 1970, pp.45~46.

124 MS 147.4125면.

125 초횡(焦竑), 『국조헌징록(國朝獻徵錄)』(1616년 만력 연간본의 영인본), 臺北 : 學生書局, 1984, 20.56a~56b면.

126 황제의 명령은 『연중승공문집(練中丞公文集)』에 덧붙여진 「연공유사(練公遺事)」의 일부이다(명 만력 연간본, 1573~1619, 1a~3a면).

127 「연공유사(練公遺事)」는 1573년 황제의 사면에 따라 『연중승공문집(練中丞公文集)』에 추가되었다.

128 강희제의 『사고전서』 서문을 볼 것, SKQS, 710.1~2면; 황진싱(Chin-shing Huang, 黃進興), 앞의 책, 157~168면.

129 부르디외(Bourdieu)·파스롱(Passeron), *Reproduction in Education, Society, and Culture*(교육, 사회, 문화에서의 재생산), Beverly Hills, CA : Sage Publications, 1977, 194~210면; 힐데 데 베르트(Hilde De Weerdt), *Competition over Content : Negotiating Standards for the Civil Service Examinations in Imperial China, 1127~1279*(내용을 둘러싼 경쟁-중국의 과거 시험 기준 협상, 1127~1279),Cambridge, MA : Harvard University Asia Center, 2007 참고.

제2장

1 앤 월트너(Ann Waltner), 「성공의 사다리에 오르기-중국 제국의 성공 사다리와 사회적 이동에 대한 최근 연구(Building on the Ladder of Success : The Ladder of Success in Imperial China and Recent Work on Social Mobility)」, 『*Ming Studies*』 17, 1983, 30~36면; 피에르 브르디외(Pierre Bourdieu), 리처드 나이스(Richard Nice) 역, 「언어교환의 경제학(The Economics of Linguistic Exchanges)」, 『*Social Science Information*』 16 no.6, 1977, 645~668면 참고.

2 데이비드 존슨(David Johnson), 「명청시기 중국의 의사소통, 계급, 의식(Communication, Class, and Consciousness in Late Imperial China)」, PCLIC, 59면.

3 안젤라 키체 룽(Angela Ki Che Leung, 梁其姿), 「17~18세기 양자강 하류 지역의 초등교육(Elementary Education in the Lower Yangtzu Region in the Seventeenth and Eighteenth Centuries)」, *ESLIC*, pp.391~396; *EPLCC*, pp.140~154.

4 *ETPLIC*, pp.369~390; *EPLCC*, pp.1~23. 그러나 우리는 '고전'과 '(서면)구어'를 완전히 이분법적으로 가정해서는 안 된다. 문학적 기록과 (서면)구어 기록은 혼합적 통합 언어 시스템의 일부로 역사적으로 상호작용하고 서로 영향을 미쳤다. 벤저민 엘먼(Benjamin Elman) 편, *Rethinking East Asian Languages, Vernaculars, and Literacies, 1000~1919*(동아시아 언어, 구어 및 문해력 재고, 1000~1919), Leiden : E. J. Brill, 2014 참고.

5 휴스턴(R. A. Houston), *Literacy in Early Modern Europe : Culture and Education 1500~1800*(근대 초기 유럽의 문해력-문화와 교육 1500~1800) 개정판, New

York : Longman, 2002, pp. 24~33.

6   패밀라 카일 크로슬리(Pamela Kyle Crossley), "Manchu Education(만주족의 교육)", *ES-LIC*, 340~348면; 만캄룽(Man-kam Leung), 「중국 청대 북경과 수도권 지역의 몽골어 및 시험(1644~1911)(Mongolian Language and Examinations in Beijing and Other Metropolitan Areas during the Manchu Dynasty in China(1644~1911))」, *Canada-Mongolia Review* 1, 1975, 29~44면 참고.

7   후마 스스무(夫馬進), 「송사(訟師) 비본의 세계(訟師祕本の世界)」, 오노 카즈코(小野和子) 편, 『명말청초의 사회와 문화(明末淸初の社會と文化)』, 京都 : 京都大学人文科学研究所, 1996, 189~238면 참고.

8   페이샤오퉁(Hsiao-tung Fei, 費孝通), *China's Gentry : Essays on Rural-Urban Relations*(중국의 신사층 – 농촌 – 도시관계에 관한 에세이), Chicago : University of Chicago Press, 1953, pp. 71~72.
     [옮긴이 주] 이 책의 우리말 번역본으로는 최만원 역, 『중국의 신사계급 – 고대에서 근대까지 권력자와 민중 사이에 기생했던 계급』, 갈무리, 2019이 있다.

9   덩쓰위(鄧嗣禹), 『중국 고시 제도사(中國考試制度史)』, 臺北 : 學生書局, 1967, 343~347면; 존 드프랜시스(John DeFrancis), *The Chinese Language. Fact and Fantasy*(중국어, 사실과 환상), Honolulu : University of Hawai'i Press, 1985, pp. 53~66.

10   엘먼(Elman), 「청대의 학파(Qing Dynasty Schools of Scholarship)」, 『*Ch'ing-shih wen-t'i*』 4 no. 6, 1979, 51~82면.

11   휴스턴(R. A. Houston), op. cit., pp. 90~98; 제임스 왓슨(James Watson), 「중국 친족관계 재고 – 역사연구에 관한 인류학적 관점(Chinese Kinship Reconsidered : Anthropological Perspectives on Historical Research)」, 『*China Quarterly*』 92, 1982, 601면.

12   안젤라 키체 룽(Angela Ki Che Leung, 梁其姿), 앞의 글, 381~391면.

13   오쿠보 에이코(大久保 英子), 『명청시대 서원 연구(明淸時代書院の硏究)』, 東京 : 國書刊行會, 1976, 221~361면; 허빙디(Ping-ti Ho, 何炳棣), *The Ladder of Success in Imperial China*(전통시기 중국의 성공의 사다리), New York : Wiley and Sons, 1962, pp. 130~168.

14   덩쓰위(鄧嗣禹), 앞의 책, 281~282면; 투징이(Ghing-i Tu, 涂經詒), 「중국의 과문(科文) – 일부 문학적 고려 사항(The Chinese Examination Essay : Some Literary Considerations)」, 『*Monumenta Serica*』 31, 1974~1975, 393~406면; 알렉산더 우드사이드(Alexander Woodside), 「청 중엽 공공 학교 관련 몇몇 이론가들(Some Mid-Ch'ing Theorists of Popular Schools)」, 『*Modern China*』 9 no. 1, 1983, 11~18면.

15   로타 레더로제(Lothar Ledderose), 「중국 서예에 대한 접근(An Approach to Chinese Calligraphy)」, 『*National Palace Museum Bulletin*』 7 no. 1, 1972, 1~14면; 마릴린(Marilyn)·선푸(Shen Fu, 傅申), *Studies in Connoisseurship : Chinese Paintings from the Arthur M. Sackler Collections in New York, Princeton, and Washington, D.C.*(감식학 연구 – 뉴욕, 프린스턴 및 워싱턴 D.C. 아서 새클러 컬렉션의 중국 그림), Princeton, NJ :

Princeton University Press, 1973, p.9.

16 부증상(傅增湘), 『청대전시고략(淸代殿試考略)』, 天津 : 大公报社, 1933, 9b~11b면; 당송대에는 서예 시험을 치렀다.

17 *FPP*, pp.228~235; *ECCP*, p.676.

18 존 다디스(John Dardess), *Confucianism and Autocracy : Professional Elites in the Founding of the Ming Dynasty*(유교와 독재-명대 건국의 직업적 엘리트들), Stanford, CA : Stanford University Press, 1983, pp.13~84.

19 장홍성(張鴻聲), 「청대 의관(醫官) 고시와 문제 예시(淸代醫官考試及題例)」, 『中華醫師雜志』 25 no.2, 1995, 95~96면.

20 존 채피(John Chaffee), *The Thorny Gates of Learning in Sung China*(송대 중국 배움의 가시밭길) 개정판, Albany, NY : SUNY Press, 1995, pp.70~71; 조지프 레벤슨(Joseph Levenson), "The Amateur Ideal in Ming and Early Qing Society : Evidence from Painting(명대와 청대 초기 사회의 아마추어 이상-그림의 증거)", 존 페어뱅크(John Fairbank) 편, *Chinese Thought and Institutions*(중국의 사상과 제도), Chicago : University of Chicago Press, 1957, pp.320~341; *FPP*, chapters 3~4 참조.

21 휴스턴(R. A. Houston), op. cit., pp.61~69.

22 피에르 부르디외(Pierre Bourdieu), "Systems of Education and Systems of Thought(교육체계와 사고체계)", 마이클 영(Michael Young) 편, *Knowledge and Control : New Directions for the Sociology of Education*(지식과 통제-교육사회학의 새로운 방향), London : Collier Macmillan, 1971, pp.189~207.

23 브리즈 탱카(Brij Tankha) 편, *Okakura Tenshin and Pan-Asianism : Shadows of the Past*(오카쿠라 텐신(岡倉天心)과 범아시아주의-과거의 그림자), Folkestone, UK : Global Oriental, 2009.

24 천더윈(陳德芸), 「팔고문학(八股文學)」, 『嶺南學報』 6 no.4, 1941, 17~21면에서는 여섯 가지 서로 다른 입장을 개괄한 바 있다.

25 위의 글, 20~21면; *CPK*, pp.290~295.

26 시어도어 드 배리(Wm. Theodore de Bary), 「명대 후기 사상의 개인주의와 인도주의(Individualism and Humanitarianism in Late Ming Thought)」, 시어도어 드 배리(Wm. Theodore de Bary) 외편, *Self and Society in Ming Thought*(명대 사상의 자아와 사회), New York : Columbia University Press, 1970, pp.188~222.

27 이지(李贄), 「시문후서(時文後序)」, 『분서(焚書)』, 北京 : 中華書局, 1975, 117면.

28 앤드류 플랙스(Andrew Plaks), "Pa-ku wen(팔고문)", 윌리엄 니엔하우저(William Nienhauser) 편, *Indiana Companion to Traditional Chinese Literature*(인디애나 전통 중국 문학의 동반자), Bloomington : Indiana University Press, 1986, pp.641~643; 플랙스(Plaks), 「우리 시대의 산문(The Prose of Our Time)」, 피터슨(W. J. Peterson), 플랙스(A. H. Plaks), 위잉스(Y. S. Yu) 편, 『문화의 힘-중국 문화사 연구(*The Power of Culture : Studies in Chinese Cultural History*)』, Hong Kong : Chinese University Press,

1994, 206~217면.

29 양장거(梁章鉅),「예언(例言)」, ZYCH, 1a~5a면.

30 ZYCH 1843년 서문 참고.

31 *ETPLIC*, 419~424면; MS 3, 1693면.

32 RZLJS 19, 479~480면;「시문격식(時文格式)」.

33 『진사등과록(進士登科錄)』, 1475, 페이지 표시가 없는 원고 참고.

34 『진사등과록(進士登科錄)』, 1475, 18a면 참고.

35 ZYCH, 4.6a~b면;『진사등과록(進士登科錄)』, 1475면.

36 장조서(張朝瑞) 편,『남국현서(南國賢書)』(1633년본), 1.6b면; HMSYK, 4.13a면; ZYC, 명말 판본, A.6a~13a면.

37 『회시록(會試錄)』, 1445, 45a~47a면; HMZYQC, 4.18a~24a면; ZYCH, 4.6b면.

38 『회시록(會試錄)』, 1475, 49a면;『양명전서(陽明全書)』(『사부비요(四部備要)』본, 臺北 : 中華書局, 1979, 25.12a~14b면 참조.

39 『회시록(會試錄)』, 1487, 3a~4a면; 1490, 페이지 표시가 없는 원고; 1496, 2.12a면;『회시록(會試錄)』, 1508, 왕오(王鏊)의 서문 및『황명정식전요(皇明程式典要)』(명말 판본), 2.31b면 참조.

40 『하남향시록(河南鄕試錄)』, 1759면.

41 『회시록(會試錄)』, 1475, 6b~8b면; 라우(D. C. Lau) 역,『맹자(*Mencius*)』중영 대역본 Hong Kong : Chinese University Press, 2003, 115면 참조.
   [옮긴이 주]『맹자』의 해당 구절 원문은 다음과 같다. "周公兼夷狄驅猛獸而百姓寧."(「滕文公 下」)

42 『회시록(會試錄)』, 1475, 6b~7a · 21a~b · 40a · 48a~52b · 62b~69a면; 투징이(Ghing-i Tu, 涂經詒), 앞의 글, 403면.

43 라우(D. C. Lau) 역, *Confucius. The Analects*(논어), Harmondsworth, UK : Penguin Books, 1979, p.114.

44 방포(方苞),『흠정사서문(欽定四書文)』vol.1, 1738면;『사부비요』본의 영인본, 臺北 : 商務印書館, 1979), 3.3a~4a면; 영문 번역은 투징이(Ghing-i Tu, 涂經詒), 앞의 글, 400~402면에서 볼 수 있으며, 여기서는 그것을 다소 수정해 사용하였다.
   [옮긴이 주]『논어』인용문의 원문은 다음과 같다.
   "百姓足, 君孰與不足."(「顔淵」)
   왕오 글의 원문은 아래와 같다.
   "民旣富於下, 君自富於上.
   蓋君之富, 藏於民資也. 民旣富矣, 君豈有獨貧之理哉? 有若深言君民一體之意, 以告哀公.
   蓋謂, 公之加賦, 以用之不足也. 欲足其用, 盍先足其民乎? 誠能百畝而徹, 恒存節用愛人之心, 什一而徵, 不爲厲民自養之計, 則民力所出, 不困於徵求. 民財所有, 不盡於聚斂. 閭閻之內, 乃積乃倉, 而所謂仰事俯育者, 無憂矣.

田野之間, 如茨如梁, 而所謂養生送死者, 無憾矣.

百姓旣足, 君何爲而獨貧乎?

吾知藏諸閭閻者, 君皆得而用之, 不必歸之府庫, 而後爲吾財也.

蓄諸田野者, 君皆得而用之, 不必積之倉廩, 而後爲吾有也.

取之無窮, 何憂乎有求而不得?

用之不竭, 何患乎有事而無備?

犧牲粢盛, 足以爲祭祀之供. 玉帛筐篚, 足以資朝聘之費. 借曰不足, 百姓自有以給之也, 其孰與不足乎?

饔飧牢醴, 足以供賓客之需. 車馬器械, 足以備征伐之用. 借曰不足, 百姓自有以應之也, 又孰與不足乎?

吁! 徹法之立, 本以爲民, 而國用之足, 乃由於此, 何必加賦以求富哉!"

45 유약(有若)은 공자의 직계 제자 중 한 사람이다.

46 [옮긴이 주] 철(徹) : 주(周)나라 때의 세제(稅制)로, 한 해 수확량의 1 / 10을 거두던 제도이다.

47 방포(方苞),『흠정사서문(欽定四書文)』vol.1, 3.3a~4a면; 투징이(Ching-i Tu, 涂經詒), 앞의 글, 402면.
   [옮긴이 주] 원문은 다음과 같다. "層次洗發, 由淺入深, 題義旣畢, 篇法亦完. 先輩眞實本領, 後人雖開合照應, 備極巧變, 莫能繼武也."

48 플랙스(Plaks), 앞의 글, 206~210면.

49 ZYKSJ, 1.37~38면.

50 QDKJKSSL, 234 · 257면 참조.

51 ZYCH, 2.8a~b면; ETPLIC, pp.459~469. 글의 길이에 관해서는 천더윈(陳德芸), 앞의 글, 48~49면 참고.

52 천유스(Yu-shih Chen, 陳幼石), *Images and Ideas in Chinese Classical Prose : Studies of Four Masters*(중국 고전 산문의 이미지와 사상－사대가 연구), Stanford, CA : Stanford University Press, 1988, 1~13, pp.109~114.

53 휴즈(E. R. Hughes), "Epistemological Methods in Chinese Philosophy(중국철학의 인식론적 방법)", 찰스 무어(Charles Moore) 편, *The Chinese Mind*(중국인의 사고), Honolulu : University of Hawai'i Press, 1967, pp.28~56.

54 청중잉(Chung-ying Cheng, 成中英),「중국어 문법의 함축 및 추론에 대하여(On Implication (tse, 則) and Inference (ku, 故) in Chinese Grammar)」,『*Journal of Chinese Philosophy*』2 no.3, 1975, 225~243면.

55 휴즈(E. R. Hughes), 앞의 글, 92면.

56 장천푸메이(Fu-mei Chang Chen; 張陳富美), "On Analogy in Qing Law(청대 법률의 유추에 관하여)", *HJAS* 30, 1970, pp.212~224; 요하임 커츠(Joachim Kurtz), *The Discovery of Chinese Logic*(중국 논리의 발견), Leiden : Brill, 2011, pp.160 · 183 · 364; 장웨이런(Wejen Chang, 張偉仁), "Legal Education in Qing China(청대 중국의 법률 교육)",

ESLIC, pp.309~310.

57 QBLG, 21.165~166·173면.

58 자크 르 고프(Jacques Le Goff), *Intellectuals in the Middle Ages*(중세의 지식인), Cambridge : Blackwell, 1993, pp.88~92.

59 예수회 신부 안젤로 조톨리(P. Angelo Zottoli, SJ), *Cursus Litteraturae Sinicae*(중국 문학 강좌) vol.5면;『웅변과 시의 수사학 수업을 위해(*Pro Rhetorices Classe pars Oratoria etPoetica*)』, Shanghai : Catholic Mission, 1882, 12~44면.

60 휴즈(E. R. Hughes), 앞의 글, 92·99면; 로버트 캠퍼니(Robert F. Gampany), *Strange Writing : Anomaly Accounts in Early Medieval China*(이상한 글-중국 중세 초기의 변칙 기록), Albany, NY : SUNY Press, 1996, pp.21~24. 장르는 송대 이후 과문(科文)의 연속성을 전제로 하기에 여기서는 '장르'보다는 '틀(grid)'이라는 표현을 사용한다.

61 라이(T. C. Lai, 賴恬昌),『전통시기 중국의 학자(*A Scholar in Imperial China*)』, Hong Kong : Kelly and Walsh, 1970, 16~18면 참고.

62 유탄지(劉坦之) 평(評), 「범례(凡例)」,『근과전제신책법정(近科全題新策法程)』, 1764, 1a~2a면.

63 첸무(Ch'ien Mu, 錢穆), 쉐쿤투(Chun-tu Hsueh)·조지 토튼(George Totten) 역,『중화제국의 전통 정부-비판적 분석(*Traditional Government in Imperial China : A Critical Analysis*)』, Hong Kong : Chinese University Press, 1982, 113면.

64 「조례(條例)」,『임문편람(臨文便覽)』, 1875, 1a~5b면.

65 천더윈(陳德芸), 앞의 글, 23~48면; QDKJKSSL, 231~238면.

66 DML, 13.12b~13b면; 천더윈(陳德芸), 위의 글, 48면.

67 RZLJS 386~387권; 룽창 영(Lung-chang Young, 羅昶永), 「명대 과거 제도에 대한 고염무(顧炎武)의 견해(Ku Yen-wu's Views of the Ming Examination System)」,『*Ming Studies*』23, 1987, 51면; 윌러드 피터슨(Willard Peterson), *Bitter Gourd : Fang I-chih and the Impetus for Intellectual Change*(쓴 조롱박-방이지(方以智)와 지적 변화의 자극제), New Haven, CT : Yale University Press, 1979, p.47.

68 ZYCH, 1.10b면; 공자는 후대의 성인을 기다리기 위해『춘추』를 편찬했다고 일컬어진다["制春秋之義以俟聖人"]. 이 역시 "팔고문 쓰기"를 뜻하는 말로 '제의(制義)'를 사용하는 근거이다.

69 천더윈(陳德芸), 앞의 글, 19~20면; QDKJKSSL, 230면; 투징이(Ghing-i Tu, 涂經詒), 앞의 글, 405면; 팔고문의 전체적인 특성에 관해서는 치궁(啟功), 「팔고문을 말하다(說八股)」,『北京師範大學學報』, 1991, 56~58면을 볼 것.

70 덩윈샹(鄧雲鄉),『청대 팔고문(淸代八股文)』, 北京 : 人民大學出版社, 1994, 277~301면; 투징이(Ghing-i Tu, 涂經詒), 앞의 글, 393~394면; 앤드류 로(Andrew Lo) 역, "Four Examination Essays of the Ming Dynasty(명대 과문(科文) 4편)", *Renditions* 33~34, 1990, pp.167~168.

71 크레이그 클루나스(Craig Clunas), *Superfluous Things : Material Culture and Social Sta-*

tus in Early Modern China(불필요한 것들-근대 초기 중국의 물질문화와 사회적 지위), Urbana : University of Illinois Press, 1991, p.118.

72 CT 18~19면; ZYKSJ, 4.133면; 루실 자(Lucille Chia, 賈晉珠), 「송원시대 건양(建陽) 서적 거래의 발전(The Development of the Jianyang Book Trade, Song-Yuan)」, 『*Late Imperial China*』 17 no.1, 1996, 38면 참고.

73 류샹광(劉祥光), 「시문고-과거 제도시대 수험생의 필독서(時文稿-科擧時代的考生必讀)」, 『近代中國史硏究通訊(中央硏究院近代史硏究所, 臺灣)』 22, 1996, 49~68면; 피터 볼(Peter Bol), "The Examination System and Song Literati Culture(과거 제도와 송대 지식인 문화)", 레옹·반더미르히(Léon Vandermeersch) 편, *La socitété civile face à l'Ètat*(시민사회 대 국가), Paris : École Francaise d' extreme-orient, 1994, p.55; 존 채피(John Chaffee), op. cit., pp.33~36.

74 ZYCH, 4~6권. 류샹광(劉祥光), 앞의 글, 54면.

75 QDKJKSSL, 244~245면.

76 엘런 위드머(Ellen Widmer), "The Huanduzhai of Hangzhou and Suzhou : A Study in Seventeenth-Century Publishing(항저우와 쑤저우의 환두자이(還讀齋)-17세기 중국의 출판 연구)", *HJAS* 56 no.1, 1996, pp.77~122, 특히 pp.118~119; 루실 자(Lucille Chia, 賈晉珠), 앞의 글, 10~48면; 신시아 브로카우(Cynthia Brokaw), 「명청시대 중국의 상업 출판-복건(福建) 사보(四堡)의 추(鄒)씨·마(馬)씨 가문의 사업(Commercial Publishing in Late Imperial China : The Zou and Ma Family Businesses of Sibao, Fujian)」, 『*Late Imperial China*』 17 no.1, 1996, 49~92면.

77 강유위(康有爲), 「『일본서목지』지어(『日本書目志』識語)」(1897), 천핑위안(陳平原) 외편, 『20세기 중국 소설이론 자료(제1권)(二十世紀中國小說理論資料(第一卷))』, 北京 : 北京大學出版社, 1989, 13면.

78 류샹광(劉祥光), 앞의 글, 62~65면.

79 *DMB*, pp.1399~1400.

80 대명세(戴名世), 「경진회시묵권서(庚辰會試墨卷序)」, QDQQJYLZX, 2/223면.

81 카이윙 초우(Kai-wing Chow), 「성공을 위한 글쓰기-중국 명대 후기의 인쇄, 시험 및 지적 변화(Writing for Success : Printing, Examinations, and Intellectual Change in Late Ming China)」, 『*Late Imperial China*』 17 no.1, 1996.

82 『귀유광전집(歸有光全集)』, 臺北 : 盤庚出版社, 1979, 375~381면; *DMB*, pp.759~761; 윌러드 피터슨(Willard Peterson), op. cit., pp.53~54.

83 애남영(艾南英), 『애천자선생전고(艾千子先生全稿)』(영인본), 臺北 : 偉文圖書出版社, 1977.

84 방포(方苞), 『흠정사서문(欽定四書文)』 vol.9, 9.34a~36a면; 앤드류 로(Andrew Lo) 역, 앞의 글, 176~178면.

85 룽자오쭈(容肇祖), 『여유량과 그의 사상(呂留良及其思想)』, 香港 : 崇文书店, 1974, 1~18면; *ECCP*, pp.551·701; 대명세(戴名世), 「구과대제문총서(九科大題文總序)」,

QDQQJYLZX, 2/226~228면; 피에르 앙리 뒤랑(Pierre-Henri Durand), *Lettrés et Pouvoirs : Un procès littéraire dans la Chine impériale*(문자와 권력-전통시기 중국의 문학적 사례), Paris : École des Hautes Études en Sciences Sociales, 1992.

86 대명세의 서문은 QDQQJYLZX, 2/213~240면 참조. 엘먼(Elman), 앞의 글, 15~17면.

87 대명세(戴名世), 「임오묵권서(壬午墨卷序)」, QDQQJYLZX, 2/238면. 이불(李紱)에 관해서는 QDQQJYLZX, 2/330~333면 참조.

88 *FPP*, p.4; 사노 코지(佐野公治), 『사서학사의 연구(四書學史の硏究)』, 東京 : 創文社, 1988, 103~155 · 365~368면.

89 사노 코지(佐野公治), 앞의 책, 371~373면; 제임스 류(James J. Y. Liu, 劉若愚), *Chinese Theories of Literature*(중국의 문학 이론), Chicago : University of Chicago Press, 1975, pp.90~92.
[옮긴이 주] 후자의 우리말 번역본으로는 이장우 역, 『중국의 문학 이론』, 명문당, 1994이 있다.

90 원황(袁黃), 「범례(凡例)」, 『사서산정(四書删正)』(연대 미상), 1b면; 유헌(俞憲) 편, 『황명진사등과고(皇明進士登科考)』(1548년본); MDDKLHB vols. 1~2; 신시아 브로카우(Cynthia Brokaw), *The Ledgers of Merit and Demerit : Social Change and Moral Order in Late Imperial China*(장부(帳簿)의 득실-명청시기 중국의 사회 변화와 도덕 질서), Princeton, NJ : Princeton University Press, 1991, pp.17~27 · 231~232; 주디스 버링(Judith Berling), *The Syncretic Religion of Lin Chao-en*(임조은(林兆恩)의 혼합 종교), New York : Columbia University Press, 1980, pp.49~61 · 73~74; 두웨이밍(Wei-ming Tu, 杜維明), *Neo-Confucian Thought in Action : Wang Yang-ming's Youth*(실천하는 성리학 사상-왕양명의 청년기), Berkeley : University of California Press, 1976.

91 사노 코지(佐野公治), 앞의 책, 375~378면; 부르스 러스크(Bruce Rusk), "The Rogue Classicist : Feng Fang (1493~1566) and His Forgeries(괴짜 고전주의자-풍방(豊坊)과 그의 위조품)", PhD diss., University of California, Los Angeles, 2004.

92 ZYKSJ, 2.61면; *DMB*, 1103면.

93 서광(徐爌) 편, 『사서초문(四書初問)』(1563년본), 3.98b면; 장응규(蔣應奎)의 서문, 1b~3a면.

94 초횡(焦竑), 『신계황명백가사서이해집(新鍥皇明百家四書理解集)』(1594년경), A.8b면.

95 *CPK*, 76~77 · 104~105면.

96 탕빈윤(湯賓尹), 『사서연명집주(四書衍明集註)』(연대 미상), 「범례(凡例)」 참고.

97 주연유(周延儒) 편, 『사서주의심득해(四書主意心得解)』. 주연유(1588~1644)는 1613년에 장원으로 급제하였다. 카이윙 초우(Kai-wing Chow), 앞의 글, 132면 참고.

98 ZYCH, 5.10b면; ZYKSJ, 1.40면; 사노 코지(佐野公治), 앞의 책, 406~418면; *DMB*, 975~978면; RZLJS 3, 111~112면.

99 사노 코지(佐野公治), 앞의 책, 379~380 · 420~424면.

100 *FPP*, p.140.

101 SKQSZM, 37.14a~b면.

102 CT, 33·35면.

103 사노 코지(佐野公治), 앞의 책, 420~422면 참고.

104 모기령(毛奇齡),『사서개착(四書改錯)』, 上海 : 商務印書館, 1936, 19면; QDKJKSSL, 248면.

105 켄트 가이(Kent Guy), op. cit., pp.168~175; 카이윙 초우(Kai-wing Chow), op. cit., p.187. 두 글 모두 ESLIC에 수록.

106 방포(方苞),「범례(凡例)」,『흠정사서문(欽定四書文)』, 1a~2a면; 투징이(Ghing-i Tu, 涂經詒), 앞의 글, 403~404면 참고.

107 방포(方苞),「범례(凡例)」,『흠정사서문(欽定四書文)』, 2b~3a면; 켄트 가이(Kent Guy), 앞의 글, 167~168면; 카이윙 초우(Kai-wing Chow), 앞의 글, 188~190면 참고.

108 켄트 가이(Kent Guy), op. cit., pp.166~167.

109 복건성(福建省) 어사(御史) 동지명(董之銘)이 방포의 기존 선집의 속편을 편찬할 것을 제기한 것에 관해서는 LBTB, 1781년 2월 참고.

110 프랭크 커모드(Frank Kermode), "The Canon(경전)", 로버트 알터(Robert Alter)·프랭크 커모드(Frank Kermode) 편, The Literary Guide to the Bible(성경에 대한 문학적 안내), Cambridge, MA : Harvard University Press, 1987, pp.600~610; 커모드(Kermode),「해석의 제도적 통제(Institutional Control of Interpretation)」,『Salmagundi』 43, 1979, pp.72~86.

111 케네스 버크(Kenneth Burke), On Symbols and Society(상징과 사회에 대하여), Chicago : University of Chicago Press, 1989, pp.63~70.

112 엘리엇 프리드슨(Eliot Freidson), Professional Powers : A Study of the Institutionalization of Formal Knowledge(전문적 능력 — 형식지식의 제도화 연구), Chicago : University of Chicago Press, 1986, pp.1~17.

113 『회시록(會試錄)』, 1523,「서(序)」, 1b면.

114 『회시록(會試錄)』, 1742,「서(序)」, 1a면.

115 『광동향시록(廣東鄕試錄)』, 1729,「서(序)」, 5a~b면.

116 전대흔(錢大昕),「호남향시록서(湖南鄕試錄序)」,『잠연당문집(潛硏堂文集)』, 臺北 : 商務印書館, 1968, 23.327~328면.

117 『순천향시록(順天鄕試錄)』, 1788, 1a(답안).

118 『순천향시록(順天鄕試錄)』, 1831, 45a면.

119 『순천향시록(順天鄕試錄)』, 1882, 33a면.

120 MDDKLHB 이곳저곳에 수록된 명대 시험관의 평어 참고. 청대의 사례에 관해서는『청대주권집성(淸代硃卷集成)』vols.420(영인본, 臺北 : 成文出版社, 1993~1994) 참고.

121 HMGJK, 1.25a면; MS, 3/1685, 1688~1689·1693~1694·1698~1699면.

122 『회시록(會試錄)』, 1445면; MDDKLHB, 2/369~444면.

123 QSG, 11/3149·3152면.

124 이오나 만청(Iona Man-cheong), 「공정한 부정행위와 부정행위적 공정성-1761년 시험 사건(Fair Fraud and Fraudulent Fairness : The 1761 Examination Case)」, 『Late Imperial China』 18 no.1, 1997.

125 『회시록(會試錄)』, 1586면; MDDKLHB, 20/11135~11174면.

126 DML, 13.12b~13b면.

127 QBLC, 21·73면.

128 앤드류 플랙스(Andrew Plaks), 「게스트 라이브러리의 '부정행위용 의복' 연구(Research on the Gest Library 'Cribbing Garment')」, 『East Asian Library Journal』 11 no.2, 2004, 1~39면; 루실 쟈(Lucille Chia), "Mashaben : Commercial Publishing in Jianyang from the Song to the Ming(마사본(麻沙本)-송대에서 명대까지 건양(建陽)의 상업 출판)", 폴 스미스(Paul Smith)·리처드 폰 글란(Richard von Glahn) 편, The Song-Yuan-Ming Transition in Chinese History(송원명대 중국사의 변천), Cambridge, MA : Harvard University Asia Center, 2003, pp.284~328.

129 ZYKSJ, 2.48·2.54,·3~87면; HMGJK, 1.536~543면; QBLC, 21.18~20·21.33~34면; 장중리(Chung-li Chang, 張仲禮), The Chinese Gentry(중국의 신사), Seattle : University of Washington Press, 1955, pp.188~197.
[옮긴이 주] 이 책의 우리말 번역본으로는 김한식 외역, 『중국의 신사』, 신서원, 1993가 있다.

130 오경재(Wu Ching-tzu[Wu Jingzi], 吳敬梓), 양셴이(Yang Hsien-yi, 楊憲益)·글래디스 양(Gladys Yang, 戴乃迭) 역, 『유림외사(The Scholars)』, 北京 : 外文出版社, 1957; 포송령(蒲松齡) 외역, 『요재지이(Strange Tales from Liaozhai)』, Hong Kong : Commercial Press, 1988; 시릴 버치(Cyril Birch) 역, Scenes for Mandarins : The Elite Theater of the Ming(만다린을 위한 장면-명대의 엘리트 극장), New York : Columbia University Press, 1995, pp.200~206.

131 앨런 바(Allan Barr), 「포송령과 청대 과거 제도(Pu Songling and the Qing Examination System)」, 『Late Imperial China』 7 no.1, 1986, 89면.

132 저스터스 두리틀(Justus Doolittle), Social Life of the Chinese(중국인의 사회생활), New York : Harper and Brothers, 1865, 421~428면.

133 QBLC, 21.24~25면.

134 위안칭(Yuan Tsing, 袁清), 「도시의 폭동과 혼란(Urban Riots and Disturbances)」, 조너선 스펜스(Jonathan Spence)·존 윌스(John Wills) 편, From Ming to Qing : Conquest, Region, and Continuity in Seventeenth-Century China(명대에서 청대까지-17세기 중국의 정복, 지역, 그리고 연속성), New Haven, CT : Yale University Press, 1979, p.286면.

135 위안칭(Yuan Tsing, 袁清), 앞의 글, 292~293면.

136 위의 글, 301~302면.

137 황광량(黃光亮), 『청대 과거 제도 연구(淸代科擧制度之硏究)』, 臺北 : 嘉新水泥公司文化基金會, 1976, 262~264면.

138 *CPK*, pp.107~108.

139 육심(陸深, 1477~1544), 앞의 글, 136.4a면;『연산외기(燕山外記)』(명 가정 연간본);
HMGJK, 1.106b~107a면; 존 다디스(John Dardess), *A Ming Society : T'ai-ho County,
Kiangsi, in the Fourteenth to Seventeenth Centuries*(명대의 사회집단－14~17세기 강서
(江西) 태화현(泰和縣)), Berkeley : University of California Press, 1996, pp.146~149;
취퉁쭈(T'ung-tsu Ch'u, 瞿同祖), *Local Government in China under the Qing*(청 지배
하의 중국 지역 정부), Stanford, CA : Stanford University Press, 1962, pp.36~55.

140 QBLC, 21.126~127면.

141 존 다디스(John Dardess), op. cit., pp.163~164.

142 [옮긴이 주] 각 성의 교육 행정장관은 명대에는 제학관(提學官)이라 불렸고, 1644년
부터 1684년까지는 독학도(督學道)라고도 불렸으며, 그 이후로는 학정(學政)이라 칭
했다. 이 번역본에서는 시기와 상관없이 '성 교육감'으로 옮기기로 한다.

143 저스터스 두리틀(Justus Doolittle), 앞의 책, 425~428면.

144 앞의 책, 26~27면; ZYKSJ, 2.48~49·2.55·2.72~73면.

145 장중리(Chung-li Chang, 張仲禮), 앞의 책, 194~195면.

146 MS, 3/1702·7/5650면; ZYKSJ, 2.63~64면; 레이 황(Ray Huang), *1587 : A Year of No
Significa*nce(1587년－의미 없는 한 해), New Haven, CT : Yale University Press, 1981,
pp.9~26·33~41면;
[옮긴이 주] 이 책의 우리말 번역본으로는 김한식 역,『1587 만력 15년 아무 일도 없었
던 해』, 새물결, 2004가 있다.

147 순천부 과거 시험의 부정행위와 뇌물수수에 관한 건륭제의 1741년 칙령은 QDQQ-
JYLZX, 3/7~8면에서 볼 수 있다.

148 황광량(黃光亮), 앞의 책, 270~271면.

149 QBLC, 21.87면; 하워드 부어맨(Howard Boorman)·리차드 하워드(Richard How-
ard) 편, *Biographical Dictionary of Republican China*(중국 민국시기 인명 사전), New
York : Columbia University Press, 1967, p.417; 메리 벅(Mary Buck),「만인을 위한 정의
－주복청(周福淸) 사건의 유추법 적용(Justice for All : The Application of Law by Analo-
gy in the Case of Zhou Fu-qing)」,『*Journal of Chinese Lazu*』7 no.2, 1993, 118~127면.

150 메리 벅(Mary Buck), 앞의 글, 127~137면.

151 QDKCTL; 상연류(商衍鎏), 앞의 책, 325~350면; 황광량(黃光亮), 앞의 책, 258~275
면 참조.

152 ZYKSJ, 2.48~49면.

153 구제강(顧頡剛), 캐링턴 굿리치(L. Carrington Goodrich) 역,「명대 문자옥 연구(A
Study of Literary Persecution during the Ming)」, *HJAS*, 1938, 282~285면.

154 ZYKSJ, 2.78~79면.

155 황숭란(黃崇蘭),『(전)명공거고략((前)明貢擧考略)』(1834년본), 2.32a~b면; ZYKSJ,
2.72~77면; ZYC(1733년본), A.6a면 참조.

156 DML, 2.8b~10a면; 황광량(黃光亮), 앞의 책, 259~261면.

157 올리버 무어(Oliver J. Moore), *Rituals of Recruitment in Tang China*(당대의 인재 등용 의례), Leiden : Brill, 2004.

158 예수회, 파스퀘일 M. 델리아(Pasquale M. d'Elia), 편, *Fonti Ricciane : Documenti origi-nali concementi Matteo Ricci e la storia delle relazioni tra l'Europe e la Cina*(마테오 리치 관련 자료―마테오 리치 관련 원본 문서 및 유럽과 중국 관계 이야기), Rome : Libreria dello Stato, 1942, p.49.

159 구제강(顧頡剛), 앞의 글, 279~290면; 프레드릭 웨이크먼 주니어(Frederic Wakeman Jr.), *The Great Enterprise : The Manchu Reconstruction of Imperial Order in Seven-teenth-Century China*(위대한 기획―중국 17세기 만주족의 제국 질서 재건) vols.2, Berkeley : University of California Press, 1985, p.358n127.

160 엘먼(Elman), 「중국 명청시기 제국의 정치와 유교 사회(Imperial Politics and Confucian Societies in Late Imperial China)」, *Modern China* 15 no.4, 1989, 393~396면; 오노 카즈코(小野和子), 『명계당사고―동림당과 복사(明季党社考：東林党と復社)』, 京都：同朋舍, 1996; 존 메스킬(John Meskill), "Academies and Politics in the Ming Dynas-ty(명대의 학문과 정치)", 찰스 허커(Charles Hucker) 편, *Chinese Government in Ming Times : Six Studies*(명대의 중국 정부―여섯 가지 연구), New York : Columbia Universi-ty Press, 1966, pp.160~163.

161 황숭란(黃崇蘭), 앞의 책, 2.38b면; RZLJS, 16.388면.

162 윌리엄 애트웰(William Atwell), "From Education to Politics : The Fu She(교육에서 정치로―복사(復社))", 시어도어 드 배리(Wm. Theodore de Bary) 편, *The Unfolding of Neo-Confucianism*(성리학의 전개), New York : Columbia University Press, 1975, pp. 333~367.

163 『응천향시록(應天鄉試錄)』, 1630, 19b~22a면; 윌리엄 애트웰(William Atwell), 앞의 글, 341면; 프레드릭 웨이크먼(Frederic Wakeman Jr.), op. cit., pp.230~231・279~280・890~891.

164 ibid., pp.113~126.

165 [옮긴이 주] 해당 문제는 『시경』 「상송(商頌)」 「현조(玄鳥)」에서 출제된 '維民所止'라는 구절이다.

166 한스 비엘렌슈타인(Hans Bielenstein), 「중국 역사 인구통계(AD 2~1982)(Chinese His-torical Demography, AD 2~1982)」, *Bulletin of the Museum of Far Eastern Antiquities* 59, 1967, 23~24면.

167 QDKJKSSL, 327~28면; EGCP, 22면.

168 저우광위안(Guangyuan Zhou, 周廣元), 「청대 후기 법의 환상과 현실(Illusion and Reali-ty in the Law of the Late Qing)」, *Modern China* 19 no.4, 1993, 442~443면.

1 마틴 하이드라(Martin Heijdra), "The Socio-Economic Development of Rural China during the Ming(중국 명대 농촌의 사회경제적 발전)", 데니스 트위체트(Denis Twitchett)·프레드릭 모트(Frederick W. Mote) 편, *The Cambridge History of China*(케임브리지 중국사) vol.8, Cambridge : Cambridge University Press, 1998, pp.437~439에서는 성장 수준에 대한 그럴듯한 가정을 기반으로 1600년 명나라의 인구 수치를 낮은 수준 (1억 8천 5백만), 중간 수준(2억 3천 1백만), 높은 수준(2억 8천 9백만)으로 개괄하고 있다. 나는 그의 '중간' 성장률 수치를 따랐는데, 이는 1600년까지의 중국 인구 기준선을 상당히 높인 것이다.

2 양계초(梁啓超), 임마뉴엘 쉬(Immanuel Hsu, 徐中約) 역, *Intellectual Trends in the Qing Period*(청대의 지적 경향), Cambridge, MA : Harvard University Press, 1959, 28 면; 앤서니 그래프턴(Anthony Grafton)·리사 자딘(Lisa Jardine), *From Humanism to the Humanities. Education and the Liberal Arts in Fifteenth- and Sixteenth-Century Europe*(휴머니즘에서 인문학으로-15세기와 16세기 유럽의 교육과 교양), Cambridge, MA : Harvard University Press, 1986, pp.161~220; 허빙디(Ping-ti Ho, 何炳棣), *The Ladder of Success in Imperial China*(전통시기 중국의 성공의 사다리), New York : Wiley and Sons, 1962 참조.

3 톡토(脫脫. 1313~1355) 외편, 『송사(宋史)』, 臺北 : 鼎文書局, 1980, 5/3604면; MS, 3/1675면.

4 존 채피(John Chaffee), *The Thorny Gates of Learning in Sung China*(송대 중국 배움의 가시밭길) 개정판, Albany, NY : SUNY Press, 1995, 95~115면; 윈스턴 로(Winston Lo), *An Introduction to the Civil Service of Sung China*(중국 송대 문관조직 개론), Honolulu : University of Hawai'i Press, 1987, pp.30~31·141~170.

5 시험은 아니지만 송대의 학교 제도 또한 현급까지 확대되었다.

6 토마스 리(Thomas Lee), 『송대 중국의 정부 교육 및 시험(*Government Education and Examinations in Sung China*)』, Hong Kong : Chinese University, 1982, 55~137면.

7 알렉산더 우드사이드(Alexander Woodside), 「청 중엽 공공 학교 관련 몇몇 이론가들 (Some Mid-Ch'ing Theorists of Popular Schools)」, 『*Modern China*』 9 no.1, 1983, 3~ 35면.

8 장중리(Chung-li Chang, 張仲禮), *The Chinese Gentry*(중국의 신사), Seattle : University of Washington Press, 1955, pp.165~209; 존 채피(John Chaffee), op. cit., pp.3~9·166~181.

9 프레드릭 모트(Frederick W. Mote), "Introduction(서언)", 프레드릭 모트·데니스 트위체트(Denis Twitchett) 편, *The Cambridge History of China*(케임브리지 중국사-명대, 1368~1644) vol.7, part1, Cambridge : Cambridge University Press, 1988, pp.6~7.

10 이오나 만청(Iona Man-cheong)의 *The Class of 1761 : Examinations, State, and Elites in*

    Eighteenth-Century China(1761년의 계층-18세기 중국의 시험, 국가, 그리고 엘리트),
    Stanford, CA : Stanford University Press, 2004에서는 25번의 은과(恩科)가 시행되었음
    을 지적하고 있다.

11   윈스턴 로(Winston Lo), op. cit., pp.19~22·217~118; 토마스 메츠거(Thomas Metzger),
    The Internal Organization of Qing Bureaucracy(청대 관료 제도의 내부 조직), Cam-
    bridge, MA : Harvard University Press, 1973, pp.397~417.

12   수잔 나퀸(Susan Naquin)·이블린 러스키(Evelyn Rawski), *Chinese Society in the
    Eighteenth Century*(18세기 중국 사회), New Haven, CT : Yale University Press, 1987,
    pp.106~114·123~127·224~225.

13   윌리엄 스키너(G. William Skinner), 「도론-중국 사회의 도시와 농촌(Introduction : Ur-
    ban and Rural in Chinese Society)」, 윌리엄 스키너 편, *The City in Late Imperial China*(명
    청시대 중국의 도시), Stanford, CA : Stanford University Press, 1977, p.272면.

14   타일만 그림(Tilemann Grim), 「광동(廣東)의 학교와 도시 체계(Academies and
    Urban Systems in Kwangtung)」, 윌리엄 스키너(G. William Skinner) 편, op. cit.,
    pp.487~490·496~498.

15   윌리엄 스키너(G. William Skinner), 「도시와 지역 시스템의 위계(Cities and the Hierar-
    chy of Local Systems)」, 윌리엄 스키너 편, op. cit., pp.338~339.

16   윌리엄 스키너(G. William Skinner), 「도론-중국 사회의 도시와 농촌(Introduc-
    tion : Urban and Rural in Chinese Society)」, 윌리엄 스키너 편, op. cit., pp.19~20.

17   ibid., pp.21~23.

18   로버트 옥스남(Robert Oxnam), *Ruling from Horseback : Manchu Politics in the Oboi
    Regency, 1661~1669*(말 등 위의 통치-오보이 섭정기의 만주족 정치(1661~1669)),
    Chicago : University of Chicago Press, 1975, pp.84~89; 로렌스 케슬러(Lawrence
    Kessler), *K'ang-hsi and the Consolidation of Qing Rule*(강희제와 청 지배의 강화), Chi-
    cago : University of Chicago Press, 1976, pp.154~158; 윌리엄 에어즈(William Ayers),
    Chang Chih-tung and Educational Reform in China(장지동(張之洞)과 중국의 교육 개
    혁), Cambridge, MA : Harvard University Press, 1971, pp.44~50.

19   존 채피(John Chaffee), op. cit., pp.19~56; 허빙디(Ping-ti Ho, 何炳棣), op. cit.,
    pp.222~254.

20   엘먼(Elman), 「중국 명청시기 제국의 정치와 유교 사회-한림원(翰林院)과 동림당(東
    林黨)(Imperial Politics and Confucian Societies in Late Imperial China : The Hanlin and
    Donglin Academies)」, 『*Modern China*』 15 no. 4, 1989, 387~393면.

21   존 메스킬(John Meskill), "Academies in the Ming Dynasty(명대의 학교)", 찰스 허커
    (Charles O. Hucker) 편, *Chinese Government in Ming Times : Seven Studies*(명대 중국
    의 통치-일곱 가지 연구), New York : Columbia University Press, 1969, pp.66~138; 미
    조구치 유조(溝口雄三), 「소위 동림파 인사의 사상(いわゆる東林派人士の思想)」, 『東
    洋文化研究所紀要』 75, 1978, 111~341면; 오노 카즈코(小野和子), 「동림당고(東林

黨考)」1, 『東方學報』 52, 1980, 563~594면; 「동림당고(東林黨考)」2, 『東方學報』 55, 1983, 307~315면.

22 QBLC, 21.85면.

23 MS, 3/1724~1725면; 윌리엄 로우(William Rowe), "Success Stories : Lineage and Elite Status in Hanyang County, Hupeh, c. 1368~1949)(성공 사례-호북(湖北) 한양부(漢陽府)의 혈통과 엘리트 지위(1368~1949))", 조지프 에셔릭(Joseph Esherick)·메리 랜킨(Mary Rankin) 편, *Chinese Local Elites and Patterns of Dominance*(중국 현지 엘리트와 지배 패턴), Berkeley : University of California Press, 1990), pp.51~81.

24 세오 다쓰히코(妹尾達彦), 「당대 과거 제도와 장안의 합격 의례(唐代の科擧制度と長安の合格儀禮)」, 『율령제-중국·조선의 법과 국가(律令制-中国朝鮮の法と国家)』, 東京 : 汲古書院, 1986, 239~274면.

25 데니스 트위체트(Denis Twitchett), *The Birth of the Chinese Meritocracy : Bureaucrats and Examinations in T'ang China*(중국 능력주의의 탄생-당대 관료와 시험), London : China Society Occasional Papers, 1974, p.12; 로버트 하임즈(Robert Hymes), *Statesmen and Gentlemen : The Elite of Fu-chou, Chiang-hsi, in Northern and Southern Sung*(정치가와 신사-북송 및 남송시대 강서(江西) 무주(撫州)의 엘리트), Cambridge : Cambridge University Press, 1987, pp.29~30; 존 채피(John Chaffee), op. cit., pp.23~24 참조.

26 XWXTK, 41.3185면.

27 위의 책, 41.3185면.

28 ZYKSJ, 1.29~30면.

29 올리버 무어(Oliver J. Moore), *Rituals of Recruitment in Tang China*(당대의 인재 등용 의례), Leiden : E. J. Brill, 2004, pp.181~229.

30 상연류(Sheang [Shang] Yen-liu, 商衍鎏), 엘렌 클렘프너(Ellen Klempner) 역, 「중국 과거 제도의 기억(Memories of the Chinese Imperial Civil Service Examination System)」, 『*American Asian Review*』 3 no.1, 1985, 54~56면; 빅터 퍼셀(Victor Purcell), *Problems of Chinese Education*(중국 교육의 문제점), London : Kegan, Paul, Trench, Trubner, 1936, pp.27~28에서는 만청(晚淸)시기 지방 시험의 고전 및 시 문제에 관해 서술하고 있다.

31 오무라 코도(大村興道), 「청대 교육사상사에 있어서 『성유광훈(聖諭廣訓)』의 지위에 대하여(清朝教育思想史に於ける『聖諭広訓』の地位について)」, 하야시 토모하루(林友春) 편, 『근세중국교육사연구(近世中國教育史研究)』, 東京 : 國土社, 1958, 233~246면; 미야자키 이치사다(宮崎 市定), 콘래드 쉬로카우어(Conrad Schirokauer) 역, *Examination Hell*(시험 지옥), New Haven, CT : Yale University Press, 1976, p.23 참조.
[옮긴이 주] 이 책의 우리말 번역본으로는 전혜선 역, 『과거, 중국의 시험지옥』, 역사비평사, 2016이 있다.

32 빅터 메어(Victor Mair), 「「성유(聖諭)」의 서면 대중화에 나타난 언어와 이데올로기

(Language and Ideology in the Written Popularizations of the Sacred Edict)」, PCLIC, 325~359면.

33 존 다디스(John Dardess), *A Ming Society : T'ai-ho County, Kiangsi, in the Fourteenth to Seventeenth Centuries*(명대의 사회집단−14~17세기 강서(江西) 태화현(泰和縣)), Berkeley : University of California Press, 1996, pp.146~149.

34 *ECCP*, p.788.

35 『양절학정(兩浙學政)』(1610년본), 2b~5b・23b~25a면.

36 *ETPLIC*, pp.150~153.

37 RZLJS, 17.392~97면; 마키노 타츠미(牧野巽), 「고염무의 생원론(顧炎武の生員論)」, 하야시 토모하루(林友春) 편, 『근세중국교육사연구(近世中國敎育史硏究)』, 東京 : 國土社, 1958, 221~229면; 이러한 면제는 1720년대 옹정제 치하에서 중단되었지만 건륭 연간에 복원되었다.

38 MS 3/1680~1681면; 허빙디(Ping-ti Ho, 何炳棣), op. cit., p.177 (〈표 20〉).

39 레이 황(Ray Huang, 黃仁宇), *Taxation and Governmental Finance in Sixteenth-Century Ming China*(16세기 명대 중국의 조세 및 정부 재정), Cambridge : Cambridge University Press, 1974, pp.313~323; 황칭롄(黄清連), 「명대 이갑제도와 응천부에서의 시행(明代の里甲制度及其在応天府的施行)」, 『中央硏究院歷史語言硏究所集刊』 54, 臺灣中央硏究院, 1983, 103~155면.

40 HCXWXTK, 8452~8453면.

41 토마스 리(Thomas Lee), 「송대 과거 제도에서 정원제의 사회적 의의(The Social Significance of the Quota System in Song Civil Service Examinations)」, 『*Journal of the Institute of Chinese Studies*(中國文化硏究所學報)』 13, Chinese University of Hong Kong; 香港中文大學, 1982, 287~318면.

42 볼프람 에버하르트(Wolfram Eberhard), *Social Mobility in Traditional China*(전통시기 중국의 사회적 이동), Leiden : E. J. Brill, 1962, 22~23면; 윈스턴 로(Winston Lo), op. cit., pp.22~34; 프레드릭 웨이크먼 주니어(Frederic Wakeman Jr.), *The Fall of Imperial China*(중화제국의 몰락), New York : Free Press, 1975, p.22.36n7.

43 왕오(王鏊, 1450~1524), 『진택장어(震澤長語)』, 臺北 : 商務印書館, 1965, A.20면; 마틴 하이드라(Martin Heijdra), 앞의 글, 437면 참고.

44 RZLJS, 17.392~97면; 허빙디(Ping-ti Ho, 何炳棣), op. cit., pp.173~183; 미추 빈스(Mi Chu Wiens), 「영주와 농민. 16~18세기(Lord and Peasant. The Sixteenth to the Eighteenth Century)」, 『*Modern China*』 6 no.1, 1980, 9~12면.

45 뤼먀오펀(呂妙芬), 『양명학사인사군(陽明學士人社群)』, 臺北 : 中央硏究院近代史硏究所, 2003.

46 존 채피(John Chaffee), op. cit., pp.35~41.

47 와다 마사히로(和田正広), 「명대 거인층의 형성에 관한 일고찰(明代擧人層の形成過程に関する一考察)」, 『史學雑誌』 83 no.3, 1978, 36~71면; 특히 43면 참고.

48 고공섭(顧公燮), 『소하한기적초(消夏閑記摘抄)』(1797년경 본) 5 二集, 『함분루비급 (涵芬楼秘笈)』, 上海: 商務局印書館, 1917, B. 2a면.

49 프레드릭 웨이크먼 주니어(Frederic Wakeman Jr.), 앞의 책, 21~23면 및 미야자키 이치 사다(宮崎 市定), *Examination Hell*(시험 지옥), 121~122면; 미야자키는 명대와 청대 의 시험을 모두 그의 추정치에 포함시켰다. 앨런 바(Allan Barr), 「포송령과 청대 과거 제도(Pu Songling and the Qing Examination System)」, 『*Late Imperial China*』 7 no. 1, 1986, 92~103면 참조.

50 장중리(Chung-li Chang, 張仲禮), 앞의 책, 168면; 불록(T. L. Bullock), "Competitive Examinations in China(중국의 경쟁 시험)", 제임스 노울스(James Knowles) 편, *Nineteenth Century* (*London*)(19세기 (런던)), 36, 1894, p. 91.

51 존 채피(John Chaffee), op. cit., pp. 30~34.

52 와다 마사히로(和田正広), 앞의 글, 38~39면.

53 위의 글, 37~63면.

54 와타리 마사미즈(渡昌弘), 「명초의 과거제 부활과 감생(明初の科擧復活と監生)」, 『集 刊東洋学』 49, 1983, 19~36면; 존 채피(John Chaffee), op. cit., pp. 30~31.

55 존 다디스(John Dardess), op. cit., pp. 142~146·160~161.

56 존 채피(John Chaffee), op. cit., pp. 108~113.

57 MS 3/1675~76·1677~1679·1682,·1713면; QSG, 11/3108면; 칼 비트포겔(Karl Wittfogel), "Public Office in the Liao Dynasty and the Chinese Examination System(요 의 관직과 중국의 시험 제도)", *HJAS* 10, 1947, pp. 38~39.

58 MS, 3/1717면.

59 존 다디스(John Dardess), op. cit., 158면.

60 MS, 3/1680·3/1715·1717면; 존 다디스(John Dardess), op. cit., pp. 146~149.

61 타일만 그림(Tilemann Grimm), 「명대의 교육 감독관(Ming Education Intendants)」, 찰 스 허커(Charles O. Hucker) 편, op. cit., pp. 130~139.

62 MS, 2/882·3/1686면; 우즈허(吳智和), 『명대의 유학 교관(明代的儒學教官)』, 臺 北: 學生書局, 1991, 19~20·267~269면; 존 다디스(John Dardess), op. cit., p. 161.

63 HMGJK, 1.40a면; MS, 69.1679~1680면; 우즈허(吳智和), 앞의 책, 25~32면; 타이 로이 마(Tai-loi Ma, 馬泰來), 「명대 중국의 지역 교관(The Local Education Officials of Ming China, 1368~1644)」, 『*Oriens Extremus*』 22 no. 1, 1975, 11~27면 참고.

64 타이로이 마(Tai-loi Ma, 馬泰來), 앞의 글, 17~21면; 우즈허(吳智和), 앞의 책, 26~ 28·80~93·256~257면.

65 여곤(呂坤), 「교관제도(教官之制)」, MDJYLZX, 532~536면.

66 아라키 토시카즈(荒木敏一), 「옹정시대의 교관 개혁(雍正時代に於ける學臣制の改 革)」, 『옹정시대 연구(雍正時代の研究)』, 京都: 同朋舍, 1986, 503~518면.

67 MS, 3/1688면.

68 『절강향시록(浙江鄉試錄)』, 1549, 1a~6b면.

69 『절강향시록(浙江鄕試錄)』, 1567, 1a~6b면.

70 HMGJK, 1.41a면.

71 ZYKSJ, 33면; MS, 3/1698~1699면.

72 HMGJK, 1.43b~44a면;『회시록(會試錄)』, 1502, 1a~4b면; MDDKLHB vol.5도 볼 것.

73 ZYKSJ, 1.11~33면.

74 DML, 3.18b~19b면; QBLC, 21.1면; ZYKSJ, 4.137면.

75 소첩춘(邵捷春) 편, 앞의 책, 5.15a면;『복건향시록(福建鄕試錄)』, 1552, 17a면; MD-DKLHB, 12/6015면.

76 *DMB*, 807~808면.

77 이지(李贄)의 논평은『주자어류(朱子語類)』가운데 주희(朱熹)의 발언을 언급한 것이다.『주자어류』(1473년본의 영인본), 臺北 : 中正書局, 1970, 116.14a면.

78 이지(李贄),『속분서(續焚書)』66(卷2), 北京 : 中華書局, 1975.

79 해롤드 칸(Harold Kahn), *Monarchy in the Emperor's Eyes : Image and Reality in the Ch'ien-lung Reign*(황제의 눈에 비친 군주제-건륭 연간의 이미지와 현실), Cambridge, MA : Harvard University Press, 1971, pp.115~181.

80 허빙디(Ping-ti Ho, 何炳棣), op. cit., p.189.

81 와다 마사히로(和田正広), 앞의 글, 69면.

82 야마모토 타카요시(山本隆義),「원대의 한림학사에 관하여(元代に於ける翰林學士院について)」,『東方學』11, 1955, 81~99면.

83 MS, 3/1695면; 아담 루이(Adam Y. C. Lui), *The Hanlin Academy : Training Ground for the Ambitious(1644~1850)*(한림원-야망을 위한 훈련장(1644~1850)), Hamden, CT : Shoe String Press, Archon Books, 1981.

84 제리 데너린(Jerry Dennerline), *The Chia-ting Loyalists : Confucian Leadership and Social Change in Seventeenth-Century China*(가정제의 충신들-17세기 중국의 유교적 리더십과 사회적 변화), New Haven, CT : Yale University Press, 1981, pp.18~21.

85 피터 디트만슨(Peter Ditmanson),「지적 계보와 명대 초기의 조정(Intellectual Lineages and the Early Ming Court)」,『Papers on Chinese History』5, 1996, 1~17면.

86 『국조역과한림관과(國朝歷科翰林館課)』(1603년본), 곳곳 참조.

87 해당 논평에 관해서는 MS 3, 1702면; ZYKSJ, 4.131~132면 참고.

88 호윈이(Ho Yun-yi, 賀允宜),『명대 초기 예부 및 교외 제사(*The Ministry of Rites and Suburban Sacrifices in Early Ming*, 明初的禮部及郊祀)』, 臺北 : 雙葉書廊, 1980, 60~75면; 베아트리체 바틀렛(Beatrice Bartlett), *Monarchs and Ministers : The Grand Council in Mid-Qing China, 1723~1820*(군주와 각료-중국 청대 중기의 군기처, 1723~1820), Berkeley : University of California Press, 1991, pp.2·7·17~64.

89 오토 베켈바흐 폰 데르 스프렝켈(Otto Berkelbach von der Sprenkel),「명대의 고위 관료들-명사(明史)의「칠경연표(七卿年表)」에 대한 기록(High Officials of the Ming : A Note on the Ch'i Qing Nien Piao of the Ming History)」,『*Bulletin of the School of Orien-*

tal and African Studies』14, 1952, 98~99면.

90 호윈이(Ho Yun-yi, 賀允宜), 앞의 책, 16면; 구훙팅(Ku Hung-ting, 古鴻廷), 「중국 청대 고위 관리의 승진 이동 패턴, 1730~1796(Upward Career Mobility Patterns of High-Ranking Officials in Qing China, 1730~1796)」, 『*Papers on Far Eastern History*』 29, 1984, 45~66면.

91 호윈이(Ho Yun-yi, 賀允宜), 앞의 책, 16~19면; 아담 루이(Adam Y. C. Lui), 앞의 책, 29 ~44면.

92 ZYKSJ, 4.131~132면.

93 장중루(章中如), 『청대 시험 제도(淸代考試制度)』, 上海 : 黎明書局, 1931, 41~42면.

94 DML, 1.6a~8a면.

95 QSG, 11/3099~3100면.

96 DML, 1.3a~6a · 1.15b~16a면; QBLC, 21.8면.

97 ZYC (1733년본), 8.1a~5b면.

98 앞의 책, 8.1a~10a면; DML, 1.16a면.

99 프레드릭 웨이크먼(Frederic Wakeman Jr.), 앞의 책, 1129~1135면; 존 윌리엄스(John Williams), 「사정거리 안의 영웅들－시험 관리, 장강 삼각주, 그리고 청 제국의 강화 (Heroes within Bowshot : Examination Administration, the Lower Yangzi Delta, and the Qing Consolidation of Empire)」, 『*Late Imperial China*』30 no.1, 2009, 48~84면.

100 『회시록(會試錄)』, 1658 : 1a~2b면.

101 프레드릭 웨이크먼(Frederic Wakeman Jr.), 앞의 책, 886~890면.

102 DML, 1.10b~13a면; 한스 비엘렌슈타인(Hans Bielenstein), "Chinese Historical Demography, AD 2~1982(중국 역사 인구통계, AD 2~1982)", *Bulletin of the Museum of Far Eastern Antiquities* 59, 1967, pp.6·28; 왕청몐(Wang Chen-main, 王成勉), *The Life and Career of Hung Ch'ung-Ch'ou, 1593~1665*(홍승주(洪承疇)의 생애와 경력, 1593~1665), Tucson : University of Arizona Press, 2000; QBLC, 21.9·21.127면; 존 윌리엄스(John Williams), op. cit., pp.62~72 참조.

103 DML, 1.1a~3a·1.14a~15b면; 만캄룽(Man-kam Leung), 「중국 청대 북경과 수도권 지역의 몽골어 및 시험(1644~1911)(Mongolian Language and Examinations in Beijing and Other Metropolitan Areas during the Manchu Dynasty in China (1644~1911))」, 『*Canada-Mongolia Review*』1, 1975, 29~44면; 로버트 옥스남(Robert Oxnam), op. cit., pp.122~124.

104 파멜라 크로슬리(Pamela Crossley), "Structure and Symbol in the Role of the Ming-Qing Foreign Translation Bureaus(Siyiguan)(명청시기 사역관(四譯館) 기능의 구조와 상징)", *Central and Inner Asian Studies* 5, 1991, pp.38~70.

105 DML, 1.9b~10a면.

106 위의 책, 6.10b면.

107 QSG, 11/3169면; HGXWXTK, 1/8424~8425·8429·8433·8440·8447·8450면.

108 *ECCP*, p.158.

109 [옮긴이 주] 붕민은 명청시대에 사천성, 섬서성, 복건성, 절강성, 강서성, 호남성, 광동성의 주변 산악지대로 숨어 들어가 살던 일종의 유민들을 가리킨다. 산과 계곡에 의지해 나무를 베어다 얽어 만든 집에서 살았기에 막사 같은 것을 가리키는 붕(棚) 자를 써서 붕민이라 불렸다.

110 주황(周煌, 1785년 졸),『강서학정주(江西學政奏)』, 이회초건(移會抄件), 1762.8.19(臺灣 中央研究院 明清檔案). 붕민의 정원에 관해서는 LBYH, 1763, 4월을 볼 것.

111 『광서학정주(廣西學政奏)』, 이회초건(移會抄件), 1767.7, 여기에는 7월 28일조의 상주문이 포함되어 있다.

112 『예부이회내각주접(禮部移會內閣奏摺)』, 1785.1.26.

113 윌리엄 로우(William Rowe), "Education and Empire in Southwest China(중국 서남부의 교육과 제국)", *ESLIC*, pp.421~433.

114 HCXWXTK, 8438면.

115 QDDQHDSL, 348.1a~b・348.5a~b・350.2b・370.1a~b면; 황광량(黃光亮),『청대 과거 제도 연구(淸代科擧制度之硏究)』,臺北 : 嘉新水泥公司文化基金會, 1976, 377~425면; 허빙디(Ping-ti Ho, 何炳棣), op. cit., pp.179~181.

116 로렌스 케슬러(Lawrence Kessler), 앞의 책, 30~39면; 로버트 옥스남(Robert Oxnam), 앞의 책, 87~88・101~108면.

117 QSG, 11/3157~3158면.

118 「안휘학정제본(安徽學政題本)」, 1765, 7월 26일(臺灣 中央研究院 明清檔案).

119 DML, 3.19b~20a면.

120 QSG 11, 3099・3158~3159면; 허빙디(Ping-ti Ho, 何炳棣), op. cit., p.189.

제4장

1 네글리 하트(Negley Harte), *The University of London, 1836~1986*(런던대학교, 1836년부터 1986년까지), London : Athlone Press, 1986.

2 데이비드 니비슨(David Nivison), "Protest against Conventions and Conventions of Protest(관습에 대한 저항과 저항의 관습)", 아서 라이트(Arthur Wright) 편, *The Confucian Persuasion*(유교 신앙), Stanford, CA : Stanford University Press, 1960, pp.177~201; 윌러드 피터슨(Willard Peterson), *Bitter Gourd : Fang I-chih and the Impetus for Intellectual Change*(쓴 조롱박 — 방이지(方以智)와 지적 변화의 자극제), New Haven, CT : Yale University Press, 1979, pp.44~63.

3 *ETPLIC*, pp.145~206.

4 비버리 보시에(Beverly Bossier), 「중국 송대 여성의 문해력 — 예비조사(Women's Literacy in Song Dynasty China : Preliminary Inquiries)」, 톈위칭(田餘慶) 외편, 『덩광밍 교수

구순기념논문집(慶祝鄧廣銘教授九十華誕論文集)』, 石家莊 : 河北教育出版社 Shiji-azhuang, 1997, 322~352면.

5   슝빙전(Ping-chen Hsiung, 熊秉眞),「구성된 감정 – 명청시대 중국의 모자간 유대감 (Constructed Emotions : The Bond between Mothers and Sons in Late Imperial China)」, 『*Late Imperial China*』 15 no.1, 1994, 97~99면; *CPK*, pp.57~59; 도로시 코(Dorothy Ko, 高彦頤), *Teachers of the Inner Chambers*(규방의 교사들), Stanford, CA : Stanford University Press, 1994, pp.29~67; 수잔 만(Susan Mann), *Precious Records : Women in China's Long Eighteenth Century*(귀중한 기록들 – 중국 18세기의 여성), Stanford, CA : Stanford University Press, 1997 참조.

6   패트리샤 에버리(Patricia Ebrey), *The Inner Quarters : Marriage and the Lives of Chinese Women in the Sung Period*(송대 중국 여성의 내실 – 결혼과 생활), Berkeley : University of California Press, 1993, pp.21~44.

7   HMGJK, 1.104a면; 아서 스미스(Arthur H. Smith), *Chinese Characteristics*(중국인의 성격), Port Washington, NY : Kennikat Press, 1894, 28면.

8   모리스 프리드먼(Maurice Freedman), *Chinese Lineage and Society : Fukien and Kwang-tung* (중국의 혈통과 사회 – 복건(福建)과 광동(廣東)), London : Athlone Press, 1971, pp.68~96; 1720년대에는 법적 특권이 없어졌다. 윌리엄 루어(William Roure), *China's Last Empire*(중국의 마지막 왕조), Cambridge, MA : Harvard University Press, 2009, p.114. 이러한 특권들은 건륭제 치하에서 부활되었다.

9   *CPK*, pp.22~25·52~59.

10 조지프 에셔릭(Joseph Esherick)·메리 랜킨(Mary Rankin) 편, *Chinese Local Elites and Patterns of Dominance*(중국 현지 엘리트와 지배 패턴), Berkeley : University of Califor-nia Press, 1990; 존 다디스(John Dardess), *A Ming Society : T'ai-ho County, Kiangsi, in the Fourteenth to Seventeenth Centuries*(명대의 사회집단 – 14~17세기 강서(江西) 태화현(泰和縣)), Berkeley : University of California Press, 1996, p.70.

11 *CPK*, pp.36~73; 힐러리 비티(Hilary Beattie), *Land and Lineage in China : A Study of T'ung-ch'eng County, Anhwei, in the Ming and Qing Dynasties*(중국의 토지와 혈통 – 명청시대 안휘성(安徽) 동성현(桐城縣) 연구), Cambridge : Cambridge University Press, 1979, 곳곳 참고; 해리엇 준도르퍼(Harriet Zurndorfer),「지역 혈통과 지역 발전 – 800~1500년 휘주(徽州) 휴녕현(休寧縣) 범씨(范氏) 사례 연구(Local Lineages and Local Development : A Case Study of the Fan Lineage, Hsiu-ning hsien, Hui-chou, 800~1500)」, 『*T'oung Pao*』 70, 1984, 18~59면 참조.

12 조지프 맥더모트(Joseph McDermott),「중국 남동부의 토지, 노동 및 혈통(Land, Labor, and Lineage in Southeast China)」, 송원명 전환기 학술회의(Song-Yuan-Ming Transi-tions Conference) 발표논문(Lake Arrowhead, CA), 1997, 15·1~32면.

13 패트리샤 에버리(Patricia Ebrey)·제임스 왓슨(James Watson) 편, *Kinship Organiza-tion in Late Imperial China 1000~1940*(중화제국 후기의 친족 조직, 1000~1940년),

Berkeley : University of California Press, 1986; 힐러리 비티(Hilary Beattie), op. cit., p.51; 카이윙 초우(Kai-wing Chow, 周佳榮), "Discourse, Examination, and Local Elite : The Invention of the T'ung-ch'eng School in Qing China(담론, 시험, 그리고 지역 엘리트-중국 청대 동성파의 발견)", *ESLIC*, pp.197~205.

14 데이비드 웨이크필드(David Wakefield), *Fenjia : Household Division and Inheritance in Qing and Republican China*(분가-청대 및 민국시기 가계 분할과 상속), Honolulu : University of Hawai'i Press, 1998; *CPK*, pp.6~15.

15 *CPK*, pp.xix.

16 데니스 트위체트(Denis Twitchett), "The Fan Clan's Charitable Estate, 1050~1760(범씨(范氏) 문중의 자선 재산, 1050~1760)", 데이비드 니비슨(David S. Nivison)·아서 라이트(Arthur Wright) 편, *Confucianism in Action*(실천하는 유교), Stanford, CA : Stanford University Press, 1959, pp.122~123; 루비 왓슨(Rubie Watson), *Inequality among Brothers : Class and Kinship in South China*(형제간의 불평등-중국 남방의 계층과 친족), Cambridge : Cambridge University Press, 1985, pp.7·98·105·175.

17 오쿠보 에이코(大久保 英子), 『명청시대 서원 연구(明清時代書院の研究)』, 東京 : 國書刊行會, 1976, 339~349면; 안젤라 키체 룽(Angela Ki Che Leung, 梁其姿), "Elementary Education in the Lower Yangtzu Region in the Seventeenth and Eighteenth Centuries(17~18세기 양자강 하류 지역의 초등교육)", *ESLIC*, pp.382~391; 윌리엄 로우(William Rowe), "Education and Empire in Southwest China : Ch'en Hung-mou in Yunnan, 1733~1738(중국 서남부의 교육과 제국-운남(雲南)의 진굉모(陳宏謀), 1733~1738)", *ESLIC*, pp.427~443.

18 *EPLCC*, pp.28~32·85~88.

19 데이비드 존슨(David Johnson), 「명청시기 중국의 의사소통, 계급, 의식(Communication, Class, and Consciousness in Late Imperial China)」, PCLIC, 59면에서는 다음과 같이 추정하였다. 청대에는 고전 교육을 받은 평민 남성이 최소 500만 명, 또는 1800년에는 성인 남성 인구의 약 5%, 1700년에는 10%였다. 명대에는 사립학교가 덜 보편적이었기에 그 비율이 더 낮았다. 오쿠보 에이코(大久保 英子), 앞의 책, 78~85면 참고.

20 크랙(E. A. Kracke), "Family vs. Merit in Chinese Civil Service Examinations during the Empire(전통시기 중국 공직 시험에서의 가문 대 공적)", *HJAS* 10, 1947, 103~123면; 허빙디(Ping-ti Ho, 何炳棣), *The Ladder of Success in Imperial China*(전통시기 중국의 성공의 사다리), New York : Wiley and Sons, 1962, pp.70~125, 특히 114면의 〈표 10〉; 로버트 하임즈(Robert Hymes), *Statesmen and Gentlemen : The Elite of Fu-chou, Chiang-hsi, in Northern and Southern Sung*(정치가와 신사-북송 및 남송시대 강서(江西) 무주(撫州)의 엘리트), Cambridge : Cambridge University Press, 1987, pp.34~48.

21 에티엔 발라즈(Etienne Balazs), 라이트(H. M. Wright) 역, *Chinese Civilization and Bureaucracy*(중국의 문명과 관료제), New Haven, CT : Yale University Press, 1964, pp.6~7; 피에르 브르디외(Pierre Bourdieu)·쟝 클로드 파스롱(Jean-Claude Passeron),

리차드 나이스(Richard Nice) 역, *Reproduction in Education, Society, and Culture*(교육, 사회 및 문화의 재생산), Beverly Hills, CA : Sage, 1977, pp.141~167.

22 케네스 록리지(Kenneth Lockridge), *Literacy in Colonial New England. An Enquiry into the Social Context of Literacy in the Early Modern West*(식민지 뉴잉글랜드의 문해력. 근대 초기 서구 문해력의 사회적 맥락에 관한 연구), New York : Norton, 1974, pp.3~7; 피에르 브르디외(Pierre Bourdieu)・쟝 클로드 파스롱(Jean-Claude Passeron), op. cit., pp.1~27.

23 볼프람 에버하르트(Wolfram Eberhard), *Social Mobility in Traditional China*(전통시기 중국의 사회적 이동), Leiden : E. J. Brill, 1962, pp.22~23; *CPK*, p.45.

24 육심(陸深, 1477~1544), 「과장조관(科場條貫)」, 심절보(沈節甫) 편, 『기록회편(記錄匯編)』(명말본의 영인본), 上海 : 商務印書館, 1938, 136.4a면.

25 왕위취안(Yuquan Wang, 王毓銓), 「명대 노역 제도의 몇 가지 두드러진 특징(Some Salient Features of the Ming Labor Service System)」, 『Ming Studies』 21, 1986, 1~44면.

26 에드워드 파머(Edward Farmer), "Social Regulations of the First Ming Emperor(명 초대 황제의 사회 법규)", 류광징(Kwang-ching Liu, 劉廣京) 편, *Orthodoxy in Late Imperial China*(중국 명청시대의 정통), Berkeley : University of California Press, 1990, pp.116~123; 왕위취안(Yuquan Wang, 王毓銓), 앞의 글, 26~29면.

27 미추 빈스(Mi Chu Wiens), 「14~15세기의 재정 및 농촌 통제 시스템의 변화(Changes in the Fiscal and Rural Control Systems in the Fourteenth and Fifteenth Centuries)」, 『Ming Studies』 3, 1976, 53~69면.

28 레이 황(Ray Huang, 黃仁宇), *Taxation and Governmental Finance in Sixteenth-Century Ming China*(16세기 명대 중국의 조세 및 정부 재정), Cambridge : Cambridge University Press, 1974, pp.112~133; 리처드 폰 글란(Richard von Glahn), *Fountain of Fortune : Money and Monetary Policy in China, 1000~1700*(행운의 샘-중국의 화폐와 통화 정책, 1000~1700), Berkeley : University of California Press, 1996.

29 QDDQHDSL, 158.32면; 필립 쿤(Philip Kuhn), *Soulstealers : The Chinese Sorcery Scare of 1768*(영혼을 훔치는 사람들-1768년 중국 주술의 공포), Cambridge, MA : Harvard University Press, 1990, pp.34~36.
   [옮긴이 주] 후자의 우리말 번역본으로는 이영옥 역, 『영혼을 훔치는 사람들-1768년 중국을 뒤흔든 공포와 광기』, 책과함께, 2004가 있다.

30 존 다디스(John Dardess), *Confucianism and Autocracy : Professional Elites in the Founding of the Ming Dynasty*(유교와 독재-명대 건국의 직업적 엘리트들), Stanford, CA : Stanford University Press, 1983, pp.14~19; 허빙디(Ping-ti Ho, 何炳棣), op. cit., p.67.

31 대학사 부항(傅恒) 등의 상주문. LBTB, 1765년 5월.

32 QDDQHDSL, 381.1a~3a면; 칼 비트포겔(Karl Wittfogel), "Public Office in the Liao Dynasty and the Chinese Examination System(요의 관직과 중국의 시험 제도)", *HJAS*

10, 1947, 39면 참고.

33 QSG, 11/3150~3151면; MS, 3/1694면; HCXWXTK, 1/8423면; 제임스 류(James J. Y. Liu, 劉若愚), *The Art of Chinese Poetry*(중국 시의 예술), Chicago : University of Chicago Press, 1962, pp. 26~29.

34 QDHDSL, 381.8a~8b면.

35 허빙디(Ping-ti Ho, 何炳棣), op. cit., p. 71에서 "명대에는 결국 신분 이동을 초래한 많은 직업적 유동성이 있었다"고 주장한 것은 적절하다. 그러나 이러한 직업 유동성은 과거 시험 과정에 앞선 보조적인 것이었다. PELC, 19~21면도 볼 것.

36 허빙디(Ping-ti Ho, 何炳棣), op. cit., pp. 70~71.

37 『전시등과록(殿試登科錄)』, 1499, 9b면.

38 위의 책, 59~62면; 위즈자(于志嘉), 「명대 군호의 사회 지위에 대하여(明代軍戶の社會地位について)」, 『東洋學報』 71卷 3~4號, 1990, 3·122면.

39 로버트 하임즈(Robert Hymes), 앞의 글, 29~61면.

40 위즈자(于志嘉), 앞의 글, 91~129면.

41 CPK, pp. 52~54.

42 위즈자(于志嘉), 앞의 글, 106~121면.

43 후민(胡敏) 편, 『소주의 장원(蘇州壯元)』, 福州 : 福建人民出版社, 1996, 261~334면; ZYKSJ, 4.125면.

44 한스 비엘렌슈타인(Hans Bielenstein), "The Regional Provenance of Chin-shih during Ch'ing(청대 진사의 출신 지역)", *Bulletin of the Museum of Far Eastern Antiquities*, Stockholm 64, 1992, 17면.

45 이코마 쇼(生駒晶), 「명초 과거 합격자의 출신에 관한 일고찰(明初科擧合格者の出身に関する一考察)」, 『야마네 유키오 교수 퇴임 기념 명대사논총(山根幸夫教授退休記念明代史論叢)』, 東京 : 汲古書院, 1990, 45~71면; 뤼먀오펀(呂妙芬), 『양명학사인사군(陽明學士人社群)』, 臺北 : 中央硏究院近代史硏究所, 2003, 제1장.

46 필립 드 히어(Philip de Heer), *The Care-Taker Emperor : Aspects of the Imperial Institution in Fifteenth-Century China as Reflected in the Political History of the Reign of Chu Ch'i-yü*(보살피는 황제-주기옥(朱祁鈺) 통치 기간 정치사에 반영된 15세기 중화제국 제도의 양상), Leiden : E. J. Brill, 1986, 곳곳; 존 다디스(John Dardess), op. cit., pp. 105~106·110~111·144~145·167~169·202~203.

47 허빙디(Ping-ti Ho, 何炳棣), op. cit., p. 228(〈표 28〉). 복건 또한 청대에 전시 합격자가 대폭 감소했다.

48 한스 비엘렌슈타인(Hans Bielenstein), op. cit., pp. 6~178.

49 Ibid., pp. 17~18·30·32·33.

50 Ibid., pp. 21·30·77~78.

51 윌리엄 로우(William Rowe), op. cit., pp. 417~457.

52 단조 히로시(檀上寬), 「명대 남·북권의 사상적 배경(明代南北卷の思想的背景)」, 오

타니 나카오(Otani Nakao, 小谷 仲男) 외편, 『동아시아사의 전파와 지역차의 제양상(東アジア史における伝播と地方差の諸相)』, 富山, 五福 : 富山大学 人文学部, 1988, 55~66면.

53 오경재(吳敬梓), 양셴이(Yang Hsien-yi, 楊憲益)·글래디스 양(Gladys Yang, 戴乃迭) 역, 『유림외사(The Scholars)』, 北京 : 外文出版社, 1957, 17~18면; 폴 랍(Paul Ropp), *Dissent in Early Modern China*(근대 초기 중국의 반대론), Ann Arbor : University of Michigan Press, 1981, pp.61~75;

[옮긴이 주] 『유림외사』 제2회에 나오는 대목으로 원문은 다음과 같다. "原來明朝士大夫, 稱儒學生員叫做'朋友', 稱童生是'小友' / 比如童生進了學, 那怕十幾歲, 也稱爲'老友', 若是不進學, 就到八十歲, 也稱爲'小友'. 就如女兒嫁人 / 嫁時稱爲'新娘', 後來稱呼'奶奶', '太太', 就不叫'新娘'了 / 若是嫁與人家做妾, 就算到頭髮白了, 還要喚做'新娘'. 번역문은 역자가 원문에 근거해 다소 수정하였다.

54 소첩춘(邵捷春) 편, 『민성현서(閩省賢書)』(명말 판본), 1.38a~42a면.

55 QBLG, 21.25·21.38·21.42면.

56 1741년의 예에 관해서는 QDDQHDSL, 386.8b면 참고.

57 *ETPLIC*, pp.154~156.

58 QBLG, 21.95면; 『속증과장조례(續增科場條例)』(1855년본), 9a·27b~28a·40a~41a·50b~52b면.

59 GCGJKL, 1.30b면; QBLC, 21.67~68면.

60 LBTB, 1770년 10월 5일 자.

61 1784년 회시(會試)가 끝난 후 장존여(莊存與)가 작성한 상주문, LBTB, 1784년 3월 29일조 참고.

62 GCGJKL, 3.26b면.

63 아서 스미스(Arthur H. Smith), *Chinese Characteristics*(중국인의 성격), 29면; 옥센함(E. L. Oxenham), "Ages of Candidates at Chinese Examinations : Tabular Statement(중국 과거 시험 응시자의 연령 – 도표 형식 보고서)", *Journal of the China Branch of the Royal Asiatic Society*, n.s., 23, 1888, pp.286~287; 저스터스 두리틀(Justus Doolittle), *Social Life of the Chinese*(중국인의 사회생활), New York : Harper and Brothers, 1865, p.398 도 볼 것.

64 샤오궁취안(Hsiao Kung-chuan, 蕭公權), *Rural China : Imperial Control in the Nine-teenth Century*(중국 농촌 – 19세기 제국의 지배), Seattle : University of Washington Press, 1960, pp.67~72.

65 한스 비엘렌슈타인(Hans Bielenstein), op. cit., p.11.

1   1637년에 방이지(方以智, 1611~1671)가 쓴 「일곱 가지 해법(七解)」에서는 재력이 있
    는 청년에게 선택을 제시하는데, 그중 하나가 '거자(擧子)'이다. 윌러드 피터슨(Willard
    Peterson)의 *Bitter Gourd : Fang I-chih and the Impetus for Intellectual Change*(쓴 조
    롱박-방이지(方以智)와 지적 변화의 자극제), New Haven, CT : Yale University Press,
    1979, pp.44~47에 번역문이 수록되어 있다.

2   데이비드 니비슨(David Nivison), "Protest against Conventions and Conventions of
    Protest(관습에 대한 저항과 저항의 관습)", 아서 라이트(Arthur Wright) 편, *The Confu-
    cian Persuasion*(유교 신앙), Stanford, CA : Stanford University Press, 1960, 177~201면;
    월터 아벨(Walter Abell), *The Collective Dream in Art*(예술 속의 집단적 꿈), Cambridge,
    MA : Harvard University Press, 1957, pp.57~66.

3   상연류(Sheang [Shang] Yen-liu, 商衍鎏), 엘렌 클렘프너(Ellen Klempner) 역, "Memo-
    ries of the Chinese Imperial Civil Service Examination System(중국 과거 제도의 기억)",
    American Asian Review 3 no.1, 1985, p.52.

4   지그문트 프로이드(Sigmund Freud), 제임스 스트레이치(James Strachey) 역, *New Intro-
    ductory Lectures on Psychoanalysis*(정신 분석에 대한 새로운 입문 강의), New York : Nor-
    ton, 1964, pp.43~44.

5   로버트 헤겔(Robert Hegel), 「명청시기 백화문학의 수준별 독자층 구분-사례 연구(Dis-
    tinguishing Levels of Audiences for Ming-Qing Vernacular Literature : A Case Study)」,
    PCLIC, 125~126면; 폴 랍(Paul Ropp), *Dissent in Early Modern China*(근대 초기 중국
    의 반대론), Ann Arbor : University of Michigan Press, 1981, pp.18~32; 여기서는 '대중
    (popular)'이란 표현을 '비엘리트'보다는 '비공식'이란 의미로 사용하기로 한다.

6   브리지 밴스(Brigid Vance), 「명대 후기 백과사전에서 꿈의 텍스트화(Textualizing
    Dreams in a Late Ming Encyclopedia)」, PhD diss., Princeton University, 2012, 제1장;
    주디스 자이틀린(Judith Zeitlin), *Historian of the Strange : Pu Songling and the Chi-
    nese Classical Tale*(기이한 역사가-포송령과 중국 고전 설화), Stanford, CA : Stanford
    University Press, 1993, pp.132~181; 노래에 관해서는 존 채피(John Chaffee), *The
    Thorny Gates of Learning in Sung China*(송대 중국 배움의 가시밭길) 개정판, Albany,
    NY : SUNY Press, 1995, pp.177~181.

7   『당송과장이문록(唐宋科場異聞錄)』(1873년본의 복각본), 廣州 : 味經堂書坊本, 錢塘.

8   QDMKTL, 1.1a~19b면.

9   데이비드 니비슨(David Nivison), *The Life and Thought of Chang Hsueh-ch'eng(1738~
    1801)*(장학성(章學誠), 1738~1801)의 생애와 사상), Stanford, CA : Stanford University
    Press, 1966; *FPP*, pp.167~168; 데이비드 존슨(David Johnson), 「명청시기 중국의 의
    사소통, 계급, 의식(Communication, Class, and Consciousness in Late Imperial China)」,
    PCLIC, 50~67면.

10 톈루캉(T'ien Ju-k'ang, 田汝康), *Male Anxiety and Female Chastity : A Comparative Study of Chinese Ethical Values in Ming–Qing Times*(남성의 불안과 여성의 순결 – 명청시대 중국의 윤리적 가치 비교 연구), Leiden : E. J. Brill, 1988, pp.83~89; 마틴 황(Martin Huang, 黃衛總), *Literati and Self-Re-Presentation : Autobiographical Sensibility in the Eighteenth-Century Chinese Novel*(문인과 자기재현 – 18세기 중국 소설의 자전적 감성), Stanford, CA : Stanford University Press, 1995, pp.26~27.

11 존 다디스(John Dardess), 「명청시대 중국 상류층의 아동·청소년 관리(The Management of Children and Youth in Upper-Class Households in Late Imperial China)」, 1987년 옥시덴탈 칼리지 주최 미국역사학회 태평양연안 지부 여름학회 발표 논문(Pasadena, CA).

12 우한(吳晗), 『주원장전(朱元璋傳)』, 北京 : 三聯書店, 1949, 235면에서 재인용.

13 *ETPLIC*, 150~152면; 윌러드 피터슨(Willard Peterson), op. cit., pp.44~47; 잭 구디(Jack Goody), *The Interface between the Written and the Oral*(문어와 구어의 접점), Cambridge : Cambridge University Press, 1987, pp.59~77·86~91·234~243.

14 육세의(陸世儀, 1611~1672), QDQQJYLZX, 1/129~144면.

15 호이트 틸만(Hoyt Tillman), 「백과전서, 박학, 그리고 도학 유교(Encyclopedias, Polymaths, and Tao-hsueh Confucians)」, 『*Journal of Song-Yuan Studies*』 22, 1990~1992, 89~108면; 허버트 자일스(Herbert Giles) 역, 『삼자경(三字經) – 초급 한자(1910년본의 재판)(San Tzu Ching : Elementary Chinese(reprint of 1910 original))』, 臺北 : 文治出版社, 1984; 신시아 브로카우(Cynthia Brokaw)는 「명청시대 중국의 상업 출판 – 복건(福建) 사보(四堡)의 추(鄒)씨·마(馬)씨 가문의 사업(Commercial Publishing in Late Imperial China : The Zou and Ma Family Businesses of Sibao, Fujian)」, 『*Late Imperial China*』 17 no.1, 1996, 74면에서 명대 복건성(福建省)의 『삼자경(三字經)』의 수많은 판본에 주목한 바 있다.

16 도로시 코(Dorothy Ko, 高彦頤), *Teachers of the Inner Chambers*(규방의 교사들), Stanford, CA : Stanford University Press, 1994, p.128.

17 장즈궁(張志公), 『전통어문교육초탐(傳統語文敎育初探)』, 上海敎育出版社, 1962, 3~86면; 안젤라 키체 룽(Angela Ki Che Leung, 梁其姿), op. cit., pp.393~396; *EPLCC*, pp.136~139.

18 상연류(Sheang [Shang] Yen-liu, 商衍鎏), 앞의 글, 49~52면.

19 저스터스 두리틀(Justus Doolittle), *Social Life of the Chinese*(중국인의 사회생활), New York : Harper and Brothers, 1865, 377~378면; 존 헨리 그레이(John Henry Gray)는 *China : A History of the Laws, Manners and Customs of the People*(중국 – 민중의 법, 풍속, 관습의 역사), London : Macmillan, 1878, pp.167~168에서 1870년대 중국 학생들이 "수업내용을 기억에 담느라 교실에서 내는 떠들썩한 소리"를 설명한다.

20 *ETPLIC*, pp.391~392; 토마스 리(Thomas H. C. Lee, 李弘祺), 앞의 글, NCE, 130~131면.

21 왕균(王筠),「아동 교육법(教童子法)」, QDQQJYLZX, 3/484~492면.

22 하비 그라프(Harvey Graff), *The Legacies of Literacy : Continuities and Contradictions in Western Culture and Society*(문해력의 유산—서구 문화와 사회의 연속성과 모순), Bloomington : Indiana University Press, 1987, pp.10~11.

23 *FPP*, pp.252~253.

24 토마스 리(Thomas H. C. Lee, 李弘祺), 앞의 글, 131~132면.

25 첸춘쉰(T. H. Tsien, 錢存訓), *Written on Bamboo and Silk*(대나무와 비단에 글을 쓰다), Chicago : University of Chicago Press, 1962, p.24; 존 드프랜시스(John DeFrancis), *The Chinese Language : Fact and Fantasy*(중국어—사실과 환상), Honolulu : University of Hawai'i Press, 1984, pp.82~85; 호이트 틸만(Hoyt Tillman), 앞의 글, 94~98면.

26 왕창(王昶),『춘융당집(春融堂集)』1807년본, 68.9a~b면; 알렉산더 우드사이드(Alexander Woodside)・벤저민 엘먼(Benjamin Elman), "The Expansion of Education in Qing China(중국 청대 교육의 확대)", *ESLIC*, p.534.

27 당・송・원대 그리고 1370년부터 1786년까지 과거 시험 응시자들은 오경(五經) 중 하나를 전문적으로 공부했다. 그 후 1900년까지는 오경 모두에 통달해야 했다.

28 미야자키 이치사다(宮崎 市定), 콘래드 쉬로카우어(Conrad Schirokauer) 역, *China's Examination Hell*(중국의 시험 지옥), New Haven, CT : Yale University Press, 1981, p.16.
[옮긴이 주] 이 책의 우리말 번역본으로는 전혜선 역,『과거, 중국의 시험지옥』, 역사비평사, 2016이 있다.

29 상연류(Sheang [Shang] Yen-liu, 商衍鎏), 앞의 글, 52면.

30 『고금도서집성(古今圖書集成)』, 1728년 궁중 목판본 vol.606, H2.32a~34a면; 첸춘쉰(T. H. Tsien, 錢存訓), 앞의 책, 73~76면 참조.

31 『고금도서집성(古今圖書集成)』 vol.606, 112.34b면; 조너선 스펜스(Jonathan Spence), *The Memory Palace of Matteo Ricci*(마테오리치 기억의 궁전), New York : Viking Penguin, 1985, pp.156~157.
[옮긴이 주] 이 책의 우리말 번역본으로는 주원준 역,『마테오리치 기억의 궁전』, 이산, 1999이 있다.

32 왕균(王筠),「아동 교육법(教童子法)」, QDQQJYLZX, 486면.

33 덩쓰위(Ssu-yu Teng, 鄧嗣禹)・나이트 비거스태프(Knight Biggerstaff) 편, *An Annotated Bibliography of Selected Chinese Reference Works*(중국 참고서목 해제) 제2판, Cambridge, MA : Harvard University Press, 1971, pp.97~98; 관련 논의에 대해서는 제임스 류(James J. Y. Liu, 劉若愚), *The Art of Chinese Poetry*(중국 시의 예술), Chicago : University of Chicago Press, 1962, pp.146~150 참고.

34 『은과회시록(恩科會試錄)』, 1890, 27b면.

35 『채원배전집(蔡元培全集)』, 臺南 : 王家出版社, 1968, 462면; *ETPLIC*, pp.404~405.

36 조너선 스펜스(Jonathan Spence), op. cit., pp.3~4・140~141・160~161; 유지니오 메네곤(Eugenio Menegon),「천주교 사자경(天主聖敎四字經)—중국 명대 후기 외래 신앙

전파용 유교 패턴(The Catholic Four-Character Classic (Tianzhu Shengjiao Sizijing) : A Confucian Pattern to Spread a Foreign Faith in Late Ming China)」, Seminar paper, University of California, Berkeley, 1992; 프랜시스 예이츠(Francis Yates), *The Art of Memory*(기억의 예술), New York : Penguin, 1969 참조.

37 존 다디스(John Dardess), "The Cheng Communal Family : Social Organization and Neo-Confucianism in Yuan and Early Ming China(정씨(程氏) 공동체―중국 원대 및 명대 초기 사회 조직과 성리학)", *HJAS* 34, 1974, 7~53면.

38 테레사 켈러허(M. Theresa Kelleher), 「기본으로 돌아가기―주희(朱熹)의 초등 학습(小學)(Back to Basics : Zhu Xi's Elementary Learning(Hsiao-hsueh))」, NCE, 219~251면.

39 한대의 경학가들은 '육경(六經)'을 언급했다. 당송대에 경전은 종종 '칠경', '구경' 또는 '십삼경'으로 편성되었다. 원명대부터는 '오경'이 과거 시험의 핵심 '경서'가 되었다.

40 *FPP*, p.252.

41 *ETPLIC*, pp.153~156 · 346~350 · 376~377.

42 Ibid., pp.376~379.

43 Ibid., pp.64~85. 작문 입문서에 관해서는 장즈궁(張志公), 『전통어문교육초탐(傳統語文敎育初探)』, 上海敎育出版社, 1962, 87~92면 참고.

44 위의 책, 92~106면.

45 위의 책, 118~143면.

46 *ETPLIC*, pp.440~458.

47 Ibid., p.155.

48 장즈궁(張志公), 앞의 책, 118~134면.

49 로제 샤르티에(Roger Chartier)는 「동양에서 다시 찾은 구텐베르크(Gutenberg Revisited from the East)」, 『*Late Imperial China*』 17 no.1, 1996, 1~9면에서 명청시대의 읽기 및 쓰기 형태를 평가하기 위해 유럽의 문화 관습을 원용한다.

50 ZYCH, 1.10b면.

51 장학성(章學誠), 「논과몽학문법(論課蒙學文法)」, 『장씨유서(章氏遺書)』(영인본) 上, 海 : 商務印書館, 1936; 「보유(補遺)」 3a면.

52 장즈궁(張志公), 앞의 책, 139~143면; 작문에 대한 다른 견해들에 관해서는, ETPLIG, 447~449면 참고. 청대의 고전적 글쓰기 입문서에 대한 개괄로는, ETPLIG, 64~83면 참고.

53 왕균(王筠), 앞의 글, 485~486면.

54 *ETPLIC*, pp.458~461.

55 시어도어 후터스(Theodore Huters), "From Writing to Literature : The Development of Late Qing Theories of Prose(글쓰기에서 문학으로―청대 후기 산문 이론의 발전)", *HJAS* 47 no.1, 1987.

56 장학성(章學誠), 앞의 글, 1b~2a면.

57 데이비드 니비슨(David Nivison), 앞의 글, 195~201면.

58 탕즈쥔(湯志鈞) 외편, 『서한 경학과 정치(西漢經學與政治)』, 上海古籍出版社, 1994, 61~82면.

59 ZYKSJ, 1.4·1.10면; QSG, 11.3151~3152 참고.

60 『절강향시록(浙江鄉試錄)』, 1492, 16a~21a면.

61 HMGJK, 1.63b~64a면.

62 『회시록(會試錄)』, 1484; 1487, 6b; 1499, 5a~11b면.

63 HMGJK, 1.72b~73a면.

64 한스 판 에스(Hans van Ess), "Hu Hong's Philosophy(호굉(胡宏)의 철학)", 존 메이컴(John Makeham) 편, *Dao Companion to Neo-Confucian Philosophy*(성리학의 도(道) 동반자), New York : Springer, 2010, pp.105~106.

65 *ETPLIC*, p.210.

66 주이존(朱彝尊), 『폭서정집(曝書亭集)』, 上海 : 商務印書館, SBCK, 1919~1937, 60.10a~b면.

67 RZLJS 19, 471~473면; *FPP*, pp.150~156.

68 『국조양절과명록(國朝兩浙科名錄)』, 1857, 139a; ZYCH, 1.2a~2b면.

69 『강남향시록(江南鄉試錄)』, 1747, 26a면.

70 옹방강(翁方綱, 1733~1818), 「자서(自敍)」, 『석주시화(石洲詩話)』; 궈샤오위(郭紹虞) 편, 『청시화속편(清詩話續編)』, 上海古籍出版社, 1983, 1363면.

71 DML, 16.10a~12a면; 미야자키 이치사다(宮崎 市定), 앞의 책, 111~129면 참조.

72 양칭쿤(C. K. Yang, 楊慶堃), *Religion in Chinese Society*(중국 사회의 종교), Berkeley : University of California Press, 1967, pp.265~268; QMKCYWL, B.31a·B.53a~b면 참고.
[옮긴이 주] 이 책의 우리말 번역본으로는 중국명저독회 역, 『중국 사회 속의 종교』, 글을읽다, 2011가 있다.

73 앨런 바(Allan Barr), 「포송령과 청대 과거 제도(Pu Songling and the Qing [Ch'ing] Examination System)」, 『*Late Imperial China*』 7 no.1, 1986, 103~109면.

74 자크 제르네(Jacques Gernet), 프란시스쿠스 베렐렌(Franciscus Verellen) 역, *Buddhism in Chinese Society : An Economic History from the Fifth to the Tenth Centuries*(중국 사회의 불교-5세기부터 10세기까지의 경제사), New York : Columbia University Press, 1995, p.226; 랴오셴후이(Liao Hsien-huei, 廖咸惠), "Popular Religion and the Religious Beliefs of the Song Elite, 960~1276(대중 종교와 송대 엘리트의 종교적 신념, 960~1276)", PhD diss., University of California, Los Angeles, 2001; 줄리아 머레이(Julia K. Murray), 「공묘(孔廟)와 성현의 그림 전기(The Temple of Confucius and Pictorial Biographies of the Sage)」, 『*Journal of Asian Studies*』 55 no.2, 1996, 269~300면 참조.

75 테리 클리먼(Terry Kleeman), "Introduction(도언)", *A God's Own Tale : The Book of Transformations of Wenchang, the Divine Lord of Zitong*(신 자신의 이야기-재동제군(梓潼帝君) 문제화서(文帝化書)), Albany, NY : SUNY Press, 1994, 49, pp.73~75.

76 Ibid., pp. 290~291.

77 양칭쿤(C. K. Yang, 楊慶堃), op. cit., pp. 270~271.

78 QMKCYWL, A.14a·A.17a~b·B.13a면; 안젤라 키체 룽(Angela Ki Che Leung, 梁其姿), 『선행과 교화－명청시대의 자선 조직(施善與敎化 : 明淸的慈善組織)』, 臺北 : 聯經書局, 1997, 132~134면 참고.

79 관우는 처음에는 '공(公)'의 영예를 받았고 나중에는 '왕'이 되었으며, 명말에는 '제(帝)'가 되었다.

80 양칭쿤(C. K. Yang, 楊慶堃), op. cit., pp. 159~161; 프라센지트 두아라(Prasenjit Duara), 「덧쓰인 기호들－중국 전쟁의 신 관제(關帝) 신화(Superscribing Symbols : The Myth of Guandi, Chinese God of War)」, 『Journal of Asian Studies』 47 no. 4, 1988, 783~785면.

81 QMKCYWL, A.46a·B.30a~31a·B.32b~33a면.

82 DMB, 1608~1611면.

83 『청패류초(淸稗類鈔)』, 74.91~92·74.95면; 『국조과장이문록(國朝科場異聞錄)』(복각본), 廣州 : 味經堂書坊, 錢塘, 1873년, 1.15b~16a면.

84 케네스 드워스킨(Kenneth DeWoskin), 「육조 지괴(志怪)와 소설의 탄생(The Six Dynasties Chih-kuai and the Birth of Fiction)」, 앤드류 플랙스(Andrew Plaks) 편, Chinese Narrative(중국의 서사), Princeton, NJ : Princeton University Press, 1977, pp. 21~52. [옮긴이 주] 이 글의 우리말 번역은 김진곤 역, 『이야기 소설 NOVEL』, 예문서원, 2001, 제3장 1절을 참고; 글렌 더드브리지(Glen Dudbridge), Religious Experience and Lay Society in Tang China(당대의 종교 경험과 평신도 사회), Cambridge : Cambridge University Press, 1995, p. 64; 폴 캐츠(Paul Katz), Demon Hordes and Burning Boats : The Cult of Marshall Wen in Late Imperial Chekiang(악마 떼와 불타는 배－명청시대 절강(浙江)의 온원수(溫元帥) 숭배), Albany, NY : SUNY Press, 1995, pp. 113~115.

85 티모시 브룩(Timothy Brook), Praying for Power : Buddhism and the Formation of Gentry Society in Late-Ming China(권력을 위한 기도－명대 후기 중국의 불교와 상류 사회의 형성), Cambridge, MA : Harvard-Yenching Institute Monograph Series, 1993, pp. 288~290.

86 리처드 폰 글란(Richard von Glahn), "The Enchantment of Wealth : The God Wutong in the Social History of jiangnan(부의 마법－강남 지역 사회사에 나타난 오통신(五通神))", HJAS 51 no. 2, 1991, pp. 695~704.

87 QMKCYWL, A.47a~b면; 자크 제르네(Jacques Gernet), op. cit., pp. 250~253·286~297.

88 QMKCYWL, B.24b~25a면.

89 위의 책, A.24b면.

90 신시아 브로카우(Cynthia Brokaw), The Ledgers of Merit and Demerit : Social Change and Moral Order in Late Imperial China(장부(帳簿)의 득실－명청시기

중국의 사회 변화와 도덕 질서), Princeton, NJ : Princeton University Press, 1991, pp.17~27 · 68 · 231~232.

91 QMKCYWL, B.24a면; QBLC, 74.99면.

92 ZYKSJ, 3.97~98면.

93 Ibid., pp.4.119~120.

94 QBLC, 21.91~92면. 진원룡은 18세기 초의 백과사전으로 가장 잘 알려져 있다.

95 다니엘 오버마이어(Daniel Overmyer), 「중국 종교 문학의 가치－명청시대 보권(寶卷) (Values in Chinese Sectarian Literature : Ming and Qing Pao-chuan)」, PCLIC, 219~254면.

96 위의 글, 245~250면.

97 『소시이문록(小試異聞錄)』, 錢塘, 1873년 복각본, 3a~4b, 12a~b면; QMKCYWL, A, 38b~39a면.

98 상연류(Sheang [Shang] Yen-liu, 商衍鎏), 앞의 글, 65~66면.

99 QMKCYWL, B.45a~b면.

100 위의 책, pp.B.54b.

101 QBLC, 74.124~125면.

102 위의 책, pp.74.102~103 · 74.105.

103 ZYKSJ, 4.118면.

104 QMKCYWL, B.30a면.

105 ZYKSJ, 4.140~141면.

106 QBLC, 21.82면.

107 위의 책, pp.21.107.

108 QMKCYWL, B.27a면.

109 ZYKSJ, 3.88~89면; QMKCYWL, B.44a~45a면; 미야자키 이치사다(宮崎 市定), 앞의 책, 46~47면 참고.

110 QBLC, 74.168면.

111 양칭쿤(C. K. Yang, 楊慶堃), *Religion in Chinese Society*(중국 사회의 종교), 267~268면.

112 주디스 버링(Judith Berling), 「종교와 대중문화－『삼교개미귀정연의(三敎開迷歸正演義)』 속 도덕적 자본의 관리(Religion and Popular Culture : The Management of Moral Capital in The Romance of the Three Teachings)」, PCLIC, 208~212면.

113 리처드 스미스(Richard Smith), *Fortune-Tellers and Philosophers : Divination in Traditional Chinese Society*(점쟁이와 철학자－중국 전통 사회의 점술), Boulder, CO : Westview Press, 1991, p.173.

114 주펑이(祝平一)의 『한대의 관상술(漢代的相人術)』, 臺北 : 學生書局, 1990에서는 이 마술적 접근의 근원을 제시한다.

115 테렌스 러셀(Terence Russell), "Chen Tuan at Mount Huangbo : A Spirit-writing Cult in Late Ming China(황벽산(黃檗山) 산의 진단(陳搏)－중국 명대 후기의 영서 숭배)",

Asiatische Studien 44 no.1, 1990, pp.107~140.

[옮긴이 주] 부계(扶乩)는 길흉을 점치는 점술의 일종으로 부기(扶箕), 태기(抬箕), 부란(扶鸞) 등 다양한 명칭이 있다. 대개 목필을 매단 틀 아래 모래나 흙, 쌀 등을 깐 판을 대고 신이 내려 목필이 움직이면서 쓰여지는 글자나 기호를 보고 신의 뜻을 읽어내는 방식이다.

116 리처드 스미스(Richard Smith), op. cit., pp.131~257.

117 에를리 크릴(Herrlee Creel), *Confucius and the Chinese Way*(공자와 중국의 길), New York : Harper and Row, 1960; 우바이(Pei-yi Wu, 吳百益), *The Confucian's Progress : Autobiographical Writings in Traditional China*(유교의 발전－전통시기 중국의 자전적 글쓰기), Princeton, NJ : Princeton University Press, 1990, p.230; 마틴 황(Martin Huang, 黃衛總), op. cit., pp.143~152.

118 QBLC, 73.100~119면; 리처드 스미스(Richard Smith), op. cit., pp.174~186.

119 운명을 읽는 팔자(八字) 방법에 대해서는 자오웨이방(Chao Wei-pang, 趙衛邦), 「중국의 운명 계산 과학(The Chinese Science of Fate-Calculation)」, 『*Folklore Studies*』 5, 1946, 313면 참고.

120 ZYTK, 6.38a~42b · 6.43a~48b면; 『명장원도고(明壯元圖考)』라 불리는 모음집은 자신이 1505년 장원이었던 고정신(顧鼎臣, 1473~1540)에 의해 시작되었으며 그의 손자 고조훈(顧祖訓)이 뒤를 이어나갔다. 그들의 판본은 1371년부터 1571년까지의 명대 장원을 다루었다. 오승은(吳承恩)과 정일정(程一楨)은 1604년까지의 최신 자료를 추가했고, 후에 1607~28년까지의 자료가 증보되었다. 진매(陳枚)와 간후보(簡侯甫)는 1631~82년까지의 청대 장원 자료를 덧붙였다. 리차드 스미스(Richard Smith), *Chinese Almanacs*(중국 연감), Hong Kong : Oxford University Press, 1992, 25~33면도 볼 것.

121 ZYTK, 2.36b~37b면.

122 Ibid., pp.2.36b~37b; 톡토(脫脫, 1313~1355) 외편, 『금사(金史)』, 北京 : 中華書局, 1980, 301면도 볼 것.

123 QMKCYWL, B.39a~b면.

124 리처드 스미스(Richard Smith), op. cit., pp.94~119.

125 쉬디산(許地山), 『부기 미신 연구(扶箕迷信的研究)』, 臺北 : 臺灣商務印書館, 1971, 49~50면; 테렌스 러셀(Terence Russell), 앞의 글, 108~116면.

126 QBLC, 73.13~14면; 다니엘 오버마이어(Daniel Overmyer), 앞의 글, 221면; 리처드 스미스(Richard Smith), 앞의 책, 226~228면.

127 QBLC, 73.16면; 라우(D. C. Lau, 劉殿爵) 역, *Confucius. The Analects*(논어), Harmondsworth, UK : Penguin Books, 1979, p.160.

128 테렌스 러셀(Terence Russell), 앞의 글, 123 면.

129 QBLC, 73.22면.

130 주디스 자이틀린(Judith Zeitlin), 「우동(尤侗, 1618~1704)의 작품에 나타난 영서(靈書)와 행위(Spirit-Writing and Performance in the Work of You Tong (1618~1704))」,

『T'oung Pao』, 2nd ser., 84 no.1/3, 1998, 102~135, 특히 105~106면.

131 기윤(紀昀), 『열미초당필기(閱微草堂筆記)』, 上海古籍出版社, 1980, 18.451~452면 참고.

132 QBLC, 73.90~91면. 리처드 스미스(Richard Smith), op. cit., p.201; 볼프강 바우어 (Wolfgang Bauer), 「중국의 파자점(破字占)(Chinese Glyphomancy)」, 새라 앨런(Sarah Allan)·앨빈 코언(Alvin Cohen) 편, *Legend, Lore, and Religion in China*(중국의 전설, 전승, 종교), San Francisco : Chinese Materials Center, 1979, pp.71~96.

133 ZYTK, 1.15a~b면.

134 QMKCYWL, B.30a~b면.

135 ZYKSJ, 2.66면; 『회시록(會試錄)』, 1586, 18a~36b면; MDDKLHB vol.20.

136 포송령(蒲松齡), 『요재지이(聊齋志異)』, 上海古籍出版社, 1962, 3/1067~1068면. 앤 월트너(Ann Waltner)의 *Getting an Heir : Adoption and the Construction of Kinship in Late Imperial China*(상속인 얻기―명청시대 중국의 입양과 친족 관계 구축), Honolulu : University of Hawai'i Press, 1990 책 표지도 참고할 것.

137 리처드 스미스(Richard Smith), op. cit., pp.131~159.

138 야오웨이쥔(姚偉鈞), 『신비한 점몽(神祕的占夢)』, 廣西人民出版社, 1991, 3~18면; 존 채피(John Chaffee), op. cit., pp.179~180.

139 류원잉(劉文英), 『중국 고대의 몽서(中國古代的夢書)』, 北京 : 中華書局, 1990, 1~65 면; 로베르토 옹(Roberto Ong), *The Interpretation of Dreams in Ancient China*(고대 중국의 꿈 해석), Bochum, Germany : Studienverlag Brockmeyer, 1985, pp.8~46; 캐롤린 브라운(Carolyn Brown) 편, *Psycho-Sinology : The Universe of Dreams in Chinese Culture*(정신분석의 중국학―중국 문화 속 꿈의 세계), Lanham, MD : University Press of America, 1988.

140 브리지 밴스(Brigid Vance), *Textualizing Dreams in a Late Ming Encyclopedia*(명대 후기 백과사전에서 꿈의 텍스트화); 팡두롄저(Lienche Tu Fang, 房杜聯喆), 「명대의 꿈(Ming Dreams)」, 『*Tsing Hua Journal of Chinese Studies*』, n.s., 10 no.1, 1973, 61~70면.

141 『명태조어제문집(明太祖御製文集)』(영인본), 臺北 : 學生書局, 1965, 16.8a~14b면; 로메인 테일러(Romeyn Taylor), 「명태조의 꿈 이야기(Ming T'ai-tsu's Story of a Dream)」, 『*Monumenta Serica*』 32, 1976, 1~20면.

142 미셸 스트릭만(Michel Strickmann), 「정신분석 중국학자들의 꿈 작업―의사, 도사, 승려 (Dreamwork of Psycho-Sinologists : Doctors, Daoists, Monks)」, 캐롤린 브라운(Carolyn Brown) 편, 앞의 책, 25~46면; 테렌스 러셀(Terence Russell), 앞의 글, 122면 참고.

143 QBLC, 74.109면.

144 야오웨이쥔(姚偉鈞), 앞의 책, 19~35면.

145 QBLC, 73.55면; 로베르토 옹(Roberto Ong), op. cit., pp.36~46; 리처드 스미스(Richard Smith), op. cit., pp.245~246.

146 칼 구스타프 융(C. G. Jung), *Dreams*(꿈), Princeton, NJ : Princeton University Press,

1974, pp.39~41·73~74.

147 장봉익(張鳳翼)의 「서(序)」, 『몽점류고(夢占類考)』(명말 판본), 1a~b면; 팡두롄저 (Lienche Tu Fang, 房杜聯喆), 앞의 글, 59~60면; 로베르토 웅(Roberto Ong), op. cit., pp.165~166.

148 진사원(陳士元), 『몽점일지(夢占逸旨)』, 臺北: 藝文印書館, 1968, 1.1a·1.5a·1.6a· 6.1a~7a·8.9a~11b면; 브리지 밴스(Brigid Vance), *Textualizing Dreams in a Late Ming Encyclopedia*(명대 후기 백과사전에서 꿈의 텍스트화) 제5장 참고.

149 ZYTK, 1.5b면; 팡두롄저(Lienche Tu Fang, 房杜聯喆), 앞의 글, 60면; 루돌프 바그너 (Rudolph Wagner), "Imperial Dreams in China(중국의 제국몽)", 캐롤린 브라운(Carolyn Brown) 편, op. cit., pp.11~24.

150 ZYTK, 1.21a면; 방두롄저(Lienche Tu Fang, 房杜聯喆), 앞의 글, 60~61면도 볼 것.

151 방두롄저(Lienche Tu Fang, 房杜聯喆), 앞의 글, 69~70면; 로버트 헤겔(Robert Hegel), 「중국의 허구적 꿈에서 천국과 지옥(Heavens and Hells in Chinese Fictional Dreams)」, 캐롤린 브라운(Carolyn Brown) 편, op. cit., pp.1~10.

152 쩌우사오즈(鄒紹志)·구이성(桂勝), 『중국장원취문(中國壯元趣聞)』, 臺北: 漢欣文化 事業有限公司, 1993.

153 「범례(凡例)」, ZYTK, 1a~b면; 심일관(沈一貫)의 서문, ZYTK, 1a~b면 참고.

154 주디스 자이틀린(Judith Zeitlin)은 *Historian of the Strange*(기이한 역사가), pp.137· 173에서 꿈을 그리는 목판화 기법을 '꿈 풍선(dream bubble)'이라고 서술하고 있다.

155 ZYTK, 곳곳.

156 프리드리히 니체(Friedrich Nietzsche), 프랜시스 골핑(Francis Golffing) 역, *On the Genealogy of Morals*(도덕의 계보에 관하여), Garden City, NJ: Anchor Books, 1956; 발터 카 우프만(Walter Kaufmann) 역, *Beyond Good and Evil*(선악의 저편), New York: Vintage Books, 1966에 대한 니체의 「서문」 참고; 융(Jung), op. cit., pp.71~72.

157 월터 아벨(Walter Abell), *The Collective Dream in Art*(예술 속의 집단적 꿈), 62~70면; 단순하지만 고전적인 꿈의 예는 '소원 성취 시도'로 배고파서 음식을 꿈꾸거나 목이 마 르면 물을 꿈꾸는 것이다. 프로이드(Freud), op. cit., pp.7~30.

158 상로(商輅)의 인생에 관해서는 *DMB*, pp.1161~1163.

159 더크 보드(Derk Bodde)·클라렌스 모리스(Clarence Morris), *Law in Imperial China*(중 화제국의 법), Philadelphia: University of Pennsylvania Press, 1973, pp.133~134·552.

160 상연류(Sheang [Shang] Yen-liu, 商衍鎏), 앞의 글, 52면.

161 『회시록(會試錄)』, 1445, 14면a; MDDKLHB vol.1.

162 ZYTK, 3.17b~18a면.

163 데보라 서머(Deborah Sommer), 「이단의 사술(邪術)과 유교의 조우-구준(邱濬, 1421 ~1495)의 의례 개혁의 비전(Confucianism's Encounter with the Evil Arts of Heterodoxy: Ch'iu Ghiin's (1421~1495) Visions of Ritual Reform)」, 컬럼비아대학 신유학 관 련 세미나 발표문, Columbia University, New York, 1990.

164 글렌 더드브리지(Glen Dudbridge), op. cit., pp.31~42; 로버트 갬퍼니(Robert F. Gam-
pany), *Strange Writing : Anomaly Accounts in Early Medieval China*(이상한 글—중국
중세 초기의 변칙 기록), Albany, NY : SUNY Press, 1996, pp.28~29 · 150~155; 케네
스 드워스킨(Kenneth DeWoskin), 「육조 지괴(志怪)와 소설의 탄생(The Six Dynasties
Chih-kuai and the Birth of Fiction)」, 앤드류 플랙스(Andrew Plaks) 편, *Chinese Narra-
tive*(중국의 서사), Princeton, NJ : Princeton University Press, 1977, pp.21~52
[옮긴이 주] 이 글의 우리말 번역은 김진곤 역, 『이야기 소설 NOVEL』, 예문서원,
2001, 제3장 1절을 참고할 수 있다.

165 푸다웨이(Daiwie Fu, 傅大爲), 「『몽계필담(夢溪筆談)』의 '신성한 경이'와 '기이한 현
상'에 대한 맥락 및 분류학적 연구(A Contextual and Taxonomic Study of the 'Divine
Marvels' and 'Strange Occurrences' in the Mengxi bitan)」, 『*Chinese Science*』 11, 1993~
1994, 3~35면.

166 우이이(吳以義), "Auspicious Omens and Their Consequences : Zhen-ren(1006~1066)
Literati's Perception of Astral Anomalies(상서로운 징조와 그 결과—진종·인종(眞宗·
仁宗, 1006~1066) 시기 지식인의 이상 천문 현상에 대한 인식)", PhD diss., Princ-
eton University, 1990, pp.131~163 · 171~252; 김영식(Yung Sik Kim), *The Natural
Philosophy of Chu Hsi(1130~1200)*(주희(朱熹)의 자연 철학(1130~1200)), Philadel-
phia : American Philosophical Society, 2000.

167 대명세(戴名世), 「임오묵권서(壬午墨卷序)」, QDQQJYLZX, 2/238 참고.

168 오경재(Wu Ching-tzu [Wu Jingzi], 吳敬梓), 양셴이(Yang Hsien-yi, 楊憲益)·글래디
스 양(Gladys Yang, 戴乃迭) 역, 『유림외사(*The Scholars*)』, 北京 : 外文出版社, 1957,
490~491면; 리처드 스미스(Richard Smith), op. cit., pp.160~171.
[옮긴이 주] 『유림외사』의 우리말 번역으로는 홍상훈 외역, 『유림외사』, 을유문화사,
2009를 참고할 수 있다. 해당 부분은 제44회에 나오는 대목으로, 인용문의 한글 번역
은 이 번역본을 따랐다. 원문은 다음과 같다.
"小弟最恨而今術士托於郭璞之說, 動輒便說 : '這地可發鼎甲, 可出狀元.' 請敎先
生 : 狀元官號始於唐朝, 郭璞晉人, 何得知唐有此等官號, 就先立一法, 說是個甚么樣的
地就出這一件東西? 這可笑的緊!"
참고로 정갑(鼎甲)은 전시의 최상위 3인의 합격자를 가리키는 말이다.

169 필립 쿤(Philip Kuhn), *Soulstealers : The Chinese Sorcery Scare of 1768*(영혼을 훔치는
사람들—1768년 중국 주술의 공포), Cambridge, MA : Harvard University Press, 1990,
pp.94~118.
[옮긴이 주] 후자의 우리말 번역본으로는 이영옥 역, 『영혼을 훔치는 사람들—1768년
중국을 뒤흔든 공포와 광기』, 책과함께, 2004가 있다.

170 브리지 밴스(Brigid Vance), *Textualizing Dreams in a Late Ming Encyclopedia*(명대 후기
백과사전에서 꿈의 텍스트화).

171 『점석재화보(點石齋畫譜)』, serial 2 vol.11, 1897; 위의 책(영인본), 12, 91b~92a, 揚州 :

江蘇珍稀本Jiangsu Rare Books, 1983.

172 ZYTK, 4.23a~32a면; 리처드 스미스(Richard Smith), op. cit., p.251.

173 주디스 자이틀린(Judith Zeitlin), op. cit., pp.164~181.

174 로버트 갬퍼니(Robert F. Gampany), op. cit., pp.116~119·122~129; 리처드 스미스
(Richard Smith), op. cit., pp.160~171; 고증학에 관해서는 *FPP*, pp.29~38 참고.

175 원본은 QBLC, 21.62~63면을 참고할 것. 번역문은 후(C. T. Hu), 「역사적 배경-
전근대 중국의 시험과 지배(The Historical Background : Examinations and Control in
Pre-Modern China)」, 『*Comparative Education*』 20 no.1, 1984, 16면; 미야자키 이치
사다(宮崎 市定), 앞의 책, 57~58면; 포송령(蒲松齡), 루윈중(陸雲中) 외역, 『요재지
이(*Strange Tales from Liaozhai*)』, Hong Kong : Commercial Press, 1988; 앨런 바(Allan
Barr), 앞의 글, 87~111면도 볼 것.
[옮긴이 주] 해당 인용문은 『요재지이』에 수록된 「왕자안(王子安)」의 일부로, 원문은
다음과 같다.
"秀才入闈, 有七似焉 : 初入時, 白足提籃, 似丐; 唱名時, 官呵隷罵, 似囚; 其歸號舍也,
孔孔伸頭, 房房露脚, 似秋末之冷蜂; 其出場也, 神情惝怳, 天地異色, 似出籠之病鳥; 迨
望報也, 草木皆驚, 夢想亦幻, 時作一得志想, 則頃刻而樓閣俱成, 作一失意想, 則瞬息
而骸骨已朽, 此際行坐難安, 則似被繫之猱; 忽然而飛騎傳人, 報條無我, 此時神情猝變,
嗒然若死, 則似餌毒之蠅, 弄之亦不覺也. 初失志, 心灰意敗, 大罵司衡無目, 筆墨無靈,
勢必擧案頭物而盡炬之; 炬之不已, 而碎踏之; 踏之不已, 而投之濁流. 從此披髮入山,
面向石壁, 再有以'且夫'嘗謂'之文進我者, 定當操戈逐之. 無何, 日漸遠, 氣漸平, 技又
漸癢, 遂似破卵之鳩, 只得銜木營巢, 從新另抱矣."
『요재지이』의 우리말 완역본으로는 김혜경 역, 『요재지이』, 민음사, 2002가 있다.

176 상연류(Sheang [Shang] Yen-liu, 商衍鎏), 앞의 글, 68면.

177 앨런 바(Allan Barr), 앞의 글, 107~108면.

178 양루이쑹(Jui-sung Yang, 楊瑞松), "A New Interpretation of Yen Yuan (1635~1704) and
Early Qing Confucianism in North China(안원(顏元, 1635~1704)과 청대 초기 북방 유
교의 새로운 해석)", PhD diss., University of California, Los Angeles, 1997, 제2~3장.

179 앨런 바(Allan Barr), 앞의 글, 88~91면; 데이비드 니비슨(David Nivison), 앞의 글,
198~201면; 신시아 브로카우(Cynthia Brokaw), 앞의 글, 62~65면.

180 윌리엄 애트웰(William Atwell), "The T'ai-ch'ang, T'ien-ch'i, and Ch'ung-chen reigns,
1620~1644)(태창(泰昌), 천계(天啓), 숭정(崇禎) 연간, 1620~1644)", 프레드릭 모
트·데니스 트위체트(Denis Twitchett) 편, *The Cambridge History of China*(케임브리
지 중국사-명대, 1368~1644) vol.7, part1, Cambridge : Cambridge University Press,
1988, 615~640면; 미야자키 이치사다(宮崎 市定), 앞의 책, 121~124면.

181 필립 쿤(Philip Kuhn), op. cit., p.227.

182 왕칭청(王慶成), 「홍수전의 초기 사상과 그 발전(論洪秀全的早期思想及其發展)」, 『태
평천국사학술토론회논문선집(太平天國史學術討論會論文選集)』, 北京 : 中華書局,

1981, 244~249면.

183 조너선 스펜스(Jonathan Spence), *God's Chinese Son : The Taiping Heavenly Kingdom of Hong Xiuquan*(하나님의 중국 아들-홍수전의 태평천국), New York : W. W. Norton, 1996 참고.
[옮긴이 주] 이 책의 우리말 번역본으로는 양휘웅 역, 『신의 아들-홍수전과 태평천국』, 이산, 2006이 있다.

184 쑤솽비(蘇雙碧), 『홍수전전(洪秀全傳)』, 北京 : 大地出版社, 1989, 13~15면; 천화신(陳華新) 외편, 『홍수전사상연구(洪秀全思想研究)』, 廣州 : 廣東人民出版社, 1991, 9~11면 참고; 프란츠 미카엘(Franz Michael)·장중리(Chung-li Chang, 張仲禮), 앞의 책; *History*(역사), Seattle : University of Washington, 1966, 22~23면; 젠유원(Jen Yu-wen [Jian Yuwen], 簡又文), *The Taiping Revolutionary Movement*(태평천국혁명운동사), New Haven, CT : Yale University Press, 1973, pp.15~19.

185 쑤솽비(蘇雙碧), 앞의 책, 17~18면; 또 다른 버전으로는 젠유원(Jen Yu-wen [Jian Yuwen], 簡又文)의 op. cit., pp.15~16을 참고할 수 있다. 이는 『홍수전의 이상과 광서(廣西) 기의(起義)의 근원(*The Visions of Hung-siu-tshuen, and Origin of the Kwang-si Insurrection*)』(영인본), 北京 : 燕京大學圖書館, 1935, 9~11면에 보이는 테오도르 햄베르그(Theodore Hamberg)의 1854년 기록에 근거한 것이다. 홍수전의 꿈은 역사적 조작일지라도 19세기 중반에 인간 경험이 어떻게 조직, 변형, 재형성 되는지를 보여주는 유용한 역사적 구성물이다. 천화신(陳華新) 외편, 앞의 책, 10~12면 참고.

186 예바오밍(P. M. Yap, 叶宝明), 「태평천국의 난 지도자 홍수전의 정신질환(The Mental Illness of Hung Hsiu-ch'uan, Leader of the Taiping Rebellion)」, 『*Far Eastern Quarterly*』 13 no.3, 1954, 287~304면; 테오도르 햄베르그(Theodore Hamberg), 『홍수전의 이상과 광서(廣西) 기의(起義)의 근원(*The Visions of Hung-siu-tshuen, and Origin of the Kwang-si Insurrection*)』; 빈센트 시(Vincent Shih, 施友忠), *The Taiping Ideology : Its Sources, Interpretations, and Influences*(태평사상-그 근원, 해석 및 영향), Seattle : University of Washington Press, 1967, pp.448~449. 정치적 읽기에 관해서는 천화신(陳華新) 외편, 앞의 책, 12~13면 참조.

187 젠유원(Jen Yu-wen, 簡又文), op. cit., p.17.

188 ibid., 19~20면; 쑤솽비(蘇雙碧), 앞의 책, 13~14면; 천화신(陳華新) 외편, 앞의 책, 20~21면.

189 쑤솽비(蘇雙碧), 위의 책, 21~34면; 천화신(陳華新) 외편, 위의 책, 14~37면 참고; 프란츠 미카엘(Franz Michael)·장중리(Chung-li Chang, 張仲禮), 앞의 책, 24~37면도 볼 것.

1 미야자키 이치사다(宮崎 市定), 콘래드 쉬로카우어(Conrad Schirokauer) 역, *China's Examination Hell*(중국의 시험 지옥), New Haven, CT : Yale University Press, 1981, p.113면. **[옮긴이 주]** 이 책의 우리말 번역본으로는 전혜선 역, 『과거, 중국의 시험지옥』, 역사비평사, 2016이 있다.
올리버 무어(Oliver Moore), *Rituals of Recruitment in Tang China*(당대의 인재 등용 의례), Leiden : E. J. Brill, 2004, p.174.

2 「순천부제본(順天府題本)」, 1767년 5월 26일 자; 「공부제본(工部題本)」, 臺灣 : 中央研究院 明淸檔案, 1767년 7월 11일 자도 볼 것.

3 폴 랍(Paul Ropp), *Dissent in Early Modern China*(근대 초기 중국의 반대론), Ann Arbor : University of Michigan Press, 1981, pp.67~68; 『유림외사』는 과거 시험을 패러디한 것 이상이다.

4 서양(徐揚), 〈고소번화도(姑蘇繁華圖)〉, 1759, 香港 : 商務印書館, 1988·1990, section 8; QDKJKSSL, 10~11면; 상연류(Sheang [Shang] Yen-liu, 商衍鎏), 엘렌 클렘프너(Ellen Klempner) 역, 「중국 과거 제도의 기억(Memories of the Chinese Imperial Civil Service Examination System)」, 『*American Asian Review*』 3 no.1, 1985, 54~62면.

5 ZYC (1733 ed.), 1a~2a(청대)·2b~3a(명대); 존 메스킬(John Meskill), 「진사의 학위 수여식(A Conferral of the Degree of Jinshi)」, 『*Monumenta Serica*』 23, 1964, 351~371면; 상연류(Sheang [Shang] Yen-liu, 商衍鎏), 앞의 글, 75~78면; 존 채피(John Chaffee), *The Thorny Gates of Learning in Sung China*(송대 중국 배움의 가시밭길) 개정판, Albany, NY : SUNY Press, 1995, pp.158~161; 올리버 무어(Oliver Moore), op. cit., pp.103~138.

6 RZLJS, 36.376~419면; HCJSWB, 57.1a~20a면.

7 존 헨리 그레이(John Henry Gray)는 *China : A History of the Laws, Manners and Customs of the People*(중국 – 민중의 법, 풍속, 관습의 역사), London : Macmillan, 1878, pp.172~173; PELC, 37·61·90~91·112·126·129면; 시릴 버치(Cyril Birch) 역, *Scenes for Mandarins : The Elite Theater of the Ming*(만다린을 위한 장면 – 명대의 엘리트 극장), New York : Columbia University Press, 1995, pp.207.

8 소주(蘇州府) 시험장 밖에 있는 상점들에 대해서는 서양(徐揚), 〈고소번화도(姑蘇繁華圖)〉, section 8 참고.

9 제임스 노울스(James Knowles), "Competitive Examinations in China(중국의 경쟁 시험)", *The Nineteenth Century : A Monthly Review*(19세기 – 월간 리뷰) 36, 1894, pp.87~99.

10 ZYKSJ, 1.13a·1.32·1.46~47면; ZYTK, 2.17b면; *DMB*, p.984면; QDDQHDSL, 386.15a면.

11 카츠마타 겐지로(勝又憲治郎), 「과거 제도시대의 북경과 공원(貢院)(北京の科擧時代

と貢院」,『東方學報』東 6, 1936, 203~239면.

12 PELC, 102·104·106·139·143면;『고궁문물월간(故宮文物月刊)』88, 1990, 35·51면.

13 상연류(Sheang [Shang] Yen-liu, 商衍鎏), 앞의 글, 66~67면.

14 QMKCYWL, B.45b면; ZYKSJ, 1.47면.

15 상연류(Sheang [Shang] Yen-liu, 商衍鎏), 앞의 글, 67면.

16 오경재(Wu Ching-tzu [Wu Jingzi], 吳敬梓), 양셴이(Yang Hsien-yi, 楊憲益)·글래디스 양(Gladys Yang, 戴乃迭) 역,『유림외사(The Scholars)』, 北京 : 外文出版社, 1957, 465~466면; PELC, 18면.

17 HMGJK, 1.48a~b면.

18 정단례(程端禮),『정씨가숙독서분년일정(程氏家塾讀書分年日程)』;『百部叢書集成』(영인본), 臺北 : 藝文印書館, 1968, 1.1a~15b면; ETPLIC, pp.386~394.

19 "Competitive Examinations in China : A Chapter of Chinese Travel(중국의 경쟁 시험 – 중국 여행의 한 부분)", Edinburgh Magazine, London 138, 1885, 481면 참고.

20 HMGJK, 1.55a에서는 이 관행이 1384년부터 시작된 것으로 언급하고 있다.

21 『임문편람(臨文便覽)』, 1875년본,「조례(條例)」.

22 ZYKSJ, 1.13면.

23 HMGJK, 1.53a면.

24 Ibid., 1.63a~b면.

25 Ibid., 1.41b면; RZLJS, 16.382면.

26 ZYKSJ, 4.130면.

27 QDQQJYLZX, 3/147~148·3/256~257면.

28 황광량(黃光亮),『청대 과거 제도 연구(淸代科擧制度之硏究)』, 臺北 : 嘉新水泥公司文化基金會, 1976, 292~293면.

29 ZYKSJ, 1.51~52면

30 QSG, 11/3152면.

31 QDMKTL, 1.1b~2a면.

32 타이완 고궁박물원(故宮博物院). 상세한 영인본은『고궁문물월간(故宮文物月刊)』88, 1990, 4~8·25~28면 참고.

33 상연류(Sheang [Shang] Yen-liu, 商衍鎏), 앞의 글, 68면.

34 ZYKSJ, 1.18·1.22·1.134~135면.

35 황광량(黃光亮), 앞의 책, 293면.

36 자크 제르네(Jacques Gernet), 프란시스쿠스 베렐렌(Franciscus Verellen) 역, Buddhism in Chinese Society : An Economic History from the Fifth to the Tenth Centuries(중국 사회의 불교 – 5세기부터 10세기까지의 경제사), New York : Columbia University Press, 1995, p.240; 올리버 무어(Oliver Moore), op. cit., 곳곳 참고.

37 캐링턴 굿리치(L. Carrington Goodrich),「1500년경 베이징의 감옥(Prisons in Peking, circa 1500)」,『Tsing-hua hsueh-pao』, n.s., 10, 1973, 45~53면; 헨리 브로햄 로크(Henry

Brougham Loch), *Personal Narrative of Occurrences during Lord Elgin's Second Embassy to China in 1860*(1860년 엘긴 경의 2차 중국 사행(使行)에서의 사건들에 대한 개인적 이야기), London : J. Murray, 1900, 110~122면; 더크 보드(Derk Bodde), "Prison Life in Eighteenth Century Peking(18세기 북경의 감옥 생활)", *Journal of the American Oriental Society* 89, 1969, pp.311~333.

38 조익(趙翼), 『이십이사차기(二十二史箚記)』 25, 臺北 : 廣文書局, 1974, 433~435면.

39 마이클 더튼(Michael Dutton), *Policing and Punishment in China*(중국의 치안과 처벌), Cambridge : Cambridge University Press, 1992, pp.97~184; 미셸 푸코(Michel Foucault), 앨런 셰리던(Alan Sheridan) 역, *Discipline and Punishment : The Birth of the Prison*(감시와 처벌 – 감옥의 탄생), New York : Vintage Books, 1979, pp.170~228.
     [옮긴이 주] 이 책의 우리말 번역본으로는 오생근 역, 『감시와 처벌』, 나남, 2020이 있다.

40 두우(杜佑, 735~812), 『통전(通典)』 vol.1, 上海 : 商務印書館, 1936, 17.97면; 에드윈 풀리블랭크(Edwin Pulleyblank), 「당대 지식인 삶 속의 신유학과 신율법주의, 755~805(Neo-Confucianism and NeoLegalism in Tang Intellectual Life, 755~805)」, 아서 라이트(Arthur Wright) 편, *The Confucian Persuasion*(유교 신앙), Stanford, CA : Stanford University Press, 1960, pp.91 · 104~105.

41 데이비드 해밀턴(David Hamilton), *Towards a Theory of Schooling*(학교 교육 이론을 향하여), New York : Falmer Press, 1989, p.151.

42 HMGJK, 1.22b~25a · 41b~42a · 45a~46b면; XWXTK, 35.3158면.

43 『복사기략(復社紀略)』(페이지 표시가 없는 명말 판본), B.7~9면.

44 앞의 책.

45 위의 책, B.11~19면.

46 위의 책, B.18~28면; 『숭정실록(崇禎實錄)』(영인본), 臺北 : 中央研究院 中國文哲研究所, 1967, 9.3a~b면.

47 『복사기략(復社紀略)』, B.23 · B.38면.

48 ECGP, 492면; 린 스트루브(Lynn Struve), "Self-Struggles of a Martyr : Memories, Dreams, and Obsessions in the Extant Diary of Huang Chunyao(순교자의 자아 투쟁 – 황순요(黃淳耀)의 현존 일기에 나타난 기억, 꿈, 그리고 집착)", *HJAS* 69 no.2, 2009, pp.348~352 · 365~371.

49 MS, 10/7258~7259면; 제리 데너린(Jerry Dennerline), *The Chia-ting Loyalists : Confucian Leadership and Social Change in Seventeenth-Century China*(가정(嘉定)의 충신들 – 17세기 중국의 유교적 리더십과 사회적 변화), New Haven, CT : Yale University Press, 1981, pp.229~250; 린 스트루브(Lynn Struve), op. cit., pp.348~371.

50 황순요(黃淳耀), 『도암집(陶庵集)』(가정본(嘉定本)), 1676, 3.1a~14b면; 2.14b, 2.36a도 볼 것.

51 위의 책, 3.1a~2b면.

52 앞의 책, 3.3a~11b면.

53 위의 책, 3.3a~5a면.

54 위의 책, 3.11b~14b면.

55 빈센트 시(Vincent Shih, 施友忠), *The Taiping Ideology : Its Sources, Interpretations, and Influences*(태평사상－그 근원, 해석 및 영향), Seattle : University of Washington Press, 1967, pp.376~377.

56 ZYKSJ, 3.104~113면; 룽창 영(Lung-chang Young, 羅昶永), 「명대 과거 제도에 대한 고염무(顧炎武)의 견해(Ku Yen-wu's Views of the Ming Examination System)」, *Ming Studies* 23, 1987, 52~56면.

57 애남영(艾南英), 『천용자집(天傭子集)』(1699년본의 영인본), 臺北 : 藝文印書館, 1980, 3.3a~10a・28a~30a면; RZLJS, 17.406~407면; 룽창 영(Lung-chang Young, 羅昶永), 앞의 글, 48~57면 참조.

58 윌리엄 시어도어 드 배리(Wm. T. de Bary) 역, *A Plan for the Prince : Huang Tsung-hsi's Ming-i tai-fang lu*(황자를 위한 기획－황종희(黃宗羲)의 『명이대방록(明夷待訪錄)』), New York : Columbia University Press, 1993, pp.111~121.
   [옮긴이 주] 『명이대방록』은 김덕균 역, 한길사, 2014를 비롯해 여러 종의 우리말 번역본이 나와 있다.

59 엘먼(Elman), 「중국 명청시기 제국의 정치와 유교 사회－한림원(翰林院)과 동림당(東林黨)(Imperial Politics and Confucian Societies in Late Imperial China : The Hanlin and Donglin Academies)」, *Modern China* 15 no.4, 1989, 390~393면;

60 마키노 타츠미(牧野巽), 「고염무의 생원론(顧炎武の生員論)」, 하야시 토모하루(林友春) 편, 『근세중국교육사연구(近世中國敎育史硏究)』, 東京 : 國土社, 1958, 227~228면.

61 황칭롄(黃淸連), 「명대 이갑제도와 응천부에서의 시행(明代的里甲制度及其在应天府的施行)」, 『中央硏究院歷史語言硏究所集刊』 54, 臺灣中央硏究院, 1983, 103~155면.

62 QDDQHDSL, 386.1a~2a면.

63 Ibid..

64 랄프 소여(Ralph D. Sawyer) 역, *The Seven Military Classics of Ancient China*(고대 중국의 무경칠서(武經七書)), Boulder, CO : Westview Press, 1993, 16~18면 참고.

65 QBLC, 21.6~7면.

66 Ibid., 20.167~170면; QDDQHDSL, 382.5a면도 볼 것.

67 QDDQHDSL, 383.4a・386.2b면; QBLC, 20.169면.

68 QDDQHDSL, 383.3a~b・383.15a면.

69 Ibid., pp.386.14a.

70 QBLC, 20.8~9면.

71 Ibid., pp.21.65~66; 프레드릭 웨이크먼 주니어(Frederic Wakeman Jr.), *The Great Enterprise : The Manchu Reconstruction of Imperial Order in Seventeenth-Century Chi-*

na(위대한 기획-중국 17세기 만주족의 제국 질서 재건) vols.2, Berkeley : University of California Press, 1985, 888~889・1041・104ln99면 참고.

72 QBLC, 21.57~58면.

73 Ibid., p.21.127. 상연류(商衍鎏)는 만주족으로 1904년 전시(展試)에서 탐화(探花)로 급제하였다.

74 QDDQHDSL, 386.43~53면.

75 Ibid., p.386.5b~9a.

76 Ibid., p.386.7a~8a.

77 Ibid., p.386.9a~11b.

78 Ibid., p.386.12a~19a.

79 Ibid., p.386.12a~12b.

80 더크 보드(Derk Bodde)・클라렌스 모리스(Clarence Morris), *Law in Imperial China*(중화제국의 법), Philadelphia : University of Pennsylvania Press, 1973, 408면.

81 QDDQHDSL, 386.13b~15a면.

82 Ibid., pp.386.16a~18a; QBLC, 21.86면도 볼 것.

83 QDDQHDSL, 383.1a~2a면.

84 Ibid., pp.383.23~3a.

85 Ibid., pp.383.3b~4b

86 Ibid., pp.383.5a~5b; 아라키 토시카즈(荒木敏一), 「성급 교육 제도를 통해 본 옹정시대의 문교 정책(直省教學の制を通じて觀たる雍正治下の文教政策)」, 『옹정시대 연구(雍正時代の研究)』, 京都 : 同朋舍, 1986, 284~308면 참고.

87 QDDQHDSL, 383.5b면; 아라키 토시카즈(荒木敏一), 「옹정시대의 교관 개혁(雍正時代に於ける學臣制の改革)」, 『옹정시대 연구(雍正時代の研究)』, 京都 : 同朋舍, 1986, 503~518면.

88 QDDQHDSL, 383.6a~6b면; 풍몽정(馮夢禎), 『역대공거지(歷代貢擧志)』, 上海 : 商務印書館, 1936, 1~3면 참고.

89 QDDQHDSL, 383.7a~7b면.

90 Ibid., 383.9a~12a면.

91 아라키 토시카즈(荒木敏一), 「옹정 2년의 시험거부 사건과 전문경(雍正二年の罷考事件と田文鏡)」, 『東洋史研究』 15 no.4, 1957, 100~104면.

92 QDDQHDSL, 383.12b~13a면; 한승현(Seunghyun Han), 「청초・중기 시험 폭동 처벌(The Punishment of Examination Riots in the Early to Mid-Qing Period)」, 『*Late Imperial China*』 32 no.2, 2011, 134~146면 참고.

93 Ibid., 383.15a~19a면; 노먼 커처(Norman Kutcher), *Mourning in Late Imperial China : Filial Piety and the State*(제국 후기 중국의 애도-충효와 국가), New York : Cambridge University Press, 1999도 볼 것.

94 황광량(黃光亮), 앞의 책, 266~267면.

95   위의 책, 268~270면.

96   QDDQHDSL, 383.19a면.

97   Ibid., 383.21b~24b면.

98   *ECCP*, p.856.

99   QDDQHDSL, 383.25a~b면.

100   Ibid., 356~357면.

101   Ibid., 383.26a~27a면.

102   Ibid., 383.27a~b면; 한승현(Seunghyun Han), 앞의 글, 146~157면 참고.

103   Ibid., 383.28a~29a면.

104   Ibid., 383.30a~31b, 383.35a~b면.

105   장중리(Chung-li Chang, 張仲禮), *The Chinese Gentry*(중국의 신사), Seattle : University of Washington Press, 1955, pp.122~141; 카시 이(Carsey Yee), 「1858년 순천부(順天府) 시험 사건─제국 기관의 법적 방어(The Shuntian Examination Scandal of 1858 : The Legal Defense of Imperial Institutions)」(미간행 원고).

106   마이클 래크너(Michael Lackner)·나타샤 비팅호프(Natascha Vittinghoff) 편, *Mapping Meanings : The Field of New Learning in Late Qing China*(의미의 지도 그리기─청말 중국의 새로운 학문 분야), Leiden : E. J. Brill, 2004, 곳곳 참고.

107   QDDQHDSL, 386.13a·15b·18a·19a~b면; 엘리자베스 카스케(Elisabeth Kaske), "Fund-Raising Wars : Office Selling and Interprovincial Finance in Nineteenth-Century China(자금조달 전쟁─19세기 중국의 매관매직과 지역 간 재무)", *HJAS* 71 no.1, 2011, pp.69~141.

108   메리 라이트(Mary Wright), *The Last Stand of Chinese Conservatism : The T'ung-chih Restoration, 1862~1874*(중국 보수주의의 마지막 저항─동치(同治) 중흥, 1862~1874), Stanford, CA : Stanford University Press, 1957, pp.79~87.

109   풍계분(馮桂芬), 『교빈여항의(校邠廬抗議)』(영인본), 1897, 臺北 : 學海出版社, 1967, 1.17b~19a면; 여기서는 메리 라이트(Mary Wright), 앞의 책, 85면의 번역을 다소 수정하였다.

110   QDDQHDSL, 386.19b~20b면.

111   *FPP*, 제1장; 오리 셀라(Ori Sela), 「전대흔(錢大昕)─중국의 지식, 정체성 및 수용의 역사, 1750~1930(Qian Daxin (1728~1804) : Knowledge, Identity, and Reception History in China, 1750~1930)」, PhD diss., Princeton University, 2011.

제7장 ────────────────────────────────

1   CT, 21~24면.

2   당순지의 문집은 1780년대에 『사고전서』에 수록되었다. SKQS(1999년 전자판), 1377/

101~117면.

3 HMZYQC, ZYC(1733년본 및 명대 후기 가정(嘉靖) 연간본). 중광권(仲光軍) 외편, 『역대금전전시정갑주권(歷代金殿殿試鼎甲朱卷)』, vols. 2, 石家莊 : 華山文藝出版社, 1995 참고.

4 문천상의 답안은 많은 명청시대 선집 및 『사고전서』에 재수록되었다.

5 원대의 책문(策問)은, 『금화황선생문집(金華黃先生文集)』, 上海 : 商務印書館, 1919~ 1937, 5191~200면에 수록되어 있다. 명대 초기 책문은 『황명문형(皇明文衡)』, 上海 : 商務印書館, 1919~1937, 23.220~222면에 수록되어 있다.

6 『거업정식(擧業正式)』(명 가정 연간본, 1522~1566년경), 1a~58b에서는 1529~1553년 책문의 예들을 제시해준다; 『명만력지숭정간향시록회시록회집(明萬曆至崇禎間鄕試錄會試錄匯輯)』(명말 판본)도 볼 것.

7 HMCH.

8 진인석(陳仁錫) 편, 『황명향회시이삼장정문선(皇明鄕會試二三場程文選)』(1633년 백송당(白松堂) 각본).

9 대학사(大學士) 진세관(陳世倌, 1680~1758)의 상주문, LBTB, 1757년 10월 6일자. 이 상주문에서는 건륭제에게 무과(武科) 회시(會試)에서 책문 주제를 선택해줄 것을 요청하고 있다.

10 대학사(大學士) 래보(來保)의 상주문, LBTB, 1757년 5월 9일자. 이 상주문에서는 건륭제에게 전시(殿試) 상위 10인 대책문(對策文)의 순위 결정을 요청하고 있다.

11 LBTB, 1775년 4월조, 전시(殿試) 독권관(讀卷官)의 상주문. UCLA 특별문고실 한위산(Han Yu-shan, 韓玉山) 컬렉션의 1646년부터 1904년까지 220종의 전시 시권(試卷)도 참조할 것.

12 QDMKTL, 2.7b~13b · 2.21b~25a면.

13 산서성에 대한 한림원(翰林院)의 보고서, LBTB, 1760년 10월 15일조.

14 오성흠(吳省欽), 「건륭 36년(1771) 호북 향시 책문 2수(乾隆三十六年湖北鄕試策問二首)」, QDQQJYLZX, 3/167면 참고.

15 장웨이런(Wejen Chang, 張偉仁), "Legal Education in Qing China(청대 중국의 법률 교육)", ESLIC, pp. 294~295 · 234~235n17~20 .

16 엘먼(Elman), 「성리학의 해석 ─ 명청시기 중국 철학에서 문헌학으로(The Unraveling of Neo-Confucianism : From Philosophy to Philology in Late Imperial China)」, 『Tsing Hua Journal of Chinese Studies』, vols. 15, 1983, 67~89면.

17 윌러드 피터슨(Willard Peterson), "Fang I-chih : Western Learning and the 'Investigation of Things'(방이지(方以智) ─ 서학(西學)과 '격물(格物)')", 시어도어 드 배리(Wm. Theodore de Bary) 편, The Unfolding of Neo-Confucianism(성리학의 전개), New York : Columbia University Press, 1975, pp. 399~400.

18 손성연(孫星衍), 「관풍시사책문오주유서(觀風試士策問五條有序)」, QDQQJYLZX, 3/285~286면.

19 린칭장(林慶彰), 『명대 고증학 연구(明代考據學研究)』, 臺北 : 學生書局, 1984에서는 명대 후기의 발전을 강조한다. 아담 쇼어(Adam Schorr), 「감식주의와 천박함에 대한 방어－양신(楊愼, 1488~1559)과 그의 업적(Connoisseurship and the Defense against Vulgarity : Yang Shen(1488~1559) and His Work)」, 『Monumenta Serica』 41, 1993, 89~128면 참조.

20 위잉스(Ying-shih Yu, 余英時), 「청대 유교 지식주의의 부상에 대한 몇 가지 예비적 고찰(Some Preliminary Observations on the Rise of Qing Confucian Intellectualism)」, 『Tsing Hua Journal of Chinese Studies』, vols. 11 nos. 1~2, 1975, 125면; 린칭장(林慶彰), 『청대 초기의 경서 변위학(淸初的群經辨僞學)』, 臺北 : 文津出版社, 1990, 369~386면.

21 『회시록(會試錄)』 1, 1445, 347~349·438~441면; MDDKLHB.

22 『광서향시록(廣西鄕試錄)』 3, 1471, 1097~1098면; MDDKLHB.

23 위의 책, 1471, 1111~1112면.

24 위의 책, 1120~1121면.

25 『회시록(會試錄)』, 1475, 9b~17b·48b면.

26 위의 책, 53a면.

27 주훙린(Hung-lam Chu, 朱鴻林), "Ch'iu Chun (1421~95) and the 'Ta-hsueh yen-i pu' : Statecraft Thought in Fifteenth-Century China(구준(丘濬)과 『대학연의보(大學衍義補)』－15세기 중국의 경세 사상)", PhD diss., Princeton University, 1983, pp. 225~228; 주훙린의 「15세기의 지적 경향(Intellectual Trends in the Fifteenth Century)」, 『Ming Studies』 27, 1989, 1~16면도 볼 것.

28 『회시록(會試錄)』, 1535, 4b~6b·14b~16b면.

29 FPP, pp. 205~206.

30 『회시록(會試錄)』, 11a~12a면.

31 Ibid., 46a~48a면.

32 Ibid., 49a면.

33 Ibid., 45a~b면.

34 설응기(薛應旂), 『방산선생문록(方山先生文錄)』(소주(蘇州) 각본), 1553, 20.12a~15b면.

35 Ibid., 20.16b~21a면.

36 "신뢰할 수 있는 학문" 기준에 따라 평가된 책문의 두 사례에 대해서는 『산동향시록(山東鄕試錄)』 3, 1489, 1460~1478면; 『호광향시록(湖廣鄕試錄)』 3, 1489, 1628면 참고; MDDKLHB.

37 『명만력지숭정간향시록회시록회집(明萬曆至崇禎間鄕試錄會試錄匯輯)』(명말 판본)은 1595년부터 1628년까지의 시험을 수록하고 있다.

38 FPP, pp. 100~101.

39 HMCH, 1.48~53a면; 1561년 응천부(應天府) 향시의 문자학 관련 책문과 대책.

40 FPP, pp. 251~259.

41 *CPK*, pp.xxv~xxx · 188~203.

42 *SCC* vol.3, pp.192.

43 조지프 니덤(Joseph Needham), "China and the Origins of Qualifying Examinations in Medicine(중국과 의학 자격 시험의 기원)", *Clerks and Craftsmen in China and the West*(중국과 서양의 점원 및 장인), Cambridge : Cambridge University Press, 1970, pp.379~395; 로버트 하트웰(Robert Hartwell), "Financial Expertise, Examinations, and the Formulation of Economic Policy in Northern Song China(북송시기 중국의 금융 전문성, 시험 및 경제 정책 수립)", *JAS* 30 no.2, 1971, pp.281~314; 브라이언 맥나이트(Brian McKnight), 「법률 전문가로서 만다린 ─ 중국 송대의 직업적 학습(Mandarins as Legal Experts : Professional Learning in Song China)」, NCE, pp.493~516.

44 장흥성(張鴻聲), 「청대 의관고시 및 체례(清代醫官考試及體例)」, 『中華醫史雜誌』 25 no.2, 1995, 95~96면.

45 로버트 하임즈(Robert Hymes), 「신사가 아닌가? ─ 송원시대의 의사들(Not Quite Gentlemen? Doctors in Song and Yuan)」, 『Chinese Science』 7, 1986, 11~85면; 조너선 스펜스(Jonathan Spence), *To Change China : Western Advisers in China, 1620~1960*(중국을 변화시키기 ─ 중국의 서양고문단, 1620~1960), Middlesex, UK : Penguin Books, 1980; 조지프 레벤슨(Joseph Levenson), 「명대와 청대 초기 사회의 아마추어 이상 ─ 그림의 증거(The Amateur Ideal in Ming and Early Qing Society : Evidence from Painting)」, 존 페어뱅크(John Fairbank) 편, *Chinese Thought and Institutions*(중국의 사상과 제도), Chicago : University of Chicago Press, 1957, pp.320~341; *FPP*, pp.102~137.

46 주진형(朱震亨, 1282~1358), 『격치여론(格致餘論)』, SKQS vol.746, 637면; 안젤라 키체 룽(Angela Ki Che Leung, 梁其姿), 「송에서 명으로의 의학지식 전승(Transmission of Medical Knowledge from the Song to the Ming)」, 폴 스미스(Paul Smith) · 리처드 폰 글란(Richard von Glahn) 편, *The Song-Yuan-Ming Transition in Chinese History*(송원명대 중국사의 변천), Cambridge, MA : Harvard University Asia Center, 2003, pp.374~398.

47 판지싱(Pan Jixing, 潘吉星), 「명말 게오르기우스 아그리콜라의 『곤여격치(坤輿格致)』 전파(The Spread of Georgius Agricola's De Re Metallica in Late Ming China)」, 『T'oung Pao』 97, 1991, 108~118면; 제임스 리어든-앤더슨(James Reardon-Anderson), *The Study of Change : Chemistry in China, 1840~1949*(변화에 대한 연구 ─ 중국의 화학, 1840~1949), Cambridge : Cambridge University Press, 1991, pp.30~36 · 82~88.

48 루실 자(Lucille Chia), 「마사본(麻沙本) ─ 송대에서 명대까지 건양(建陽)의 상업 출판(Mashaben : Commercial Publishing in Jianyang from the Song to the Ming)」, 폴 스미스(Paul Smith) · 리처드 폰 글란(Richard von Glahn) 편, *The Song-Yuan-Ming Transition in Chinese History*(송원명대 중국사의 변천), Cambridge, MA : Harvard University Asia Center, 2003, pp.284~328.

49 HMSYK, 2.3b면; ZYC (1733), 앞의 글, 15a면.

50 자오위안링(Yuan-ling Chao, 趙元玲), *Medicine and Society in Late Imperial China : A Study of Physicians in Suzhou, 1600~1850*(명청시기 중국의 의학과 사회−소주(蘇州)의 의사 연구, 1600~1850), New York : Peter Lang, 2009; 주핑이(Ping-yi Chu, 祝平一), 「기술적 지식, 문화적 관행 및 사회적 경계−환남(晥南) 학자와 예수회 천문학의 재구성, 1600~1800(Technical Knowledge, Cultural Practices and Social Boundaries : Wan-nan Scholars and the Recasting of Jesuit Astronomy, 1600~1800)」, PhD diss., University of California, Los Angeles, 1994.

51 대처 딘(Thatcher E. Deane), 「중화제국의 천문국−1365년부터 1627년까지 명(明) 흠천감(欽天監)의 형태와 기능(The Chinese Imperial Astronomical Bureau : Form and Function of the Ming Dynasty 'Qintianjian' from 1365 to 1627)」, PhD diss., University of Washington, 1989, 400~402면.

52 HMCH, 1.19a, 4.32a면.

53 네이선 시빈(Nathan Sivin), *Granting the Seasons : The Chinese Astronomical Reform of 1280, with a Study of Its Many Dimensions and a Translation of Its Records*(계절의 부여 −1280년 중국 천문학 개혁, 다차원의 관련 연구 및 기록물 번역), New York : Springer, 2009, pp.131~225.

54 HMCH, 1.1gb~23a면; 네이선 시빈(Nathan Sivin), 「중국 초기 수리 천문학의 우주와 계산(Cosmos and Computation in Early Chinese Mathematical Astronomy)」, 『*T'oung Pao*』 55, 1969, 1~73, 특히 12·19면 참고.

55 HMCH, 1.19a면.

56 네이선 시빈(Nathan Sivin), 앞의 글, 63면.

57 『원사(元史)』 vols.7, 臺北 : 鼎文書局, 1982, 52.1130~1131면.

58 HMCH, 1.21a~22a면.

59 Ibid.

60 네이선 시빈(Nathan Sivin), "Science and Medicine in Chinese History(중국 역사상의 과학 및 의학)", 폴 랍(Paul S. Ropp) 편, *Heritage of China : Contemporary Perspectives on Chinese Civilization*(중국의 유산−중국 문명에 대한 현대적 관점), Berkeley : University of California Press, 1990, pp.164~196·175.

61 HMCH, 1.23a면.

62 Ibid., 1.22b~23a면.

63 MS, 31.520 (167); 대처 딘(Thatcher E. Deane), op. cit., pp.425~427.

64 MS, 31.527~528 (169); 윌러드 피터슨(Willard Peterson), 「선교사 도래 이전 명조(明朝)의 책력 개혁(Calendar Reform Prior to the Arrival of Missionaries at the Ming Court)」, 『*Ming Studies*』 21, 1986, 54~55면; 대처 딘(Thatcher E. Deane), op. cit., pp.421~433.

65 QBLC, 21.65면.

66 심신주(沈新周), 「서(序)」, 『지학(地學)』, 上海 : 掃葉山房 石印本, 1910.

67 조너선 스펜스(Jonathan Spence), *Emperor of China : Self-Portrait of K'ang-hsi*(중국의 황제-강희제의 자화상), New York : Vintage Books, 1974, pp.xvii~xix · 15~16 · 74~75.

[옮긴이 주] 이 책의 우리말 번역본으로는 이준갑 역, 『강희제』, 이산, 2001가 있다.

주핑이(Chu Pingyi, 祝平一), 「조정에서의 과학적 논쟁-1664년 책력 사건(Scientific Dispute in the Imperial Court : The 1664 Calendar Case)」, 『*Chinese Science*』 14, 1997; 황이눙(黃一農), 「청대 초기 천주교와 이슬람교 천문가의 갈등(淸初天主敎與回敎天文家的爭鬪)」, 『九州學刊』 5 no.3, 1993, 47~69면 참고.

68 석유복(席裕福) 편, 『황조정전유찬(皇朝政典類纂)』, 臺北 : 成文出版社, 1969, 191.7b ~8a면.

69 심신주(沈新周), 「서(序)」; 벤저민 엘먼(Benjamin Elman), *On Their Own Terms : Science in China, 1550~1900*(그들만의 용어로-중국의 과학, 1550~1900), Cambridge, MA : Harvard University Press, 2005, pp.223~280.

70 HMCH, 13.17a · 7.54a~59a면.

71 Ibid., 12.13a~18b · 13.83a~90a면.

72 『순천향시록(順天鄕試錄)』, 1831, 4a~5a · 64a~66b면; 『회시록(會試錄)』, 1685, 13a~15a · 74b~77a면.

73 『회시록(會試錄)』, 1685, 11a~13a면.

74 고염무(顧炎武), 「삼장(三場)」, RZLJS, 16.385~386면; 「사학(史學)」, RZLJS, 16.391~392면; 이노우에 스스무(井上進), 「'육경개사(六經皆史)'설의 계보(六經皆史說の系譜)」, 오노 카즈코(小野和子) 편, 『명말청초의 사회와 문화(明末淸初の社會と文化)』, 京都 : 京都大学人文科学研究所, 1996, 535~585면 참고.

75 노문초(盧文弨), 『포경당문집(抱經堂文集)』 4, 上海 : 商務印書館, 1937, 327면.

76 전대흔(錢大昕), 「서(序)」, 『이십이사고이(二十二史考異)』, 上海 : 商務印書館, 1935~1937, 1면.

77 두웨이윈(杜維運), 『청 건륭·가경 연간의 사학과 사학가(淸乾嘉時代之史學與史家)』, 臺北 : 國立台灣大學文史叢刊, 1962, 13~48 · 99~121면.

78 FPP, 28~38면; 주핑이(Pingyi Chu, 祝平一), 「정주(程朱) 정통, 고증학 및 상관 우주론-강영(江永)과 서양 천문학(Ch'eng-Chu Orthodoxy, Evidential Studies and Correlative Cosmology : Chiang Yung and Western Astronomy)」, 『*Philosophy and the History of Science : A Taiwanese Journal*』 4 no.2, 1995, 71~108면도 볼 것.

79 FPP, 40~70면.

80 『회시록(會試錄)』, 1793, 46a~50a면; 청대 '금문' 경학가들은 더 오래된 '과두(蝌蚪)' 문자로 쓰여진 『좌전(左傳)』이 발견되었다는 한대의 주장에 근거한 이 '고문' 주장에 반박하기 위해 서한(西漢)시기의 예서(隸書)로 작성한 자료에 의거했다. *CPK*, 제5~8장 참고. 베른하르트 칼그렌(Bernhard Karlgren)은 *On the Authenticity and Nature of the Tso Chuan*(『좌전』의 진위와 성격에 대하여), Gotesborgs, Sweden : Elanders Boktry-

ckeri Aktiebolag, 1926, pp.3~65에서 그러한 주장을 받아들이지 않았다.

81 HCXWXTK, 84.8429면. 『좌전』과 더불어 『곡량전(穀梁傳)』과 『공양전(公羊傳)』이라는 두 종의 다른 한대 주석본이 남아 있다.

82 HCXWXTK, 84.8429~8430면. 쉬리왕(徐立望), 「청대 금문경학 부흥이 상서방(上書房) '경의(經義)'에서 연유했다는 설에 대한 반박(駁淸代今文經學復興源於上書房 '經義'說)」, 『復旦學報』 5, 2010, 132~140면 참고.

83 채드 핸슨(Chad D. Hansen), 「고대 중국의 언어 이론(Ancient Chinese Theories of Language)」, 『Journal of Chinese Philosophy』 2, 1975, 245~280면.

84 이조원(李調元), 「서(序)」, ZYKSJ, 1a~2a면.

제8장 ─────────────

1 QSG, 11/3101 · 3147면.

2 DML, 1.18b~19a · 2.3a · 2.3b~4b면.

3 이오나 만청(Iona Man-cheong)의 The Class of 1761 : Examinations, State, and Elites in Eighteenth-Century China(1761년의 계층—18세기 중국의 시험, 국가, 그리고 엘리트), Stanford, CA : Stanford University Press, 2004에서는 청대에 25차례의 은과(恩科)가 시행되어 청대 전체 진사의 21%에 해당하는 5,555명의 진사 급제자가 배출되었음을 지적하고 있다.

4 QBLC, 20.52~53면.

5 『순천부향시록(順天府鄉試錄)』, 1657, 9b~11b · 62a~67b면.

6 황순요(黃淳耀), 『도암집(陶庵集)』(가정본(嘉定本)), 1676, 2.40b~42a면; 육세의(陸世儀), 『사변록집요(思辨錄輯要)』, 江蘇 : 江蘇書局, 1877, 5.7a면.

7 『육자유서(陸子遺書)』(陽湖本) vol.18, 1900년경, 1.1a~2b면.

8 위의 책, 1.3a~5b · 5.8a면.

9 조포(刁包), 「폐팔고흥사자오경설(廢八股與四子五經說)」, QDQQJYLZX, 1/14~16면.

10 매문정(梅文鼎), 「왕선생팔십수서(王先生八十壽序)」, QDQQJYLZX, 2/73~74 · 2/172~174 · 2/183~185면; HCJSWB, 7.1a~13a도 볼 것.

11 RZLJS, 376~418면.

12 Ibid., 383~384 · 385~386 · 406~407면.

13 HCJSWB, 7.1a~1b · 8a~8b면; Cf. 볼프강 프랑케(Wolfgang Franke), The Reform and Abolition of the Traditional Chinese Examination System(중국 전통 시험 제도의 개혁과 폐지), Cambridge, MA : Center for East Asian Studies, Harvard University Press, 1960, 20~22면; 시어도어 드 배리(Wm. Theodore de Bary), 「중국의 전제정치와 유교적 이상—17세기의 관점(Chinese Despotism and the Confucian Ideal : A Seventeenth-Century View)」, 존 페어뱅크(John Fairbank) 편, Chinese Thought and Institutions(중국의 사상

과 제도), Chicago : University of Chicago Press, 1957 참조.

14 소장형(邵長蘅), 「의강서시책일시문(擬江西試策一時文)」, QDQQJYLZX, 2/144~146면.

15 HCJSWB, 7.4b~6a면; ECCP, pp.847~848.

16 린 스트루브(Lynn Struve), 「가마의 통치-위예개(魏裔介, 1616~1686)와 오보이 섭정의 시험 개혁(Ruling from Sedan Chair : Wei Yijie (1616~1686) and the Examination Reform of the 'Oboi' Regency)」, 『Late Imperial China』 25 no.2, 2004, 2~3·10·16면.

17 1664년과 1667년의 익명의 주권(朱卷)은 타이완 중앙연구원 명청 당안관(中央研究院 明淸檔案館)에 소장되어 있다. 그 영인본은 UCLA 동아시아도서관(East Asian Library)에서 열람할 수 있다.

18 CT, 36면.

19 이인독(李因篤, 1631~1692), 「용인(用人)」, QDQQJYLZX, 2/57~58면.

20 QSG, 12/3149면. DML, 1.10a~b면.

21 QDQQJYLZX, 2/81~83·85~86·2/279~280면; ECCP, 283~285면 참조.

22 DML, 1.10a~10b면.

23 쳰무(Ch'ien Mu, 錢穆), 쉐쥔투(Chun-tu Hsueh)·조지 토튼(George Totten) 역, 『중화제국의 전통 정부-비판적 분석(Traditional Government in Imperial China : A Critical Analysis)』, Hong Kong : Chinese University Press, 1982, 134~137면.

24 QDQQJYLZX, 2/11~13·2/25~27·2/193~196·2/213~240면.

25 강희제의 「향거이선해(鄕擧里選解)」, QDQQJYLZX, 2/244~245면 참조.

26 QSG, 12/3149~3150면; 노먼 커쳐(Norman Kutcher), Mourning in Late Imperial China : Filial Piety and the State(제국 후기 중국의 애도-충효와 국가), New York : Cambridge University Press, 1999; 벤저민 엘먼(Benjamin A. Elman), 「청대 학문과 도쿠가와시기 일본의 고증학(Qing Learning and Koshogaku in Tokugawa Japan)」, 조슈아 포겔(Joshua Fogel) 편, Sagacious Monks and Bloodthirsty Warriors : Chinese Views of Japan in the Ming-Qing Period(현명한 승려와 피에 굶주린 전사-명청시대 일본에 대한 중국의 견해), Norwalk, CT : EastBridge Press, 2002, pp.158~182.

27 QBLC, 21.11면.

28 QDMKTL, 2.7b~10b면.

29 CT, 25면; 양쉐웨이(楊學爲) 외편, 『중국고시제도사자료선편(中國考試制度史資料選編)』, 合肥, 安徽 : 黃山書社, 1992, 351면.

30 장중루(章中如), 『청대고시제도(淸代考試制度)』, 上海 : 黎明書局, 1931, 38~41면.

31 곽비(霍備)의 1738년 상주문, 『황청명신주의(皇淸名臣奏議)』(1796~1820년경 판본) 35.20a~22a면 참고.

32 HCJSWB, 7.13a~14a면; 황광량(黃光亮), 『청대 과거 제도 연구(淸代科擧制度之硏究)』, 臺北 : 嘉新水泥公司文化基金會, 1976, 308~309면; ECCP, pp.601~603·559~551.

33 RZLJS, 386~387면.

34　DML, 13.7a~7b면; ZYCH, 1.4a~b면; HCJSWB, 7.13a~14a면.

35　「서(序)」,『회시록(會試錄)』, 1742, 1a~4a면.

36　DML, 13.7b~10b면; ZYCH, 1.4b~5b면; HCJSWB, 7.14a면.

37　『강남향시록(江南鄕試錄)』, 1744, 22a~23b면.

38　제임스 류(James J. Y. Liu, 劉若愚), *Chinese Theories of Literature*(중국의 문학 이론),
　　Chicago : University of Chicago Press, 1975, pp.114 · 128.
　　[옮긴이 주] 이 책의 우리말 번역본으로는 이장우 역,『중국의 문학 이론』, 명문당,
　　1994이 있다.

39　『강남향시록(江南鄕試錄)』, 1744, 74a~76a면.

40　ZYC (1733 edition) vol.8, 503a~b면.

41　위의 책, 504a~509a면.

42　위의 책, 509a~513a · 511a~512a면.

43　HCJSWB, 7.14a면.

44　『국조장정옥선생연보(國朝張廷玉先生年譜)』, 유사배(劉師培) 편,『역대명인연보대성
　　(歷代名人年譜大成)』(청말 필사본, 쪽수 표시 없음). 수허더(舒赫德)의 제안에 대한
　　장정옥의 답변은 QDQQJYLZX, 2/315~317면에 수록되어 있다. QBLC, 21.11면도
　　볼 것.

45　1738년과 1750년의 시험 개혁을 지지하는 건륭 연간의 상주문들은 HQMCZY, 35.
　　20a~22a · 46.5a~11a · 46.1a~4a면에 수록되어 있다.

46　1736년부터 1788년까지 건륭제의 칙령은 QDQQJYLZX, 3/2~17면에 수록되어 있
　　다. 한학의 부상과 과거 시험에 관해서는 QBLC, 21.41면 참고.

47　건륭제가 방포(方苞)에게『흠정사서문(欽定四書文)』편찬을 명한 칙령은 QDQQ-
　　JYLZX, 3/2~3면에 수록되어 있다. *ECCP*, p.236.

48　QDDQHDSL, 383.19a면.

49　DML, 14.1a면.

50　QDDQHDSL, 383.23a면.

51　QDMKTL, 2.7b~13b · 2.21b~25a면;『문위향시예안(文闈鄕試例案)』(1832년본),
　　4a~5a · 20a~22b · 52면; ZYC, 569a~576b면.

52　ZYC, 569b~576a면.

53　위의 책, 589b~590a면.

54　LBTB, 1758년 4월 26일 자.

55　Ibid..

56　『절강향시록(浙江鄕試錄)』, 1759, 7a~8a면.

57　주이존(朱彝尊), HCJSWB, 7.10a면; *FPP*, pp.82~84.

58　DML, 14.12a면.

59　유탄지(劉坦之) 평(評),「범례(凡例)」,『근과전제신책법정(近科全題新策法程)』, 1764.

60　QDDQHDSL, 382.6b면.

61 엘먼(Elman), 「1250년에서 1400년 사이 과거 시험 교육 과정의 변화와 고전 연구에서 원대(元代)의 역할(The Transformation of the Civil Service Curriculum between 1250 and 1400 and the Role of the Yuan Dynasty in Classical Studies)」, 린칭장(林慶彰) 등 주 관, 원대 고전 연구 학술회의 논문집(the Conference Volume on Yuan Dynasty Classical Studies), 臺北 : 臺灣中央研究院中國文哲研究所, 2000, 23~69면.

62 장학성(章學誠), 『장씨유서(章氏遺書)』, 上海 : 商務印書館, 1936, 29.54a면.

63 콘도 미츠오(近藤光男), 『청시선(淸詩選)』, 東京 : 集英社, 1967, 9~35면; 왕전위안(王 鎭遠), 『청시선(淸詩選)』, 臺北 : 樂群文化公司, 1991; 위바오린(Pauline Yu, 余寶琳), 「명청시기 중국 정전(正典)의 형성(Canon Formation in Late Imperial China)」, 시오도 어 후터스(Theodore Huters) 외편, *Culture and State in Chinese History : Conventions, Accommodations, and Critiques*(중국 역사 속의 문화와 국가-관습, 조정 및 비판), Stanford, CA : Stanford University Press, 1997, pp.83~104.

64 DML, 14.11b~1.2b면; 제임스 류(James J. Y. Liu, 劉若愚), *The Art of Chinese Poetry*(중 국 시의 예술), Chicago : University of Chicago Press, 1962, pp.26~29.

65 귀샤오위(郭紹虞) 편, 『청시화(淸詩話)』, 上海 : 古籍出版社, 1963; 귀샤오위, 「서(序)」, 『청시화속편(淸詩話續編)』, 上海古籍出版社, 1983 1면.

66 엘먼(Elman), 「가치에서 사실로-중국 제국 후기의 정확한 학문으로서 음운론의 출현 (From Value to Fact : The Emergence of Phonology as a Precise Discipline in Late Imperial China)」, 『*Journal of the American Oriental Society*』 102 no.3, 1982, 493~500면.

67 이 사천성 상황 관련 상주문은 LBTB, 1765년 9월 5일 자 참고; *CHCELIC*, 제5장 참조.

68 DML, 16.10a~12a면.

69 『광동향시록(廣東鄕試錄)』, 1794, 9a~10b・36a~39b면.

70 전대흔(錢大昕), 『십가재양신록(十駕齋養新錄)』(1804년본의 영인본), 臺北 : 廣文書 局, 18.15b~16a면.

71 손성연(孫星衍), 「의과장시사청겸용주소접(擬科場試土請兼用註疏摺)」, QDQQ-JYLZX, 3/278~279면.

72 한승현(Seunghyun Han), 「청초・중기 시험폭동 처벌(The Punishment of Examination Riots in the Early to Mid-Qing Period)」, 『*Late Imperial China*』 32 no.2, 2011, 133~165면.

73 천위안후이(陳元暉) 외편, 『중국 근대 교육사 자료회편-아편전쟁시기 교육(中國近代 教育史資料匯編 : 阿片戰爭時期教育)』, 上海教育出版社, 1990, 57~76・414~434면; *CPK*, 298~306면 참고.

74 엘리자베스 카스케(Elisabeth Kaske), "Fund-Raising Wars : Office Selling and Interprovincial Finance in Nineteenth-Century China(자금조달 전쟁-19세기 중국의 매관매직 과 지역 간 재무)", *HJAS* 71 no.1, 2011, pp.69~141.

75 오리 셀라(Ori Sela), 「전대흔(錢大昕)-중국의 지식, 정체성 및 수용의 역사, 1750~19 30(Qian Daxin (1728~1804) : Knowledge, Identity, and Reception History in China,

1750~1930)」, PhD diss., Princeton University, 2011, 223~227면.

76 ZYCH, 22.1a~18a면.

77 QBLC, 1.1~178면.

78 진수기(陳壽祺), 『좌해문집(左海文集)』(청대본, 1796~1849년경), 3.22a~25a · 1.25a
    ~28b면.

79 *CPK*, 275~306면에서는 화신(和珅, 1746~1799)시대가 1780년대부터 1800년대 초
    반까지 경세 담론에 미친 영향을 강조한다. 대니얼 맥마흔(Daniel McMahon), 「왕조
    의 쇠퇴, 화신, 그리고 함여유신(咸與維新)의 이념(Dynastic Decline, Heshen, and the
    Ideology of the Xianyu Reforms)」, 『*Tsing Hua Journal of Chinese Studies*』, n.s., 38 no.2,
    2008, 231~255면; 왕원성(王文生), *White Lotus Rebels and South China Pirates : So-
    cial Crisis and State Retreat in the Qing Empire*(백련교 반란과 남중국 해적 – 청대의 사
    회 위기와 국가의 후퇴), Cambridge, MA : Harvard University Asia Center, 2013, 제5장
    도 볼 것.

80 천위안후이(陳元暉) 외편, 앞의 책, 414~417면; *ECCP*, 610~611면; 윌리엄 로(William
    Rowe), 「청의 헌법 다시 쓰기 – 포세신(包世臣)의 「설저(說儲)」(Rewriting the Qing
    Constitution : Bao Shichen's 'On Wealth'(Shuochu)」, 『*T'oung Pao*』98 nos.1~3, 2012,
    178~216면 참고. 가상의 명청 '헌법'에 대한 포세신의 공헌에 대한 윌리엄 로의 논의
    는 1780년대에서 1820년대까지 표출된 국정 담론의 다양성을 지나치게 단순화한다.
    왕원성(王文生), *White Lotus Rebels and South China Pirates : Social Crisis and State
    Retreat in the Qing Empire*(백련교 반란과 남중국 해적 – 청대의 사회 위기와 국가의 후
    퇴), 제5장; 쉬리왕(徐立望), 「청대 금문경학 부흥이 상서방(上書房) '경의(經義)'에서
    연유했다는 설에 대한 반박(駁淸代今文經學復興源於上書房'經義'說)」, 『復旦學報』5,
    2010, 132~140면 참고.

81 천위안후이(陳元暉) 외편, 앞의 책, 417~430면; 엘먼(Elman, 本杰明 · 艾尔曼), 「건륭
    후기 화신과 장존여의 관계에 대한 재검토(乾隆晩期和珅, 莊存與關係的重新考察),
    『復旦學報』3, 2009, 59~63 · 140면 참고.

82 QSG, 11/3151~3152면; HCXWXTK, 1/8448면.

83 이보 아멜룽(Iwo Amelung), *Der Gelbe Fluss in Shandong (1851~1911)*(산동(山東)의
    황하(1851~1911)), Wiesbaden : Harrassowitz, 2000; 랜달 도젠(Randall A. Dodgen),
    *Controlling the Dragon : Confucian Engineers and the Yellow River in Late Imperial
    China*(용을 지배하다 – 명청시기 중국의 유교 공학자와 황하), Honolulu : University of
    Hawai'i Press, 2001; 로버트 안토니(Robert J. Antony) · 제인 케이트 레너드(Jane Kate
    Leonard) 편, *Dragons, Tigers, and Dogs : Qing Crisis Management and the Boundaries of
    State Power in Late Imperial China*(용, 호랑이, 개 – 청의 위기관리와 제국 후기 국가 권
    력의 경계), Ithaca, NY : East Asia Program, Cornell University, 2002.

84 『청정부진압태평천국당안사료(淸政府鎭壓太平天國檔案史料)』vol.3, 北京 : 社會科
    學文獻出版社, 1992, 318 · 334면.

85 QBLC, 21.171~178면; TPTGKJKS, 24~25면.

86 빈센트 시(Vincent Shih, 施友忠), *The Taiping Ideology : Its Sources, Interpretations, and Influences*(태평사상-그 근원, 해석 및 영향), Seattle : University of Washington Press, 1967, pp.42~43.

87 젠유원(簡又文), 『태평천국전제통고(太平天國典制通考)』, 香港 : 猛進書屋, 1958, 263 ~278면; 빈센트 시(Vincent Shih, 施友忠), op. cit., pp.98~99.

88 QBLC, 21.177~178면.

89 TPTGKJKS, 74~80면; 리춘(酈純), 『태평천국제도초탐(太平天國制度初探)』下, 北京 : 中華書局, 1990, 574~575·632~640면; 젠유원(簡又文), 앞의 책, 263~278면도 볼 것.

90 빈센트 시(Vincent Shih, 施友忠), op. cit., p.42.

91 오무라 코도(大村興道), 「청대 교육사상사에 있어서 『성유광훈(聖諭廣訓)』의 지위에 대하여(淸朝敎育思想史に於ける 『聖諭広訓』の地位について)」, 하야시 토모하루(林友春) 편, 『근세중국교육사연구(近世中國敎育史硏究)』, 東京 : 國土社, 1958, 233~246면; 쑤솽비(蘇雙碧), 『홍수전전(洪秀全傳)』, 北京 : 大地出版社, 1989, 83~88면도 볼 것.

92 빈센트 시(Vincent Shih, 施友忠), op. cit., pp.110~133.

93 TPTGKJKS, 19~20면.

94 QBLC, 21.173~174면; TPTGKJKS, 53~54면에서는 태평천국의 1859년 회시(會試) 팔고문의 일례를 제시해준다.

95 TPTGKJKS, 51~52·58~59면; QBLC, 21.174~175면.

96 TPTGKJKS, 82~93면; ECCP, pp.836~837. '정신'에 대한 문제는 QBLC, 21.174~175면에서 인용하였다.

97 리춘(酈純), 앞의 책, 641~648면.

98 빈센트 시(Vincent Shih, 施友忠), op. cit., pp.268~271.

99 젠유원(簡又文), 앞의 책, 285~302면.

100 「후서(後序)」, 『회시록(會試錄)』, 1890, 86a~b면.

101 『채원배전집(蔡元培全集)』, 臺南 : 王家出版社, 1968, 462~463면.

102 엄복(嚴復), 「구망결론(救亡決論)」, 『무술변법자료(戊戌變法資料)』3, 北京 : 神州國光社, 1953, 60~71면; 벤저민 슈워츠(Benjamin Schwartz), *In Search of Wealth and Power : Yen Fu and the West*(부와 권력을 찾아서-엄복과 서양), New York : Harper Torchbooks, 1969, 22~41면; 시오도어 후터스(Theodore Huters), *Bringing the World Home : Appropriating the West in Late Qing and Early Republican China*(세계를 자국으로 가져오기-청말민초 중국의 서구 수용), Honolulu : University of Hawai'i Press, 2005.

103 마리안느 바스티드(Marianne Bastid), 폴 베일리(Paul J. Bailey) 역, *Educational Reform in Early Twentieth-Century China*(20세기 초 중국의 교육 개혁), Ann Arbor : Center for

Chinese Studies, University of Michigan, 1988, 12~13면; 샐리 보스윅(Sally Borthwick), *Education and Social Change in China : The Beginnings of the Modern Era*(중국의 교육과 사회 변화-근대의 시작), Stanford, CA : Hoover Institution Press, 1983, pp.538~564; 왕이쥐(Y. C. Wang, 汪一駒), *Chinese Intellectuals and the West, 1872~1949*(중국 지식인과 서구, 1872~1949), Chapel Hill : University of North Carolina Press, 1966, pp.52~59.

104 폴라 하렐(Paula Harrell), *Sowing the Seeds of Change : Chinese Students, Japanese Teachers, 1895~1905*(변화의 씨앗을 뿌리다-중국 학생, 일본 교사, 1895~1905), Stanford, CA : Stanford University Press, 1992, pp.11~60.

105 폴 베일리(Paul J. Bailey)의 *Reform the People : Changing Attitudes toward Popular Education in Early Twentieth-Century China*(국민 개혁-20세기 초 중국의 대중 교육에 대한 태도 변화), Edinburgh : Edinburgh University Press, 1990, pp.73~75에서는 1899년부터 1909년까지의 백화(白話) 교육에 대해 논하고 있다.

106 엘먼(Elman), 「해전과 중국 변법자강의 과학기술적 실패로의 굴절(Naval Warfare and the Refraction of China's Self-Strengthening Reforms into Scientific and Technological Failure)」, 『*Modern Asian Studies*』 38 no.2, 2003, 283~326면.

107 강유위(K'ang Yu-wei, 康有爲), 「자편연보(自編年譜)(Chronological Autobiography)」, 뤄룽방(Jung-pang Lo, 羅榮邦) 편역, *K'ang Yu-wei : A Biography and a Symposium*(강유위 평전), Tucson : University of Arizona Press, 1967, pp.63~65; 볼프강 프랑케(Wolfgang Franke)는 *The Reform and Abolition of the Traditional Chinese Examination System*(중국 전통 시험 제도의 개혁과 폐지), pp.32~33에서 강유위의 초기 상주문이 진품이라고 추정했지만, 상당수는 그렇지 않았다. 탕즈쥔(Tang Zhijun, 湯志鈞)·벤저민 엘먼(Benjamin Elman), 「1898년 변법자강운동 재검토(The 1898 Reform Movement Revisited)」, 『*Late Imperial China*』 8 no.1, 1987, 205~213면 참고.

108 『회시동년치록(會試同年齒錄)』, 1895, 1a~3a면; 탕즈쥔(湯志鈞) 편, 『강유위정론집(康有爲政論集)』, 北京 : 中華書局, 1981, 106~109면; 루크 쾅(Luke S. K. Kwong : 鄺兆江), *A Mosaic of the Hundred Days : Personalities, Politics, and Ideas of 1898*(백일 유신의 모자이크-1898년의 인물, 정치 및 사상), Cambridge, MA : Harvard University Press. 1984, pp.90~93; 강유위는 자신이 당초 회시와 전시 장원이었지만 정적들에게 희생되었다고 주장한 바 있다. 강유위(K'ang Yu-wei, 康有爲), 앞의 글, 66면 참고.

109 『광서무술과회시제구방주권(光緖戊戌科會試第九房硃卷)』(쪽수 표시가 없는 1898년 필사본).

110 프레신짓트 두아라(Prasenjit Duara), *Culture, Power, and the State : Rural North China, 1900~1942*(문화, 권력, 국가-중국 북방의 농촌, 1900~1942), Stanford, CA : Stanford University Press, 1988, pp.5~6·38~41·247~248; 그러나 두아라는 문화적 연결고리의 일환으로서 시험 제도를 거부한다.

111 추조 이치코(市古宙三), "The Role of the Gentry : An Hypothesis(신사층의 역할-하나의 가설)", 메리 라이트(Mary Wright) 편, *China in Revolution : The First Phase,*

1900~1913(중국 혁명-1단계, 1900~1913), New Haven, CT : Yale University Press, 1968, p.299; 어니스트 영(Ernest Young), *The Presidency of Yuan Shih-k'ai : Liberalism and Dictatorship in Early Republican China*(원세개(袁世凱) 총통 시기-민국 초기의 자유주의와 독재), Ann Arbor : University of Michigan Press, 1977, 7~8면; 헬렌 천시 (Helen R. Chauncey), *Schoolhouse Politicians : Locality and State during the Chinese Republic*(학교 정치인-민국 시대의 지역과 국가), Honolulu : University of Hawai'i, 1992, pp.10~11.

112 『대청덕종경황제실록(大淸德宗景(光緖)皇帝實錄)』 vol.79, 臺北 : 華文書局, 1964, 476.4378~4379면; 폴 베일리(Paul J. Bailey), op. cit., pp.26~27.

113 스티븐 R. 맥키넌(Stephen R. MacKinnon), *Power and Politics in Late Imperial China : Yuan Shi-kai in Beijing and Tianjin, 1901~1908*(제국 후기 중국의 권력과 정치-북경과 천진의 원세개(袁世凱), 1901~1908), Berkeley : University of California Press, 1980, pp.3~4·216~217; 조지프 에셔릭(Joseph Esherick), *Reform and Revolution in China : The 1911 Revolution in Hunan and Hubei*(중국의 개혁과 혁명-1911년 후난(湖南)과 후베이(湖北)의 혁명), Berkeley : University of California Press, 1976, 40~52면; 메리 랜킨(Mary B. Rankin), *Elite Activism and Political Transformation in China : Zhejiang Province, 1865~1911*(중국의 엘리트 행동주의와 정치적 변혁-절강성(浙江省), 1865~1911), Stanford, CA : Stanford University Press, 1986, pp.172~188.

114 데이비드 벅(David D. Buck), "Educational Modernization in Tsinan, 1899~1937(지난(濟南)의 교육 현대화, 1899~1937)", 마크 엘빈(Mark Elvin)·윌리엄 스키너(G. William Skinner) 편, *The Chinese City between Two Worlds*(두 세계 사이의 중국 도시), Stanford, CA : Stanford University Press, 1974, pp.173~177.

115 볼프강 프랑케(Wolfgang Franke), op. cit., p.48.

116 폴라 하렐(Paula Harrell), op. cit., pp.40~106; 왕이쥐(Y. C. Wang, 汪一駒), 앞의 책, 59~61면.

117 볼프강 프랑케(Wolfgang Franke), op. cit., pp.49~54.

118 개혁된 지방 시험의 예로는 TXTML, 2.21b~24a면 참고.

119 찰턴 루이스(Charlton Lewis), *Prologue to the Chinese Revolution : The Transformation of Ideas and Institutions in Hunan Province, 1891~1907*(중국 혁명의 프롤로그-호남성의 사상과 제도의 전환, 1891~1907), Cambridge, MA : East Asian Research Center, Harvard University, 1976, pp.148~149.

120 『광서신축임인은정병과회시위묵(光緖辛丑壬寅恩正倂科會試闈墨)』, 1903, 1a~26a면.

121 수신청(舒新城)은 1904년까지만 해도 지역의 사립학교에서는 여전히 학생들에게 팔고문과 율시를 숙련하도록 요구했다고 언급한 바 있다. 수신청, 『나와 교육(我和敎育)』, 臺北 : 龍文出版社, 1990, 29~32면; 판페이웨이(范沛濰)는 「청말계묘갑진과회시술론(淸末癸卯甲辰科會試述論)」, 『中國近代史』 no.3, 1993, 81~86면에서 이보 아멜룽(Iwo Amelung)의 「청말 시험 제도와 서양지식의 보급(The Examination System and the

Dissemination of Western Knowledge during the Late Qing)」(타이완 중앙연구원 주최 제4회 중국학 국제학술회의 미간행 발표논문―Academia Sinica, Taiwan, June 11~15), 2012에서와 마찬가지로 개혁된 과거 시험에 대해 긍정적인 평가를 내리고 있다.

122 『광서신축임인은정병과회시위묵(光緒辛丑壬寅恩正倂科會試闈墨)』, 1a·7a·17a· 19a~20a면; 『광서신축임인은정병과회시묵권(光緒辛丑壬寅恩正竝科會試墨卷)』, 1903; 제구방주권(第九房硃卷)(쪽수 표시가 연속적으로 되어 있지 않음), 5a~6b· 7a~8a면(독립된 필사본).

123 『중외시무책문류편대성(中外時務策問類編大成)』(1903년본), 7.11b~13a면; 장칭(章 淸), 「'책문' 속의 '역사'―중국 청말 '역사기억' 연속의 한 측면('策問'中的'歷史'―晚淸 中國'歷史記憶'延續的一個側面)」, 『復旦學報』(社會科學版) 5, 2005, 53~62면도 볼 것.

124 가숙(家塾)에 미친 영향에 관해서는, 귀모뤄(郭沫若), 『귀모뤄선집(郭沫若選集)』, 成 都:四川人民出版社, 1979, 38면 참고.

125 『중외시무책문류편대성(中外時務策問類編大成)』, 「목록(目錄)」, 1a~28b면.

126 조지프 레벤슨(Joseph Levenson), *Confucian China and Its Modern Fate : A Trilogy*(유 교 중국과 그 근대적 운명―3부작), Berkeley : University of California Press, 1968, pp. 100~108.

127 『중외시무책문류편대성(中外時務策問類編大成)』, 「목록(目錄)」, 13a~13b·6.1a~6b ·7.1a~17a면; 볼프강 프랑케(Wolfgang Franke), op. cit., pp.54~56.

128 스티븐 R. 맥키넌(Stephen R. MacKinnon), op. cit., pp.138~151; 다니엘 베이즈(Dan-iel H. Bays), *China Enters the Twentieth Century : Chang Chih-tung and the Issues of a New Age, 1895~1909*(중국의 20세기 진입―장지동(張之洞)과 새 시대의 문제들, 1895~1909), Ann Arbor : University of Michigan Press, 1978, pp.108~124; 상주문의 부분적 번역문을 위해서는 볼프강 프랑케(Wolfgang Franke), op. cit., pp.56~57; 덩쓰 위(Ssu-yu Teng, 鄧嗣禹)·존 페어뱅크(John Fairbank), *China's Response to the West : A Documentary Survey, 1839~1923*(서구에 대한 중국의 대응―기록조사, 1839~1923), New York : Atheneum, 1967, pp.206~207.

129 *CHCELIC*, p.18.

130 볼프강 프랑케(Wolfgang Franke)의 *The Reform and Abolition of the Traditional Chinese Examination System*(중국 전통 시험 제도의 개혁과 폐지) 59~64면에는 1904년의 상 주문 및 황제의 칙령이 번역되어 있다.

131 수신청(舒新城), 『근대중국교육사상사(近代中國敎育思想史)』, 上海:中華書局, 1932, 6~7면; 샐리 보스윅(Sally Borthwick), op. cit., p.38에 번역문이 수록되어 있다.

132 추조 이치코(市古宙三), "Political and Institutional Reform, 1901~1911(정치 및 제 도 개혁, 1901~1911)", 존 페어뱅크(John K. Fairbank)·류광징(Kwang-ching Liu, 劉 廣京) 편, *The Cambridge History of China*(케임브리지 중국사) vol.11 part 2, Cam-bridge : Cambridge University Press, 1980, pp.376~383; 볼프강 프랑케(Wolfgang Franke), op. cit., pp.65~67; 레오 어우판 리(Leo Oufan Lee, 李歐梵)·앤드류 네이

선(Andrew J. Nathan), 「대중문화의 시작-청말 및 그 이후의 저널리즘과 소설(The Beginnings of Mass Culture : Journalism and Fiction in the Late Ch'ing and Beyond)」, PCLIC, 361~378면; 폴라 하렐(Paula Harrell), op. cit., p.102.

133 1905년 마지막 현급(縣級) 시험의 예에 관해서는 TXTML, 2.24a면 참고.

134 볼프강 프랑케(Wolfgang Franke), op. cit., pp.69~71; 사이러스 피크(Cyrus Peake), *Nationalism and Education in Modern China*(근대 중국의 민족주의와 교육), New York : Columbia University Press, 1970, p.71.

135 스티븐 R. 맥키넌(Stephen R. MacKinnon), op. cit., p.4; 조지프 에셔릭(Joseph Esherick), *The Origins of the Boxer Uprising*(의화단 봉기의 기원), Berkeley : University of California Press, 1987, pp.271~313.

136 여기서 '능력주의'라는 용어는 '능력주의적 대표제'를 기반으로 하는 정치 시스템과 같은 성과 시스템을 지칭하는 데 사용된다. 필립 페팃(Philip Pettit), "Meritocratic Representation(능력주의적 대표제)", 대니얼 벨(Daniel Bell)·리천양(Chenyang Li, 李晨陽) 편, *The Idea of Political Meritocracy*(정치적 능력주의 사상), Cambridge : Cambridge University Press, 2013 참고. 이 용어는 원래 또 다른 의미, 즉 유능한 계급이 (귀족이나 신정 등을 대체하여) 그 후계자 및 사회적 복제자들을 지배 계급으로 확립하던 방식이란 의미를 지니고 있었다. 이 용어는 미국에서 토지 소유자와 귀족 상속자의 지배에서 전문계급으로의 전환을 설명하기 위해 만들어졌다. 이런 의미에서 '능력주의'는 모든 개인이 공로 제도를 바탕으로 스스로를 높일 수 있는 제도가 아니다. 중국 과거 제도 역시 완전히 개방적인 공로 제도는 아니었다. 시모어 마틴 립셋(Seymour Martin Lipset)·라인하르트 벤딕스(Reinhard Bendix), *Social Mobility in Industrial Society*(산업 사회의 사회적 이동), Berkeley : University of California Press, 1959 참조.

137 라우(D. C. Lau) 역, 『맹자(*Mencius*)』 중영 대역본, Hong Kong : Chinese University Press, 2003, 204~207면; 유리 파인즈(Yuri Pines), "Between Merit and Pedigree : Evolution of the Concept of 'Elevating the Worthy' in Pre-Imperial China(공로와 혈통 사이-제국시기 이전 중국에서 '상현(尙賢)' 개념의 진화)", 대니얼 벨(Daniel Bell)·리천양(Chenyang Li, 李晨陽) 편, *The Idea of Political Meritocracy*(정치적 능력주의 사상), Cambridge : Cambridge University Press, 2013도 볼 것.

138 이오나 만청(Iona Man-cheong), *The Class of 1761 : Examinations, State, and Elites in Eighteenth-Century China*(1761년의 계층-18세기 중국의 시험, 국가, 그리고 엘리트), Stanford, CA : Stanford University Press, 2004.

139 허빙디(Ping-ti Ho, 何炳棣), *The Ladder of Success in Imperial China*(전통시기 중국의 성공의 사다리), New York : Wiley and Sons, 1962.

140 조엘 안드레아스(Joel Andreas), *Rise of the Red Engineers : The Cultural Revolution and the Origins of China's New Class*(붉은 공학자의 부상-문화대혁명과 중국 신계급의 기원), Stanford, CA : Stanford University Press, 2009.

찾아보기